前 言

一

讲述、聆听与朗读，是人类知识传承的重要方式。口传文明时代固然如此，但即使是文字被发明、人类进入了书写文明时代很长一段时间内，书写文字的主要目的也是用来保存知识，而不是传承知识。无论是西方的泥版书还是中国的竹简，大都存放在国家图书馆或私人的藏书之所，而不是用来阅读和教学。以《诗经》为例，全书共 39234 个字，用以记载它的竹简超过千片（如安徽大学馆藏战国竹简本《诗经》，每一片竹简最多书写 35 个字）。因此，在孔子的课堂上，绝不会搬出笨重的竹简来供大家阅读，而一定是通过口授心传的方式来教学。与孔子同时代的古希腊哲学家苏格拉底，则将书写文字当作"智慧的假象"和"提醒的秘诀"，他认为只有通过老师口述、学生记忆的方式才能真正学习到知识并获得智慧，而有书写文字后，人们往往会依赖书本的提醒而疏于记忆。无独有偶，与毕昇同时代的苏轼，他认为当时读书人浮躁的学风与活字印刷术发明后书籍唾手可得息息相关。他说，以前的读书人，《六经》《史记》《汉书》都是难得一见的书籍，读书人好不容易借到了，便会"日夜诵读"，直到熟记之后再还回去；而"近岁市人转相摹刻诸子百家之书，日传万纸，学者之于书，多且易致如此"，读书人反而对书籍不再重视。《朱子语类》记载了朱熹与苏轼几乎完全一致的观点："盖古人无本，除非首尾熟背得方得。至于讲诵者，也是都背得，然后从师受学……今人连写也自厌烦了，所以读书苟简。"

实际上，苏轼所说的书籍"多且易致"，是相对于家产丰厚的缙绅地主阶层来说的。一直到近现代，对大多数人来说，书籍依然非常难得。据我国著名教育家徐特立先生回忆，1897 年的长沙，一部《十三经注疏》要十五串钱、一部《庄子》要三百文，而当时三十亩水田一年所得也仅为二十四串钱。少年时期的徐特立，由于无钱买书，只能每天晚上步行七八里地，去经馆听老师讲授四书五经和八股时文；要学习更高深的学问，则需要步行八十里地，到长沙城里向人请教。1919 年，徐特立先生决定去法国留学，就是靠卖掉自己藏书来筹措留学费用——到今天，除非是专门的藏书家，大多数人卖掉家里的书，都不足以买一张去法国的机票。由此可见，一直到清末民初，书籍依然是读书人家的重要资产，大多数人的知识学习主要通过老师的讲述和学生的记忆。

二

全球最大的童书出版机构 Scholastic 和国际咨询机构 YouGov 每两年发布一次的《儿童及家庭阅读报告》显示，大声朗读是各国家长引导 0—5 岁儿童早期阅读最重要的方式，"出生即阅读"理念被大多数家庭所接受，很多 0—5 岁儿童的家长（美国 59%、加拿大 54%、印度 52%、澳大利亚 47%，英国 41%）收到过来自儿科医生、朋友以及育儿类杂志、书籍、网站"应该从出生起就为儿童朗读"的建议。这些建议认为，为孩子朗读最突出的益处是"促进儿童词汇和语言发展、激发想象力，此外还有利于培养阅读兴趣和习惯、帮助学业成功、远离电子产品、收获间接人生经验、放松等"。

美国一所大学的招生主任汤姆·帕克在一次采访中表示，那些在 SAT 考试（美国大学入学考试之一种）中取得高分的学生往往有家庭朗读的经历，他没有见过哪个不爱阅读的学生可以在 SAT 考试中取得高分。他告诉那些咨询如何提高孩子 SAT 成绩的家长："世界上最棒的 SAT 辅导课程就是孩子们还小的时候，为他们进行睡前朗读。久而久之，如果孩子们觉得这是一种美妙的体验，他们也会开始自己阅读。"

被国际阅读组织评选为 20 世纪对阅读推广最有贡献的 8 人之一、美国著名的阅读研究和推广专家吉姆·崔利斯在其《朗读手册》一书中提到，在美国，有 200 个电视频道分散了学生的注意力，超过半数的青少年每天花大部分时间玩手机，1/4 的孩子是单亲家庭，每分钟就有一位未成年妈妈诞下婴儿。但就是在这样的情况下，美国学生的阅读成绩竟然逐年提高，其原因就是美国家庭有朗读的良好习惯。

综上所述，即使在书籍海量丰富、电视媒体与互联网媒体盛行的今天，对于广大儿童来说，朗读和聆听阅读在今天依然是重要的学习方式之一。

三

我国有朗读的传统。根据许慎《说文解字》的注释，我国古典文献中的读、讽、诵、呻、吟、咏、歌、颂、唱，很多时候都有朗读义；首都师范大学徐建顺考证，从孔子到清末，无论是官学还是私塾，教学模式主要分授书、背书和复讲三个步骤，无论哪一个步骤，都离不开范读和朗读；知识分子在日常生活中非功利性、审美性的读书，也常常采用朗读形式。朱熹说："凡读书，须要读得字字响亮。"曾国藩则说："如《四书》《诗》《书》《易》《左传》诸经，《昭明文选》，李、杜、韩、苏之诗，韩、欧、曾、王之文，非高声朗诵，则不能得其雄伟之概；非密咏恬吟，则不能得其深远之韵。"

今天，朗读依然是语文教学的重要方式，包括老师的范读，学生轮读、齐读等。教育部颁发的《义务教育语文课程标准》中，也明确要求学生"学习用普通话正确、流利、有感

本书得到 2018 年湖南省教育厅科学研究优秀青年项目
"互联网 + 古典诗词对儿童语言习得的价值及应用研究"
（项目批准号： 18B600）资助

儿童有声阅读研究

彭红霞 著

郑州大学出版社

图书在版编目（CIP）数据

儿童有声阅读研究／彭红霞著. —郑州：郑州大
学出版社，2022.1
　ISBN 978-7-5645-8277-7

　Ⅰ. ①儿… 　Ⅱ. ①彭… 　Ⅲ. ①儿童 – 阅读辅导 – 研究
Ⅳ. ①G252.17

中国版本图书馆 CIP 数据核字（2021）第 213063 号

儿童有声阅读研究

ERTONG YOUSHENG YUEDU YANJIU

策划编辑	孙理达		封面设计	苏永生
责任编辑	孙理达　孙园园		版式设计	凌　青
责任校对	王晓鸽		责任监制	凌　青　李瑞卿

出版发行	郑州大学出版社		地　　址	郑州市大学路 40 号（450052）
出 版 人	孙保营		网　　址	http://www.zzup.cn
经　　销	全国新华书店		发行电话	0371 – 66966070
印　　刷	郑州宁昌印务有限公司			
开　　本	787 mm×1 092 mm　1 / 16			
印　　张	14.25		字　　数	323 千字
版　　次	2022 年 1 月第 1 版		印　　次	2022 年 1 月第 1 次印刷

书　　号	ISBN 978-7-5645-8277-7		定　　价	58.00 元

本书如有印装质量问题，请与本社联系调换。

情地朗读课文",并在义务教育阶段背诵优秀诗文240篇(段)。而在家庭中,亲子阅读、睡前故事是0—8岁儿童与家长之间常见的有声阅读场景。

但我们也必须承认,这种朗读传统在逐渐式微。一是在语文课堂上,朗读已成为识字与写字、阅读、习作、口语交际、综合性学习五大学习任务中"阅读"板块中的一小部分内容;二是国人在社交场合的诗文唱和、在书房中大声朗读文学作品的场景已非常罕见。国人普遍内敛的民族性格,也使得我们不可能形成欧美地区民众那样的长期保持的家庭朗读习惯,即简·奥斯汀在《书信集》中所描写的场景:几乎每天晚上,所有家庭成员都围坐在一起,听其中一位成员朗读或所有成员轮流朗读文学作品。与此同时,调查数据显示,在我国,有40.3%的小学教师认为小学生阅读素养一般、较差或很差;有30.2%的小学教师认为对提升小学生阅读能力缺乏有效方法。我们在日常教学中也发现,师范类大学生的写作能力呈现逐年下降的趋势。这种阅读素养的缺乏和写作能力的下降,是否和朗读传统的式微有关?是否能找到一条有效路径,来提升其阅读素养和写作能力?

四

2019年,我们进行了一次儿童阅读情况问卷调查,结果显示,有88.2%的0—12岁儿童有听书经历,其中有64.6%的儿童平均每天听书在半小时以上,有58%的儿童对听书有极高兴趣。但与此同时,我们在调查中也发现,有61%的儿童大部分有声阅读行为发生在碎片化时间,如睡前、乘坐交通工具时、排队等候或体育锻炼过程之中,超过半数的儿童偏爱的有声读物是寓言、童话、动画故事和绘本故事等。由此可见,当下最受儿童欢迎的数字阅读方式是有声阅读,但是碎片化阅读特征明显,且经典阅读和深度阅读不够,因此我们应该更多地关注儿童有声阅读,并探索将碎片化阅读导向整体性阅读或整体性阅读结果,同时探索如何利用有声阅读促进儿童经典阅读和深度阅读,拓展儿童阅读素养的可能性途径,这也是本书写作的缘起。

本书分为7个部分。绪论部分分析了儿童阅读的意义与价值、当下儿童阅读行为存在的问题,以及促进儿童阅读主动性和提升儿童阅读素养的可能途径;第一章对本书涉及的儿童、阅读和有声阅读进行了严格界定;第二章梳理了聆听阅读的历史发展轨迹;第三章阐述了儿童有声阅读的文化合理性;第四章探讨了有声阅读行为中浅阅读、碎片化阅读现象,以及如何利用浅阅读和碎片化阅读将儿童导向深阅读和整体性阅读;第五章梳理了儿童有声阅读的发展现状,并对其发展趋势进行了展望;第六章则是根据调研数据、访谈资料和实证测试观察结果,对儿童有声阅读场景进行了分类,梳理了儿童有声阅读的行为特征,以及提出了如何在学校、家庭中利用有声阅读,促进儿童阅读素养的一些方法和建议。由于目前学界对儿童有声阅读的研究成果尚少,我们在研究过程中没有更多方法、模型可供参考借鉴,很多假设、想法只能通过调研、实验来进行验证。而且限于本人的学养水平,同时由于调研样本数量不足,或实验设计不科学,得出的结论往往不理想,根本无法做出精准的论断。可以说,即使是历经了近 4 年的打磨,本书依然会存在诸多不足,敬请各位同行、专家不吝指正。

五

本书的完成,得到了众多良师益友的帮助。湖南省教育厅对本书的研究课题给予了资金资助;伍春辉教授、皮军功教授、彭蝶飞教授、梁堂华教授、匡代军教授、钟巧灵教授、米幼萍教授对本书提出了许多指导意见;吴志凌、尹莉芳、刘宏伟、许天译、吴振尘、徐丽玲、夏希、易波、许平等各位老师给予我极大的支持和鼓励;郑州大学出版社的孙理达先生对本书进行了认真审核,提出了宝贵的修改意见。在此,谨一并致谢!

2021 年 3 月

目 录

绪　论
儿童阅读的价值向度、现实困境与当代突围

费希尔在《阅读的历史》一书中提到西方学界最宽泛的"阅读"定义为"理解书写或印刷符号的能力",他说:"书写必须把口头语言转换或解构为表征符号,故以声音为先,而阅读则以意义为先。"①艾德勒则将"阅读"定义为"从书写文字中汲取大量资讯,以增进对世界的了解。"②在我国,目前被广泛接受的关于"阅读"的定义是《中国读书大辞典》中的提法:"一种从书面语言和符号中获得意义的社会行为、实践活动和心理过程,是读者与文本相互影响的过程。"③这一定义的关键词首先是"书面语言和符号"。索绪尔在其代表作《普通语言学教程》中将"说话"分成"语言"和"言语"两部分,"言语"是指可以直接观察到的具体语言材料,比如我们日常生活中的口语;"语言"则是所有说话人和听话人头脑中共同具有的指导说话和听话的语感,或者说是语言的规则系统。"言语"从属于"语言",只是语言学的研究对象。此后人们普遍接受了索绪尔的说法,如高尔基在《论文学》中说:"语言是文学的第一要素。"北京大学沈阳教授在其编著的语言学专业教材《语言学常识十五讲》中也认为:"文学作品就是语言文字的制成品……所谓好诗、好文章,夸的也就是作品的语言文字。"④其次是"获得意义",一般认为,阅读的过程就是读者运用既有的知识,获取语言或符号所表征的意义,然后将这种意义进行整合,最终形成对文本的整体解读,例如在中国古代,对经典的解释被称为注疏。⑤ 又如《现代汉语词典》对"阅读"一词的释义就是"看(书报)并领会其内容"。因此,如果一名不识字的儿童,或一名心不在焉的成年人,即使将一本书从头翻到尾,我们也不能称之为阅读,因为他(她)并没有从书面语言或符号中获取意义。

阅读对儿童而言极为重要。这里的阅读既有艾德勒"从书写文字中汲取大量资讯,以增进对世界的了解"的含义,儿童阅读得越多,表明他们获取的知识量越多,对世界的理解就越准确;又有费希尔"理解书写或印刷符号的能力"的含义。联合国经济合作与发展组织(PISA)将儿童阅读能力界定为"学生为取得个人目标,形成个人知识和潜能,以及

①史蒂文·罗杰·费希尔:《阅读的历史》,李瑞林、贺莺、杨晓华译,商务印书馆,2009,第6页。

②莫提默·J·艾德勒、查尔斯·范多伦:《如何阅读一本书》,郝明义、朱衣译,商务印书馆,2004,第7页。

③王余光、徐雁编《中国读书大辞典》,南京大学出版社,1993,第337－338页。

④沈阳编著:《语言学常识十五讲》,北京大学出版社,2005,第377页。

⑤王余光、汪琴:《关于阅读文化研究的几个问题》,《图书情报知识》2004年第10期。

参与社会活动而理解、运用和反思书面材料的能力,重点包括形成广义上和总体的理解、寻找信息、解释原因、思考文本的内容及形式等五个方面的测试内容。"[①]有研究者根据PISA对儿童阅读能力的界定,进一步细分为10种评价指标,即:总体评价、阅读兴趣、阅读习惯、阅读速度、定位信息能力、整合信息能力、获取知识能力、阅读赏鉴能力、批判性阅读能力和文本解读能力。[②] 从上述指标来看,儿童阅读能力是很难把握的,因为它没有明确的定量标准和考核要求。儿童阅读能力的提升,没有任何捷径,只有通过大量的阅读才能进一步提升其阅读能力。阅读与数学不同,数学有乘法口诀,有数学公式,熟练了口诀或公式,就意味着掌握了解某些数学题的钥匙,而阅读则没有口诀和公式可言,只有经过大量的阅读,才能形成阅读习惯、阅读兴趣,掌握一定的阅读速度及其他阅读能力。维果茨基在《思维与语言》一书中提出:"对教学的每个科目而言,存在一个儿童对它最易接受而具最佳影响的时期。它被蒙台梭利和其他一些教育家称为'敏感期'。"[③]儿童阅读学习的敏感期就是13—15岁之前,如果儿童在这一阶段没有进行大量的阅读训练,形成良好的阅读素养,今后将难以弥补。研究表明,儿童阶段是培养阅读能力的最佳时期,如果个体在15岁前没有形成阅读习惯,今后将很难提高阅读能力和享受阅读的乐趣。[④]

在教育部制定的《全日制义务教育语文课程标准(2011年版)》中,将语文课程划分为识字与写字、阅读、写作、口语交际和综合性学习五个方面。众所周知,识字就是认识文字,是指如何将具象化的事物在脑中与抽象化的文字联系起来,识字教育最好的办法就是和范文阅读联系起来,这也是我们语文教学中的常用手法;而写作和口语交际也离不开阅读的积累。因此,义务教育语文课程标准中关于语文学习的10项总体目标中,几乎每一项都与阅读相关,可以说,阅读在语文学习中具有不可替代的价值。但是,在我们的教学实践中,阅读又是最难把握的。义务教育语文课程标准阅读教学的总体目标是:"具有独立阅读的能力,学会运用多种阅读方法。有较为丰富的积累和良好的语感,注重情感体验,发展感受和理解能力。能阅读日常的书报杂志,能初步鉴赏文学作品,丰富自己的精神世界。能借助工具书阅读浅易文言文。背诵优秀诗文240篇(段)。九年课外阅读总量应在400万字以上。"除了背诵240篇(段)优秀诗文和400万字的阅读总量清晰明了之外,其他诸如"具有独立阅读的能力""有良好的语感""发展感受和理解能力""丰富自己的精神世界"等都是难以考核的定性目标,学生的阅读素养到底处于何种水平,完全只能由家长或老师进行主观判断,使阅读教学成为广大教师与研究者们长期难以突破的现实困境。

在当下,互联网不仅普及到了每个家庭、学校和公众场所,而且能够借助智能手机、可穿戴设备而被随身携带。在互联网时代,随着移动终端和移动网络的成熟和普及,海量的数字阅读内容随处可见、唾手可得,正如纸张的出现迅速替代了金石竹帛,数字出版也迅速颠覆了数千年来纸张作为信息载体的统治地位。资源丰富、发音标准、声情并茂

---

①王晞、黄慧娟、许明:《PISA:阅读素养的界定与测评》,《上海教育科研》2003年第9期。

②倪燕:《基于PISA测试的北京儿童阅读素养评价》,《新闻记者》2018年第7期。

③列夫·维果茨基:《思维与语言》,李维译,北京大学出版社,2010,第123页。

④金鑫荣、杨沁雯:《儿童文学有声读物呈现方式研究》,《科技与出版》2018年第10期。

的有声读物替代了妈妈温馨的睡前故事;数字阅读平台可以不受时间与空间的限制购买、下载和阅读各类读物,图书馆和书店不再是儿童阅读的必需;儿童对动画片的喜爱程度超过了游戏,有的儿童平均每天看动画片的时间超过了8小时①,这与胡伊青加认为儿童天生就喜欢游戏的论断大相径庭;今天的儿童都属于"数字原生代",他们最先接触的往往是数字内容载体(电视、手机、平板电脑等),而不是书籍。《科学美国人》杂志曾经发布过一段视频,视频内容记录了一个1岁左右的小女孩面对ipad和杂志时的习惯性动作:她能够熟练操作ipad的每个应用,寻找自己喜爱的内容;但面对杂志的时候,却表现得非常陌生,竟然把杂志竖起来,朝杂志封面又按又敲,显然她认为这是一个可点击的电子屏幕;更加有意思的是,由于杂志封面无法产生ipad那样的触摸效果,她并没有意识到除了可触屏的平板电脑之外,还有纸质书这种信息源的存在,反而对自己的肢体表示了怀疑,竟然按了按自己的大腿以便确认手指没有问题。② 可以说,今天的儿童所处的环境,与几十年前甚至几年前儿童所处的环境都有极大的不同,互联网和海量的数字内容已经成为儿童成长过程中的重要环境因素。当我们探讨任何与儿童相关的问题时,都无法也不应逃避互联网环境因素对儿童的影响;当我们在谈论儿童阅读问题,并且试图找出一些策略和方法来指导儿童阅读教学和学习时,也应该考量互联网和数字阅读因素。在与纸质阅读截然不同的数字阅读时代,是否可能革新传统阅读教学的理论,寻求到儿童阅读在困境中突围的可能路径?

一、儿童阅读的价值向度

在我国,早在先秦时期就很注重儿童阅读教育。《礼记·王制》云:"乐正崇四术,立四教,顺先王诗书礼乐以造士,春秋教以礼乐,冬夏教以诗书。王大子,王子,群后之大子,卿、大夫、元士之适子,国之俊选,皆造焉。"《尚书大传》则说:"古之帝王者,必立大学小学,使王大子,王子,群后之子,以至公、卿、大夫、元士之适子,十二三年使入小学,见小节焉,践小义焉。"③也就是说,古代的帝王会设立小学,让王、群后、公、卿、大夫、元士的适龄儿童去学习诗书礼乐。这种重视儿童阅读的传统被延续下来,并出现了专门为儿童编著的《三字经》《百家姓》《千字文》《千家诗》《弟子规》《声律启蒙》《幼学琼林》等众多蒙学读物。到了现代以来,儿童阅读被世界上绝大多数国家如中国、美国、日本、英国、德国等上升到了国家战略的高度,"制定了一系列推动儿童阅读的政策和制度,举办了形式多样、覆盖面广、持久性的儿童阅读推广活动"④。在我国,自2006年起就开展了全国性的"全民阅读"活动,"少儿优先"被列入"全民阅读"活动的四大基本原则之一。2016年,我国发布的首个国家级"全民阅读"规划——《全民阅读"十二五"时期发展规划》中提出:"少儿阅读是全民阅读的基础。必须将保障和促进少年儿童阅读作为全民阅读工作的重

①彭红霞:《试析动画片对幼儿语言发展的积极影响》,《教育导刊》2012年第3期。
②王佑镁:《像素的悖论:中国未成年人数字化阅读实证研究》,中国社会科学出版社,2018,第2页。
③刘宝楠:《论语正义》,高流水点校,中华书局,1990,第438页。
④陆晓红:《我国儿童阅读推广研究综述》,《图书馆工作与研究》2013年第9期。

点,从小培育阅读兴趣、阅读习惯、阅读能力。"儿童阅读的作用,或者说价值与意义,越来越被发掘、普及和重视。

(一)知识价值

自有文字以来,人类的知识体系就是以文字为主体来构建的。而知识体系的传承与习得,就需要通过阅读来进行。所谓传承,就是将前人总结的显性知识通过阅读、理解并记忆下来,比如,儿童背诵一篇李白的《早发白帝城》,就是对前人知识的传承。但即使是诗词,也讲究"意在言外",它的意境往往隐藏在容易忽略的一字一句之内,甚至暗含在作者并没有写出的无字无句之中,需要读者去挖掘、去领会。[①] 这就是习得,也就是对这些显性知识进行再次加工、整理,组织成更复杂的知识体系的过程。例如我们在理解了《早发白帝城》一诗中作者表达的顺水行舟、一泻千里的愉快心情,然后又阅读了该诗的写作背景、有关长江的地理知识、郦道元《水经注》中"巴东三峡巫峡长,猿鸣三声泪沾裳"的描写与解释,以及历代诗家对本诗的赏析,再将这些知识进行整理、分析和提炼,就形成了对李白诗作特点的整体把握。通过这种传承与习得,人类的知识体系就在不断地积累和发展。

(二)素养价值

从义务教育语文课程标准阅读总目标中就可以看出,阅读教学的目标,除了背诵优秀诗文240篇(段)、九年课外阅读总量应在400万字以上、有较为丰富的积累和良好的语感、丰富自己的精神世界之外,更多的是要求进一步提升阅读能力和素养,比如具有独立阅读的能力、学会运用多种阅读方法、能阅读日常的书报杂志、能初步鉴赏文学作品、能借助工具书阅读浅易文言文等。可见,阅读是能够培养儿童阅读素养的。

皮亚杰主张,在儿童的认知组织内建立起来的内在动力是首要的,奖励、惩罚之类的外来强化并不起主要作用,他认为,引起儿童认知上的冲突,引起最佳或最大限度的不平衡,就能激发儿童的求知欲和好奇心。[②] 因此,阅读还是提升阅读兴趣、阅读习惯和阅读能力的主要途径。艾德勒在《如何阅读一本书》中提到,阅读的目标主要有两个:为获得资讯而读,以及为求得理解而读。他说,为获得资讯的阅读,就是我们阅读日常的报纸、休闲娱乐杂志,以及凭借我们既有的知识就能够理解的其他读物,其目的是了解我们所不了解的信息,阅读结束后,我们获得了新的资讯,但我们的阅读能力不一定增强了。而为求得理解的阅读,就是我们现有的知识水平,不足以理解或不完全理解这本书的内容,但是,"没有任何外力的帮助,你就是要读这本书。你什么都没有,只凭着内心的力量,玩味着眼前的字句,慢慢地提升自己,从只有模糊的概念到更清楚的理解为止。这样的一种提升,是在阅读时的一种脑力活动,也是更高的阅读技巧。"[③]

①彭红霞:《统编本初中语文教材注释之误》,《教学与管理》2020年第20期。

②皮亚杰:《教育科学与儿童心理学》,杜一雄、钱心婷译,教育科学出版社,2018,第43页。

③莫提默·J·艾德勒、查尔斯·范多伦:《如何阅读一本书》,郝明义、朱衣译,商务印书馆,2004,第11页。

（三）审美价值

我们在日常意义上的"阅读"，一般指的就是阅读文学作品。只有在对"阅读"进行精准定义时，才将人文社科类、自然科学类、艺术类等其他书籍也列入阅读的对象。文学作品尤其是经典文学作品，往往都具有审美价值，德国哲学家谢林认为："没有美就没有什么艺术作品。"英国作家王尔德则将作家定义为"美的作品的创造者"。① 文学作品的审美价值包括两个方面的内涵：一是作品形式的美；二是作品内容的美。文学作品的形式之美，主要是体现在其写作技巧方面，比如声律之美、修辞之美等。而文学作品的内容之美，指的是其内容能引发阅读主体产生愉悦、崇高、滑稽、忧愁、丑陋、宁静、优雅等情感共鸣的价值。例如，康德认为："美是无一切利害关系的愉快的对象。"②李泽厚认为："美感是一种感情，是一种喜悦和愉快的感情。"③勒肯斯则说："审美价值是特定艺术作品因其审美特性（譬如均衡、丑、宁静和优雅等）而具有的那种价值。"④车尔尼雪夫斯基则认为："通常以为艺术的内容是美；但是这把艺术的范围限制得太狭窄了。即算我们同意崇高与滑稽都是美的因素，许多艺术作品以内容而论也仍然不适于归于美、崇高与滑稽这三个项目。"⑤他认为，一些以家庭生活为主题的画作，可能并没有一个美的或者滑稽的人物。再如音乐中表达忧愁情绪的曲子等，虽然这些艺术作品并不令人感动愉悦、崇高或滑稽，但依然有审美价值。

大多数经典文学作品，往往兼具形式之美与内容之美。例如苏轼的《念奴娇·赤壁怀古》，既有文辞音律之美，又能引起读者对"大江东去，浪淘尽，千古风流人物"和"江山如画，一时多少豪杰"的历史兴废之感。但也有的作品，仅有形式之美，内容则并无动人之处，如大多数的汉赋和南北朝的骈体文，也依然能使我们感受到审美愉悦；还有的作品，表现形式和写作技巧并没有出奇之处，甚至有的还很粗糙，但由于内容能激发我们的情感，也同样能使我们感受到审美，如李白的《静夜思》，无论是用词、修辞，还是意象，都没有特别高超之处，但这首诗之所以千古传诵，甚至我们只要身在异乡，一看到月亮，这首诗中的句子就忍不住浮上心头，就是因为它极容易引起我们关于乡愁的情感共鸣；还有的作品，不仅在表现形式上没有美感可言，作者可能还故意用一种冗长、回复的方法来给读者的阅读制造障碍，例如卡夫卡的《城堡》和塞缪尔·贝克特的《等待戈多》，就可能会无法唤起部分读者的审美情感，而另一部分读者却恰恰相反，会因为其中的暗喻与自身经历或想象力产生强烈的情感共鸣，从而产生审美价值。因此，霍尔布鲁克·杰克逊说："好的作品能深化和提升我们的感受力，给我们带来快感，从而扩展我们的视野，提高我们的生活品质。"⑥

---

①杨守森：《文艺作品的审美价值与艺术价值辨析》，《文学评论》2020 年第 3 期。

②康德：《判断力批判（上卷）》，宗白华译，商务印书馆，1984，第 48 页。

③李泽厚：《美学论集》，上海文艺出版社，1980，第 76 页。

④舍勒肯斯：《美学与道德》，王柯平、高艳萍、魏怡译，四川人民出版社，2010，第 33 页。

⑤北京大学哲学系美学教研室编《西方美学家论美和美感》，商务印书馆，1980，第 251 页。

⑥霍尔布鲁克·杰克逊：《书·阅读》，吴永贵译，武汉大学出版社，2008，第 4 页。

（四）休闲娱乐价值

艾德勒虽然宣称他的书是专门为"深有教养、智慧的人"，也就是主动的阅读者而写，并且拒绝谈论有关娱乐消遣的阅读，但他也不得不承认，"除了获取资讯和求得理解外，阅读还有一些其他的目标，就是娱乐"①。当我们进行娱乐阅读时，会自觉地选择一些轻松愉快的阅读文本，比如笑话集、明星八卦新闻等等，其目的就是让自己的身心得到放松；事实上，除了娱乐性阅读外，我们还会进行休闲阅读，所谓休闲阅读，就是我们在茶余饭后、乘坐公共交通工具途中、排队等待时，或者睡前的阅读，这种阅读往往是在碎片化的时间和碎片化的环境中进行的，对阅读对象不挑剔，阅读状态可以是大脑放空式的，也可以一边思考其他问题，一边浏览阅读内容，甚至有时候一边阅读时，头脑已经昏昏欲睡，不知不觉书本就掉落枕边，阅读者进入睡眠状态。这种休闲阅读的目的是打发无聊时光，或者让我们的大脑得到休息；与此同时，我们有时候还会进行逃避现实的阅读，比如在因学习或工作的压力，感觉到悲伤、忧虑、厌倦、枯燥时，丢下手头的事情，不管不顾地阅读起来，并短暂地、深深地陷进文学世界的欢乐、悲伤或愤怒之中，使自己的负面情绪得到发泄。

二、儿童阅读的现实困境

"公年十岁，在随。家益贫，借书抄诵。州南大姓李氏子好学，公多游其家，于故书中得唐韩昌黎文六卷，乞以归，读而爱之。为诗赋，下笔如成人。都官曰：奇童也，他日必有重名。"（《欧阳修集》）这里说的就是欧阳修小时候家境贫困，无书可读，但他以借书抄书为乐，且读有所成。今天，可以说是阅读的盛世。一方面，阅读内容资源丰富，根据《中国新闻出版广电报》报道，2018 年全国共有出版社 585 家，出版新版图书约 25 万种、重印21 万种。仅一年的图书出版种数，一个人穷尽一生也读不完；另一方面，阅读资源随手可得，随着数字阅读时代的到来，不仅古今中外的图书可以随时随地通过各类数字图书馆和网络平台进行购买、下载和阅读，同时互联网上还有海量的网络文学内容、自媒体内容、有声阅读内容、教学资源内容等等。但是，儿童的阅读素养却不容乐观。在北京市，有 40.3% 的小学教师认为小学生阅读素养一般、较差或很差；有 30.2% 的小学教师认为对提升小学生阅读能力缺乏有效方法。② 2020 年 7 月，我们在长沙县星沙实验小学五年级 257 名学生中进行了一次阅读调查，结果显示，教育部基础教育课程教材发展中心首次向全国中小学生发布的《中小学生阅读指导目录》（其中面向全国小学生推荐图书110 种）中，有 95 种图书的阅读人数为 0，占比 86.36%，只有《格林童话》《安徒生童话》和《笨狼的故事》等童话书的阅读率达到三成以上，儿童阅读面临严峻的现实困境。

---

① 莫提默·J·艾德勒、查尔斯·范多伦：《如何阅读一本书》，郝明义、朱衣译，商务印书馆，2004，第 13 页。
② 倪燕：《基于 PISA 测试的北京儿童阅读素养评价》，《新闻记者》2018 年第 7 期。

(一) 阅读时间被大量的其他活动所占用

1999—2019 年,中国新闻出版研究院组织实施了 17 次全国国民阅读调查,于2020 年 4 月发布的《第十七次全国国民阅读调查》显示,我国国民平均阅读时间与阅读量均连年连续走低。无独有偶,2004 年美国国家艺术捐赠基金会 NEA 发布的《阅读处于危机之中》调查报告显示,自 1982—1992 年以来,美国人的阅读量正在逐年下降,这种下降趋势在青少年群体中尤其明显。与此同时,加拿大、新加坡、日本、英国的类似调查中,也显示其国民阅读率呈现下降趋势。21 世纪以来,随着物质生活的日益丰富和信息时代的到来,在阅读之外,人们的精神文化生活有了更多元化的选择,比如博物馆、电影院、网络游戏等,与阅读相比,人们"常常花 3 倍以上的时间在艺术博物馆、表演、音乐会等文化活动上"[①]。

具体对儿童来说,他们的可阅读时间被大量的其他活动所占用,这种占用,有的是儿童的主动行为,有的是家长、老师安排的被动行为。自 2017 年 7 月以来,我们已连续对 7 名儿童(2017 年,7 名儿童年龄为 8—9 岁)的阅读行为进行了近 3 年的跟踪观察,其中 2 名农村儿童的课外活动主要是看动画片和玩网络手游。在学习日,看动画片和玩网络手游的时间超过 4 小时;节假日则超过 8 小时,如果在监护人不阻止的情况下,他们可以从早上起床一直玩到凌晨 12 点以后。而 5 名城市儿童虽然网络游戏被严格禁止,看视频的时间也有严格的限制,但其他活动同样丰富多彩,且这些活动往往是被家长、老师所许可或鼓励的。以 2020 年 12 周岁的五年级小朋友 HYK 为例,在学习日,放学后要进行 1 小时的课后培训,回家后,要完成老师布置的家庭作业、补习班布置的家庭作业,以及家长要求的英语朗读、绘画练习和体育锻炼(跳绳、跳操、跑步、乒乓球、羽毛球每天轮换);在周末,则需要上补习班课程和兴趣班课程;在寒暑假,有学校布置的社会实践活动,家长要求的补习班课程、兴趣班课程和旅游活动;同时,她还需要参加不定期的参观博物馆、看画(艺术)展、听音乐会、看电影以及不同形式的家庭、朋友聚会等。面对如此繁多的学习、文化和娱乐活动,儿童自然没有更多的时间来进行阅读了。

(二) 苟简学风再现,泛读、略读成为儿童阅读主要方式

苏轼在《李氏山房藏书记》一文中说:"自孔子圣人,其学必始于观书。当是时,惟周之柱下史老聃为多书。韩宣子适鲁,然后见《易》《象》与《鲁春秋》。季札聘于上国,然后得闻《诗》之风、雅、颂。而楚独有左史倚相,能读《三坟》《五典》《八索》《九丘》。士之生于是时,得见《六经》者盖无几,其学可谓难矣。而皆习于礼乐,深于道德,非后世君子所及。自秦汉以来,作者益众,纸与字画日趋于简便。而书益多,士莫不有,然学者益以苟简,何哉?余犹及见老儒先生,自言其少时,欲求《史记》《汉书》而不可得,幸而得之,皆手自书,日夜诵读,唯恐不及。近岁市人转相摹刻诸子百家之书,日传万纸,学者之于书,多且易致如此,其文辞学术,当倍蓰于昔人,而后生科举之士,皆束书不观,游谈无根,此又

———————
①黄丹俞:《阅读的未来:西方的阅读新理念》,《图书与情报》2010 年第 2 期。

何也?"在这里,苏轼提出了一个问题:与孔子同一时代的读书人,书籍非常难得,但他们不仅熟悉诗书礼乐,而且道德高深。而秦汉以来,书籍越来越丰富,但读书人却越来越马虎草率(苟简),这是为什么呢?

朱熹后来就回答了苏轼的问题,他在《朱子语类》中说:"今人所以读书苟简者,缘书皆有印本多了……盖古人无本,除非首尾熟背得方得。至于讲诵者,也是都背得,然后从师受学。如苏东坡作《李氏山房藏书记》,那时书犹自难得。晁以道尝欲得《公》《谷》传,遍求无之,后得一本,方传写得。今人连写也自厌烦了,所以读书苟简。"

我国一直有精读的传统,读书人对四书五经以及诸子文章要做到熟背成诵。以苏轼之天才,他给自己定下了每天抄写《汉书》的功课,他在给朋友分享读书和写文章的经验时,就提出过"旧书不厌百回读,熟读深思子自知""欲少年为学者,每一书当作数过读之"等说法,并且认为如果做文章要"体面",就必须熟读、背诵数百篇韩愈、柳宗元的文章。朱熹则要求他的学生,应该选定一本书进行反复诵读,以达到内容通透的程度,然后再选择另一本书进行精读,"通一书而后及一书","大凡读书,须是熟读。熟读了,自精熟;精熟后,理自见得"。在现当代,胡适、冯友兰、朱光潜、叶圣陶、朱自清诸先生也提倡精读法,例如胡适先生提出"读书有两个要素,第一要精,第二要博";冯友兰先生也提出了"精读、泛读、翻读"的读书方法;朱光潜先生则号召读书要"分类、选精、读透",叶圣陶、朱自清二先生则出版了《精读指导举隅》一书。① 而当下,儿童的阅读时间过少,这种精读已很难实现了,名著经典导读、赏读、略读成为主要阅读方式,这正是苏轼、朱熹所批评的"苟简"学风,是当下儿童阅读面临的现实困境之一。

(三)随手可得的海量图书资源使儿童滞留在已达到的阅读水平

如前所述,苏轼和朱熹都认为只有通过精读才能够使自己的文章"体面",使"理自得见";可选择的书越多,就越难做到"日夜诵读""首尾背熟",直至内容通透。而对于儿童来说,可选择的书越多,他们就会选择自己能够理解或者说能够轻松阅读的内容,自觉避开有阅读障碍的内容。根据艾德勒的说法,这样的阅读行为就是一种获得资讯式的阅读,会对他们阅读技巧(也就是阅读能力)的提升形成阻碍。

皮亚杰提出过"适度新颖原则",他认为,给儿童学习的材料必须和其生活经验有一定的联系,同时又足够新颖,这样才能引起儿童的阅读兴趣。儿童不会关注太熟悉的东西,因为已经司空见惯,令人厌烦;也不会关注完全陌生的东西,因为与其图式中的任何东西都没有联系,令人迷惑不解。② 皮亚杰的这一学说可以用来解释儿童的自主阅读行为:对于一本符合儿童心理特征、与其生活经验息息相关的书,他们会选择阅读。在没有其他替代物的情况下,他们甚至可以反复阅读;如果有更多选择,看过的书就不具备新颖性和吸引力了,他们会换一本同类的其他书,但不会选择一本以他们目前的知识储备和理解能力不能轻松阅读的书。

---

① 徐雁:《从苏轼到朱熹:"选精读熟"观的方法论探析》,《图书馆杂志》2019年第4期。
② 皮亚杰:《皮亚杰教育论著选》,卢濬选译,人民教育出版社,2015,第6页。

维果茨基在《思维与语言》一书中提出了"最近发展区概念",他认为,儿童的发展有两种水平:一种是目前已经达到的发展水平;另一种是可能达到的发展水平。如果"我们给每个儿童比自己能够把握的问题更加困难的问题,并且提供少许的帮助。例如,帮助他解决第一步问题,提供一个引导性问题,或者其他形式的帮助……由于帮助,每个儿童可以做得比他自己能够做得更多"①。维果茨基的最近发展区理论对指导儿童阅读有极大的启示作用:如果我们任由儿童选择自己喜欢的读物,他们的阅读素养就只会与自己的智力发展水平保持一致,如果我们能在内容选择上提出一些建议,并给予适当的帮助,他们就可能达到更高的水平。

2020 年 7 月,我们在长沙县星沙实验小学五(三)班 42 名学生的阅读调查中发现,义务教育语文课程标准推荐的 9 部长篇文学名著,虽然学校从三年级开始就推荐给学生阅读,但只有 4 名学生读完了《骆驼祥子》、7 名学生读完了《鲁滨孙漂流记》、22 名学生读完了《格列佛游记》,而《西游记》《水浒》《平凡的世界》《简·爱》《童年》《钢铁是怎样炼成的》6 部作品没有一名学生完成阅读。在我们长期跟踪观察的 7 名儿童中,2 名农村儿童几乎没有课外阅读,5 名城市儿童所阅读的图书集中在童话类、儿童文学类,而对经典名著涉猎极少。以本章提到的 HYK 小朋友为例,虽然家长多次引导和建议她阅读四大名著,但由于缺乏有效的阅读帮助,她曾几次拿起《西游记》和《水浒传》尝试阅读,但每次都看上不到 20 页就放弃了。由此可见,寻求可帮助儿童提升其阅读素养的策略和方法,是广大教师和基础教育研究者亟待突破的课题。

(四) 价值观崩塌:阅读的神圣化到泛化

无论是东方还是西方,最初的阅读行为都是神圣的。在西方,最早的读书场所是教堂或宗教性质的聚会,最早的阅读主体则是教士身份的书记员,随后才开始普及到精英人士以及基层的司仪与神父。到中世纪后期,普通人所能拥有的书籍往往是"祈祷书"之类的宗教性小册子。一直到 1450 年,金属活字印刷术在德国问世,书籍可以批量印刷之后,宗教性阅读与世俗化阅读才开始分离。但宗教对西方世界阅读行为的影响依然存在,美国图书馆学家巴特勒认为,新教教义规定,教会有开展读书活动的义务,而教徒必须自己阅读,这是美国民众拥有强烈读书热情的原因所在。②

在中国,根据叶舒宪的考证,"诗"的本义与负责祭祀的"寺人"息息相关③,"诗"就是寺人言说给上天的祷词。但与西方不同的是,中国的阅读活动很快就摆脱了与祭祀、巫觋等宗教相关的桎梏,迅速世俗化。有研究者认为,孔子对《诗经》的整理,就是删除巫风太盛的诗歌。④ 但这种去宗教化并非意味着去神圣化,相反是给阅读(读书)以明确的、代代相传的神圣使命:"为人类礼仪性整体存在赋了了一种神圣的庄严感,使儒家君子在道德自立的根基上直接面对天下,拥有了一种面向族类全体的视野和情怀——它昭示的

①列夫·维果茨基:《思维与语言》,李维译,北京大学出版社,2010,第 121－122 页。
②王余光、汪琴:《关于阅读文化研究的几个问题》,《图书情报知识》2004 年第 10 期。
③叶舒宪:《诗经的文化阐释》,湖北人民出版社,1997,第 241 页。
④刘泰然:《娱乐:从圣化到泛化——娱乐文化的一个"考古学"梳理》,《学术论坛》2008 年第 12 期。

是新生的知识分子群体对自己道德能力和人类崇高价值的信念,是行道君子之人格力量和历史使命的自我确认。"①在孔子看来,他的编《诗》、作《春秋》,是天命在我,"天生德于予,桓魋其如予何"(《论语·述而》),意思是上天将使命交给我,在我使命完成之前,桓魋(宋国司马,当时想杀害孔子)又怎么可能伤害得了我? 在孟子,则是"吾善养吾浩然之气"(《孟子·公孙丑上》);在杜甫,则是"致君尧舜上,再使风俗淳"(《奉赠韦左丞丈二十二韵》);在张载,则是"为天地立心,为生民立命,为往圣继绝学,为万世开太平"(《横渠语录》);在范仲淹,则是"先天下之忧而忧,后天下之乐而乐";以及现当代以来周恩来的"为中华之崛起而读书"和北大学生的"振兴中华"。可以说,一直到 20 世纪 80 年代,读书(阅读)一直是一件神圣的事情。

但是,自 20 世纪 90 年代以来,随着商品经济的快速发展,我国开始进入了娱乐消费语境。娱乐全方位地渗透进了各个领域,包括阅读。严肃的、深度的、有价值的书越来越少,市场上充满了猎奇的、窥私的、戏说的读物。销量最高的图书是明星写真、玄幻小说、普及性和戏说性的所谓文化书籍(如《百家讲坛》的纸质版);销量最高的杂志是哗众取宠的《知音》和贩卖廉价情怀的《读者》。书成为与可乐、薯片一样没有营养又能给人带来短暂快乐的商品。当阅读脱下神圣的外衣,披上娱乐的华丽长袍后,也就不受重视了。今天,已经很少有家长会认为阅读和英语、舞蹈、乐器、书法、绘画一样重要,我们可以在培训市场上看到各种各样的培训班,但没有一家阅读培训班。在这种情况下,儿童阅读越来越被忽略,几乎感受不到其存在。

(五)网络小说和网络游戏严重破坏儿童的阅读能力

2019 年,我们在调查中发现,小学生已有普遍接触网络游戏的现象,越是农村地区、贫困地区,或者是父母低学历、低收入的家庭,以及父母在外打工、由祖父母或外祖父母隔代监护的家庭,其孩子接触网络游戏的现象就越严重。以我们长期跟踪观察的 2 名农村儿童(均为祖父母隔代监护)来说,他们在学习日玩网络游戏的时间一般在 2—4 小时,节假日玩网络游戏的时间则长达 8 小时以上。我们在调查中暂时还没有发现小学生接触网络小说的现象,但初中生看网络小说则成为普遍现象,网络小说甚至成为他们课外阅读的主要内容。

网络小说和网络游戏具有三个共同的特点:一是打怪升级模式。网络小说的主角往往一开始是平凡人,在有了奇遇后,通过打败一个接一个的怪物(敌人)获得自身的不断成长,最终走上人生巅峰;网络游戏的角色也是从新手村出发,通过打败一个接一个的怪物(敌人)获得角色的升级,其目标是成为游戏中的最强者。网络小说的读者或网络游戏的玩家通过移情机制,迅速代入到角色中,幻想自己从平凡人逆袭成最强者,于是欲罢不能,沉溺其中。二是即时获得感模式。网络小说看上去动辄数百万字、上千万字,实际上是由一个个短故事组成,每个短故事都是微缩版的"打怪升级,凡人逆袭",通过 3—5 章,最多不超过 10 章讲述完成,让读者能迅速获得阅读成就感和愉悦感;网络游戏也是如

---

① 李宪堂:《"天命"的寻证与"人道"的坚守:孔子天命观新解》,《文史哲》2017 年第 6 期。

此,整个游戏由一条主线和多条支线组成,主线和支线又有若干个节点,每个节点都需要打败一个怪物,同时获得掉落物品、经验或成就,让玩家有即时获得感。三是松散型参与模式。正因为网络小说是由众多独立的小故事组成的,读者可以对不重要内容一目十行地浏览,甚至大段大段地跳过,也不影响阅读效果;网络小说同样如此,玩家可以忽略其中的一些任务,或者直接通过购买道具、装备等来完成任务,依然能获得游戏快感。

因此,当儿童大量阅读网络小说或长时间接触网络游戏后,就会习惯于这种打怪升级模式、即时获得感和松散型参与模式,从而破坏其阅读能力。例如,当他们阅读托尔斯泰或陀思妥耶夫斯基的小说,遇到大段大段的心理描写或风景描写,就会因失去即时获得感而忍不住走神、跳过,难以沉浸到小说内容中去。又如,当他们阅读《城堡》《追忆逝水年华》这样的小说时,往往会因为没有"打怪升级"的阅读快感而放弃。

2017年12月,我们对湖南第一师范学院、湖南女子大学和长沙师范学院200名非中文专业的本科生(大二)进行了一次抽样调查和网络小说对纸质阅读影响的测试。[①] 首先,以问卷调查的形式统计了其网络小说接触情况,结果显示,所有调查对象均在最近一个月内有接触网络小说的行为,完整阅读过1—3部网络小说(轻度接触)的人数为50人,完整阅读过4—10部网络小说(中度接触)的人数为127人,完整阅读过10部以上网络小说(重度接触)的人数为23人。然后,我们分别从轻度接触、中度接触和重度接触网络小说的学生中各抽取23人,每人发放了2篇短篇小说打印稿(分别为刘庆邦的《草帽》和格非的《苏醒》),要求在45分钟内完成阅读。在阅读结束后进行简单的测试,分别为10道单选题和10道填空题,重点考察其阅读速度、定位信息能力、获取知识能力和记忆力;另外有一道简答题,要求被测试者对《草帽》这篇小说写出不少于100字的内容简介,重点考察其整合信息能力和文本解读能力。经检验,3组测试所得的成绩数据均服从正态分布,其中轻度接触组、中度接触组和重度接触组的均值分别为82.59、79.13和55.27,说明轻度接触组和中度接触组的阅读能力差别较小,但重度阅读组明显表现出阅读能力较差。与此同时,轻度接触组和中度接触组的标准差分别为19.05和17.92,两组基本上没有什么差别;而重度接触组的标准差为11.15,比其他两组低6分以上。说明轻度接触组和中度接触组的成绩离散程度较高,高分与低分差距较大;而重度接触组的成绩分布集中在低分区域。由此我们得出结论:在大学生群体中,大量和长时间阅读网络小说,可能严重破坏其阅读能力。我们并没有将这一测试在初中生群体中重复进行,但我们认为可作为初中生网络小说阅读对纸质阅读影响情况的参考。

三、儿童阅读实现当代突围的可能性

尽管当下的儿童阅读面临着诸多挑战,但由于阅读之于儿童存在传承与习得人类知识体系的价值、提升自身阅读素养的价值,以及审美价值与休闲娱乐价值,使我们寻求儿童阅读在困境中的突围可能成为必然选择。

---

① 彭红霞:《数字阅读时代大学生古典文学鉴赏能力现状及培养途径》,《文教资料》2019年第3期。

（一）构建权威的、科学的儿童必读书目体系

早在唐代的毋煚就认为天下图书典籍汗牛充栋、卷帙浩繁，为学者不可能遍读，常为书多所苦，他认为，如果没有分类编次、叙明源流的目录学所指引，读书人就如"孤舟泳海，弱羽凭天，衔石填溟，倚杖追日"（唐毋煚《古今书录序》）。清代学者王鸣盛也说："凡读书最切要者，目录之学，目录之明，方可读书；不明，终是乱读。"（清王鸣盛《十七史商榷》）张之洞的《輶轩语》《书目答问》二书问世以来，给后世的读书人指明了方向，影响了康有为、梁启超、胡适、陈垣、顾颉刚等清末及民国一大批学者，例如，梁启超就说："得张南皮之《輶轩语》《书目答问》，归而读之，始知天地间有所谓学问。"顾颉刚也说："《书目答问》一类书那时翻得极熟了。"①著名教育家徐特立先生曾回忆说，当时他向举人陈云峰请教，陈以纸扇相赠，上题"读书贵有师，尤贵有书。乡村无师又无书，但书即师也。张之洞的《书目答问》即买书之门径，《輶轩语》即读书之门径。读此二书，终身受用不尽"。听此建议，遂购买《輶轩语》《书目答问》，作为读书的指南，并认为"一生知道读书方法，就得益于这位先生"②。由此可见书目之重要性。

虽然我们不要求当下的儿童将来都成为学问大师，但在图书数量更多、质量更加良莠不齐的今天，构建权威的、科学的儿童必读书目体系是有必要的。目前，权威的中小学生推荐书目有两种：一是教育部制定的《全日制义务教育语文课程标准（2011版）》（简称《义务教育语文课程标准》）附录了一个关于课外读物的建议，推荐了"适合学生阅读的各类图书和报刊"的7种类别，分别是童话、寓言、故事、诗歌散文作品、长篇文学名著、当代文学作品和科普科幻作品，其中还明确列出了16种图书书名；二是教育部基础教育课程教材发展中心于2020年4月首次向全国发布了《中小学生阅读指导目录（2020年版）》（简称《指导目录》），该目录分为小学、初中、高中三个学段，其中小学110种、初中100种、高中90种，所列书目涵盖人文社科、文学、自然科学和艺术四类。

无论是《义务教育语文课程标准》的附录还是《指导目录》，无疑具有极高的权威性，是课程标准和教材的拓展与延伸，对于丰富中小学生精神文化生活、提高思想政治素质和科学文化素养具有重要意义。但其科学性却还值得商榷。

其一，正如《义务教育语文课程标准》阅读建议附录中提到的"适合学生阅读"原则，以及《指导目录》编写说明中提到的"根据青少年儿童不同时期的心智发展水平、认知理解能力和阅读特点，从古今中外浩如烟海的图书中精心遴选出300种图书"的选书原则，两个书目都只考虑了儿童目前已经达到的智力水平和阅读能力，而没有考虑他们可能达到的智力水平和阅读能力。因此，我们可以看到，《义务教育语文课程标准》附录的阅读建议，不仅单列了童话、寓言、故事三个类别，其他四个推荐类别也明显倾向于儿童文学，如"诗歌散文作品"推荐了中外童谣、儿童诗歌，"长篇文学名著"推荐了《鲁滨孙漂流记》和《格列佛游记》，"当代文学作品"重点推荐的是儿童文学作品，"科普科幻作品"重点推

---

① 谭华军：《论〈书目答问〉的学术文化影响》，《图书情报知识》1997年第12期。

② 《徐特立年谱》编纂委员会编《徐特立年谱》，人民出版社，2017，第19页。

荐的是普及性读物。而在《指导目录》中，以推荐给小学生的 56 部文学作品为例，除了方志敏的《可爱的中国》、海伦·凯勒的《假如给我三天光明》和萧红的《呼兰河传》三部书之外，其他均为儿童文学作品。

其二，经典性不足，同样以《指导目录》中推荐给小学生的 56 部文学作品为例，当代文学作品的比例超过 50%，还没有来得及经历时间与历史的沉淀，更何况其中还有儿歌集、寓言集、成语故事集、神话故事集等经过当代人翻译、编写的合集，以及《草房子》这样目前尚有争议的作品。

其三，指导作用不足，当下，"为学生减负""快乐童年"似乎已成为从政府到民间的全社会共识，凡属有可能给学生增加学习内容的事情都是冒天下之大不韪，即使是教育部发布的《指导目录》也特别强调："《指导目录》所列图书供学生自主选择阅读，各地各校不作统一要求，不得强制使用，不得要求学生全部必读。"也就是说，这些书学生可以读，也可以不读。在这种两可之间，大多数学生自然选择不读了，这也是我们在调研中发现今天的儿童很少有长篇经典作品整本书阅读的主要原因之一。

我们认为，出台权威、科学的儿童必读书目是当下提升儿童的阅读素养最有效的方法。这部书目应该具备这样几个特征：一是权威性，由教育部组织国家教材委、有关高校、研究机构和中小学校的权威专家、优秀教师研制，以正式文件的方式下发给各学校执行。二是经典性，入选的作品应该是经过时间沉淀、具有真善美价值的经典作品。三是发展性，我们认为，儿歌、童谣、童话及大部分不具有普适性的儿童文学，应该是服务于儿童正式学习之前的准备读物，通过父母、教师的帮助或以自主阅读形式在学前阶段就已经完成。到了他们正式接受教育时，就要阅读总是高于其目前已经达到了的智力水平和阅读能力的作品。不要低估儿童的学习能力，加拿大作家阿尔维托·曼古埃尔在其著作《阅读史》中大篇幅提到了自己儿童时期所阅读的作品，全部是莎士比亚、吉卜林、斯蒂文生、蒙田、契诃夫、陀思妥耶夫斯基、博乐赫斯等许多知名作家的经典作品，而从他的描述看来，他儿童时期这种大量的阅读行为，给自己带来了巨大的阅读愉悦①。四是可考核性，推荐的经典作品不一定数量庞大，但具有强制性和可考核性，即要求学生能够对推荐作品进行整本书阅读，阅读效果具体反馈在每学期的期末检测或小升初考试中，例如，阅读材料或作文材料来自必读书中的内容。通过这一必读书目的构建和应用，必将推动儿童的经典阅读和深阅读（精读），从而实现儿童阅读素养的全面提升。

（二）推动儿童寒暑假阅读

美国知名的童书出版机构哈里森集团于 2012 年发布了《儿童与家庭阅读报告》，报告显示，在美国，99% 的家长认为孩子应该在暑期阅读，86% 的孩子则确实按照家长的愿望进行了阅读。在 2000 名调查对象中，每名儿童在暑期阅读数量为 12 本。报告引用了多名家长的访谈："暑期阅读能帮助孩子保持上一学年的阅读水平，并在下一学年有所提高。""良好的阅读技能甚至能对数学和科学有帮助。暑期阅读能让你思维敏捷，它比其

---

① 阿尔维托·曼古埃尔：《阅读史》，吴昌杰译，商务印书馆，2002，第 12 - 26 页。

他任何活动更能促进大脑细胞。"报告还显示,进行了暑期阅读的孩子和其他孩子比较,前者自我认知能力更强,学习成绩更好,阅读能力更高。①

在我国,有将近 3 个月的寒暑假,大致与美国的暑期时间相当。研究表明,随着孩子年龄的增长、学习任务的加重以及允许他们参与的娱乐方式越来越多,他们的阅读意愿会逐步下降,特别是在 8 岁以后。在学习日,孩子们在完成其学习任务(包括学校、家庭和社会要求的、德智体美劳全方位的任务)后,没有更多的时间可以阅读,因此寒暑假就是他们大量阅读的最佳时期。但是,在减轻学生负担的当下,老师在寒暑假布置的阅读任务极少。我们在调查中发现,2020 年暑假,长沙县的盼盼小学、星沙实验小学和松雅湖小学,老师为五年级学生均只推荐了 3 本书,而且仅仅是推荐,并不强制要求完成。可见,我国小学生在暑假期间的阅读量,只相当于美国小学生的四分之一。

2020 年暑假,我们给长期跟踪观察的 5 名五年级小学生布置了 12 本书的阅读任务,均为教育部基础教育课程教材发展中心《中小学生阅读指导目录》5—6 年级推荐图书,分别为:《呼兰河传》《城南旧事》《美丽的西沙群岛》《草房子》《你是我的妹》《黑焰》《汤姆·索亚历险记》《假如给我三天光明》《永远讲不完的故事》《哈利波特与魔法石》《习近平讲故事:少年版》《梦圆大地:袁隆平传》,并要求每读完一本书写一篇不少于 400 字的读后感。在没有减少其他活动的前提下,平均每天阅读 2 小时左右,每个孩子都轻松地完成了任务。因此我们建议,在寒暑假期间,学校或家庭,应该为小学生布置有考核的、5—12 部长篇经典作品的阅读任务。

(三)构建父母在家庭中的阅读榜样身份

在我国古代,一直有"耕读传家"的传统,一个家族只要出了一个读书人,往往会对其子侄后裔产生影响,从而使读书种子绵绵不绝,所以常常有"书香门第"的说法。研究者普遍认为,"一个人能力与成就的大小与家庭教育密切相关,而家庭教育的核心内容是阅读"②。哈里森集团的《儿童与家庭阅读报告》显示,绝大多数美国家长认为孩子最重要的能力是阅读能力,其次才是数学能力、社会能力和批判性思维能力。如果家长每天都阅读,那么其孩子也能每天阅读的比例为 42%;而如果家长平均每周阅读次数少于 1 次,则其孩子能够每天阅读的比例仅有 7%,两者相差整整 6 倍。报告还提到了对一名 12 岁孩子的访问,他说:"我经常看到父母在阅读,所以我想阅读是一件好的事情。"③

中国新闻出版研究院院长、研究员魏玉山在接受中国青年报采访时,讲过一个发生在山东青岛的真实案例。一个女孩父母从小不在身边,与爷爷生活。她爷爷经常躺在沙发上看报纸,而她就在旁边写作业。等她考上了大学,一次回到家才发现,原来她的爷爷根本不识字。爷爷是为了让她安安静静地学习、看书才这样做。所以,魏玉山认为:"家长的行为和阅读习惯,对孩子阅读环境的营造很关键。我认为,家长一定要在阅读方面

①王萍:《关于美国〈儿童与家庭阅读报告〉的分析与思考》,《图书馆杂志》2013 年第 8 期。

②王余光、汪琴:《关于阅读文化研究的几个问题》,《图书情报知识》2004 年第 10 期。

③王萍:《关于美国〈儿童与家庭阅读报告〉的分析与思考》,《图书馆杂志》2013 年第 8 期。

给孩子做出榜样,不然孩子的阅读习惯养成会很难。"①

2018 年,国家统计局组织开展了第二次全国时间利用调查,数据显示,我国居民一天中个人自由支配活动时间平均为 3 小时 56 分钟,包括健身锻炼、听广播或音乐、看电视、阅读书报期刊、休闲娱乐、社会交往。其中"看电视"时间最长,为 1 小时 40 分钟;其次是"休闲娱乐"时间(包括在线浏览网页,如新闻资讯,计算机游戏、手机游戏、棋牌游戏等),为 1 小时 5 分钟;"阅读书报期刊"时间为 9 分钟,仅高于"听广播或音乐"时间的 6 分钟。② 由此可见,在我国家庭中,父母热衷于看电视和玩手机,并没有给孩子营造好的阅读环境,正如魏玉山院长所说:"如果家长一直看手机、玩游戏、玩电脑甚至打麻将,却让孩子看书,孩子也不会心理平衡。更有家长直接给孩子玩电子产品,避免自己被打扰。"③因此,为提升儿童的阅读能力和阅读素养,家长应该马上付诸行动,培养自身的阅读习惯,给孩子树立一个爱阅读的榜样。

(四)重构朗读在儿童阅读领域的价值维度

文学史普遍认为,最早的文学作品可以一直上溯到文字产生以前的远古时代。原始的神话传说和歌谣,经过人们口头代代相传,经过漫长的时间,才用文字记下一鳞半爪。④可见,最早的阅读活动也一定是朗读和聆听。无论是中国还是西方,一直都有朗读的传统,但两者又有本质的不同。

在西方,根据阿尔维托·曼古埃尔在《阅读史》一书中的介绍,在公元 5 世纪,圣本笃就在"本笃会规章"中规定,朗读是修道院日常生活的基本功课。到 12 世纪时,欧洲各地遍设的修道院都采用了"本笃会规章"。而在中世纪的世俗世界中,能够拥有书籍的只有属于僧侣和贵族阶层的少数人,一般民众对书籍的了解主要通过出身寒微的吟游诗人在展览会场和市集上的朗读,或出身贵族阶层的行吟诗人举办的吟诵会来实现。而在宫廷和贵族家庭,则由仆人进行朗读,或彼此互相朗读。到 17 世纪,朗读性聚会形成风气,在农民、劳工、商人等群体中也经常举行朗读会。⑤ 在纸张和印刷技术普及后,这种公众性的朗读会才逐渐式微,但显然,朗读的传统在西方社会很好地流传了下来,一直到今天,在欧洲和美国家庭中,父母为孩子朗读,或家庭成员互相朗读依然是普遍现象。被国际阅读组织评选为 20 世纪对阅读推广最有贡献的 8 人之一、美国著名的阅读研究和推广专家吉姆·崔利斯认为,在美国,有 200 个电视频道分散了学生的注意力,超过半数的青少年每天花大部分时间玩手机,1/4 的孩子是单亲家庭,但就是在这样的情况下,美国学生

①杜园春、孙山:《中国新闻出版研究院院长魏玉山:家长要在阅读方面给孩子做出榜样》,《中国青年报》2018 年 04 月 24 日第 7 版。

②国家统计局:《2018 年全国时间利用调查公报》,http://www.gov.cn/xinwen/2019 - 01/25/content_5361065.htm

③杜园春、孙山:《中国新闻出版研究院院长魏玉山:家长要在阅读方面给孩子做出榜样》,《中国青年报》2018 年 04 月 24 日第 7 版。

④袁行霈主编:《中国文学史(第一卷)》,高等教育出版社,1999,第 23 页。

⑤阿尔维托·曼古埃尔:《阅读史》,吴昌杰译,商务印书馆,2002,第 140 - 150 页。

的阅读成绩竟然逐年提高,其原因就是美国家庭有朗读的良好习惯。[1]

与西方朗读传统的大众性(当众朗读或家庭朗读)不同的是,我国的朗读传统则具有浓烈的私人性意味。这种私人性体现在朗读的对象不是普通民众或家庭成员,而只发生在读书人之间,比如在教学场所,先生给学生进行朗读示范、学生们自己朗读是主要的教学方式;或者干脆是自己独处的朗读。《朱子语类·读书法上》中谈到为学之法,就是"诵数以贯之",同时进一步解释说:"诵数"云者,想是古人诵书亦记遍数。"贯"字训熟,如"习惯如自然";又训"通",诵得熟,方能通晓。若诵不熟,亦无可得思索。《聊斋志异》《古今奇观》《阅微草堂笔记》等小说中,我们也经常可以看到读书人或在家或在寺庙大声朗读的描写。科举制度取消后,一直到今天,朗读在语文课堂教学中依然占据重要地位,但个人的朗读则已基本消亡,而是被默读所取代了。在《义务教育语文课程标准》中,还特别要求1—2年级学生"学会默读"、3—4年级学生"初步学会默读,做到不出声"、5—6年级学生"默读有一定的速度,默读一般读物每分钟不少于300字"。

事实上,无论是西方社会还是我国,数千年的朗读传统证明了这一方法有利于对所读内容的记忆,同时也有利于在家庭中培养热爱阅读的良好氛围。值得注意的是,由于西方早教理论和实践方法引入我国后,在年轻妈妈群体中形成了给孩子讲述睡前故事的习惯。因此,我们建议在家庭中放大睡前故事的形式,划出专门的家庭朗读时间,制订专门的朗读计划,形成父母为孩子朗读,或家庭成员轮流朗读的习惯。

(五)构建数字阅读语境下提升儿童阅读能力的可能模式

随着互联网的普及和计算机的应用,特别是智能手机和移动网络的普及,人类进入了数字阅读时代。毫无疑问,数字阅读引起了广大研究者、教师和家长的担忧。例如,北京印刷学院的周斌教授认为:"数字阅读在平等享有、阅读集中力、生活状态、人身安全、身体健康、心理健康、精神面貌、是非判断和文化心理等诸多方面给读者带来十分严重的负面影响,且负面影响日益突出";[2]李祖平认为数字阅读完全是一种"时间消磨、心情消遣、商业消费、精力消耗",其价值异化现象十分突出,与"读书使人进步"的核心价值观背道而驰;[3]钟志贤归纳了数字阅读的六大陷阱:贪多、图快、浅薄、碎散、轻浮、躁乱。[4]还有研究者认为,数字阅读使阅读主体注意力不集中,从而患上"信息健忘症",同时,数字阅读不仅给读者造成精神负担,而且引发许多生理健康问题,如一种包括视力减退、畏光、肩背酸痛、疲倦等症状在内的"视频显示终端症"。[5]显然,学界、教师和家长对数字阅读的担忧是可以理解的,因为数字阅读不仅仅是简单的阅读载体的变换,同时还意味着数字传播时代正在替代纸本传播时代——这是一次意义重大且注定影响深远的社会变革和文化重构。在这种重大转型的时期,即使是苏格拉底也不能保持淡定,当口头传播时

---

[1] 吉姆·崔利斯:《朗读手册》,陈冰译,新星出版社,2016,第3—7页。

[2] 周斌:《数字阅读负面影响的现状调查与分析》,《编辑之友》2018年第3期。

[3] 李祖平:《"深阅读"与数字阅读的价值重塑:数字化"深阅读"支撑作用研究》《中国出版》2017年第7期。

[4] 钟志贤:《数字阅读的陷阱与规避》,《电化教育研究》2016年第12期。

[5] 黄先蓉、钟窈:《数字阅读研究热点与动向:伦理、行为与应用》,《出版科学》2020年第2期。

代正在向纸本传播时代转型时,苏格拉底也表现出了对书写阅读浓重的担忧和对正在到来的新时代强烈的否定,他说:阅读"就会把健忘植入人的灵魂中;他们不会再练习记忆,因为只会依赖写下的东西;不再从心底将事物唤回记忆中,而只想靠着心外那些标记……他们(阅读的人)看起来似乎所知甚多,而其实对大部分事情一无所知。当人们不是充满智慧,而是充满着智慧的自负时,他们就会变成同胞的负担……书写文字只能够使人想起他原本就知道的事物"①,这与当代学者担心数字阅读带来"信息健忘症"是何其相似。然而,即使是苏格拉底的担忧也不能阻碍纸质阅读时代的到来,他的担忧或者很有道理,但事实上,后来的人很好地适应了这种阅读在我们"灵魂中植入人的遗忘",或者说,我们通过朗读、默读、背诵等方式,很好地解决了这一问题;以此类推,今天我们哪怕是再担忧,也不能阻止数字阅读以摧枯拉朽之势取代纸介质数千年来作为信息载体的统治地位,而且也应该相信,我们及我们的后代,能很快地适应数字阅读带来的种种弊端,或者恰如其分地解决这些问题。

2001年,马克·普林斯基在其论文《数字原生代与数字移民》中首次提到了"数字原生代"的概念,他认为,1980年以后出生的人即可称之为"数字原生代",因为他们一出生,身边就充斥着众多的数码产品,是伴随着数字阅读一起成长的,与1980年前出生的人比较,他们更习惯于数字阅读而不是纸质阅读。数字原生代的提法得到了广泛的认同,被研究者用来表征不同代际群体在数字技术使用方面的显著差异。②但对数字原生代与数字移民二者的分界点颇有异议,如Rainie将1985年作为二者的分界点,而赵宇翔等人则将1975年作为二者的分界点。③我们认为,如果将数字阅读作为代际划分标准的话,在我国,数字原生代应该指2009年及以后出生的人,在这一年,国家工业和信息化部开始发放3G牌照,使手机上网速度最快可达到2Mbps,手机移动上网体验大幅提升,为智能手机的普及提供了网络环境基础,也正是在这一年,智能手机在全国得以普及,也意味着数字阅读在全国的普及。

如果将我国2009年以后出生的人称之为数字原生代的话,那么今天0—12岁的儿童都是数字原住民。他们第一次与父亲见面的场景,可能就是父亲正在用智能手机给他拍照,准备通过QQ空间或微信朋友圈向亲戚朋友报告这一消息;他们听到的第一段音乐,可能就是网络上寻找的儿歌资源,用智能手机或平板电脑播放的;年轻的父母在网络上寻找各种色彩鲜艳、栩栩如生的图片,教他们认识各种蔬菜、水果、生活日用物品;也为他们播放动画片《小猪佩奇》或《熊出没》;他们的第一次主动阅读,很可能是在平板电脑上,他们模仿着大人的样子,手指一划,一本数字化的电子图画书向他们打开了整个世界;而他们的第一次纸质阅读,可能要到1岁左右,当他们学会了简单的语言后,年轻的妈妈郑重地打开一本绘本书,用尽量标准的普通话、温柔的语气、缓慢的语速为他们朗读;他们的第一次主动的纸质阅读,则还需要年龄更大些的时候。总之,数码产品和数字内容已

①阿尔维托·曼古埃尔:《阅读史》,吴昌杰译,商务印书馆,2002,第74—75页。
②王佑镁:《像素的悖论:中国未成年人数字化阅读实证研究》,中国社会科学出版社,2018,第2页。
③马捷、徐晓晨、张光媛、赵天缘:《基于年龄分组的数字阅读使用意愿影响因素研究》,《图书情报工作》2018年第18期。

成为儿童不可避免的生活环境,与此同时,由于移动终端的便携性、数字内容资源的丰富性和获取的便捷性,数字阅读将越来越成为儿童最重要的阅读方式。

既然儿童数字阅读已不可避免,那么,今天我们再讨论数字阅读与纸质阅读的优劣对比,实在毫无意义。我们应该做的是明确儿童阅读的目标,并探讨互联网环境下的数字化载体如何实现这一目标的多种可能途径,正如前文所提到的苏轼、朱熹一样,构建纸质阅读时代如何更好地实现读精、明理、作文等等的策略和方法。

四、儿童数字阅读的几点疑问及本书写作缘起

(一)关于儿童数字阅读的几点疑问

从 2006 年开始,我一直在关注大众媒介(主要是电视动画)对小学阶段及学前儿童语言学习(包括识字、阅读、写作和口语交际等方面)的影响,我的主要观点是:看动画片已取代游戏,成为儿童的第一爱好,在这种情况下,我们讨论动画片对儿童的影响是积极的或者消极的已毫无意义。我们应该做的是如何避免电视动画对儿童语言学习的消极影响,并寻求电视动画提升儿童语言学习能力的各种可能性。基于这一理念,我们在多个家庭、幼儿园和小学进行了大量实验,以找到利用动画片促进儿童语言能力的各种策略和方法。

在 2014 年前后,我们发现,家长、老师对儿童看动画片的事情已经不再关注了,学界对"动画片 + 儿童教育"的研究热情也在消退,通过知网数据库已很难检索到相关研究成果。家长、老师和研究者关注的重点开始转向"互联网 + 儿童教育",数字阅读就是其中讨论度很高的课题。在确认了这一发现后,我十分震惊。因为在我们与儿童的接触中,他们对动画片的爱好依然没有消减,很多儿童依然花大量的时间在看动画片,有所变化的是,过去他们看动画片需要等待相对固定的动画栏目播出时间,而网络电视普及之后,动画资源更丰富,无须等待漫长的其他节目或广告内容,可以连续不断地看下去;另外,就是播放载体在电视之外,又增加了智能手机和平板电脑。而数字阅读并没有成为他们学习和生活中的重要内容,几乎所有 0—13 岁的儿童都没有智能手机,大多数学校建设的智慧教室,也并没有应用到日常教学之中。在这种情况下,为什么儿童数字阅读突然成为全社会关注的热点?带着这样的疑问,我们搜集和阅读了大量关于儿童数字阅读的文献资料。

毫无疑问,数字读物和电视动画一样,是一种大众媒介,但是,儿童对动画片的喜爱,不仅有大量的调查数据支撑,而且也是可见的,孩子们在客厅聚精会神地看电视的场景,是大多数家庭的常见现象。因此我们可以提出许多利用动画片促进儿童识字、阅读、写作和口语交际的策略和方法来。而数字阅读则不同,虽然几乎所有研究者都认为当下越来越多的儿童开始接触数字阅读,数字阅读替代纸质阅读是未来的发展趋势,且大部分的研究者对这种趋势表示了普遍性担忧。但是,到目前为止,没有一种理论能解释为什么儿童在纸质阅读和数字阅读之间,会更趋向于选择数字阅读,我们也很少看到有儿童

拿着手机或平板电脑进行阅读的场景。因此,在梳理和消化这些资料的过程中,有两个核心的问题开始浮现。以至于我们认为,不解决这两个问题,儿童数字阅读的研究就无法进行,更不用说如何利用数字阅读来促进儿童阅读能力或其他能力的提升了。

第一,什么是儿童,或者说,儿童的年龄段应该怎样划分? 我们在阅读文献时就发现,无论是国内还是国外的研究人员,往往疏于对"儿童"年龄段进行清晰界定,幼儿、儿童、少儿、孩子、青少年、未成年人、小学生、中小学生等概念混用,有时候这些纷杂的概念有所区别,有时候又是指向儿童这一共同的内涵。

第二,什么是数字阅读? 数字阅读属于新兴的多学科交叉领域,目前其概念还存在诸多纷争,其内涵和外延还没有确定。在有的研究资料中,其外延无限扩大,凡利用数字化载体对数字化内容进行处理的,即为数字阅读,例如,用计算机或手机玩游戏、看视频、处理邮件、微信聊天都包括在内;而有的资料中,其外延又无限缩小,只有利用手机、平板电脑、电子阅读器等移动终端阅读公开出版物、电子书、网络文学、期刊和有声读物的行为才称之为数字阅读[第三方数据研究机构比达咨询(Big Data – Research)发布的《2019 年中国数字阅读市场研究报告》],显然,这一定义将非移动终端的数字阅读排除在外。而更多的研究者在发布其研究成果时,并没有对数字阅读的内涵或外延进行清晰界定。

(二)本书的写作缘起

概念是理论研究的前提,如果没有对研究对象的概念,包括其内涵与外延进行清晰明确的界定,理论研究就无从谈起,更不用说利用研究成果对研究对象产生影响。基于我们对儿童身份、数字阅读概念的不确定性,以及我们收集整理的众多研究者的儿童数字阅读研究结论与我们的日常感受严重不符的疑问,2019 年 7 月,我们进行了一次儿童数字阅读情况问卷调查,调查对象为家长。

参考其他研究者在儿童数字阅读领域的研究成果,此次调查我们提出如下假设。

1.儿童是指 0—12 岁的未成年人。因为在众多儿童数字阅读研究成果中,与"儿童"含义相近的还有少儿、孩子、青少年、未成年人、小学生、中小学生等多种表述,而无论哪一种表述,都包含了 0—12 岁的未成年人。

2.数字阅读的对象是以文字为主体的连续性、有完整意义的文本,因此将视频、游戏、音乐以及互联网上简单的片言只语排除在外。

本次调查共发放调查问卷 1000 份,回收问卷 1000 份,实际有效问卷 821 份,之所以有 179 份无效问卷,主要是部分家长在问卷明确提醒的情况下,依然将看动画片、看视频、玩游戏当作了数字阅读。调查结果显示。

当询问"您的孩子是否喜欢读书(包括纸质阅读和数字阅读)"时,86.5%的家长认为"喜欢",8.3%的家长认为"不喜欢",5.2%的家长认为"暂时无法判断";当询问"您的孩子是否有过数字阅读经历"时,72.2%的家长选择"有",27.8%的家长选择"没有";当询问"您的孩子数字阅读的主要方式"时,11.8%的家长选择了"读电子书",62.7%的家长选择了"听书",25.5%的家长选择了"两者皆有";当询问"您的孩子平均每天数字阅读时长"时,71.3%的家长选择了"半小时以内",26.8%的家长选择了"一小时以内",1.3%的家长选择了"三小时以内",0.5%的家长选择了"超过 3 小时";当询问"您的孩子数字阅读行为主要发生时间"时,5.0%的家长选择"上午",3.4%的家长选择"下午",30.5%的家长选择"晚上",48.4%的家长选择"睡前",12.6%的家长选择"碎片化时间(接送上学放学的车上、跑步时、在外等候就餐时等)";当询问"您的孩子数字阅读的原因"时,58.0%的家长选择了"孩子主动",30.9%的家长选择了"家长要求",11.1%的家长选择了"受其他小伙伴影响",选择"老师要求"的家长为0;当询问"您的孩子喜欢哪一类数字读物(可多选)"时,17.3%的家长选择了"课外辅导书",27.2%的家长选择了"文学小说",45.7%的家长选择了"寓言童话和故事书",59.3%的家长选择了"卡通漫画和绘本",40.7%的家长选择了"科普知识读物",13.6%的家长选择了"其他"。

从上述调查结果,我们可以得出以下结论。

1. 有86.5%的家长认为孩子喜欢阅读,同时有58.0%的家长认为孩子的数字阅读行为属于主动阅读,由此可见,0—12岁的儿童具有较高的阅读兴趣,同时,对于喜欢阅读的孩子来说,数字阅读更具吸引力。

2. 有72.2%的家长选择孩子有数字阅读经历,也有27.8%的家长选择孩子没有数字阅读经历,而且有71.3%的家长认为孩子平均每天的阅读时间不超过半小时。由此可见,儿童接触数字阅读的比例较高,但与有的研究者认为的"数字阅读已成为未成年人生活、学习的主要方式之一,其已不仅仅是一种单纯的阅读,更是一种新型的数字信息行为"①还有一定差距。

3. 在数字阅读行为发生时间方面,有61.0%的家长选择了"碎片化时间"(睡前阅读具有随时可能中断的特点,因此实际上睡前也是一种碎片化时间),可见数字阅读的"碎片化阅读"特点明显。但碎片化时间的阅读行为是否一定产生碎片化阅读结果,本调查无法给出确定答案,还有待进一步验证。

4. 选择以听书为主,同时既听书也读电子书的家长占88.2%,而选择以读电子书为主,同时既听书也读电子书的家长占37.3%,由此可见,有声阅读是0—12岁儿童进行数字阅读的主要方式。

5. 在儿童数字阅读行为发生原因方面,除58.0%的家长选择了"孩子主动"之外,还有30.9%的家长选择了"家长要求",11.1%的家长选择了"受其他小伙伴影响",可见家长的要求和同伴的影响也是提升儿童阅读兴趣和阅读量不可忽视的重要原因。

6. 在儿童喜爱的数字读物方面,有45.7%的家长选择了"寓言童话和故事书",59.3%的家长选择了"卡通漫画和绘本",可见0—12岁儿童在读物选择上偏向符合自己阅读能力、可轻松完成阅读的作品,经典阅读和深度阅读不够。值得注意的是,有40.7%的家长选择了"科普知识读物",这是其他研究者的研究成果中所没有提及的。充分说明了0—12岁儿童对身边的世界充满了好奇心和求知欲。

根据此次调查结果的统计、分析及由此得出的结论,我们认为:第一,在儿童数字阅

---

① 黄朋月:《国内未成年人数字阅读研究热点与发展趋势探析》,《图书馆工作与研究》2017 年第 12 期。

读研究中,必须对儿童的年龄段以及数字阅读的外延进行清晰界定,否则得出的结论,其科学性、实用性和有效性都将大打折扣,例如,如果我们笼统地认为"数字阅读已成为未成年人生活、学习的主要方式之一",并以此为依据制订小学一年级学生的课外阅读计划,就有可能达不到预定的目标;第二,当下最受儿童欢迎的数字阅读方式是有声阅读,但是碎片化阅读特征明显,且经典阅读和深度阅读不够,因此我们应该更多地关注儿童有声阅读,并探索将碎片化阅读导向整体性阅读或整体性阅读结果,同时探索如何利用有声阅读促进儿童经典阅读和深度阅读,提升儿童阅读素养的可能途径;第三,本次调查严重依赖家长的主观回答,这种主观回答受诸多因素影响发生严重偏差的可能性较大,得出的结论客观性、科学性不够,应该对儿童进行更多的跟踪观察和实验来进行验证。基于上述认知,此次调查结束后,我们开始着重儿童有声阅读的相关研究、调查和实验,也获得了一些成果。部分成果已整理成论文发表,更多的成果则体现在本书上,以期广大儿童数字阅读专家、老师和家长指正。

第一章 儿童、阅读及有声阅读的重新定义

有趣的是，今天我们试图将"儿童有声阅读"作为研究对象时，发现无论是"儿童""阅读"，还是"有声阅读"，都没有一个准确的定义。以"儿童"为例，全世界不同的国家、不同的组织，甚至同一个国家之内，可能存在多个年龄段划分标准。在我国，全国人大批准的联合国《儿童权利公约》认定儿童为 18 岁以下的任何人；国家互联网信息办公室发布的《儿童个人信息网络保护规定》中则明确儿童是指未满 14 岁的未成年人；在火车站、电影院、旅游景点等需要购票进入的场所，判断是否为儿童的标准是身高而不是年龄。在这种情况下，如果我们的目的是"让儿童在家庭环境里，在幸福、亲爱和谅解的气氛中成长，考虑到应充分培养儿童可在社会上独立生活，并在《联合国宪章》宣布的理想的精神下，特别是在和平、尊严、宽容、自由、平等和团结的精神下，抚养他们成长"（联合国《儿童权利公约·序言》），将 0—18 岁的任何人作为一个整体的儿童群体来考察和观照无可厚非。但如果是为研究之目的，比如考察儿童的阅读素养，我们将 0—3 岁的未成年人和 15—17 岁的未成年人毫不区分的话，显然是不科学的。"阅读"概念同样如此，有人认为，凡是对外界的感知都可以称为阅读，"夏威夷的渔夫将手插入海中以阅读海流；农民阅读天空的天气；这一切的阅读都和书本的读者共享辨读与翻译符号的技巧"[1]。也有人认为只有通过人的视觉系统看正规出版物并领会其内容才叫阅读（《现代汉语词典》）。在阅读的定义尚未明确的前提下，有声阅读自然也就不可能出现标准的、广泛认可的概念界定了。

当然，本书既无心也无力对上述概念进行简单、确切而受到广泛认可的定义。只是试图从众多纷杂的概念中选取一个或选取几个进行综合，并为其外延进行清晰的界定，以尽量使我们的研究、调查和实验数据更加精准，得出的结论更具科学性、实用性和有效性。

第一节 晦暗不明的儿童身份

在关于数字阅读对儿童的影响研究中，研究者基本上形成了两大共识：一是数字阅读作为一种全新的信息获取方式和知识接受行为，已成为儿童生活和学习的重要方式，

---

[1] 阿尔维托·曼古埃尔：《阅读史》，吴昌杰译，商务印书馆，2002 第 7 页。

儿童数字阅读是不可逆转的发展趋势;二是对儿童来说,数字阅读显著改变了受众与媒介、受众与内容甚至是受众之间的社会关系,是一把"双刃剑",既有其优势,也有其显而易见的缺点。当我们梳理这些研究成果时就会发现,"儿童"身份在众多调查数据和研究结论中晦暗不明。这种晦暗不明主要体现在以下三个方面:一是对儿童年龄段划分的模糊性;二是将儿童的触网行为等同于数字阅读行为;三是对儿童的阅读目标不明晰,给儿童阅读赋予了非阅读可以完成的目标或非儿童阶段阅读所能够完成的目标。以至于在阅读众多文献时,有如探索迷宫泥沼,常常陷入歧途。

一、儿童年龄段的界定模糊不清

王慧、刘婧和顾围等人通过检索 Web of science、LISA 和 CNKI 三大数据库文献,发表了《国内外未成年人数字阅读研究综述》一文。[①]从这篇论文可以看出,无论是国内还是国外的研究人员,往往疏于对"儿童"概念进行清晰界定,幼儿、儿童、少儿、孩子、青少年、未成年人、小学生、中小学生等概念混用,有时候这些纷杂的概念有所区别,有时候又是指向儿童这一共同的内涵。

事实上,并非只有数字阅读研究领域对儿童概念的定义模糊不清,全世界对儿童年龄的界定也存在纷争。在医学界,规定儿童为 14 岁以下的人;1969 年,美国图书馆协会发布的《公共图书馆儿童服务标准》将儿童的年龄段界定为 13 岁以下;1989 年,联合国大会通过的《儿童权利公约》将儿童定义为 18 岁以下的任何人。1991 年,我国第七届全国人民代表大会常务委员会第 23 次会议批准了《儿童权利公约》,并于 1992 年 4 月 1 日起正式生效;1997 年,英国出版的《儿童和青少年:图书馆协会发布的公共图书馆服务指南》一书中将儿童的年龄段界定为 12 岁以下;2001 年,日本政府颁发的《儿童阅读推进法》中,将儿童的年龄段界定为 18 岁以下;2003 年,国际图书馆协会联盟发布的《儿童图书馆服务指南》中,将儿童区分为婴儿、学步的儿童、学前儿童、13 岁以前的上学儿童四个阶段;2019 年,我国国家互联网信息办公室室务会议审议通过的《儿童个人信息网络保护规定》中,将儿童定义为不满 14 周岁的未成年人。

当我们赋予儿童某种权利时,可以将所有儿童视为一个整体来观照,也可以将其外延尽量扩大,以保证更多的人受益,但这种做法却不适合使用在研究中。儿童年龄段界定的不统一,使我们在梳理有关儿童数字阅读的研究文献时常常陷入迷茫。例如,山东大学新闻传播学院的昌隽如在《儿童数字阅读平台构建策略探究》一文中提到,"2018 年儿童数字阅读潜在用户规模达 2.5 亿"[②];浙江大学传媒与国际文化学院的林丽在《媒介化语境下我国少儿数字出版的现状与趋势》一文中说:"研究显示,在电子设备阅读的少儿数量开始增多,70.8% 的少年儿童在电脑、手机或电子阅读器上看过新闻,66.7% 看过

①王慧、刘婧、顾围:《国内外未成年人数字阅读研究综述》,《山东图书馆学刊》2015 年第 2 期。
②昌隽如:《儿童数字阅读平台构建策略探究》,《中国出版》2019 年第 23 期。

小说、故事，59.1%看过非小说类文学作品，50.8%看过漫画，36.6%看过电子杂志。"①陈铭、姜洪伟在《数字媒介使用与儿童阅读需求的关系研究》一文中说："儿童已普遍接触数字阅读，电脑、手机、平板电脑是儿童使用较多的阅读设备，儿童文学、科普百科、漫画绘本、学习辅导是儿童数字阅读的主要内容，儿童选择数字媒介阅读主要基于便利需求、个性化需求、娱乐需求、认知需求、社交需求、逃避与平静需求，并且数字阅读行为与上述需求的一种或数种显著相关。"②那么，这些文献中所说的儿童或少年儿童，到底是指0—13岁、0—18岁或者3—13岁、3—18岁，又或者是7—13岁、7—18岁的哪个年龄段，实际上是很模糊的，因而这些研究成果的实用性和有效性也就大打折扣，比如，如果我们认定上述文献所说的儿童即包括18岁以下的任何人，并以此为依据制订小学一年级的课外阅读计划，可能就达不到预定的目标。

为避免年龄界定的模糊性和不准确性，本书参照中国《儿童个人信息网络保护规定》对儿童年龄的界定，以及国际图书馆协会联盟对儿童年龄段的划分，将"儿童"年龄段清晰定义为0—13周岁的未成年人。

二、儿童触网行为与儿童数字阅读混淆

中国新闻出版研究院每年发布的《中国数字出版年度报告》中，将数字出版分为以下9类，即：手机出版、网络游戏、互联网广告、电子书、博客、互联网期刊、数字报纸、网络动漫和在线音乐。这一分类基本上囊括了我们可以通过数字载体进行的视、听、玩等全部内容。中南大学中国文化产业品牌研究中心编写的《中国文化品牌发展报告（2012年）》对"数字出版"的概念是这样定义的："随着信息技术的不断进步，数字出版的内涵也不断深化和拓展，从只在网络上直接编辑出版内容及传统印刷版内容的数字化，发展到依托数字化技术进行的全方位立体化传播。当前数字出版产品形态多样，包括电子图书、数字报纸、数字期刊、网络原创文学、网络教育出版物、网络地图、数字音乐、网络动漫、网络游戏、数据库出版物、手机出版物（彩信、彩铃、手机报纸、手机期刊、手机小说、手机游戏）等。"③因此，我们常常将儿童的触网行为（或者说使用互联网的经历）等同于数字阅读行为。例如，宁波教育学院图书馆的黄朋月在《国内未成年人数字阅读研究热点与发展趋势探析》一文中，引用了2015年发布的《第八次中国未成年人互联网运用状况调查报告》中关于"91.9%的未成年人有使用互联网的经历，娱乐游戏、完成作业、查阅资料和放松休闲是其上网的主要目的，其中56.4%的未成年人首次触网年龄在10岁以前"等内容后，就直接得出结论："数字阅读已成为未成年人生活、学习的主要方式之一，其已不仅仅是一种单纯的阅读，更是一种新型的数字信息行为。"④徐彬、曾敏灵等人将"电子阅读"定义为："指以数字化信息为阅读对象，以计算机信息网络和必需的电子硬件设备的支持

---

①林丽：《媒介化语境下我国少儿数字出版的现状与趋势》，《出版发行研究》2018年第11期。

②陈铭、姜洪伟：《数字媒介使用与儿童阅读需求的关系研究》，《图书馆理论与实践》2015年第4期。

③欧阳友权主编《中国文化品牌发展报告（2012）》，社会科学文献出版社，2012年，第124页。

④黄朋月：《国内未成年人数字阅读研究热点与发展趋势探析》，《图书馆工作与研究》2017年第12期。

的双向、互动、开放式阅读方式。"侯壮则认为数字阅读就是:"指依靠各种数字化平台或移动终端,以数字化形式获取信息或传递认知的过程。"①上述界定方式虽然没有明确阅读内容,但既然"以数字化信息为阅读对象"和"以数字化形式获取信息"即数字阅读,那么,玩网络游戏、利用数字化载体听音乐、看互联网上的广告也获取了信息,自然也属于"数字阅读"范畴。

　　毫无疑问,这种将儿童触网行为等同于数字阅读的提法完全不符合我们的日常认知,也是不科学的。例如,我们通过智能手机为一名刚刚出生几天的婴儿播放一段音乐;或者是一岁多的婴儿被平板电脑上的彩色图片所吸引,手指在屏幕上划来划去,以翻看更多的图片;或者是一名小学生通过智能手机玩王者荣耀,难道我们就可以说他们是在进行数字阅读吗? 而如果我们将数字阅读的概念进行严格界定,只有儿童通过数字化终端,从数字化的书面语言和符号中获得意义的行为才能被称为数字阅读的话,那么,"数字阅读已成为未成年人生活、学习的主要方式之一"这一结论又值得商榷了。

三、儿童数字阅读的目标

　　万事万物都有两面性,数字阅读亦不例外。梳理近年来国内外研究者在儿童数字阅读领域的成果,不同的研究者从不同的角度,对儿童的数字阅读行为得出了或积极或消极的观点。

　　积极观点:①数字阅读具有内容资源的丰富性和获取的便捷性,在互联网语境下,海量的数字阅读资源可不受时间与空间的限制,随时随地下载、阅读;②数字资源共享性高,互联网上存在海量免费资源或低价格资源,可有效消除城乡差异、家庭背景差异等知识鸿沟,使边远地区、贫困地区和贫困家庭、低学历家庭的孩子也能与发达地区、富裕家庭、高学历家庭的孩子一样平等阅读;③正因为数字资源的丰富性,每个孩子都能找到自己喜欢的内容,真正实现个性化阅读;④数字阅读互动性强,阅读主体可以对内容自由发表观点,和其他阅读者甚至是内容创作者进行沟通交流,这种新颖的阅读形式可以激发人的创造性;⑤数字内容的呈现方式更加多元,可以通过文字、图片、音效、动画、背景音乐等全方位刺激儿童的视觉、听觉,能够激发儿童的阅读兴趣和主动性;⑥数字读物在线阅读时支持注释、导航、互动等功能,能够提升孩子对文本的理解。

　　消极观点:①数字阅读对儿童的视力有较大的伤害;②很多数字读物特别是网络小说等内容的发布具有很大的随意性和自由度,缺乏筛选和把关机制,稳定性和权威性不够,质量不高,用语随意,对儿童的知识学习、道德养成和审美水平会产生负面影响;③数字阅读的娱乐性导致想象力缺乏和理性思考缺失,甚至可能使儿童沉湎其中,对儿童的人际关系、心理健康和身体素质都带来不良影响;④海量的数字内容造成信息过载和随意超链接,导致儿童在阅读时注意力分散,容易形成碎片化阅读和浅阅读;⑤数字阅读环境下,技术想象力不足制约儿童阅读能力提高,对话性与话语性不均衡造成儿童阅读教

---

　　①侯壮:《大学生数字阅读》,电子科技大学出版社,2017,第103页。

育失衡。

上述关于儿童数字阅读的结论，无论是积极的还是消极的，往往都基于调研数据或实验数据而来，都有一定的合理性。但是，我们依然还有疑问，例如：如果给贵州山区的孩子每人配备一台智能手机，或者在他们的学校建设智慧教室，他们就会如饥似渴地阅读大量图书，并且和北京、上海的孩子一样阅读同样的图书，利用同样的教学资源吗？儿童数字阅读就一定是碎片化阅读和浅阅读，不能导向整体性阅读和深阅读，从而影响其符号解码能力、思维能力的提升和道德水平、审美水平的形成？事实上，答案一定是否定的。例如，教育或教育机会的公平性，不是也不应是数字阅读所能解决的；如果不给儿童创造一个稳定的环境、提供整体性的阅读内容，无论是纸质阅读还是数字阅读，最终都将导向碎片化阅读结果。

基于上述思考，我们认为，对数字阅读优劣性的讨论，应该持中立态度，过于强调其积极性或消极性，都是无益的。我们在讨论之初，应该首先明确一个问题：儿童数字阅读的目标是什么？

毫无疑问，儿童数字阅读和纸质阅读的目标是一致的，两者的差别只是阅读载体和阅读方式的不同。儿童阅读的目标，莫提默·J·艾德勒在《如何阅读一本书》中开宗明义地提出，阅读的目标主要有两个，一是获得资讯，二是求得理解。为了获得资讯而进行的阅读，比如阅读报纸、休闲娱乐杂志，其目的是了解我们所不了解的信息，阅读结束后，我们获得了新的资讯，但我们的理解不一定增强了；而为了求得理解的阅读，则是阅读我们暂时还不能理解的文本，这种阅读就类似我们自学一门课程或技术，"没有任何外力的帮助，你就是要读这本书。你什么都没有，只凭着内心的力量，玩味着眼前的字句，慢慢地提升自己，从只有模糊的概念到更清楚的理解为止。这样的一种提升，是在阅读时的一种脑力活动，也是更高的阅读技巧"。

在教育部发布的《全日制义务教育语文课程标准》中，也提出了中小学生阅读学习的总目标："具有独立阅读的能力，注重情感体验，有较丰富的积累，形成良好的语感。学会运用多种阅读方法。能初步理解、鉴赏文学作品，受到高尚情操与趣味的熏陶，发展个性，丰富自己的精神世界。能借助工具书阅读浅易文言文。"概括起来，就是要求儿童具有在不借助外力的情况下，获得能够理解文本、鉴赏文本的能力，以及借助工具书阅读文言文的能力，并且在此过程中，获得阅读愉悦。也就是说，儿童阅读的目标，就是要具有传承人类几千年以来以文字为主体构建的知识体系的能力。

实践证明，纸质阅读是能够达成知识传承能力培养目标的。在互联网时代，我们需要回答公众的是：人类几千年来以文字为主所构建的知识体系，能不能以数字文本的方式被下一代所吸收和传承？如果答案是肯定的，那我们应该努力探索这一新的阅读方式，如何更好地实现知识体系的传承；如果答案是否定的，那我们对儿童数字阅读的讨论就显得毫无意义。

第二节 阅读的内涵和外延

一、阅读概念异说述评

什么是阅读? 正如费希尔所说:"回答这一问题并非易事,因为阅读行为是变化的,而不是绝对的。"①目前,被引用较多的关于"阅读"的定义主要有以下几种。

1.《现代汉语词典》中注释:阅读,看(书报)并领会其内容。② 显然,这样的解释并不能有效概括阅读的内涵。首先,这一解释强调了视觉(看),排除了读者通过听觉和触觉领会文本内容的可能。但是,众所周知,盲人是通过触觉阅读的。而在西方,一直到中世纪时期,几乎所有的受众都是"以听为读",很多贵族认为"阅读"是一门技艺,与他们的地位不相称,于是他们往往由仆人、奴隶朗读给他们听。如果否认"听书"也是阅读的一种,那么西方世界一直到中世纪,几乎没有阅读史可言。其次,这一解释将阅读对象限定在书报,那么,我们读一封信,或者是看一篇博客或微博,算不算阅读呢?

2. 王余光、徐雁《中国读书大辞典》:一种从书面语言和符号中获得意义的社会行为、实践活动和心理过程,是读者与文本相互影响的过程。③ 在《中国读书大辞典》出版十年后,王余光在其论文中对"阅读"概念进行了补充:阅读是阅读主体(读者)与文本相互影响的过程,是阅读主体实践活动与精神活动的一种体现。这种意义上的阅读概念,包含以下几层意思:①阅读是人类的一种认知过程。人们通过阅读来探知未知,创造自我。②阅读是一种普遍的文化现象。它是人们获取知识的重要手段,成了不受时间、地域限制的一种受到人们普遍接受的行为方式。③阅读是知识的传承与文化的延续。图书流传为人类文化的继承和创造提供了条件,而阅读则使文化的继承和创造变为可能。④阅读是人生的一部分。④ 王余光、徐雁等人对阅读的定义,其优点是显而易见的:首先,这一定义将阅读对象的边界确定在"书面语言和符号"范围内,与"人类感知世界的过程即阅读"之类的定义相比,由于外延的有限性使我们对阅读行为的理论研究与应用研究成为可能;其次,这一定义因为没有提及具体的载体,因而具有极强的包容性,充分考虑了当下及未来多种载体的可能性;此外,这一定义明确了读者与文本的相互影响,即阅读文本可以使读者获得信息传达、知识传递甚至阅读能力提升等影响,同时读者也能给文本重新赋予意义。而其缺点也同样是显而易见的:首先,这一定义没有对"文本"与"书面语言和符号"做更进一步的限定,那么,互联网上一般性的信息搜索行为抑或浏览行为,例如通过微信、QQ 等即时通信工具聊天,在百度、搜狗等搜索引擎上检索信息是否也可以纳

---

① 史蒂文·罗杰·费希尔:《阅读的历史》,李瑞林等译,商务印书馆,2009,第 6 页。
② 中国社会科学院语言研究所词典编辑室:《现代汉语词典》,商务印书馆,1998,第 1557 页。
③ 王余光、徐雁:《中国读书大辞典》,南京大学出版社,1993,第 337 - 338 页。
④ 王余光、汪琴:《关于阅读文化研究的几个问题》,《图书情报知识》2004 年第 10 期。

入阅读范畴？其次，王余光对阅读概念的补充，将阅读行为当作一种文化行为来考察，有其合理性，但同时也将阅读行为神秘化了，例如这一概念中"人们通过阅读来探知未知、创造自我""阅读是人生的一部分"等提法，难道休闲性、娱乐性的阅读，比如说，虽然我对金庸的《笑傲江湖》烂熟于心，但我喜欢在闲暇时再读一遍，这种阅读是纯粹的消极阅读，既不探知未知，也不创造自我，难道就不能称之为阅读吗？最后，如果一个人从不阅读，但他对绘画、艺菊或种植农作物有高度的兴趣和爱好，难道他的人生就不完整吗？

3. 袁曦临、王骏、刘禄在由武汉大学、美国佩斯大学和高等教育出版社共同主办的"第六届数字时代出版产业发展与人才培养国际学术研讨会"上发布的论文中提出：阅读是一个由读者主导的对阅读材料进行复杂信息加工的过程，包含字词识别、句法分析、含义理解、推理判断等一系列交替进行的认知理解活动。① 袁曦临等人的提法，也存在两个问题：第一，以概念自身来解释概念，将他们的定义提炼，即"阅读就是读者对阅读材料的认知理解活动"，何谓阅读材料，实际上并没有明确的界定；第二，这一定义拔高了阅读过程中信息获取和加工的复杂性，阅读行为固然要有字词识别和含义理解，但不一定需要进行句法分析和推理判断，后者应该是知识学习的目标，而阅读可以是知识学习，也可以仅仅是资讯获取甚至是休闲娱乐，比如，我们阅读娱乐杂志、看故事书、笑话集等，并不需要句法分析、推理判断等复杂加工。

4. 钟启泉根据日本学者山元隆春在《阅读教育》中对阅读行为的定义"读者同作者的对话，同自身的对话，同以往的生活中自己遇到的人与事的对话"，提出"阅读"的概念为：读者运用既有知识来建构文本解读的认知活动。② 这一定义因为极为简约，反而具有极大的包容性，但同样存在三个问题：第一，这一定义对文本的外延没有明确的界定；第二，忽略了儿童阅读的存在，例如，如果一个不识字的儿童，将整本《红楼梦》里面密密麻麻的文字当作一个个图案，像玩连连看一样找到相同的图案，并因此获得快乐，是否也算是阅读？第三，否认了最近发展区的存在，如果我们阅读既有知识所不能理解的文本，比如一名本科大学生借助工具书或咨询导师，完成了对《论语》的解读，是否算是阅读呢？

5. 王欣欣认为，阅读有广义和狭义之分，从广义来说，阅读就是人类感知世界的过程，凡是人类通过感觉器官从外界接收信息，然后反馈给大脑，由大脑对信息进行存储、感受、分析、判断的过程，就可以叫作阅读；而狭义的阅读则是指人类通过一定的载体接受文字、图像等信息的过程。也就是说，阅读就是信息知识的生产者和接受者通过文本实现信息、知识传递的过程。③ 实际上，王欣欣所提到的广义阅读和狭义阅读，都是对阅读外延的无限扩大化。首先，如果阅读就是感知世界的过程，那么我们既可以阅读文本，也可以阅读天空、大地和万事万物；其次，如果阅读的对象包括文字和图像等信息，那么，我们看动画片、欣赏照片集、玩游戏也属于阅读活动之一的话，那么阅读研究就等同于大众媒介研究了。

---

① 黄先蓉，张窈：《数字阅读研究热点与动向：伦理、行为与应用》，《出版科学》2020 年第 2 期。
② 钟启泉：《儿童阅读的本质及其环境设计》，《中国教育学刊》2019 年第 5 期。
③ 王欣欣：《阅读的本质与图书馆服务》，《图书馆论坛》2006 年第 26 卷第 2 期。

6. 莫提默·J·艾德勒在《如何阅读一本书》中提出，阅读是指从书写文字中汲取大量资讯，以增进对世界了解的行为。他特别指出，只有从书面文本中获取资讯，才能称之为阅读，他说："（阅读的人）就和过去历史上每一个深有教养、智慧的人别无二致。当然，并不是每个人都能做到这一点，即使是收音机、电视没有出现以前，许多资讯与知识也是从口传或观察而得。但是对于智能很高又充满好奇心的人来说，这样是不够的。他们知道他们还得阅读，而他们也真的身体力行。"①艾德勒是典型的唯知识论者和知识神秘论者。在他的理解中，首先，只有主动的、以获取知识和求得理解为目标的阅读才是阅读，而被动的阅读（如老师、家长布置给孩子的强制性阅读任务）、以休闲娱乐为目标的阅读就不是真正阅读；其次，他认为只有深有教养、智慧的人或智能很高又充满好奇心的人才能进行主动的阅读，而其他人被排除在真正的读者之外。

7. 费希尔提出，根据现代西方最宽泛的定义，阅读当指"理解书写或印刷符号的能力，读者使用符号引导自己激活记忆中的信息，然后运用被激活的信息构建对作者所传达信息的合理解释"。但费希尔并不认可这一定义，他认为给阅读定义不是一件易事，因为阅读行为是变化的，人类历史上阅读行为已经历了至少三次演变：最初，阅读只是一种简单通过能力，即从任何编码系统中获取视觉信息并理解其相应含义；后来才专指对书写在物体表面上的连续性文本符号的理解；而今天，阅读亦包括从电子屏幕上获取编码信息的能力。他进一步提出："毫无疑问，阅读的定义将继续演变，正如人类的其他能力一样，阅读是对人类自身进步的一种考量。"②费希尔对阅读行为的理解和提法具有开创性。首先，他提出了人类对阅读行为的理解是一个演变过程，最初可能是通过在绳子上打一个结标识物品数量、在森林中垒几堆石头标识狩猎范围，人们从这些编码系统上获取视觉信息并理解其含义就是阅读，后来则专指对书面文本的理解，而今天则包含了读屏行为，还可能在未来出现更多的新的阅读行为；其次，费希尔强调了连续性文本，实际上就将当今互联网上的片言只语排除在阅读对象之外。但是，他在其著作《阅读的历史》中大量描述了西方世界的朗读传统，并且毫不犹豫地断言：中世纪正如古罗马一样，所谓"出版的书"也只不过是在公共场合朗读过而已。中世纪时期，几乎所有的受众皆是"以听为读"；③同时，他还以海伦·凯勒为例，大篇幅描述盲人使用整字认知法凭借感觉阅读的行为。④但是，他在这本书中又强调了阅读是"获取视觉信息"，这就是费希尔的矛盾之处。

8. 阿尔维托·曼古埃尔在《阅读史》一书中提出，每个人感受自身及周遭的世界，俾以稍得了解自身和所处就是阅读。他显然是一个广义阅读论者，他说：书本的读者阅读书页上的字母；天文学家阅读一张不复存在的星星图；日本的建筑师阅读准备盖房子的土地，以保护它免受邪恶势力侵袭；动物学家阅读森林中动物的嗅迹；玩纸牌者阅读伙伴的手势，以打出获胜之牌；舞者阅读编舞者的记号法，而观众则阅读舞者在舞台上的动

①莫提默·J·艾德勒：《如何阅读一本书》，商务印书馆，2004，第7页。
②史蒂文·罗杰·费希尔：《阅读的历史》，李瑞林等译，商务印书馆，2009，第6页。
③史蒂文·罗杰·费希尔：《阅读的历史》，李瑞林等译，商务印书馆，2009，第132页。
④史蒂文·罗杰·费希尔：《阅读的历史》，李瑞林等译，商务印书馆，2009，第301页。

作;织者阅读一张待编织的地毯的错综复杂的设计图;弹奏管风琴的乐手阅读谱上编成管弦乐的各种同时性的串串音符;双亲阅读婴孩的表情,以察觉或喜悦或惊骇或好奇的讯息;中国的算命者阅读古代龟壳上的标记;情人在晚上盲目地在被窝底下阅读爱人的身体;精神科医生帮助病人阅读他们自己饱受困扰的梦;夏威夷渔夫将手插入海中以阅读海流;农民阅读天空的天气。这一切阅读都和书本的读者共享辨读与翻译符号的技巧。① 曼古埃尔对阅读的定义实在太过于宽泛,如前所述,王欣欣认为最广义的阅读是人类感知世界的过程,而曼古埃尔则更进一步,将自身也纳入阅读的范畴,我们在阅读万事万物之外,还能阅读我们的心灵。他对阅读外延无限制扩大的结果,是使自己在其著作《阅读史》的写作过程中陷入了自相矛盾的尴尬境地:他一方面认为阅读是每个人感受自身及周遭的世界,俾以稍得了解自身和所处的过程,但另一方面在其《阅读史》的内容中,全部笔墨都集中在人类对纸质文本的理解之上。

二、阅读的四个维度

通过对上述"阅读"概念的梳理,我们可以抽象出阅读活动的四个维度:一是阅读主体,也就是读者;二是阅读客体,也就是文本;三是阅读过程,包括阅读方式、字词识别等;四是阅读结果,即读者从文本中获得了何种意义。在这四个维度中,阅读主体、阅读客体、阅读过程是阅读活动的基础构成要素,而阅读结果则是阅读活动中的核心要素。其中任意一个基础构成要素的变动,都会对阅读结果产生重大影响。例如,阅读主体注意力不集中,阅读文本的随意延伸(如数字阅读的超链接)以及阅读过程的频繁中断,就会导致碎片化阅读结果。阅读结果是阅读活动的最终成果,内容创作者与阅读主体以阅读文本为中介,是否实现了知识或意义的传递,或者阅读主体通过阅读文本获得了理解和意义(可以是理解文本蕴含的本来意义,相当于孟子的"以意逆志";也可以是赋予文本全新的意义,相当于春秋时的"赋诗断章,余取所示"),最终需要阅读结果来检验。可以说,阅读主体、阅读客体、阅读过程缺一不可,缺少任何一个维度,阅读活动就不成立;而阅读结果则是关键性维度,缺少阅读结果,阅读活动就失去了意义。

(一)阅读主体

毫无疑问,读者是阅读活动的主体。我们从以下几个角度来完成对读者的认知。

1.读者就是从文本中获取意义的任何人,包括不识字者、盲人和智障者。根据费希尔的考证,在西方世界,直到公元5世纪,识字并能够阅读的仅限于为数不多的特权人士,在人口众多的城市(如拥有大约50万人口的罗马),成千上万的人是通过"聆听朗读"的方式进行阅读。② 曼古埃尔在《阅读史》中也提到,直到19世纪中叶,古巴工人阶级中只有勉强接近15%的阅读人口,但这些不识字的工人,自掏腰包聘请朗读员在他们工作

---

① 阿尔维托·曼古埃尔:《阅读史》,吴昌杰译,商务印书馆,2002,第7页。
② 史蒂文·罗杰·费希尔:《阅读的历史》,李瑞林等译,商务印书馆,2009,第88页。

时朗读报纸新闻甚至历史、哲学、文学类作品,这种聆听朗读的方式使工人与书本之间"建立永久的友谊,从中获取莫大的兴趣"。后来,这种方式也被移民带到了美国并大行其道,在工厂度过数个年头的工人大多能够背诵长篇的诗歌甚至散文,其中有的工人居然可以背诵奥勒利乌斯的整部哲学著作《沉思录》。① 盲人也是可以阅读的,费希尔在其《阅读的历史》中提到了美国作家、演说家海伦·凯勒学习阅读的方式。她不但双目失明,而且双耳失聪,但她使用整字认知法学会了阅读,通过触摸书本上凸起的字母组成的整字,"我很快明白了,第一个凸起的字都代表某种物体、某种行为或某种特性"。对于智障者来说,"绘本在帮助(智障者)记忆、语言及良好行为发展方面,有着不可估量的可行性"。②

2. 读者的阅读素养或者说阅读能力在阅读活动中起决定性作用,阅读能力越强,获得的阅读结果就越好,阅读客体、阅读过程对阅读结果的干扰就越小。一般认为,阅读能力包括阅读兴趣、阅读速度、定位信息能力、整合信息能力、获取知识能力、阅读赏鉴能力、批判性阅读能力和文本解读能力等多个方面。其中阅读兴趣是诸多能力中的前提,有阅读兴趣的人,意味着他能够主动阅读。艾德勒说:"阅读越主动,效果越好。这个读者比另一个读者更主动一些,他在阅读世界里面的探索能力就更强一些,收获更多一些,因而也更高明一些。读者对他自己,以及自己面前的书籍,要求得越多,获得的就越多。"③《全日制义务教育语文课程标准》的阅读教学建议里也说:"应让学生在主动积极的思维和情感活动中,加深理解和体验,有所感悟和思考,受到情感熏陶,获得思想启迪,享受审美乐趣。"但既然有主动的阅读,就会有被动的阅读,事实上,美国哈里森集团发布的《儿童与家庭阅读调查报告(2012年)》显示,大多数儿童都是主动阅读者,尤其是5—8岁的儿童属于经常阅读者,每周阅读5—7天。但8岁是阅读频率下降的关键年龄,更多的孩子开始喜欢上网而不是阅读。④ 可以说,随着人们年龄的增长,被允许接触的娱乐方式越来越多,主动阅读的可能性就越低。被动阅读其实就是功利性阅读,其阅读有明确的目的性,比如,学生完成老师、家长布置的阅读任务;为了考研或写一篇文章,不得不阅读大量参考书,等等。这种被动的阅读是极具意义的:首先,被动阅读是可以转化为主动阅读的。2019年寒假,我们要求黄玉看小朋友(10岁)阅读美国女作家哈珀·李的《杀死一只知更鸟》,很明显,她是不愿意阅读这本厚书的,当勉强读完第一章后,就明确表示不愿意继续读下去,理由是"不好看"。但我们要求她必须读完。令人惊奇的事情发生了,当她读完第4章之后,再也不需要我们的督促,就开始主动地阅读这本书,进度越来越快,用3天时间就读完了这本442页的书。她后来告诉我们,这本书是她看过的所有书中,让她感动到流泪的两本书之一。由此可见,被动阅读能够让读者发现书中之美,从而变成主动阅读。其次,被动阅读能够提升读者的阅读能力。目前,普遍认为学校教育缺少有效提升阅读能力的方法,阅读能力的提升只有通过大量阅读才能实现。如前所述,

① 阿尔维托·曼古埃尔:《阅读史》,吴昌杰译,商务印书馆,2002,第140-150页。
② 史蒂文·罗杰·费希尔:《阅读的历史》,李瑞林等译,商务印书馆,2009,第301页。
③ 莫提默·J·艾德勒:《如何阅读一本书》,商务印书馆,2004,第8页。
④ 王萍:《关于美国〈儿童与家庭阅读报告〉的分析与思考》,《图书馆杂志》2013年第8期。

儿童在 8 岁以后就开始逐渐失去阅读兴趣,因此,只有被动阅读才能实现大量阅读,从而提升其阅读能力。比如,家长要求孩子每天阅读,从而形成其每天阅读的习惯,进而实现其阅读速度、信息定位能力、信息整合能力等其他能力的提升。

3. 读者的阅读行为既是个性化的,也是社会化的。个性化阅读是《全日制义务教育语文课程标准》明确提出的阅读教学理念:"阅读是学生的个性化行为,不应以教师的分析来代替学生的阅读实践。"曼古埃尔的《阅读史》一书中专门以一章的篇幅来描述"私人阅读"。个性化阅读凸显的是阅读主体的主动性和创造性,即自主确定阅读目标、自主选择阅读文本、自主完成阅读过程,以致对文本进行个性化解读。从接受理论来看,一部文学作品蕴含的意义往往是在接受过程中被不断重构的,读者将自己的期待视野加诸文本之上,从而赋予作品新的意义,正如鲁迅先生在《绛花洞主·小引》中所说:"《红楼梦》是中国许多人都知道,至少,是知道这名目的书。谁是作者和读者姑且勿论,单是命意,就因读者的眼光而有种种:经学家看见《易》,道学家看见淫,才子看见缠绵,革命家看见排满,流言家看见宫闱秘事……在我的眼下的宝玉,却看见他看见许多死亡;证成多所爱者,当大苦恼,因为世上,不幸人多。惟憎人者,幸灾乐祸,于一生中,得小欢喜,少有里碍。然而憎人却不过是爱人者的败亡的逃路,与宝玉之终于出家,同一小器。"① 正因为一千个读者就有一千个哈姆雷特,文本与读者两种期待视野在阅读过程中相互吸引、碰撞、妥协和平衡,最终实现视野交融,"第一个读者的理解将在一代又一代的接受之链上被充实和丰富,一部作品的历史意义就是在这过程中得以确定,它的审美价值也是在这过程中得以证实"②。这就是个性化阅读的重要意义所在。但是,读者的阅读行为同时也是社会性的,受到政治的、文化的、宗教的、经济的等多种因素的综合影响。而且这种影响是润物细无声的,悄无声息地改变了我们对阅读文本的选择而不自知。例如,孔子提倡雅乐,反对郑声(我国古代所讲的"乐",常常不是单指音乐,而是包括了诗、乐、舞三者在内的),《论语·卫灵公》记载孔子说:"行夏之时,乘殷之辂,服周之冕,乐则《韶》舞。放郑声,远佞人,郑声淫,佞人殆。"《论语·阳货》篇也记载孔子说:"恶紫之夺朱也,恶郑声之惑雅乐也,恶利口之覆邦家者。"被孔子所反对的郑声,实际上就是当时的"新乐",与"雅乐"这种古乐节奏缓慢、曲调中正平和的特点比较,郑声节奏明快强烈,曲调高低变化较大,容易激动人心,符合当时生产力解放、人们生活节奏加快的社会现实和时代潮流。虽然孔子如此激烈反对,但当时大多数人还是开始放弃雅乐,喜欢郑声了。《礼记·乐记》记载,魏文侯曾说他一听雅乐就觉得疲倦要睡觉,而听到新乐则精神百倍,乐而忘倦。③到了孟子时代,这种郑声已非常普及了,以至于孟子都不得不改变看法,认为评价音乐的好坏,不是看它是否是雅乐还是新乐,而是要看统治阶层是否与民同乐。由此可见,读者的个性化阅读,实际上还是涵盖在社会化阅读范畴之内。

---

① 鲁迅:《鲁迅全集(第八卷)》,人民文学出版社,2005,第 183 页。

② H·R·姚斯:《接受美学与接受理论》,周宁等译,辽宁人民出版社,1987,第 25 页。

③ 张少康、刘三富:《中国文学理论批评发展史(上)》,北京大学出版社,1995,第 38 页。

（二）阅读客体

关于阅读的客体，也就是文本，一直是争论的焦点。有人认为自身和万事万物皆可阅读，而有人则认为只有从书写在纸介质上的正规出版物中获得启示才能称之为阅读。我们认为，阅读的文本至少要具有以下要素。

1. 无论将阅读活动视为文化行为、审美行为还是功利行为，只要承认它是可研究、可解读的，那么它一定有一个边界。如果感受自身及世界的过程就是阅读，那么就根本不存在阅读研究和阅读史。与此同时，那种将"一切可读的文字信息材料"作为阅读对象即文本的提法，①也存在边界不明晰的问题，一方面，它否认了孔子、苏格拉底及之前"述而不作"的聆听阅读方式，也否认了民间史诗及其他口述作品的口耳传递；另一方面，也并非一切可读的文字信息材料都可以当作文本，例如一些碎片化的文字，读者不能从中获取意义。总之，我们认为，阅读文本应该有一个适当的、可有效分析的外延。

2. 阅读文本应该是连续性文本。连续性文本对碎片化内容进行了强烈否定，因为非连续性、碎片化的内容，读者无法从中获取意义，或者获取的意义过于零散、孤立，缺乏彼此联系，因而读者无法对这些意义进行编码、整理和加工，形成长久的记忆。曼古埃尔说，当他学会了阅读后，就什么都读，书本、便条、广告、电车票背面的小字、被丢在垃圾桶里的信件、在公园长椅底下找到的经过风吹雨淋的旧报纸、涂鸦、公车上其他读者手持的杂志封底。他认为自己的这种做法与塞万提斯由于酷好阅读，"甚至街道上的碎纸片"都捡来读的行为是心灵相通的。②实际上，曼古埃尔与塞万提斯这种连碎纸片都不放过的做法，只能说明他们对阅读如饥似渴，当手边没有合适的阅读材料时，于是将一切可见的文字都拿来聊以解渴，实际上并不是真正的阅读，因为这些材料不能提供意义。就好像在大饥荒时期，饥饿的人们以观音土果腹一样，我们不能因此视观音土为真正的食物，因为它不能提供营养。

3. 阅读文本应该由标准化语言构成。这里说的语言，包括索绪尔说的"言语"（讲话、书写的行为和结果）和"语言"（存在于人们所说、所写中的音义结合的词汇系统和语法系统）。马克思主义语言起源论认为，原始人之所以开始说话，模仿自然发声和感叹发声固然可以改善发音器官，但真正可以提炼出语言的言语是在集体劳动的交际中产生的。鲁迅先生在《门外杂谈》中也说："我们祖先的原始人原是连话也不会说的，为了共同协作必须发表意见，才渐渐发出复杂的声音来。"语言是人类的、全民的交际工具，首先是属于民族的，不同的民族有不同的语言，它一视同仁地为本民族的各个阶级、阶层的各种人服务。③因此，语言是本民族全体成员共同约定的用来指代某种事物或某种行为的符号，这种约定一旦形成就不能轻易变更，其演变过程一定是全体成员在交际过程中彼此碰撞、妥协、融合和平衡的过程中缓慢进行的。语言具有交际功能，它能够被全体成员编码、发

---

①王余光，汪琴：《关于阅读文化研究的几个问题》，《图书情报知识》2004年第10期。

②阿尔维托·曼古埃尔：《阅读史》，吴昌杰译，商务印书馆，2002，第8页。

③岑运强主编：《语言学基础理论》，北京师范大学出版社，1994，第14-18页。

出、传递、接收和解码。列维·斯特劳斯在《忧郁的热带》一书中讲了这样一个故事:当他在巴西的印第安人部落旅行时,几位当地土著看到他在写字,于是拿起他的铅笔和纸,模仿他所写的字母画了许多弯曲的线,然后就要求列维·斯特劳斯读出来,并告诉他们这些曲线是什么意思,而事实上,这些随意画出的曲线根本不能被解读。因此,我们认为,阅读文本应该由约定俗成的,至少能够被本民族全体成员所解读的,标准化的语言构成,在这个意义上,建筑图纸、计算机程序编码、女书以及巫师所画的符文等等,都不能包括在阅读文本之内,因为它们都只能在特定的职业或特定的人群中才能被解读。

4. 阅读文本不受载体的束缚和影响。众所周知,自文字产生之后,其载体发生过很多次变革,如西方古典时代的泥板、石板、莎草纸、羊皮纸,都曾是文本的重要载体;而在我国,则经历了甲骨、金石、竹木、绢帛、纸张及计算机程序等多种载体的变迁。甚至有的载体还是无形的,主要记忆在人的脑海中,例如秦火之后到汉惠帝撤销挟书律数十年间,《诗经》就是口耳相传的方式进行保存。载体是文本的一种保存方式,并不影响文本的读者与文本创作者之间的信息传递。《诗经》是刻在石板上(如开成石经),还是印刷在纸介质上,或者是存在于毛亨的记忆中,都不会改变阅读的本质,即读者通过某一介质,从连续性、标准化的语言文本中获取意义。

(三)阅读过程

阅读的本质就是意义建构,那么阅读的过程就是建构意义的过程。这个过程如何实现,至今仍然没有定论。很多研究者试图从技术领域来分析阅读的过程,从公元前5世纪开始,就有许多西方的科学家通过纯粹的理性思辨而不是实验,得出了在今天看来颇为荒诞的结论。恩培多克勒形容说:眼睛乃由爱神阿芙洛狄特所创造,她将一道火控制在数处薄膜与细布里;薄膜与细布阻止身体深处的水源到处流淌,却让内部的火焰穿透到外边。一百多年后,伊壁鸠鲁想象这些火焰是原子的薄膜,像一道绵绵上升的雨,从物体表面流入到我们的眼睛和心灵,从而让我们了解这些物体的种种特性。与伊壁鸠鲁同时代的欧几里得则提出了与之相反的结论:光束是由观察者的眼睛里发射而出,去理解受观察的对象。而亚里士多德又提出了另外一套理论:人类的眼睛就像变色龙一样,摄入所观察对象的形式与色彩,透过眼睛的液状体,将这些信息传达给全功能的内脏(一个包括心脏、肝脏、肺脏、胆囊和血管等掌控动作和感官知觉的器官的混合体)。公元1世纪,希腊解剖学家、内科医生、作家盖伦提出了第四种解答,他认为,人的大脑存在一种"视觉精灵",会透过视觉神经穿过眼睛,流出到空气之中,使空气具有了知觉能力,不管观看对象距离多遥远,都能够领会其特质。这些特质透过眼睛传送回到大脑,然后再往下经由脊髓到达感觉与运动神经。

公元9世纪,埃及学者伊本·爱尔海珊提出了新的理论:当我们注视一个物体(一棵树或是一个字母)时,一个视觉的角锥体就形成了,其基点在该物体自身,而它的顶点则在角膜曲率的中心。当这个角锥体进入我们的眼睛时,它的光束被布置在我们的眼球表面,然后以一种不互相交叉的方式折射,这时候我们就看到了该物体。但是,这种"看到"是怎么变成阅读的呢?爱尔海珊认为,一切对外的世界的认知皆与源自人类判断力的某一种缜密推论过程相关,理解字母的动作不只涉及视觉与认知过程,也关系到推论、判断、记忆、认知、知识、经验和练习过程。他还对"纯粹感知能力"和"认知"进行了区分:前者不是出于主动或刻意,比如说,我们看到窗外的阳光和下午的光影变化;而后者则需要有刻意的认知动作,比如说,我们专注地看着书本上的一段文句。爱尔海珊的这一理论得到了英国著名哲学家培根的认可,培根将他的理论进行了整理并献给当时的教宗。

在爱尔海珊之后近9个世纪的1865年,现代神经语言学诞生了。在那一年,法国人米歇尔·达克斯和保罗·布罗卡同时间在各自的研究上对阅读机制进行了科学解释:由于一个在怀孕时开始的遗传过程,绝大多数人在出生后,其大脑左半球最后将变成大脑编纂和译解语言的主要部位;而另外有少数人(大多数是左撇子或双手俱利的人)会在其大脑右半球发展此项功能。在一些个案中(发生在遗传上偏向于大脑左半球扮演支配角色的人身上),脑部左半球早年受损会造成大脑的功能重调,导致在右半球发展语言功能。但无论是左半球还是右半球,都一直要到这个人真正接触语言的时候,才会担负起编纂和译解语言的功能。在两名法国科学家的研究基础上,后来者又陆续取得了一些进展,比如说,大脑的某个区域受损,就会导致某种语言障碍。但是,我们只知道是大脑(而不是之前认为的心脏或全功能的内脏)在掌控我们的阅读行为,至于大脑是如何实现这种掌控的,我们依然一无所知。正如美国研究者胡耶所说:"彻底分析出我们在阅读时的整个心智运作,几乎就是心理学家的巅峰成就,因为这需要能够对人类心智中许多最错综复杂的运作机制做出描述。"我们距利用技术解开阅读过程之谜的终点仍十分遥远。①

正如爱尔海珊、达·芬奇、培根等人试图从技术角度来解开人类阅读过程之谜一样,更多的人是从文化的角度来诠释人类如何从文本中获取意义的。以孔子为代表的儒家学者,认为文本的意义蕴含在文字之中,可以通过对文字的注疏,来获得文本中的微言大义。《周易·系辞》中说,子云:"书不尽言,言不尽意。"然则圣人之意其不可见乎? 子曰:"圣人立象以尽意,设卦以尽情伪,系辞焉以尽其言。"这就是说,虽然孔子认为要做到言尽其意很难,但是圣人最终还是可以做到的。汉代的扬雄进一步阐述了孔子的意见:"言不能达其心,书不能达其言,难矣哉! 惟圣人得言之解,得书之体。"因此,儒家一方面强调要努力运用语言去充分表达思维内容,尽量做到最精确的程度;另一方面十分推崇圣人之言,将其奉为经典。孔子的这种圣人言可尽意、意在言中的思想,直接催生了中国古代几千年的训诂传统。

以老子和庄子为代表的道家思想则与儒家的主张恰恰相反。老子说:"知者不言,言者不知。"庄子进一步发展了这种观点,他说:"道隐于小成,言隐于荣华。"他认为语言不能完全表达意义,圣人之意是无法言传的,所以用语言文字写成的圣人之书不能真正体现圣人之意,不过是一堆糟粕而已。既然如此,那么圣人为什么又要立下文字呢? 庄子《外物》篇说:"筌者所以在鱼,得鱼而忘筌;蹄者所以在兔,得兔而忘蹄。言者所以在意,得意而忘言。吾安得忘言之人而与之言哉!"庄子认为,语言的目的是意义,但语言本身并非就是意义,而且语言是不能完全表达意义的,但是,正如筌蹄能帮助人们获得鱼兔一

---

①阿尔维托·曼古埃尔:《阅读史》,吴昌杰译,商务印书馆,2002,第34—46页。

样,语言也能帮助人们获得意义。鱼兔非筌蹄而不能得,但筌蹄绝非鱼兔,如果读者拘泥于语言,认为意义就在于此,反而得不到真正的意义。故语言只能起到一种暗示、隐喻、象征的作用,来启发人们的想象和联想,引起人们对生活中经历过的某种认知和印象的回忆,联系和形成许多更加丰富复杂的思维内容,以获得言外之意,要从有限的语言文字中,领会无限的意义。因此,我们不能拘泥于语言文字,而是要沿着它所暗示、隐喻和象征的方向,充分发挥自己的想象,发挥接受者的主观能动性,去补充它、丰富它,以获得比语言文字已表达出来的内容更加广阔得多的内容,这就是庄子"得意忘言"论的真正意义之所在。庄子对言意关系问题的提出,特别是言不尽意、得意忘言的结论,对中国古代文学创作和文学理论批评产生了难以估量的巨大影响。它在魏晋以后被直接引入文学理论,形成了中国古代注重"意在言外"的传统,并且为意境说的产生和发展奠定了理论基础。"得意忘言"理论表现在文学创作方面,就是要求创作者"言不尽意"。文学作品的意义如果全部包含在语言文字之中,就没有想象空间,没有味道了。例如李白的《静夜思》,有人认为这首诗非常口语化,无论是用语修辞还是意象创造,都并没有什么高超之处,但它偏偏千古传诵,并且融入我们民族的文化血脉之中(凡中国人,只要身在异乡,每到月夜,这首诗往往就会情不自禁从心底涌起、从口中诵出),原因就是"言不尽意"。为什么举头望明月,低头思故乡? 这时候,月亮与故乡之间历史的、文化的、个人经验的联系就纷纷涌现,让我们回忆深思;低头思故乡,是思念故乡的父母白头无复倚柴扉,妻子坐到黄昏人静时,还是遥怜小儿女,未解忆长安,抑或是单纯思念故乡的鲈鱼莼菜? 这些都让我们回味无穷。短短二十个字,其含义却几无穷尽,这就是《静夜思》能够打动我们的主要原因。

在当下美学史、文学理论史上占有重要地位的接受理论,与庄子的"言不尽意,得意忘言"理论颇有相似之处。接受理论否定和批判了文学批评史传统的"古典主义—人文主义"范式、"历史主义—实证主义"范式、"审美形式主义"范式和编年体文学史、实证主义文学史,而将关注焦点集中在读者接受极。"接受理论的双璧"之一的姚斯说:"一部文学作品,并不是一个自身独立、向每一时代的每一读者均提供同样的观点的客体。它不是一尊纪念碑,形而上学地展示其超时代的本质。它更多地像一部管弦乐谱,在其演奏中不断获得读者新的反响,使本文从词的物质形态中解放出来,成为一种当代的存在。"①在姚斯看来,当一部作品诞生后,它的第一个读者从文本中获取的意义构成了这部作品历史的发端,随后一代又一代的读者不断对作品进行解读,共同构成了其历史长链,而文本原初的意义也在这一过程中被充实、丰富、调整或变化。事实上,这种读者为文本赋予新的意义,甚至驱逐文本隐含的读者,凌驾于文本期待视野之上的现象比比皆是,在我国文学史上也十分常见。例如,苏轼的《水调歌头·明月几时有》,作者开宗明义地提出是"丙辰中秋,欢饮达旦,大醉,作此篇兼怀子由",但神宗皇帝看到的是"苏轼终是忠君",此后众多评家如董毅(忠爱之言,恻然动人。神宗读"琼楼玉宇,高处不胜寒"之句,以为终是爱君,宜矣)、刘熙载(将"琼楼玉宇"句与苏轼《满庭芳》"老去君恩未报,空回首,弹铗

---

①H·R·姚斯:《接受美学与接受理论》,周宁等译,辽宁人民出版社,1987,第26页。

悲歌"类比,并认为前者更胜)、黄蓼园(忠爱之思,令人玩味不尽)都认为这是东坡忠君之作。① 而到了今天,"人有悲欢离合,月有阴晴圆缺"成为安慰离人之语,"但愿人长久,千里共婵娟"更成为青年男女相思之词。但无论是宋神宗、董毅、刘熙载、黄蓼园以及今人的"误读",并不会对《水调歌头·明月几时有》这一文本的审美价值产生损伤,相反,对其意义进行了更多的充实与丰富,满足不同读者的期待视野。

当然,除了儒家的注疏圣人之言,道家的"意在言外,得意忘言"以及接受理论,还有众多试图诠释阅读过程中读者是如何获取意义的理论,例如孟子的"知人论世",墨子的"三表法",司空图的"味外之味、象外之象",欧阳修、梅尧臣的"作者得于心,览者会以意",等等。诸多理论虽然分歧颇多,但都分别从不同的角度直指文本解读的本质,并没有高低对错之分,永远也不会停止碰撞与争鸣,而且,可以肯定的是,还会有更多的理论加入其中,为读者对文本的理解提供更多可能。

4.阅读结果

阅读结果,就是读者在文本中获取了何种意义。读者必须从文本中获取意义,否则阅读活动即不成立。例如,一名不识字婴儿的无意识翻书行为,就算不上阅读。这种意义的获取,有时候是和文本的创作者产生共振,创作者的意图部分或全部传递给阅读者,而有时候又是读者"以意逆志",通过自身的理解赋予文本以意义。

"接受理论的双璧"之一的伊瑟尔认为,文本的意义不具有唯一性,也不是确定不变的。但作者在完成文本时,内设了一个"隐含的读者",也就是作者自身设定的能够把文本提供的可能性加以具体化的预想读者,实际上就是作者的期待视野,它通过召唤反应的结构网络,促使读者去把握文本的意义。而姚斯则提出,读者也有其"期待视野",读者在进入阅读(接受过程)之前,会根据自身的阅读经验和审美趣味等,对文本(接受客体)有预先的估计与期盼。因此,在阅读过程中,作者的期待视野、读者的期待视野以及文本的历史长链中,诸多解读一起碰撞、妥协和平衡,最终实现视野交融,产生新的意义。例如,毛诗《桑中》是一首描写热恋中的青年男女幽会的诗,《溱洧》是描写在溱水、洧水边春游的青年男女嬉戏交往、互赠芍药的诗。但是,在儒家眼里却有几乎完全不同的含义,《毛诗序》认为,《桑中》"刺奔也。卫之公室淫乱,男女相奔,至于世族在位,相窃妻妾,期于幽远,政散民流,而不可止";《溱洧》"刺乱也。兵革不息,男女相弃,淫风大行,莫之能救焉"。② 如果我们不承认读者可以抛开文本的创作者而赋予文本以全新意义,那么,像《易》《老》这样的文本几乎是不可能有读者的。

阅读结果是衡量阅读活动的关键指标,但同时也是最不确定的,容易受到阅读主体、阅读客体和阅读过程的影响。其中阅读主体也就是读者是最大的变量,如前所述,不同的读者面对同一个文本,可能解读出不一样的意义,大多数时候,诸多意义是并行不悖的;但有时候不同的读者面对同一个文本,可能解读出完全相反的意义。例如,寇莱公有句云"老觉腰金重,慵便枕玉凉",时人以为富贵之极,但晏殊却认为"此特穷相尔";还有

①王水照选注:《苏轼选集》,上海古籍出版社,2014,第262－264页。
②张少康、刘三富:《中国文学理论批评发展史(上)》,北京大学出版社,1995,第33页。

同一个读者面对同一个文本,在不同的时间内也可能解读出不同的意义,例如,欧阳修曾说:"余始得李邕书,不甚好之,然疑邕以书自名,必有深趣。及看之久,遂谓他书少及者。"(《欧阳文忠公文集》卷一三〇)甚至还有同一个读者,在同一时间,面对同一个文本,得出完全相反的意义,例如《儒林外史》第三回"周学道校士拔真才,胡屠户行凶闹捷报"中是这样描写广东学道周进看童生范进考试文章的:

> 那时天色尚早,并无童生交卷,周学道将范进卷子用心用意看了一遍。心里不喜道:"这样的文字,都说的是些甚么话!怪不得不进学。"丢过一边不看了。又坐了一会,还不见一个人来交卷,心里想道:"何不把范进的卷子再看一遍?倘有一线之明,也可怜他苦志。"从头至尾,又看了一遍,觉得有些意思……又取过范进卷子来看,看罢,不觉叹息道:这样文字,连我看一两遍也不能解,直到三遍之后,才晓得是天地间之至文,真乃一字一珠!可见世上糊涂试官,不知屈煞了多少英才!"忙取笔细细圈点,卷面上加了三圈,即填了第一名。

当然,承认文本意义解读的非唯一性,并非就会使阅读行为陷入不可知论和神秘论。事实上,大多数读者受时代背景、文化素养等诸多因素的影响,只能获取或部分获取文本语言所传递的表面意义,而要领会文本的"言外之意",甚至与文本的期待视野产生碰撞,解读出新的意义,还需要读者具有批判性阅读能力。

三、阅读的内涵和外延

通过分析,我们对"阅读"的概念进行如下界定:读者通过连续性、标准化的语言文本获取意义的行为。这一界定包含了以下几层意思。

1.阅读文本必须是以语言为主体的,图片、地图、游戏、视频、非语言类的音频都不包括在阅读文本之内。特别要说明的是,绘本是阅读文本,虽然绘本的大部分空间是图片,但这些图片并不能形成一个完整的文本,它之所以能被解读,是因为图片下的文字;而漫画则不能称之为阅读文本,因为它通过绘画配合少量语言甚至不需要语言的配合就能完整表述内容,抽取其中的绘画内容,依然可以被解读,能抽取其中的文字内容,则不能被解读。

2.阅读文本必须是连续性的,也就是说,阅读文本要能够传递一个相对完整的意义或意义集。例如,无论还是大汶口陶器上的古文字刻文,还是山东邹平县丁公村龙山文化陶器上的古文字刻文,由于它们没有表达完整意义,因此最多只能称之为研究材料,而不是阅读文本。而卡夫卡的《城堡》《审判》《美国》等很多作品既没有题目(可视之为没有开头)也没有结尾,但由于不完整的文本中传递了丰富的意义,所以我们依然可视之为连续性文本。我们之所以要强调阅读文本的连续性,其主要原因是在当下的互联网上,存在海量的非连续性文本,这些文本大致可以分为以下三类:一是有些文本的创作者,其原本目标就不是向受众传递清晰完整的意义,而是一种情绪宣泄;二是有些创作者不具备书写连续性文本的能力，他们虽然在努力表达，但读者完全不能解码出清晰完整的意义；三是海量高产而粗制滥造的网络小说，其中大部分文本情节前后矛盾或断裂，角色的行为和故事的发展不是内在驱动而是结果驱动，这些网络小说的非连续性不仅体现在给读者造成解读混乱，同时还体现在去除其中一章或多章，对文本也不产生实质性的影响。

3. 阅读文本对载体具有包容性，它可以刻写在金石竹帛之上，也可以印刷在纸介质上，还能以数字内容形式存在，甚至可以记忆在大脑中，以口头形式呈现。

4. 阅读文本必须能够解读出意义。这种意义获取包括：一是纯粹的资讯传达与知识传递，如新闻报刊、学术杂志、教材等，文本的创作者希望读者能够尽量准确地实现接收并理解；二是读者对文本意义的部分或者全部获取，例如一些主题明确的文本，如希望表达爱情美好的爱情小说、希望激发读者爱国情怀的英雄小说等；三是读者对文本的意义重构，文本创作者期望传递的是意义 A，但读者从中获得的却是意义 B 甚至意义 C。例如，《诗经》中的《关雎》篇，原本是南方的一首描述爱情的民歌，孔子对其评价是"乐而不淫，哀而不伤"，至少还承认这是一首符合中庸之道的爱情诗，但到了《毛诗序》，就将其解读为"《关雎》，后妃之德也，风之始也，所以风天下而正夫妇也"，就已经将其说成是以周文王夫妇为榜样，教人民处理夫妻关系的教材了；四是文本的创作者意图表述某种意义，但这种意义是很难用语言表达的，无论其描述是多么生动、具体和形象，但总到达不了本质，于是文本的创作者有意留下大量空白点，召唤读者对文本的意义来进行共同构建，例如，李商隐的诗，卡夫卡的未完成作品，就属于此类文本。

第三节　有声阅读的重新定义

有声阅读是数字阅读的分支，是将阅读文本以音频的形式向读者呈现，读者通过聆听阅读方式进行意义获取的一种阅读活动。那么，由于我们前面已经对阅读文本进行了界定，是否有声阅读的概念就因此清晰显现了呢？事实上并非如此。如前所述，传统的阅读文本主要以两种形式存在：一是书写在某种载体上，读者通过视觉来实现阅读；二是储存在创作者或中间人（如游吟诗人等）的记忆中，读者通过听觉来实现阅读。众所周知，前者是一种书面语言，是在口语的基础上进行了提炼加工而形成的；但是，后者也并非就是口语的真实呈现，也是经过了加工的，加工的主体既有文王、周公、孔子、苏格拉底这样的文化大家，也有民间从事语言艺术的艺人或文化素养较高者。有研究者认为，从先秦到西汉期间的书面语言基本上和口语一致，一直要到东汉之后，才逐渐形成了口语与书面语言分离的局面。① 如果这一猜测是正确的，刚好证明了从口语到书面语经过了提炼加工：比如说《诗经》，大多四言而有韵，显然，古人的纯口语一定不是如此，《诗经》的语言为了合乎某种格式而进行了加工。我们再看《庄子·外篇·天地》中的一段文字：

---

① 徐时仪：《汉语白话发展史》，上海教育出版社，2000，第 20 页。

黄帝游乎赤水之北,登乎昆仑之丘而南望。还归,遗其玄珠。使知索之而不得,使离朱索之而不得,使喫诟索之而不得也,乃使象罔,象罔得之。黄帝曰:"异哉! 象罔乃可以得之乎?"

这段文字,既有赋的铺陈,又有诗的节奏,语言如行云流水,汪洋恣肆、跌宕跳跃、音调和谐,已具有极高的文学审美价值,显然,这也不是原生态的口语,而是经过了庄子(或其后学)的艺术加工。

即使是从未被记载在任何介质上、纯粹的民间口语文本,也往往是由民间艺人进行了反复加工的。例如,在湖南湘乡农村广为流传的"狮灯歌"、婚礼上的"赞"、丧礼中的"夜歌",都有专门的"礼生"或"唱歌人"对这些口头文本进行传承、整理和增添(其中部分内容已涉及新中国建立之后发生的故事)。

与传统的书面语言文本或口头语言文本经过了提炼和加工不同的是,目前互联网上的海量音频文本,固然有许多将正规出版物进行有声化处理后的文本,如四大名著的有声版本等;也有众多专业用户生产(PGC 模式)的有声内容,如王凯、郭德纲、罗振宇、韩寒、张召忠等专业人员的有声作品,还有所谓的职业生产内容(OGC),也就是有声阅读平台或有声读物的生产商投资创作的有声作品;但更多的是 UGC 模式生产的内容,就是普通用户利用简单的录音设备,或者甚至就是一台手机录制的口头内容。正规纸质出版物有声化后的文本自不用说,就是 PGC 模式和 OGC 模式生产的音频文本,也是经过精心策划和准备,事先准备了纸质底稿的,只有 OGC 模式生产的音频文本,大部分就是普通用户的随意的、纯粹的口头表达,没有经过任何提炼和加工,几乎没有阅读价值。与此同时,还有一种诞生于 2010 年、目前在全世界广泛流行的 ASMR 音频,这种音频较为常见的生产方法有用手去挤压塑料袋发出声音,抚摸书本、头发等物质发出声音,等等,目的是产生较为轻柔但是频率较为集中在高频的声音,使人产生愉悦感或起到助眠作用。因此,在对"有声阅读"进行概念界定时,依然还要对有声文本进行区分。有声阅读的对象,也就是阅读客体就是有声读物,我们只要搞清楚何为有声读物,有声阅读的概念也就不言自明了。

有声读物又称有声书(Audio Book),1934 年,世界上第一个有声读物诞生于美国,其目的是服务于有听觉障碍的人群。此后,不少出版商发现了这一商机,纷纷以唱片的形式出版语言教材,最典型的案例就是 20 世纪五六十年代畅销全球的林格风英语唱片。随着声音传播技术、数字复制技术等信息技术的发展成熟,电台广播、音像制品、互联网和移动互联网先后成为有声读物的传播渠道,特别是智能手机和移动网络普及后,有声读物因资源随处可见,播放载体越来越简单便捷,同时具有解放双手的特点,不仅吸引了识字量少和阅读能力低的幼儿群体的喜爱,同时也受到了全年龄段人群的广泛喜爱。有声读物的概念也随着内容生产模式、呈现方式和传播形式的变化而不断扩展其内涵与外延。我们以"有声书"和"有声读物"为关键词,在知网数据库检索后发现,目前关于"有声读物"的概念主要有以下几种描述。

1. 美国有声书出版协会对有声书的定义为:"其中包含不低于 51% 的文字内容,复制和包装成盒式磁带、高密度光盘或者单纯数字文件等形式进行销售的录音产品。"①这是全世界第一次对"有声书"进行概念界定，显然，这一定义在内容层面过于宽泛，几乎将除电影、电视剧之外的其他音视频文件全部囊括在内；而在传播渠道层面又过于狭隘，将当下网络上发布的各种免费的或付费的有声阅读资源全部排除在外。

2. 蒋娟等人提出，有声书指以纸质书籍或文学、艺术、科学等领域内具有知识性、思想性的文字等原创作品为基础的，对原文不加修改，或进行合理加工，通过音频形式展现出来的一种网络出版物形式。② 这一定义的创新之处在于，加入了"具有知识性、思想性"这一定语，排除了网络上大量喧闹芜杂的音频文件和特定功能（如助眠）的非语言类音频。而其缺陷也是显而易见的：一是它忽略了当下电视节目及互联网上存在海量以声音形式首次发表的作品，这些作品实际上是经过精心策划、严格编辑，甚至大部分都提前准备了文字底稿。事实上，有很多优秀的有声作品后来出版了纸质图书，如中央电视台出品的《百家讲坛》《蒋勋细说红楼梦》等；二是由于强调了知识性和思想性，忽略了阅读的审美价值和休闲娱乐价值。实际上，大多数人阅读的目的正在于通过文学作品来获得情感共鸣，或者通过轻松的文本实现休闲娱乐。

3. 张岩则认为，有声书是指通过声音表演形式，借助电子化录制手段编辑而成的语音类图书产品。③ 张岩的这一提法看似包容性极强，实际上是着重强调了形式，而忽略了对内容的界定，依然将电子书限定在"图书"范畴，将非图书类的音频内容排除在外。

4. 淳姣等人认为，有声读物是以声音为主要展示形式，需存储在特定载体并通过播放设备解码，以听觉方式阅读的音像作品。④ 淳姣等人的提法，和美国有声书协会对"有声读物"的定义基本一致。

5. 童云等人则认为，在网络时代，有声读物的内涵已远远超越有声书的范畴，是指"所有以有声语言为主要传播符号，以音乐、音像、影像、图文等为辅创作形成的，具有一定知识信息含量的媒体产品和服务"⑤。这一定义的进步之处在于，将纸质出版物和数字出版物的有声版本，以及其他以语言为主的音视频文件都囊括其中，大大拓展了有声读物的外延。但正因为如此，童云等人的提法与其说是定义有声读物，不如说是定义何为视频。在这一定义的观照下，不仅《奇葩说》《天天向上》等语言类脱口秀节目可以称之为有声读物，即使是电影与电视剧，我们也可以勉强纳入其中，除非是自然界或模仿自然界的纯音频文本或默片，其他任何一个视频都离不开语言在其中的重要作用。

综合国内外的有声读物的诸多定义，我们为"有声读物"的概念界定如下：有声读物，就是以连续性的有声语言为主要传播符号，可满足读者一种或多种需求的聆听阅读文本。这一定义主要包含了以下两层意义。

1. 有声读物是以连续性的有声语言为主要传播符号，而将电影、电视剧、非语言类的

①蒋娟、吴燕：《出版业形态的有益补充——中国有声书发展研究》，《中国编辑》2017年第10期。

②蒋娟、吴燕：《出版业形态的有益补充——中国有声书发展研究》，《中国编辑》2017年第10期。

③张岩：《有声读物自助出版平台的建构模式及媒介功能重塑》，《编辑之友》2016年第6期。

④淳姣、赵媛、薛小婕：《有声读物图书馆及其构建模式研究》，《图书情报工作》2010年第23期。

⑤童云、周荣庭：《有声读物传播形态与模式研究》，《出版发行研究》2018年第7期。

纯音频内容,以及大多数视频类综艺节目排除在外。有声读物可以有音乐、音效、文字、图片、图像的辅助,但有声读物和视频内容还是有明显区隔的,其关键的判断因素是仅仅提取其中的有声语言,能否作为一个单独的聆听阅读文本。以《快乐大本营》和《乘风破浪的姐姐》等综艺节目为例,虽然有声语言也是其重要组成部分,但图像是核心和关键,抽取其中的有声语言,受众并不能获取完整的意义;相反,如《百家讲坛》《晓说》《张召忠说》说等脱口秀节目以及当下网络上海量存在的教学资源,虽然也有图像(主持人、主讲人、教师等形象)、音乐、图文等多种辅助手段的配合,但这些辅助手段的目的是增进受众的接受度,去除这些因素,并不影响受众对有声语言的完整理解。也就是说,有声读物首先是语言类的听觉文本。

2.有声读物能够满足受众一种或多种需求,从而将海量的由普通用户随意的、没有经过提炼加工的纯口语内容排除在外。卡茨等学者认为,人的需求主要体现在五个方面:情感需求、认知需求、个人整合需求、社会整合需求以及舒缓压力的需求。大众传播学的使用和满足理论则认为,人们可以利用大众媒介来进行休闲娱乐,从而舒缓学习、生活和工作中的压力。事实上,有声读物作为一种大众媒介,不仅仅能满足受众舒缓压力的需求,优秀的有声阅读文本,能满足受众情感需求、认知需求、个人整合需求、社会整合需求以及舒缓压力等全方位的需求,就这一点,本书将在后面章节进行详细论述。

如上所述,当"有声读物"的概念被界定后,"有声阅读"的概念也就能够被清晰洞见了。有声阅读,即读者通过连续性的有声语言文本,从中获取意义并满足某种需求的聆听阅读活动。

第二章 聆听阅读:历史、现在及未来

普遍认为,语言起源于原始人集体劳动过程中交流与协调需要,是人类最重要的交际工具。而文字的主要功能是记录语言,是在语言基础上产生的一种最重要的辅助交际工具。文字的出现标志着人类进入了文明社会。曼古埃尔认为,于1984年在叙利亚的特尔布拉克发掘两块泥刻写板(其制作年代可推至公元前4000年)上的印迹为人类最古老的书写例证之一。① 而在我国,河南省舞阳县贾湖遗址(距今约7500—9000年)发现了16例契刻文字,分别刻在龟甲、骨器、石器和陶器上,其特点均是契刻而成。专家研究,刻符结构为"横""点""竖""撇""捺""竖勾""横折"等笔画,书写特点也是先横后竖,先左后右,先上后下,先里后外,与汉字基本结构相一致。有些契刻符号的形状与其4000年后的商代甲骨文有许多相似之处,如形似眼目的"目"、太阳纹等。这印证了王宁先生的推测:"殷墟甲骨文是一个成熟的文字体制的专称……甲骨文产生的时代,恐怕不会处在中华民族由蒙昧走向文明的路口。汉字在进入甲骨文之前,必定还有一段相当长的历程。"② 但是,即使是在文字成熟之后,在很长一段时间内,文字依然只承担为保存记载的作用,人类知识体系的传承和信息的沟通,主要还是依靠朗读和聆听阅读。

与黑格尔的西方中心立场(黑格尔将中国、印度、西方看作精神发展的三个递进关系)不同的是,卡尔·雅斯贝斯提出了著名的"轴心时代"理论,为社会科学提供了一个新的视野,成为推进晚近古代文明研究的重要动力。雅斯贝斯认为:在经历了史前和古代文明时代后,在公元前500年前后,世界范围内集中出现了一些最不平常的历史事件,在中国,孔子和老子非常活跃,几乎所有的哲学流派,包括墨子、庄子、列子和诸子百家都出现了;和中国一样,印度出现了《奥义书》和佛陀,探究了从怀疑主义、唯物主义、诡辩派、虚无主义的全部范围的哲学可能性;希腊也贤哲如云,其中有荷马、巴门尼德、赫拉克利特、苏格拉底和柏拉图。几乎在同时,多元的文化观念在中国、印度和西方这三个互不知晓的地区发展起来。③ 有趣的是,从老子、孔子到佛陀、苏格拉底和柏拉图,都推崇"述而不作"的重要性。

老子是最彻底的,他认为,不仅是书写的文字,即使是语言声音也是微不足道的。他说,"五色令人目盲,五音令人耳聋,五味令人口爽","信言不美,美言不信","知者不言,

---

① 阿尔维托·曼古埃尔:《阅读史》,吴昌杰译,商务印书馆,2002,第33页。
② 王宁主编:《汉字学概要》,北京师范大学出版社,2001,第13页。
③ 陈来:《古代宗教与伦理》,生活·读书·新知三联书店,2009,第1-2页。

言者不知","善者不辩,辩者不善"。因此他提出了"大音希声"的理论。王弼注"大音希声"道:"听之不闻曰希,不可得而闻之音也。有声则有分,有分则不宫而商矣。分则不能统众,故有声者,非大音也。"有声是指具体的声音,如语言、音乐,它只是声音之美的一部分,而不可能是全部,故非"大音";而"无声"则可以使你去想象全部最美的声音,而不受具体"有声"之局限,故而是"大音"。①庄子则明确提出了文字不如语言的观点,《庄子·外篇·天道》中说:"世之所贵道者,书也。书不过语,语有贵也。语之所贵者,意也。意有所随,意之所随者,不可以言传也,而世因贵言传书。世虽贵之,我犹不足贵也,为其贵非贵也。"孔子则没有老庄这么绝对,虽然他同样认为文字很难表达语言,语言又很难表达意义,《周易·系辞》中记载孔子的话说:"书不尽言,言不尽意。"但孔子认为,普通人做到书尽言、言尽意是很困难的,但是圣人可以做到,所以孔子十分推崇古代圣人之言,奉为经典。《论语·述而》一章开篇就说,子曰:"述而不作,信而好古。"意思是"(我)只阐述圣人之言而不创作,相信并喜爱古代。"孔子还说过:"盖有不知而作之者,我无是也。多闻,择其善者而从之;多见而识之;知之次也。"意思是说,有无知的人喜欢创作,我没有这个问题。多听,选择其中好的而遵行,多看并记住,这就是学习的过程和次序。因此,孔子一生讲学,却没有留下任何文字著述,今天我们之所以知道孔子所说的话,全部是由其弟子或同时代的人记录下来的。《论语》中的许多话,都是以"子曰"开头。与孔子一样,释迦牟尼同样一生讲经教学,但都没有留下文字,他的话,都是阿难等人记录下来的,因此如《阿含经》《譬喻经》《金刚经》等许多佛经的开头都有"如是我闻"四字。

与老庄、孔子、释迦牟尼几乎同时代的希腊哲学家苏格拉底和柏拉图,则明确表达和详细阐述了文字不如语言、阅读不如朗读的理论。柏拉图在《对话录》中记录了这样一个故事:青年菲德鲁斯非常喜爱雷西亚斯的一篇演说,他听过这篇演说多次,也有幸得到了这篇演说的抄本,将其背得滚瓜烂熟。有一次,菲德鲁斯为苏格拉底背诵了这篇演讲稿,而苏格拉底误以为他是将其抄本藏在长袍之下,名为背诵,实则是朗读。于是苏格拉底发表了以下见解:

　　菲德鲁斯,你可知道,写作之奇异,足以与绘画相比拟。画家的作品呈现在我们面前,似生灵活现的东西,可是如果你探问它们,它们却会保持沉默,摆出一副庄严的样子。书面文字与此同理:它们似乎在和你说话,俨然才智不凡。可是如果你要问它们说的是什么,而且期望得到答案,它们会一如既往地重复着同样的话。可是一件事一旦被写了下来,不论什么内容,都会到处流传的,既会传到能看懂的人的手里,同样也会传到与它无关的人手里。文字本身并不知道如何与正直的人说话,也不知道如何不与邪恶的人说话。文字如果遭遇虐待或滥用,往往需要仰仗其作者的帮助,因为文字没有自卫或自救的能力。

　　苏格拉底认为,构成学习障碍的实际上是书籍而非其内容。在他看来,一个文本只

---

①张少康,刘三富:《中国文学理论批评发展史(上)》,北京大学出版社,1995,第59-60页。

能有一种恰当的解释。这种解释是受过智能训练的人士所共享的,而且唯有通过口传方式才可得以交流。写作失去的东西太多,只有声音才能表达唯一正确的释义。苏格拉底一再主张,文字的解释是口头的,具有一维性;在未来数十年里,解释文本的读者才会逐步由一维性向多维性转变。可见,苏格拉底完全不认可从口述时代向阅读时代的转变,继而一如既往地坚持口头传统,断然反对一切形式的写作。

苏格拉底的学生、哲学家柏拉图——他正是因为写作了《对话录》《理想国》等著作而奠定了其伟大的历史地位,但他支持其老师的观点,他拒绝接受书面化的哲学,甚至倡导利用立法手段来控制诗歌的写作。在他的理想国里,是没有诗人位置的,充分反映了当时的精英阶层对虚构的文学作品普遍持有的不信任感。

实际上,老庄、孔子、释迦牟尼、苏格拉底和柏拉图"述而不作"的时代,正是识字的人越来越多、书籍和阅读开始逐渐普及的大变革时期,其状态正如今天数字阅读对传统纸质阅读的冲击。但即使是被当时的人或后人尊称为圣人(老子、孔子)、佛陀(释迦牟尼)、贤者(苏格拉底、柏拉图和亚里士多德被称之为"希腊三贤"),也不能阻止书写和阅读时代的到来,孔子、释迦牟尼和苏格拉底之后,他们的弟子立即将他们的言行成书,就连他们提倡口述、反对阅读和写作的有关教导也没有遗漏。随着纸张和印刷术的出现,人类社会终于全面进入了阅读时代。希腊内科医生、作家盖伦在谈到希波克拉底时曾这样写道:"我会解释(他的)那些晦涩难懂的知识,然后把我自己的一些知识补充进去。我的知识是用他记录下来的那些方法获得的。"实际上,无论是郑玄、何晏、邢昺、朱熹、刘宝楠及近人杨树达、程树德、钱穆、杨伯峻、李泽厚等人对《论语》的章句注疏,也是既解释了其中的字词章句及微言大义,同时也加入了自己的见解:理解文本、学习文本、然后构建新的文本,这正是阅读的本质和魅力所在。

书写取代口述,阅读取代聆听是不可逆转的发展趋势。但是,因为朗读的诸多优点,例如朱熹认为:"大凡读书,须是熟读。熟读了,自精熟;精熟后,理自见得。"这里的"读书",朱熹明确指出是"口里读",也就是朗读。我们今天的研究者也认为,在课堂上老师的朗读能够将自己的阅读体验传递给学生,起到良好的引导作用;而学生的朗读则能够积累良好的语感、体会创作者的情感和意图。① 因此,无论东西方都在特定的人群或特定的场所继续保持了朗读和聆听的传统,一直到今天,朗读在我们身边也不是罕见的现象。

第一节　中西方聆听阅读的区别

无论是中国还是西方国家,口述、朗读、聆听阅读都早于书写和默读,老庄、孔子、释迦牟尼、苏格拉底和柏拉图等同时代但互不知晓的东西方哲人也不约而同地表示过对口述传统的维护,此后,朗读和聆听阅读也一直在中西方的精英阶层之中或民间持续存在。但是,中西方的朗读,是有本质区别的。

---

① 刘昕:《讲述——儿童经典阅读的有效途径》,《教学与管理》2011 年第 22 期。

一、世俗化与神圣化的区别

西方世界的朗读从一开始就是为世俗服务的。一般认为,西方文明起源于美索不达米亚文明。希腊人从那里学到了数学、物理学和哲学;犹太人从那里学到了神学,并将它传播于世;阿拉伯人从那里学到了建筑学,并以此教化了中世纪时期整个荒蛮落后的欧洲。美索不达米亚文明有世界最早的文字、学校、史诗、图书馆、法典、数学、天文、地理、建筑等,其中就有包括约公元前 3200 年苏美尔人发明的楔形文字,前文提及的从叙利亚发掘的、留存有人工印迹的泥刻写板,也是由苏美尔人于公元前 4000 年所制作(实际上,本书认为,无论从我国贾湖遗址所发掘的距今 7500—9000 年的契刻文字来看,还是从公元前 1600 年就出现了成熟的甲骨文来看,世界上最早的文字应该产生在中国)。在苏美尔语中,"阅读"一词有"计数、计算、考虑、记忆、背诵、朗读"等含义,苏美尔人很早就意识到,口头协议、交易记账之类的事情很容易被歪曲、忘记而引起争执,因此就需要一个特别的证人准确无误地回想交易的商品和数额,可以在任何时候回答疑问,以口头形式确认事实,进而终止争议,于是就诞生了文字,能够书写和阅读的人被称之为"书记员"。书记员的数量非常稀少,公元前 2000 年,乌尔地区最大的城市中,书记员大约有 100 名;公元前 1850 年至前 1550 年,巴比伦城邦希拨的书记员为 185 人。① 书记员兼任公证员、速记员、会计、档案员、秘书和吏员,不识字的上司或赞助人(如建筑师、天文学家、商人、传教士),都经常吩咐书记员朗读别处或别人送来的文本,也为其书写文本送达别处或别人。在公元前 1700 年的巴比伦,男孩必须从 6 岁开始到 18 岁上书记员学校,经过系统的训练后才能成为一名职业书记员。毕业的学员会成为簿记员和会计,为商人、航运商或王室工作,掌握高深数学知识的高才生会成为备受尊重的土地测量员,就连中途退学的学生也会成为受人尊敬的写信人和读信人,几乎每个城镇和村庄集市的遮阳篷下都少不了他们。总之,美索不达米亚文明的朗读,一开始就是为世俗生活而存在的。

即使到了教会统治非常严厉的中世纪,教会控制了西欧的文化教育,严格控制科学思想的传播,并设立宗教裁判所惩罚异端,学校教育也都是为了服务于神学,在教皇格里高利一世(590—604 年)时期,古罗马图书馆也被付之一炬。但朗读依然在世俗社会盛行,"以听为读一直是中世纪阅读的本质",中世纪鼎盛时期德语"阅读"一词的含义是"朗读、叙述、讲述"。② 在这一时期,人们依然成群结队地去聆听吟游诗人朗读诗歌、古典神话和英雄故事。爱情诗歌是吟游诗人的拿手好戏,他们经常会在商业中心、集市、庄园和城堡,以柔颤的声音吟唱最受欢迎的浪漫爱情主题。

而中国的朗读则一开始就带着神圣化和神秘主义色彩。许慎《说文解字》中说:"读,诵书也。"又说:"诵,讽也。"段玉裁注释说:"倍文曰讽,以声节之为诵。"意思就是说,讽是背诵文章,如果声音有节奏就叫诵。所以说,我国"读"字的本义也是朗读。段玉裁《说

---

① 史蒂文·罗杰·费希尔:《阅读的历史》,李瑞林等译,商务印书馆,2009,第 12 页。
② 史蒂文·罗杰·费希尔:《阅读的历史》,李瑞林等译,商务印书馆,2009,第 152 页。

文解字注》在注解许慎"读，诵书也"时说，诵书就是籀书，"籀，读书也。籀与读叠音而互训……字亦作紬，抽绎其义蕴至于无穷，是之谓读。故卜筮之辞曰籀"①。《礼记·曲礼》中说："龟为卜，策为筮。"就是说以龟甲为占即为卜，以蓍草为占则为筮。《周礼·筮人》中说："凡国之大事，先筮而后卜。"《尚书·大诰》中说："予曷其极？敢弗于从率宁人有指疆土？矧今卜并吉？肆朕诞以尔东征，天命不僭，卜陈惟若兹！"这是将占卜与天命关联起来，声称天命没有差错，占卜的结果必须遵从；《洛诰》中则记载了洛邑营建前后，周公曾多次占卜以选择地址，最后一次占卜成王也亲自参与，可见卜筮的重要性。实际上，上古时代的统治者本身就是善于卜筮的人，"君及官吏皆出于巫"，②而人王往往就是大巫，有学者认为，尧、舜、禹、启、汤均为"群巫之长"。③至于卜筮的对象，主要是天神（天、昊天、帝、上帝等）、地示（地、社稷、四望、五岳等）和祖先神（先王、先公、先妣、先祖等）。④而将卜筮的结果念出来，就是"读"，因此，阅读从一开始，就具有天然的神圣性和神秘感。

　　商周时期的卜筮结果，因为甲骨及《尚书》等文献记录了下来，但还有更多知识及思想没有记录，大多是通过口述形式而传承。《论语·八佾》篇记载，"子曰：夏礼，吾能言之，杞不足征也；殷礼，吾能言之，宋不足征也。文献不足故也。足，则吾能征之矣。"意思是说，夏代的礼仪和殷商的礼仪，我都能讲述出来，但杞国和宋国没有留存足够证据和我互相印证（杞国是夏之后人的封地，宋国是殷商后人的封地），原因是他们的文献资料和保存这些文献资料的贤人都太不充分了，如果充分，就可以用来和我所讲的相互印证了。许慎《说文解字》中说："礼，所以事神致福也。"段玉裁注曰："礼有五经，莫重于祭。"《左传·成公十三年》中说："国之大事，在祀与戎。"夏代与殷商重要的"礼"，文献都没有记载，但孔子却能够讲述出来，可以想象，孔子绝不是生而知之，一定是有口述的传承，通过记忆、朗读和聆听阅读，一代一代地传承下来的。

　　早在春秋战国时期，阅读（朗读）逐渐摆脱了与祭祀、巫觋等宗教相关的桎梏，迅速地世俗化，我们可以看出从孔子到荀子的儒家对巫史的排斥，以致司马迁在《报任安书》中说："文史星历近乎卜祝之间，固主上所戏弄，倡优畜之，流俗之所轻也。"明显表示卜筮已不能代表精英文化，已从大传统逐渐退到了小传统。⑤但朗读传统并没有因为不再承担与上天、祖先沟通的中介重任，如同西方一样世俗化，而是进入了对"道"的追寻与坚守的另一种神圣化。阅读的主要对象是诗和文，《尚书·尧典》中记载舜的话说"诗言志"，宋理学家周敦颐《通书·文辞》中说："文以载道。""志"与"道"，实际上就是修身、齐家、治国、平天下，既是一种政治抱负，也是人格修养的最高准则。此后的读书人，都对修身、齐家、治国、平天下有一种舍我其谁的神圣使命感。

　　①段玉裁：《说文解字注》，上海古籍出版社，1998，第90页。
　　②李宗侗：《中国古代社会史》，台北华冈出版社，1954，第118页。
　　③刘泰然：《对〈庄子〉文本中"畸人"母题的还原分析》，《中州学刊》2009年第4期。
　　④陈来：《古代宗教与伦理》，生活·读书·新知三联书店，2009，第111页。
　　⑤陈来：《古代宗教与伦理》，生活·读书·新知三联书店，2009，第62页。

二、大众化与私人化的区别

在西方,朗读一开始就具有大众化的特点。苏美尔人及古埃及人,在交易的过程中,会聘请专业的书记员对交易细节,包括商品名称、数量、金额记录下来。一旦在货物交割时双方出现了争执,就会将书记员叫过来,由他当众大声朗读书写记录,于是争执得以停止。到公元前5世纪,当众朗读文学作品已成为常见现象,很多人"按照当时的习俗跋山涉水从一个城市到另一个城市朗读自己的作品",①"希腊历史之父"希罗多德则在奥林匹克节日上给聚集在一起的希腊人朗读自己的作品。据柏拉图《对话录》中记载,在苏格拉底时代,出现了很有名的演说家,其中一名演说家雷西亚斯关于情侣责任的演讲稿受到大众的欢迎。既然出现了著名的演说家,说明当众演讲已经是一个普遍现象。

与希腊一样,公开朗读在整个罗马帝国同样时尚风行,连帝国皇帝奥古斯都本人也"友好地、耐心地"参加过罗马的朗读会。在这些朗读会上,作家会介绍自己新作的诗文、史话和故事,参加的人包括懂得读写的朋友、同行的学者或诗人,还有他们的家人、家族中的支持者以及普通听众。听众们或喊出声来表示赞同,或在朗读的间隙鼓掌,听到令人激动的片段时还会一跃而起为之喝彩。观众的这种反应并不只是向自己的家人或者同行表明一种姿态,而是在当时应有的一种传统礼节。②

到了中世纪时期,虽然教会对文化和思想有严格的控制,但他们的教义要被大众接受,就必须由专业的人士为大众朗读圣书或其他的宗教类书籍,与此同时,世俗世界的吟游诗人也依然穿梭于城镇的商业中心和乡村的集市,为听众朗读古典神话、宗教传说和英雄故事,其中最受欢迎的是浪漫爱情主题的诗文。

1450年,金属活字印刷术在德国美因茨问世,宣告了印刷时代的到来。在印刷术的推动下,可供阅读的书籍越来越多,识字的人也越来越多,人们开始习惯于默读。但当众朗读的传统并没有因此而在西方消失,相反在某些场合还更加盛行。一是作者本人的当众朗读。曼古埃尔在《阅读史》一书中说:"整个欧洲世界里,19世纪是作者朗读的黄金时代。"③阿尔弗雷德·丁尼生爵士常常出现于伦敦人的客厅和宴会上,朗读他最有名的诗篇《莫德》,而且他还会不停地追问听众的意见,而又对批评非常敏感。狄更斯则可以称得上专业的演说家,他曾经进行过著名的巡回朗读之旅,其中一次巡回朗读,从克利夫顿出发,终点是布莱顿,在40多个城镇进行了80场朗读。二是家庭朗读。《傲慢与偏见》的作者简·奥斯汀曾详细地描述了她的家庭朗读情况,她的家人每天都会朗读,而且不时互相讨论。她的父亲是在早上朗读,只要有时间她就会跟着听;而她的大哥则是每天晚上朗读,从十点开始,读到宵夜时间为止。三是工厂里的阅读。19世纪中叶,古巴和美国的一些工厂里,工人们自费聘请朗读讲师,在他们工作时朗读报刊新闻、历史、哲学、

---

① 史蒂文·罗杰·费希尔:《阅读的历史》,李瑞林等译,商务印书馆,2009,第50页。
② 史蒂文·罗杰·费希尔:《阅读的历史》,李瑞林等译,商务印书馆,2009,第67页。
③ 阿尔维托·曼古埃尔:《阅读史》,吴昌杰译,商务印书馆,2002,第316页。

诗歌及其他文艺作品，以致很多不识字的工人能够背诵长篇的诗歌、散文，其中有一名工人甚至可以背诵奥勒利乌斯的整部哲学著作《沉思录》。

而在中国，朗读从一开始就是私人化的。如前所述，我国最早的阅读是朗读出卜筮的结果，而卜筮是通过祭祀沟通天神、地示与祖先，并从天神、地示及祖先神处获得谕示的方法，殷墟甲骨卜辞中，就记载了大量的祭祀内容。一般认为，上帝是殷人和周人的至上神，首先是自然天时的主宰，掌管风、云、降雨和收成；同时也掌管人间祸福，可以保佑人王，也可以降祸人间。① 但是，上帝虽然是令风令雨的主宰，但上帝并不享受祭祀的牺牲，人也不能直接向他祈求，而是要通过先公先王这一中介。从卜辞来看，殷之先公先王死后升天，宾于帝所，人王通过先公先王来转达祈求，获得护佑。② 这种卜筮与祭祀又直接与政治领域是相关的，《尧典》中记载，尧向四岳询问何人可以继承他治理天下，四岳称"否德忝帝位"，而推荐舜，而舜开始也表示"让于德，弗嗣"，即谦让于有德之人，不肯继位。后来"类于上帝，禋于六宗，望于山川，遍于群神"，于是"玄德升闻"，就继位了。③ 说明舜开始也和四岳一样认为自己"否德"，直到祭祀了上帝及天地日月河海山川众神后，才认为有了"俊德"，于是继位。《国语·晋语》中提道："皇帝以姬水成，炎帝以姜水成，成而异德，故皇帝为姬，炎帝为姜。"意思是说皇帝（黄帝）祭祀的是姬水神，炎帝祭祀的是姜水神，获得了神的认可，所以黄帝与炎帝有不同的"德"。这种卜筮和祭祀甚至关系到了统治者其统治地位是否具备合法性的高度。在《商诰》中记载，克夏之后，汤归亳告于诸侯，公布夏的罪状是"昏德""灭德"，而主要表现形式就是不祭祀上帝宗庙；无独有偶，周人一开始也是以殷商祭祀传统的真正继承者自居，周人伐殷，也是说殷"失德"，失德的主要罪状就是"昏弃厥祀""宗庙不享"。④ 综上所述，卜筮与祭祀不仅仅是管理国家的重要手段，同时还是维系统治合法性的重要方式，自然就不能是一种公众活动，而只能是少数统治者的私人性活动了。如果人人都能卜筮或祭祀，国家的管理就会乱套——事实上，这种事情已经发生过，并造成了社会混乱不堪、战争杀戮不断、人民没有忠信等严重后果，最后上帝发怒，禁止了这种人人都能卜筮祭祀（家为巫史）的现象，规定只有少数人才可以沟通天地。《尚书·吕刑》记载：

王曰："若古有训，蚩尤惟始作乱，延及于平民，罔不寇贼，鸱义奸宄，夺攘矫虔。苗民弗用灵，制以刑，惟作五虐之刑曰法。杀戮无辜，爰始淫为劓、刵、椓、黥。越兹丽（罹）刑并制，罔差有辞。民兴胥渐，泯泯棼棼，罔中于信，以覆诅盟。虐威，庶戮方告无辜于上。上帝监民，罔有馨香德，刑发闻惟腥。"皇帝哀矜庶戮之不辜，报虐以威，遏绝苗民，无世在下。乃命重、黎绝地天通，罔有降格。群后之逮在下，明明棐常，鳏寡无盖。

---

① 陈来：《古代宗教与伦理》，生活·读书·新知三联书店，2009，第 115 页。

② 陈梦家：《殷墟卜辞综述》，中华书局，1988，第 580 页。

③ 陈来：《古代宗教与伦理》，生活·读书·新知三联书店，2009，第 318 页。

④ 陈来：《古代宗教与伦理》，生活·读书·新知三联书店，2009，第 131 页。

《国语·楚语下》记载:

及少皥之衰也,九黎乱德,民神杂糅,不可方物。夫人作享,家为巫史,无有要质。民匮于祀,而不知其福。烝享无度,民神同位。民渎齐盟,无有威严,神狎民则,不蠲其为,嘉生不降,无物以享,祸灾存臻,莫尽其气。

颛顼受之,乃命南正重司天以属神,命火正黎司地以属民,恢复旧常,无相侵渎,是谓绝天地通。

自从"绝地天通"以来,家为巫史的时代结束,和上帝沟通的活动成为国家的祭祀活动,掌握在统治阶级的手中。这样,"平民再也不能直接和上帝沟通",只有统治者及其任命的神职人员才能通过祭祀活动"管得天下的事情,把神的命令集中起来,传达下来"[1]。这种阅读或朗读的私人化性质就此确认下来。

此后,不仅国家和统治者依然保持着祭祀天地祖先的传统,祭祀过程中的重要一环是朗读祭文。即使是世俗世界的朗读活动,也依然保持着这种私人化的传统。在中国古代,除了学校的朗读活动,以及民间的说书活动具有公共性质外,其他领域的朗读活动则均不面向大众进行。这种朗读活动主要在精英阶层(士)中进行,例如士子之间的唱和。士子们可以二人或多人一起交流切磋,朗读自己或自己欣赏的作品,其他人可以进行评论。如果人数众多,则可称之为诗会或文会,而其中知名的诗会和文会,则以"雅集"之名流传于世,例如著名的邺下雅集、金谷园雅集、兰亭雅集、滕王阁雅集等。《世说新语·排调》记载,在王戎还没有被其他人接纳时,有一次,嵇康、阮籍、山涛、刘伶在竹林聚会,王戎后往,阮籍就很不客气地说:"俗物已复来败人意!"雅与俗相对,就是志向不同的读书人也被冠之以"俗"而拒之于雅集之门外,普通大众就更不能参与了。中国古代另外的一种朗读活动就更是私人性质浓厚了,这就是士子平时的读书。古人读书,是要发出声音来的,例如白居易在《与元九思书》中说:"昼课赋,夜课书,间又课诗,不遑寝息矣,以至于口舌生疮。"《明外史》则记载张溥"幼嗜学,所读书必手抄,抄已,朗诵一过,即焚之,又抄,如是者六七"。这种读书,不是读给公众听的,也不是读给家人听的,而是对圣人经典、前人作品的记忆与理解。读到高兴处,不仅会带有节奏,甚至会辅以动作,鲁迅先生在《从百草园到三味书屋》中这样描写寿镜吾先生读书的样子:

先生自己也念书。后来,我们的声音便低下去,静下去了,只有他还大声朗读着:"铁如意,指挥倜傥,一坐皆惊呢;金叵罗,颠倒淋漓噫,千杯未醉嗬……"我疑心这是极好的文章,因为读到这里,他总是微笑起来,而且将头仰起,摇着,向后面拗过去,拗过去。

上文中先生念的赋里,原文是没有"呢""噫""嗬"这些字的,是在"诵"的过程中为分明节奏而加的语气助词,且读书过程中还带有动作。这种情形,显然是私下读书才能畅

---

[1]徐旭生:《中国古史的传说时代》,文物出版社,1985,第79页。

快的,否则外人见了,难免惊骇。

综上所述,无论是西方还是中国,最早的阅读都是朗读,即使是默读这种阅读方式普及后,朗读亦在多种场合被继续使用。因此,今天有声阅读的兴起,可以说是这种朗读传统的回归与发扬,但是,中西方的朗读又是有着本质不同的。梳理朗读的历史传统,对于我们清晰认识有声阅读,并利用有声阅读促进儿童阅读素养的提升有着莫大的意义。

第二节 西方朗读简史

一般认为,西方文明起源于美索不达米亚地区的苏美尔文明。1984年,在叙利亚的特尔布拉克发掘了两块公元前4000年制作的巴掌大小的长方形泥刻写板,每一块上面都有一些不太明显的刻划印迹:靠近顶部有一个小小的凹洞,中央部位则是某种动物的形状。考古学家认为,这个凹洞代表的是数字10,因而这两块泥刻写板上刻痕的意思是:"这里有10只动物"或"此次交易的内容为10只动物"。但是,美索不达米亚文明虽然文字和书写行为出现得很早,但阅读长期以朗读形式存在,苏美尔语中的"阅读"一词,意思就是"计数、计算、记忆、背诵、朗读"。正如费希尔所说:"阅读不是一件孤立的、惬意的、缄默无言的事情,而是一种公共的、繁重的、放声的行为。写下来的文字通常旨在帮助人们回忆早已铭记于心的文本。美索不达米亚的所有文字,甚至包括书写的文字,都是公共的和口头的。"[1]进行朗读的人被称之为"书记员",大多数人都不识字,包括官员、建筑师、天文学家、商人和传教士,都需要书记员为其朗读别处送来的文件,别人写的信件或交易记录,同时也请书记员记录他们口述的内容,以文件或信件形式送到其他地方或其他人手中。在公元前1700年的巴比伦,要想成为一名职业书记员,男孩须从6岁到18岁期间在专门的书记员学校上学,每月上学24天,每天从清晨学习到傍晚。经过严格训练毕业后,就可以为商人、僧侣、贵族和王室工作,即使是中途退学的学生,也会成为受人尊敬的写信人和读信人,几乎每个城镇和村庄的集市上都有他们的身影。

埃及语中"阅读"一词也含有"朗读"的含义。古埃及的阅读同样是一种口头行为,所有的阅读实际上都是书记员兼见证人的一个朗读过程。同美索不达米亚一样,埃及的书面信件也充满了口头朗读的印迹。在一封被发掘出的、用楔形文字写于约公元前2000年的泥板信中,我们可以读到这样的内容:

我的信使,科里亚,这样说道:如此说着"您的兄弟,埃及之王尼摩利亚制作了一件了不起的礼物"。

而在18世纪后期发现了密坦尼国王图什拉塔写给埃及国王奥克亨那坦(公元前1353—前1336)的一封信,其内容是这样的:

---

[1] 史蒂文·罗杰·费希尔:《阅读的历史》,李瑞林等译,商务印书馆,2009,第12页。

请告诉我的兄弟,埃及国王尼姆瑞亚(即奥克亨那坦),我爱我的女婿,他也爱我的:"因此,密坦尼的国王图什拉塔,你的岳父,他爱你,也爱你的兄弟。我一切安好。愿你也一切安好。愿你的家人、你的妻子、儿子、商人、战车、马匹、勇士、国家,一切的一切,只要是你的都安好无恙。"

从上面两封信的内容可以看出,在古埃及,即使是国王,也是需要书记员来写信和读信的。但埃及的书记员和美索不达米亚的书记员虽然受人尊敬,但主要从事辅助他人的工作。不同的是,由于古埃及具有读写能力的人十分少见,大凡能读写者(或者家里有能读写的奴隶)都是社会精英,占据了几乎所有行政职位,许多书记员最后成为宫廷官员和大臣,跻身于帝国最富有和最有权势者之列。

在古典时期(公元前 5 世纪—前 4 世纪中叶),希腊人和罗马人开始广泛使用书面文字,但在日常生活中仍然以朗读和聆听阅读为主。他们口授信函,听人背诵,或聆听奴隶朗读文学作品和往来信件。也就是在公元前 5 世纪末,古希腊哲学家苏格拉底与菲德鲁斯发生了那场著名的支持口述传统、反对阅读与书写的对话。也正在这个时期,希腊的公共朗读活动十分活跃,苏格拉底与菲德鲁斯的对话之所以发生,起因就是一卷当时著名演说家雷西亚斯关于情侣责任的演讲稿。费希尔也在《阅读的历史》中记载了"希腊历史之父"希罗多德(公元前 485—前 425 年)不同寻常的演讲:"(希罗多德)没有按照当时的习俗跋山涉水从一个城市到另一个城市朗读自己的作品,而是在奥林匹克节日把作品呈现给聚集在一起的希腊人。"[①]在公元前 4 世纪,也就是柏拉图的学生亚里士多德生活的那个时代,个人阅读开始兴起,不少希腊和罗马的贵族家庭或富有家庭都养着一个受过专门训练的奴隶或自由民,他们的唯一职责就是为主人朗读。

到了公元 1 世纪,不同阶层的希腊人和罗马人才开始手捧莎草纸书卷(或蜡板)自己朗读起来。也就是说,朗读不再是下属或奴隶的工作,国王、贵族也开始愿意自己朗读。但公共朗读活动依然时尚风行,连罗马皇帝奥古斯都也"友好地、耐心地"参加过罗马的朗读会。奥古斯都之后的第三任继承者克劳狄乌斯皇帝也曾在帕拉廷山散步时听到吵闹声,便询问发生了什么事情。当他得知是诺尼亚斯正在公开朗读时,便走上前去聆听。这位皇帝还在给一位朋友的信中写道,当时有些人被邀请去朗读会,有时会爽约,"至于我,几乎从来没有让任何人扫兴过。这些人大部分可都是我的朋友"[②]。罗马帝国元老、作家小普林尼在他的作品中记录了当时朗读会的盛况:作家为了介绍自己的新作,就会邀请朋友、同行的学者或诗人,还有他们的家人、家族中的支持者以及普通听众来参加朗读会。听众们或喊出声来表示赞同,或在朗读的间隙鼓掌,听到令人激动的片段时还会一跃而起为之喝彩。观众的这种反应并不只是向自己的家人或者同行表明一种姿态,而是在当时应有的一种传统礼节。参加朗读会的听众必须按时到场,而且还要坚持到朗读

---

① 史蒂文·罗杰·费希尔:《阅读的历史》,李瑞林等译,商务印书馆,2009,第 50 页。
② 史蒂文·罗杰·费希尔:《阅读的历史》,李瑞林等译,商务印书馆,2009,第 68 页。

会全部结束。小普林尼虽然对这种传统礼节表示愤怒,但他自己也经常参加别人的朗读会。他曾赞扬过年轻的卡尔普尔尼乌斯·皮索朗读《星移斗转》一文时的精彩表现:

（《星移斗转》）是一篇有学术性和启发性的文章。文章是用流畅、轻柔,甚至可以说是卓越的对句写成的……声音跌宕起伏,节奏分明,变化有致。一会儿高昂,一会儿简约;一会儿干涩,一会儿洪亮;一会儿严肃,一会儿诙谐。变化之中,才情不减。动听的噪音把情绪彰显得淋漓尽致,谦逊的个性给噪音增色不少。泛红的面容,激动的心海,给他平添了几分魅力。对于文学人士来说,缄默胜于自信。这个年轻人诵读完毕,我上前亲吻了他,那吻是长时间的,是发自心底的。我也毫不留情地给他提了几条忠告,并怀着真情实感鼓励他继续走下去。

这种公共朗读活动通常只有一个或几个小时,但有的会持续一周。出席人数的多寡取决于朗读者的名气。小普林尼参加过一次历时 3 天的朗读会,因为朗读者兼作家狄乌斯·奥古理乌斯朗读了如下开场白:

我吟诵短诗就如同唱歌,
像卡图卢斯和卡尔乌斯一样,
还有所有的那些老人。可这对我来说又有什么意思呢?
单单一个普林尼对我来说就足矣,
多少个加图才能换来一个普林尼呀!

小普林尼因此非常高兴,他在书信中对朋友说:"怀着无比愉悦的心情,或者说,的确是怀着欣赏之情,聆听了狄乌斯·奥古理乌斯的朗诵……我确实认为,这是多年来以此方式写成的最完美的话。"

小普林尼不仅参加别人的朗读会,自己也经常举办朗读会,并为之付出了巨大努力。他擅长朗读诗歌,但不擅长朗读散文,于是想让他的仆人替自己朗读,"我已选好了一个仆人,虽然（他的朗读）算不上好,可只要他不害羞,至少会比我强"。但是新的问题又来了:仆人朗读自己作品的时候,如果他静坐不动,沉默不语,显然不符合当时的礼节;如果也像其他听众一样欢呼,这样又显得自夸。小普林尼因此很苦恼,于是写信向罗马传记作家、历史学家苏埃托尼乌斯求助。小普林尼在其书信集中对朗读会的诸多描写,可见古罗马公共朗读活动之盛。

公元 2 世纪的时候,虽然书写时代早已到来,但人们依然将书籍当作是储存知识的载体,而不是主要用来阅读的,甚至认为阅读书籍不利于身体健康,正确的做法是背诵、朗读和聆听朗读。当时的罗马医生认为:那些从来不背诵诗歌而必须仰赖书本来阅读的人需要辛苦地流许多的汗水,才能排除体内的有害流质,而那些靠着敏锐记忆背住经籍的人,只消借着呼吸,就可以轻松将那些流质排除。

一直到公元 4 世纪,朗读依然是阅读的主要方式,默读是一件罕见的事情。古罗马帝国思想家奥古斯丁（354—430年）在其著作《忏悔录》（该书写于394—400年）里，记载了他29岁那年去拜访其老师安布罗斯时看到的"奇怪"一幕：

> 当他阅读时，他的眼睛扫描着书页，而他的心则忙着找出意义，但他不发出声音，他的舌头静止不动。任何人都可以自由接近他，访客通常不须通报，所以，我们来拜访他时，常常发现他就这般默默地阅读着，因为他从来不出声朗读。

由此可见，在公元4世纪，正常的阅读方式是大声朗读，而默读则是一件不同寻常的事，以至于奥古斯丁马上就注意到了安布罗斯奇怪的读书方式，甚至在10年之后，还忍不住要在自己的著作中特意记录——这是西方历史上有关默读的第一则明确例证。在奥古斯丁的时代，作家在写作自己的作品时，是一边书写一边朗读的；抄写员在抄写文本时，通常也是一人口述一人书写，或自己一边大声朗读一边书写。这一现象一直持续到8世纪，当时有位抄写员曾经这样总结自己的工作："没有人可以了解其中的辛苦。三根手指抄写，两只眼睛看，一片舌头朗读，浑身都在劳动。"在这种情况下，标点符号不受人重视：因为第一个朗读者总是作者本人，而其他人则是听了作者的朗读，并喜爱这部作品时，才会产生抄写及朗读这部作品的念头和行动。因此，无论是作者、抄写者和朗读者都知道这部作品中的句子应该在哪儿断句，应该以何种情感来朗读。事实上，一直要到9世纪甚至更晚，西方世界的标点符号才开始成熟，而这个时候，默读也开始逐渐被接受。

虽然越来越多的人开始接受默读，但是听读合一、以听为主依然是中世纪阅读的特点。中世纪的阅读，大多数情况下依然是一种集体活动。朗读场所主要有两个，一是家庭式朗读，但朗读传奇故事和史诗的不再是管家或奴隶，而是自己的家人；二是在教堂的礼拜仪式上朗读《圣经》，修士们在用餐时也朗读或聆听宗教性书籍。公元529年，意大利天主教士圣本笃创建了"本笃会"，并为修道士们制定了一系列规章，《本笃规程》规定，朗读是修道院日常生活的基本功课。该规程第38条对朗读的流程进行了详细的规定：

> 修道士们吃饭时，总要有人朗读。但没有人敢随便拿起书就朗读。谁想朗读，就必须朗读整整一个星期，并且从星期天开始履行职责……书桌旁静得不能再静，没有窃窃私语，没有别的任何声音，只能听见他的朗读声。

此后，越来越多的修道院采用了本笃会的规程，朗读活动也因此在教堂中兴起。到12世纪，欧洲各国几乎所有的教堂都采用了《本笃规程》，确保修道院生活的规律，而朗读自然而然也成为一种传统。

在中世纪的世俗世界中，聆听朗读已成为一种常见的日常活动。在宫廷或贵族家里，因为他们拥有珍贵的书籍，皇帝或一家之主会大声朗读书籍给家人或者朋友听，这既是一种娱乐活动，也是自己和家人增长知识、享受文字之美的途径。1399年，意大利托斯卡尼的公证人马泽伊就曾写信给他的朋友，要求朋友出借《圣法兰西的小花》一书，好让他朗读给儿子们听,他在信中说:"孩子们的冬夜会以此为乐。"①此外,他们还会在宴会的时候,让仆人朗读书籍,以活跃宴会的气氛,类似于中国古代宴会时的歌舞助兴。与此同时,从 11 世纪开始,欧洲出现了"行吟诗人",他们往往出身于贵族,能够自己写作诗歌。这些行吟诗人不仅会前往宫廷进行朗诵表演,同时也会举办家庭朗读会,邀请其他贵族或行吟诗人参加。有时候他们还会举办公共朗读会,无论是贵族还是一般民众都可以前来聆听,但根据记载,他们朗读的内容往往比不上另外一种"吟游诗人"的受欢迎程度。

所谓吟游诗人,是一种公共演艺人员,他们经常出现在展览会场和市集中,读诵和吟唱自己或其他人的文学作品,这是当时一般民众接触到书籍的主要途径。随着教士阶层普遍学会了朗读,一般民众聆听朗读的机会增多了。《蒙泰洛:1294—1324 年的法国外省乡村》一书就记载了乡村教士皮埃尔·克列格曾在不同民众家里,大声朗读书籍给围炉而坐的人听。到了 15 世纪,甚至专门出现了女士们的读书聚会。《纺纱杆福音》一书中记载,在圣诞节和圣烛节之间的漫漫冬夜,每晚在用餐之后,附近的女性就会组织读书会,她们朗读某些讨论两性、恋爱、婚姻、迷信与风土人情的段落,并从女性的观点来加以评论。但是,从该书的记载可以看出,这种专门的女性读书会并不常见,因为该书的作者认为女性参加这种读书会是"不检点""极度无聊"。②这就说明,在中世纪时期,女性的朗读和聆听阅读,主要还是在家庭中进行,这种女性的公共朗读活动受到男权的极度制约。

英国小说家、诗人乔叟(约 1343—1400 年)的作品,"例如《坎特伯雷故事集》《玫瑰传奇》和《声誉之宫》等作品,读来朗朗上口,节奏感强,且音调平稳,极其和谐"③。普遍认为,乔叟的这种风格,结合了古典修辞学家的技巧与吟游诗人传统的口语和俏皮话,因此非常适合朗读和聆听。事实上,当时大多数人是通过聆听来接触和了解其作品,这种需要当众朗读的作品,就需要讲究声调、反复和押韵。例如乔叟的《公爵夫人之书》,就是献给女贵族布朗什的作品,并朗读给她和她的随从听。乔叟的《坎特伯雷故事集》也经历了多次当众朗读,并根据聆听者的意见进行了反复修改。

费希尔在《阅读的历史》一书中提到,17 世纪时,当众朗读的风气已在欧洲的各个阶层盛行。人们依然经常聚集在一起听人朗读日常读物,但阅读的内容已不仅限于《圣经》《黄金传奇》或宗教短文,历史小说、骑士小说和爱情故事也越来越多。西班牙作家塞万提斯在其著名的小说《堂吉诃德》一书中,写到过当时处于社会底层的劳动者们聚集在一起,聆听朗读骑士小说的场面。值得注意的是,此前的朗读者往往是贵族、教士或贵族专门培养的、为自己和朋友读书的仆人,而《堂吉诃德》中提到的朗读集会,朗读者和聆听者均为劳动阶层:一位到处寻找堂吉诃德的神父在客店里向大家解释,堂吉诃德是因为读了骑士小说而变得疯疯癫癫。店主不同意他的说法,他认为骑士小说是全世界最好的

---

① 阿尔维托·曼古埃尔:《阅读史》,吴昌杰译,商务印书馆,2002,第 143 页。
② 阿尔维托·曼古埃尔:《阅读史》,吴昌杰译,商务印书馆,2002,第 145 页。
③ 韩莹、孙福广:《乔叟对英国文学的贡献探讨》,《语文建设》2015 年第 2 期。

书,不仅给他自己,也给其他许多人带来了欢乐。他说:"每到收获季节,这里都会聚集很多来收割的人,其中总有个把识字的。他手里拿着一本这样的书,有三十多人围着他。我们都认真地听他念,仿佛觉得自己也年轻了。"①店主发表自己的意见后,店主的妻子、女儿、女仆也分别从不同的角度支持了店主的观点。

18世纪的欧洲,不仅是公开的当众朗读会或读书会作为优良传统得以保留下来,小型的家庭朗读会也开始普及。1768年,卢梭因法国当局禁止出版他的《忏悔录》,在那个漫长的冬天里,出现在巴黎各个贵族的家里朗读这一作品。有一次,朗读活动从早上九点一直持续到下午三点。根据一名听众所说,当卢梭读到一个段落,描写他如何抛弃他的小孩时,听众们刚开始觉得很尴尬,然后逐渐软化,终至流下感伤的泪水。最终,他的这本书得以获准出版。1781年,狄德罗在写给女儿的信中提到,他的妻子认为小说是粗野、猥亵、不登大雅之堂的。于是他通过连续几周都为其朗读小说作品,并最终改变了妻子的看法。他说:"我成为她的朗读者,天天念三段《吉尔·布拉斯》给她听:晨间、晚餐之后和夜间各一次。等念完《吉尔·布拉斯》之后,我们将接着念《两支棒子上的恶魔》和《萨拉曼卡的学士》及其他同样精彩活泼的作品。"②

到了19世纪,西方世界的家庭朗读依然盛行。1880年,苏格兰出版家威廉·钱伯斯在为其兄弟所作的传记《罗伯特·钱伯斯回忆录》一书中,回忆了他们兄弟两人在童年时被邀请参加家庭朗读会的往事,他写道:"有位和蔼的女性老亲戚,丈夫是个老迈的零售商。她吟唱古老歌谣,还告诉我们许多传奇故事,我们因而获得许多愉悦,更不用说谆谆教诲了。"③在一些富有的家庭,家庭读书会每天都会举行,成为一种生活常态,《傲慢与偏见》的作者简·奥斯汀在《书信集》中经常提到其家人朗读书籍并相互讨论的场景,她在1808年写道:"我的父亲在早上朗读科珀,我只要有空就跟着听","我们已经拿到了《艾思普里拉书信集》的第二卷,我在烛光下朗诵","虽然我嗜读如命,可是并不喜欢《玛密恩》,(大哥)詹姆斯每晚都要大声朗读《玛密恩》,十点左右开始,读到宵夜时间为止","(让黎夫人的《阿尔封辛》)才念了20页,我们就深感厌恶。不谈译文太差,内容本身也是粗俗不堪入目,糟蹋了作者原本的纯洁美名。我们换上了《女吉诃德》,现在,我们晚上都非常快乐。"但是,对于女性来说,自己读书依然不是一件被大众认可的事情,她们只有聆听别人朗读才是社会接受的读书方式。小说家哈丽·马蒂诺在她的《自传回忆》一书中写道:"年轻女孩公然读书被认为有失体统,大家都认为女孩子应该坐在起居室中缝衣、聆听他人朗诵书本,并随时准备好招待到访的客人。"当有访客到来并谈及所读过(听)的书时,书本一定要经过仔细挑选,"以免让访客大吃一惊,将在下个拜访的家中,大肆渲染这家庭在管教孩子方面不够检点的可悲故事"④。

在欧洲,19世纪也是作者朗读的黄金时期。英国作家狄更斯钟爱公开朗读,在他的晚年,甚至以朗读表演而闻名。他朗读给自己的朋友听,并根据朋友反馈的意见对作品

---

①塞万提斯:《堂吉诃德(下)》,邱磊译,天津古籍出版社,2004,第608页。

②阿尔维托·曼古埃尔:《阅读史》,吴昌杰译,商务印书馆,2002,第147页。

③阿尔维托·曼古埃尔:《阅读史》,吴昌杰译,商务印书馆,2002,第145页。

④阿尔维托·曼古埃尔:《阅读史》,吴昌杰译,商务印书馆,2002,第149页。

进行修改润饰；他也进行当众朗读，根据听众的反应估计其作品的效果，同时也起到广告作用，以吸引更多人购买他的小说。狄更斯同时是一名戏剧演员，多次在舞台上表演。他将自己的演剧天分充分应用到其作品朗读上来，并花费大量时间准备演说风格、姿态和开场白。同时还在将要朗读的书籍上做出标记，以提醒自己在朗读某段内容时，应该使用或欢欣、或严厉、或哀愁、或神秘、或加速的语气，以及要做出或身子低下、或用手指、或浑身战栗、或惊吓张望的姿势。他曾经进行过多次巡回朗读，第一次巡回朗读活动，从克利夫顿开始到布莱顿结束，在 40 多个城镇做了大约 80 场朗读。被萧伯纳赞誉为"19 世纪后半期英国最伟大的作家"的塞缪尔·巴特勒的朗读也是为了润色自己的作品，他说："我常常朗读自己的作品。读给什么人听无所谓……我默读自己的作品时认为没有问题的部分，只要出声读出来，就会立刻发现其中的不足之处。"英国桂冠诗人阿尔弗雷德·丁尼生的朗读活动则并非为了润饰作品或宣传作品，似乎仅仅是为了得到别人对其作品的肯定。他经常出现在伦敦人的客厅，朗读他最有名的诗篇《莫德》。朗读结束后，他就会到处问听众喜不喜欢这部作品。有一次，他连续 3 次给女作家简·卡莱尔朗读《莫德》，迫使她不得不赞美这些诗。当时的作家，就仿佛今天的流量明星，每当有作家举办朗读会，听众们就会蜂拥而至，并将获得作家的签名当作是一种荣耀。以至于当时西班牙作家达玛索·阿隆索因此还专门写文章反对这种作家的当众朗读行为——这种反对也从侧面证明了作家当众朗读在当时的盛行。

20 世纪以来，纸质阅读最终全面占据上风，个人的默读取代了当众的朗读和聆听阅读。这是因为，首先，得益于各国政府大力推行并切实执行教育立法，到 20 世纪初期，英格兰、法国、德国、美国的功能识字率已达到 90%，比利时为 88%，奥匈帝国为 78%，意大利为 60%，俄罗斯的一些中心城市也超过了 50%。民众无须仰仗他人的朗读（作者、吟游诗人或识字的某个人）就可以接近书本；其次，造纸、印刷和装订技术得到不断改进，使书籍的成本大大降低，以德国出版的书籍为例，1870 年，原材料成本占到书本价格的 30%，而到了 1912 年，这一比例下降到了 12%，书籍从少数富有家庭的珍藏品变成了大众消费品；第三，新的大众媒介冲击了书籍的"神圣"地位，印刷技术的飞速发展和纸张价格的下降，催生了报业的繁荣，各种日报、晚报、周报纷纷出现，以其及时报道的新闻、夸张而吸引眼球的标题、短小的文章、精美的图片，使人们能在几张报纸上获得全球重要事件的简要总结和迅速的刺激，此外，电影在 20 世纪初期迅速发展并盛极一时，1926 年，仅在美国每周就有 5000 万人走进电影院。这样，电影画面与字幕以及报纸构成了当时西方世界民众的主要阅读内容。

一些古老的朗读传统也得以传承下来。在 20 世纪初期，作家的公共朗读虽然已不再流行，但依然有一些作家在坚持。出生于美国的英国诗人、诺贝尔文学奖的获得者艾略特，就喜欢经常在公众面前朗读；威尔士诗人狄兰·托马斯也喜欢在公众面前吟诵自己的诗作，并以娴熟的朗诵表演技巧而闻名于众，他"时而在读到一半时戛然而止，停顿足有一分钟，时而在字词之间陡然提高声音爆发出激情"。直至今天，在大学、作家沙龙或文学爱好者的聚会上，各种朗读活动也并不罕见。朗读传统还在学校课堂上较好地保留下来，学生通过朗读以加深对课文的熟悉和理解，教师则通过朗读及讲解，将自己对课文的理解传递给学生。例如英国的中小学就一直有着"诵读教学法"的传统,其具体方法是:第一步,教师选择一部文学、历史、哲学或其他经典作品(一般是其中的经典篇章、段落),对其进行导读式介绍,如作者简介、写作背景以及选文的精妙之处等,以期在学生心目中建立起即将学习的经典作品的上位概念,从而提高学生诵读的兴趣和效果。第二步,教师以一定的朗读技巧,诵读该经典作品,充分展示作品的艺术魅力,使学生达到情感上的共鸣。第三步,教师对选文大意做概括性描述,同时对重点语句做精当阐述。第四步,教师引导学生大声朗读该经典作品的选文,以熟读成诵为目标,其间教师辅以必要的检查和指导。① 美国小学生则从一年级起,每学期都要进行口语测试,以检验学生的朗读流利程度和阅读理解能力,其测试内容主要包括 4 个方面:①学生每分钟朗读的单词数量;②单词发音的正确率;③回答问题的正确率;④复述故事的主要内容。② 可见无论是英国还是美国的学校,依然重视学生的朗读。与此同时,西方国家保留了良好的家庭朗读传统。世界上最大的童书出版机构 Scholastic 和国际咨询机构 YouGov 合作,每两年发布一次《儿童及家庭阅读报告》,以期全面了解儿童及家庭的阅读现状。2015—2017 年发布的报告中,其调查范围包括美国、英国、印度、澳大利亚和加拿大。报告显示,大声朗读是各国家长引导 0—5 岁儿童早期阅读最重要的方式,"出生即阅读"理念被大多数家庭所接受,很多 0—5 岁儿童的家长(美国 59%、加拿大 54%、印度 52%、澳大利亚 47%,英国 41%)收到过来自儿科医生、朋友以及育儿类杂志、书籍、网站"应该从出生起就为儿童朗读"的建议。这些建议认为,为孩子朗读最突出的益处是"促进儿童词汇和语言发展、激发想象力,此外还有利于培养阅读兴趣和习惯、帮助学业成功、远离电子产品、收获间接人生经验、放松等"。同时,该报告披露的数据显示,在 6—17 岁的未成年人中,超过八成表示喜欢大声朗读,尤其是亲子间的大声朗读。他们认为"这是亲子间的特殊时光、一起朗读很有趣、是睡前放松方式"③。被国际阅读组织评选为 20 世纪对阅读推广最有贡献的 8 人之一、美国著名的阅读研究和推广专家吉姆·崔利斯在其《朗读手册》一书中提到,在美国,有 200 个电视频道分散了学生的注意力,超过半数的青少年每天花大部分时间玩手机,1/4 的孩子是单亲家庭,但就是在这样的情况下,美国学生的阅读成绩竟然逐年提高,其原因就是美国家庭有朗读的良好习惯。他举例说,在 2002 年,有 40 万名学生参加了 ACT 考试(美国大学入学考试之一),其中有 58 人获得了满分,包括来自肯塔基州的克里斯托弗。消息一经传出,克里斯托弗一家就被各种媒体所包围,询问他的学习方法,以及参加过哪些培训班。但答案是,他没有参加过任何培训班,其成功的秘诀在于,从婴幼儿到青少年时期,他的父母每天晚上为他朗读 30 分钟,年复一年,即使在他已学会了自主阅读之后,这种朗读活动也没有停止过。父母的大声朗读不仅促进了家庭和谐,同时也使克里斯托弗爱上了阅读,爱上了学习。汤姆·帕克,一所大学的招生主任告诉吉姆·崔利斯以及那些咨询如何提高孩子 SAT(美国大学入学考试之一)成绩的家长:

---

① 陈恭礼:《英国的"英文诵读教学法"》,《中学语文》2000 年第 7 期。
② 傅怀华:《浅谈美国小学生英语的朗读与阅读检测》,《中国校外教育》2011 年第 12 期。
③ 汪全莉、陈邦:《英语国家儿童及家庭阅读现状与启示》,《图书馆杂志》2019 年第 3 期。

"世界上最棒的SAT辅导课程就是孩子们还小的时候,为他们进行睡前朗读。久而久之,如果孩子们觉得这是一种美妙的体验,他们也会开始自己阅读。"汤姆·帕克告诉吉姆·崔利斯,那些取得高分的学生往往有家庭朗读的经历,他没有见过哪个不爱阅读的学生,可以在SAT考试中取得高分。① 美国女作家哈珀·李在其名著《杀死一只知更鸟》中,也多次描写了美国家庭的朗读场景:梅科姆镇的律师阿迪克斯每天晚上都把他年幼的女儿斯库特抱在怀里,朗读新闻、即将颁布的法案、洛伦佐·道牧师的日记等内容。就这样,斯库特自然而然地学会了阅读和识字,当她第一天上学时,就能朗读《初级读本》和《莫比尔纪事》上的股市行情,让她的老师大吃一惊。② 由此可见,即使在每个人都拥有上学的权利、书籍和报纸杂志随处可见、电视和互联网成为最受欢迎大众媒介的今天,朗读依然有其存在的合理性。

与此同时,由于新技术新媒介的诞生,又滋生出了新的朗读(讲述)方式。广播、电视和互联网上,除了有读书节目之外,还有新闻播报、名人访谈、脱口秀和各种不断推陈出新的语言类节目。这些基于新技术的朗读和讲述方式,催生了新的职业——播音员(在网络上则被称为主播)。实际上,播音员相当于美索不达米亚文明时期的书记员、古典时期的演说家以及中世纪时期的吟游诗人,他们不仅同样受到全社会的尊敬,其职责也无非是用有声语言将信息传达给听众——过去是面对面的朗读或讲述,而现在通过电波、电视信号或网络信号。

第三节 中国朗读简史

在我国,"阅"和"读"是两个不同的概念。许慎《说文解字》门部说:"阅,具数于门中也。"本义为查点、计算,可引申为披览书籍。③《说文解字》言部说:"读,诵书也,从言卖声。"《说文解字》竹部则说:"籀,读也。"古时"籀"与"抽"通用,所以《毛诗传》中说:"读,抽也。"《方言》中则说:"抽,读也。"所谓"抽",就是抽绎其义蕴,即理解其中的道理。④ 由此可见,阅是用眼睛看书,读则既可以是发出声音的朗读(即诵),也可以是不发出声音的默读,并理解书本或文章的意义。关于"读"字作"籀"与"抽"义,钱基博先生在《国学必读》一书的序言中有详细的阐释:

余读《孟子》书,至《万章篇》:"颂其诗,读其书。"《周礼·春官·大师》注:"颂之言诵也。""颂其诗",即"诵其诗"。于诗曰诵,于书曰读,而知诵与读之有别。段玉裁《说文解字注》云:"讽,诵也。诵讽也。读,籀书也。"《大司乐》:"以乐语教国子:兴、道、讽、诵、

---

① 吉姆·崔利斯:《朗读手册》,陈冰译,新星出版社,2016,第5页。
② 哈珀·李:《杀死一只知更鸟》,李育超译,译林出版社,2017,第25页。
③ 贾宁:《树立正确的阅读理解观,从根本意义上提高阅读理解能力》,《现代语文》2008年第2期。
④ 张萍:《〈汉语大词典〉"籀"释义辨证》,《汉字汉语研究》2020年第1期。

言、语。"注:"倍文曰讽。以声节之曰诵。"倍同背,谓不开读也。诵则非直背文,又为吟咏以声节之。《周礼》经注析言之,讽、诵是二。许统言之,讽、诵是一。《竹部》:"籀,读书也。"《庸风传》曰:"抽,读也。"《方言》曰:"抽,读也。"盖籀、抽古通用。《史记》"史记石室金匮之书",字亦作抽。抽绎其义蕴,至于无穷,是之谓读。故卜筮之辞曰籀,谓抽绎易义而为之也。……然则孟子之为学也,盖读与诵异品,诗以诵,书以读。《荀子·劝学篇》:"学恶乎始? 恶乎终?"曰:"其数则始乎诵经;终乎读礼。"杨倞注:"经,谓诗书。礼,谓典礼。"诗书可诵,典礼则读而不诵。诵者,玩其文辞之美。读者,索其义蕴之奥。《乐记》曰:"广其节奏,省其文采,以绳德厚。"诵之法也。《孟子》曰:"博学而详说之,将以反说约",读之法也。古人之所谓诵,今人曰读。古人之所谓读,今人曰看。曾涤生《谕儿子纪泽书》云:"看者,如尔去年看《史记》、《汉书》、韩文、《近思录》,今年看《周易折中》之类是也。读者如《四书》《诗》《书》《易》《左传》诸经,《昭明文选》,李、杜、韩、苏之诗,韩、欧、曾、王之文,非高声朗诵,则不能得其雄伟之概,非密咏恬吟,则不能得其深远之韵。二者不可偏废。"是曾氏之教其子,亦看与读并重。而今日之谭国文教学者,只言读本而无看本,譬如两轮之废其只,双足之刖其一。则甚矣其为跛形不具之国文教学也! 窃以为读之文宜主情,看之文宜主理;读之文宜有序,看之文宜有物;读之文宜短,而看者不宜过短;读之文宜美,而看者不必尽美。鼓之舞之之谓作,情文相生者,读之文也。长篇大论,善启发人悟,而条达疏畅者,看之文也。①

钱基博先生在这篇序文中,认为今天的"看"相当于古时的"读",是指不发声的默读;而今天所说的"读",即古时的"诵",指的是有声的朗读。并引用曾国藩的说法,指出像"四书"、《诗经》、李杜之诗、韩苏之文等有"文辞之美"的书籍或文章,适宜朗读;而《史记》《汉书》《周易折中》等有义蕴之奥的书籍或文章,则适合默读,以理解其中的意义。可以说,《国学必读·序》将朗读与默读进行了清晰的区分。但如果说古时的"读"就专指默读,完全忽视《说文》"读,诵也"的释义,也是不对的。实际上,"读"既有无声的看书义,也有发声的朗读义,例如,《周礼·地官·州长》有言:"正月之吉,各属其州之民而读法。"要将法律宣扬给民众听,当然是有声之读;《朱子读书法》中也说:"凡读书,须要读得字字响亮。"黄图珌《看山阁闲笔》一书中说:"松冈岑寂,风日清佳,煨鸭脚,烹云泉,于检古今异书读之,书声琅琅,松声谩霞飞若相互答,不觉千秋音韵入于万斛松涛而发也。"既然有书声琅琅,那么此处之"读"就是"诵";顾宪成为东林书院撰写的名联也说:"风声雨声读书声,声声入耳。"

在我国古代,朗读之"读",与"讽""诵"同义而稍有区别。《说文》说:"读,诵也。""诵,讽也。"段玉裁注释说:"倍文曰讽,以声节之为诵。"也就是说,"讽"是不打开书本,凭记忆的朗读;而"诵"则是有节奏的朗读。实际上,有声之读,与呻、吟、咏、歌、颂、唱等词亦有渊源。在《说文》中,呻、吟同义而互训,王力《古汉语常用字字典》中说呻有诵读

---

① 钱基博编著《国学必读》,广西师范大学出版社,2010,第 1 页。

义,并举例句《礼记·学记》:"今之教者,呻其佔毕(佔毕即竹简,指书本)。"①又释"吟"为声调抑扬地念诵吟咏,举例句为《史记·屈原贾生列传》:"屈原至于江滨,被发吟泽畔。"②《说文》中歌、咏同样同义而互训,《尚书·虞书·舜典》说:"歌永言。"意思是歌是唱出来的语言。王力《古汉语常用字字典》中释"咏"为声调抑扬地诵,举例句为《世说新语·任诞》:"咏左思《招隐诗》。"又《晋书·谢安传》:"安本能为洛下书生咏,有鼻疾,故其音浊。"在这个意义上,"咏"与"吟"同义;同时还说"咏"有用诗词等来赞颂或叙述义,举例句为曹操《步出夏门行·冬十月》:"歌以咏志。"又如"咏梅""咏雪"。③同样,"颂"也有朗读、背诵义,《孟子·万章下》说:"颂其诗,读其书。"而"唱"亦有大声念的意思,《南史·檀道济传》说:"道济夜唱筹量沙,以所余少米散其上。"又有讲述、谈论义,《世说新语·文学》中说:"王苟子来,与共语,便使其唱理。"

综上所述,我国古典文献中的读、讽、诵、呻、吟、咏、歌、颂、唱,很多时候都有朗读义。

一、口述时代的朗读

在古希腊,苏格拉底认为书写不如口述。和苏格拉底大约同时代的孔子也持同样的观点,他说:"述而不作,信而好古,窃比于我老彭。"意思是说,我阐述而不创作,相信并喜爱古圣人的经典,有人认为我和老彭一样。"老彭"是谁? 众说纷纭,有人认为是老子。④实际上,老子比孔子更彻底,他不仅不"作",而且对"述"也持否定态度,他说:"知者不言,言者不知。"因此,孔子有删诗、修订春秋之举,其言论也被其弟子记录下来,整理为厚厚的一本《论语》;而老子则除了应尹喜之请留下五千言之外,其言论也没有被记录下来。在孔子之后,进入百家争鸣的时代,著书立说之风大盛,"立言"成为知识分子第一要务,正如曹丕《典论·论文》所说:"盖文章经国之大业,不朽之盛事。年寿有时而尽,荣乐止乎其身,二者必至之常期,未若文章之无穷。是以古之作者,寄身于翰墨,见意于篇籍,不假良史之辞,不托飞驰之势,而声自传于后。"因此,我们将老子、孔子时期及之前的时期称为"口述时代"。

关于语言的起源,有多种多样的理论,包括模声说、感叹说、契约说、手势说以及马克思主义的"劳动创造了人,也创造了语言"理论。但无论哪种说法,都证明了一点:有声语言的出现早于文字。但并不是人类学会了说话之后就有了朗读,朗读的诞生,还有待于文学性表达的出现。人与人之间的日常对话,只能称之为交流;只有文学性的表达才能称之为朗读。然后文字及记录文字的载体出现了,这时候朗读的范畴被广泛拓展,对记录在各种介质上的文字进行有声的读、讽、诵、呻、吟、歌、咏、颂、唱,都能被称为朗读。

先秦文学的形态,"一方面是文史哲不分,另一方面是诗乐舞结合,这种混沌的状态

---

① 王力、岑麒祥、林焘等:《古汉语常用字字典》,商务印书馆,2018,第367页。

② 王力、岑麒祥、林焘等:《古汉语常用字字典》,商务印书馆,2018,第491页。

③ 王力、岑麒祥、林焘等:《古汉语常用字字典》,商务印书馆,2018,第496页。

④ 李泽厚:《论语今读》,天津社会科学院出版社,2007,第124页。

成为先秦的一大景观"①。所谓文史哲不分,就是殷墟甲骨卜辞,《尚书》《左传》《国语》等历史著作,以及《周易》《老子》《庄子》等哲学著作,我们也可以将其当作文学作品;所谓诗乐舞结合,就是说先秦时期的诗,最初往往是和乐、舞结合在一起的。根据叶舒宪的考证,"诗"的概念最初是和主持祭祀的"寺人"联系在一起的,"巫"也是主持祭祀的人,《说文解字》说:"巫,祝也,女能事无形,以舞蹈降神者也。"陈梦家认为,巫、舞同形同音,义亦相合。② 实际上,《诗经》都可以和乐歌唱,楚辞中的《九歌》原本就是用于祭祀的与乐舞配合的歌曲。

　　《吴越春秋》卷九所记载的《弹歌》:"断竹,续竹,飞土,逐肉。"反映了原始人制造弹弓和狩猎的过程,语言古朴,但已经具有韵律,可以视为诗歌或诗歌的雏形。这首歌谣既然流传至今,说明创作者在完成其作品后,必定向其他人朗读过,才有可能被口耳相传并最终记载于书本。虽然没有更多可信的关于上古时期的歌谣,但我们可以想象,在当时,人们围着篝火,以文学性的语言描述其狩猎、劳作、收获、战争的场景还有很多,只是没有流传下来而已。《吕氏春秋·古乐》中说:"昔葛天氏之乐,三人操牛尾投足以歌八阕:一曰载民,二曰玄鸟,三曰遂草木,四曰奋五谷,五曰敬天常,六曰达帝功,七曰依地德,八曰总万物之极。"葛天氏是上古时期的部落首领,其乐就是有歌有舞,舞蹈是三人手持牛尾配合舞步,歌辞已不可考,但从八阕乐曲的题目推测,载民是歌唱始祖,玄鸟是歌唱本部落的图腾,遂草木是祈祷草木茂盛,奋五谷是祈祷五谷生长,等等。此外,就是神话传说,例如《山海经》记载了许多和黄帝、女娲、大禹相关的神话资料,内容瑰丽奇诡,想象奇特,已是创造性的文学作品了。它的流传,当然也是以讲故事的形式一代一代口耳相传,并最终汇聚成书的。

　　以上所述,都是人与人之间的讲述、朗读。还有一种,则是朗读给"神"听的。《礼记·郊特牲》记载的《蜡辞》云:"土反其宅,水归其壑,昆虫毋作,草木归其泽。"据说是神农时代的一首农事祭歌。但这大概是伪作,因为直到殷商时期甲骨卜辞上记载的内容,也远远没有《蜡辞》这样明白晓畅。甲骨文记录了殷商时期占卜所问之事和所问结果,根据陈来的考证,商人在占卜时,是借助一种神秘的仪式来向祖先神发问。③ 这种神秘的仪式由巫觋来完成,往往伴随着祭祀、歌舞,在这个过程中,就需要将所问之事"读"给祖先神听。例如:"癸丑卜,争贞,我宅兹邑,大甲,帝若? 三月癸巳卜,争贞,帝弗若?"其中有些卜辞句法简单整齐,偶尔协韵,可以看作是早期诗歌创作的萌芽。④

　　在商周时期,还有一种朗读场景,就是统治者向诸侯的告示和上级向下级的训令。由于通讯不发达,一些重要的文件,往往需要面对面地诵读出来。例如商汤克夏之后,回到亳都,对诸侯们宣读了诰令:

①袁行霈主编:《中国文学史(第一卷)》,高等教育出版社,2002,第13页。

②陈来:《古代宗教与伦理》,生活·读书·新知三联书店,2009,第37-38页。

③陈来:《古代宗教与伦理》,生活·读书·新知三联书店,2009,第114页。

④刘翔、陈抗、陈初生、董琨编著:《商周古文字读本》,语文出版社,1989,第49页。

嗟！尔万方有众，明听予一人诰。惟皇上帝，降衷于下民。若有恒性，克绥厥猷惟后。夏王灭德作威，以敷虐于尔万方百姓。尔万方百姓，罹其凶害，弗忍荼毒，并告无辜于上下神祇。天道福善祸淫，降灾于夏，以彰厥罪。肆台小子，将天命明威，不敢赦。敢用玄牡，敢昭告于上天神后，请罪有夏。聿求元圣，与之戮力，以与尔有众请命。上天孚佑下民，罪人黜伏，天命弗僭，贲若草木，兆民允殖。俾予一人辑宁尔邦家，兹朕未知获戾于上下，栗栗危惧，若将陨于深渊。凡我造邦，无从匪彝，无即慆淫，各守尔典，以承天休。尔有善，朕弗敢蔽；罪当朕躬，弗敢自赦，惟简在上帝之心。其尔万方有罪，在予一人；予一人有罪，无以尔万方。呜呼！尚克时忱，乃亦有终。

《尚书·商书·伊训》相传为伊尹训太甲之辞，其中说：

呜呼！嗣王祗厥身，念哉！圣谟洋洋，嘉言孔彰。惟上帝不常，作善降之百祥，作不善降之百殃。尔惟德罔小，万邦惟庆；尔惟不德罔大，坠厥宗。

实际上，《尚书·商书》中的《盘庚》《高宗肜日》《西伯戡黎》《微子》诸篇，是史家最早的散文创作。特别是《尚书·周书》中《洪范》《顾命》等篇，显示出条理细密、文思清晰的特点，已经是优秀的文学作品了。《十三经注疏》本《尚书》全文超过 25000 字，当时文字记录最常用的载体是竹简，可以想象，史官不可能时时将笨重繁多的竹简搬出来阅读、教学，一定是通过背诵与朗读来完成世代传承。

西周以来，我国的诗歌艺术得到长足发展，展现出了伟大的成就，其中的代表作品汇聚在《诗经》中。《诗经》中的作品，内容十分广泛，深刻反映了西周初至春秋中叶五百余年间政治、经济、军事、文化以及世态人情、民俗风情等各个方面。《诗经》中的作品，大致可以分为五类：一是祭祀诗，大多是以祭祀、歌颂祖先为主，如《生民》《公刘》《绵》《皇矣》《大明》等作品，就是歌颂周王朝先祖的业绩，而《臣工》《噫嘻》《丰年》《载芟》《良耜》，则是春夏祈谷、秋冬报祭的祭祀乐歌；二是燕飨诗，以君臣、亲朋欢聚宴享为主要内容，如《小雅·鹿鸣》；三是怨刺诗，主要是反映社会现实，针砭时政的作品，如大雅中的《民劳》《板荡》，小雅中的《正月》《北山》，国风中的《伐檀》《硕鼠》；四是战争诗，既有从正面描写天子、诸侯的武功，表现出强烈自豪感的内容，如大雅中的《江汉》《常武》，小雅中的《出车》《六月》，秦风中的《小戎》《无衣》，也有表现出对战争的厌倦、对和平的向往、充满忧伤情绪的内容，如《采薇》《鸨羽》；五是爱情诗，既有反映男女互相爱慕的情歌，如《关雎》，也有反映婚嫁场面、家庭生活的内容，如《鹊巢》，还有表现不幸婚姻给女性带来痛苦的内容，如《氓》。这些诗的来源，据冯沅君、陆侃如《中国诗史》的考证和梳理，认为主要来源于公卿列士的献诗、陈诗。《周语·国语上》说："故天子听政，使公卿及列士献诗。"《国语·晋语》说："于是乎使工诵谏于朝，在列者献诗。"《左传·襄公十四年》说："史为书，瞽为诗，工诵箴谏，大夫规诲。"《左传·昭公十二年》说周穆王时："祭公谋父作《祈招》之诗，以止王心。"《礼记·王制》也说："命大师陈诗，以观民风。"《诗经》中也有"王欲玉汝，是用大谏""家父作诵，以究王讻"等说法。由此可见，这些诗，或者是宫廷巫师（瞽）、公卿列士所作的诗，或者是他们从民间收集到的诗，然后集中在王朝乐官（乐正）手中进行整理,诵读或以乐舞的方式给周王或诸侯王过目,其目的是"以观民风"或者是"规诲箴谏",总之是为了更好地维护社会统治。① 同时,也将这些诗教授给贵族子女,《礼记·王制》言:"乐正崇四术,立四教,顺先王诗书礼乐以造士,春秋教以礼乐,冬夏教以诗书,王太子、王子、群后之太子、卿大夫元士之适子,国之俊选,皆造焉。"②

之所以要教授诗,是因为当时的政治、外交活动中,诗的作用十分突出。从《左传》等书的记载来看,当时人们在政治、外交活动中为了表达自己的意图,体现一定的礼节,都需要借助赋诗来实现。劳孝舆在《春秋诗话》中说:"自朝会聘宴以至事物细微,皆引诗以证其得失焉。大而公卿大夫以至舆台贱卒,所有论说皆引诗以畅厥旨焉。余尝伏而读之,愈益知《诗》为当时家传户诵之书。"孔子说,"不学诗,无以言",如果不懂得《诗经》,不会灵活地引申和运用诗的意义,那么在政治外交活动中就无法听懂别人的意图,也无法委婉地表达自己的要求,就可能失礼,甚至导致政治外交活动的失败。反之,如果善于熟练运用"赋诗"的方法,就可能比较顺利地取得政治外交斗争的胜利,并获得比预期更好的效果。例如《左传·文公十三年》记载,鲁文公和晋侯谈判结束后,在归国途中遇到郑伯。郑伯在棐地宴请文公,想请他代为到晋国去说情,表示愿意重新归顺于晋。这一场交涉就全部是通过"读诗"来进行的。郑国子家先赋《小雅·鸿雁》首章:"之子于征,劬劳于野。爰及矜人,哀此鳏寡。"表示郑国弱小,希望文公怜悯,给予帮助。鲁国季文子赋《小雅·四月》前四句:"四月维夏,六月徂暑,先祖匪人,胡宁忍予。"表示行役逾时,思归祭祀,无暇再去晋国了。郑国子家又赋《载驰》第四章及五章,表示小国有急难,恳请大国援助,用许穆夫人闻卫灭,思归求大邦救助之意。于是鲁国季文子又赋《小雅·采薇》之四章,借"岂敢定居,一月三捷"之意,答应再到晋国去一次为郑国求情,使两国重归于好。就这样,一场外交就在赋诗中完成了。又如《左传·襄公十六年》记载,晋平公即位后不久,与诸侯宴会于温,请与会诸国大夫赋诗,提出"赋诗必类",意为赋诗必当有表示恩好之意。但齐国大夫高厚赋诗"不类",结果晋国大夫荀偃大怒说:"诸侯有异志矣!"于是和各国大夫一起盟誓"同讨不庭",齐国大夫高厚只好逃归,因赋诗不当几乎引起一场大祸。

从上述关于《诗经》的文献记载可以看出:第一,《诗经》国风及小雅部分内容,为公卿列士从民间所采集。说明在当时,民间已经形成了一个知识分子阶层,他们懂得用诗歌来描述事件、表达情感和思想,甚至是政治态度。而且,他们的诗歌被广泛地传诵,以至公卿列士都不得不重视、收集、上陈,说明民间已有诗歌背诵与朗诵的风气。第二,公卿士大夫阶层通过献诗、陈诗的方式,向天子或诸侯表达自己的政治意见;而天子或诸侯有听诗的传统,这种诗乐舞结合的表演,不仅仅是一种娱乐节目,更是他们听取公卿士大夫阶层和民间政治意见的方式。第三,诗歌朗诵成为政治外交场合中常见的场景,学习诗歌、在合适的时候朗诵合适的诗歌、根据当前发生的事件和环境理解对方所朗诵的诗歌含义,成为士大夫阶层的必备技能。

---

① 陆侃如、冯沅君:《中国诗史》,百花文艺出版社,1999,第8页。
② 刘宝楠:《论语正义》,中华书局,1990,第2页。

二、学校的朗读

在殷墟甲骨文中，有关教学活动的记述就相当之多。《礼记·王制》说："殷人养国老于右学，养庶老于左学。"郑玄注云："右学，大学也，在西郊。""左学，小学也，在国中王宫之东"。《礼记·明堂位》又说："瞽宗，殷学也。"杜佑《通典》进行了总结："殷制，大学为右学，小学为左学，又曰瞽宗。"这些文献都证明殷商时期已有学校和较为成熟的教育制度，但具体情形已不可考。

周王朝的教育事业更加发达，正式形成了中央王朝和诸侯办的国学及地方办的乡学。据研究者考证，周代 25 家为闾，闾有塾；500 家为党，党有庠；2500 家为州，州有序；12500 家为乡，乡有校，这些都属于乡学。周王朝京城有辟雍，诸侯国都设泮宫，二者属于国学中的大学；国学中还有小学，设在宫廷的南边。《礼记·王制》中说："乐正崇四术，立四教，顺先王诗书礼乐以造士，春秋教以礼乐，冬夏教以诗书。"《尚书·大传》说："古之帝王者，必立大学小学，使王大子、王子、群后之子，以至公卿大夫元士之适子，十有三年使入小学，见小节焉，践小义焉。年二十入大学，见大节焉，践大义焉。"从这些记载可以看出，贵族子弟在十三岁入小学，二十岁入大学，主要学习内容是诗书礼乐。其学习生活也是严肃认真的，大学开学时，主管官员带领全体师生向先师敬礼，然后集体吟诵《诗经》中的《鹿鸣》《四牡》《皇皇者华》三篇。学生听到鼓声后打开书箱，正式开始上课。大学中也有考核，其中一项就是考核对经典的背诵。①

随着周王朝的实力和威望的衰退，以及周边诸侯国的兴盛，出现了孔子所说的"天子失官，学在四夷"的现象，主管文化与教育的官员纷纷出走各地。《史记·历书》中说："幽厉之后，周室微，陪臣执政，史不记时，君不告朔，故畴人子弟分散，或在诸侯，或在夷狄。"《论语·微子》中也记载，当时礼崩乐坏，"大师挚适齐，亚饭干适楚，三饭缭适蔡，四饭缺适秦，鼓方叔入于河，播鼗武入于汉，少师阳、击磬襄入于海"②。这些原本属于周王宫的知识分子纷纷来到各诸侯国甚至夷狄之地，使民间开始出现了私学。但根据诸多文献的记载，这些私学和国学、乡学有很大的不同，似乎没有专门的授学地点，而是"流动的学校"，老师到哪里，学生就跟随到哪里。孔门弟子三千，很多弟子跟他周游列国，这是大家都很熟悉的，孟子"后车数十乘，从者数百人"，墨子"徒属弥众，弟子弥丰"，田骈"徒百人"，等等，"当时，只要在社会上小有名气，就有人来拜师求教，可见私学之盛。"③由于没有文献记载，我们不能确定孔子教授弟子的具体方法，但从《论语》一书可以看出，孔子对朗读和背诵是很重视的：第一，孔子的教学，不像现代学校，有固定的时间和地点，学生正襟危坐，教师站在讲台上讲授，而是随时随地可能向弟子发问和给予指导，比如《公冶长》篇颜渊季路侍，先进篇子路、曾晳、冉有、公西华侍坐，孔子突然就要他们各言其志。在这

①谭家健：《中国文化史概要》，高等教育出版社，1997，第 73 - 74 页。
②葛兆光：《中国思想史（第一卷）》，复旦大学出版社，2001，第 79 页。
③高谦民：《试析我国古代官学与教育理论发展不同步现象》，《河北师范大学学报（教育科学版）》2010 年第 7 期。

种情况下,弟子们既没有标准教材,也不可能随时随地带着笔记,这种学习完全只能靠记忆和背诵。正如 12 世纪佛罗伦萨当时的学生一样,他们没有教材,也没有记录工具,甚至没有座位,老师讲课时,学生们只能把老师讲的"串串重点背住,而不是把他们交托给笔记"。① 第二,孔子是很重视雅言的,《论语·述而》中说:"子所雅言,诗、书、执礼,皆雅言也。"刘宝楠正义说:"夫子凡读易及诗、书、执礼,皆用雅言,然后辞义明达。"②孔子是鲁国人,平常讲鲁地方言,但读到诗书礼易等经典文本时,就会用西周国都所在地讲的"雅言"。由此可见,他也会要求弟子读书时用"雅言",而来自不同地区的弟子学习雅言,必定需要孔子大量的范读,以及弟子们大量的练习朗读。第三,《论语·泰伯》中,孔子教育他的儿子说:"不学诗,无以言。"当时很多政治外交场合的交流,大多通过赋诗来表达,根据《左传》中的诸多记载,当别人赋诗后,自己必须立即理解对方的意图,并迅速同样以赋诗的方式来回应,这就要求对《诗经》的内容十分熟悉,而这种熟悉,就必须有大量的诵读训练。第四,《论语·阳货》中记载孔子说:"小子何莫学夫诗,诗可以兴,可以观,可以群,可以怨。迩之事父,远之事君;多识于草木鸟兽之名。"朱熹解释"兴"为"感发意志",意思是可以通过对诗歌的吟诵、鉴赏中获得一种美的享受,从而激发情感波动与精神振奋;杨树达《论语疏证》中则说:"春秋时朝聘宴享动必赋诗,所谓可以群也。"由此可见,孔子在教学实践中,必定是重视诗歌吟诵的。③

到了汉代,中央设有最高学府太学。太学负责人为仆射,东汉时改称祭酒,太学教官为"五经"博士,同时还有都讲,是博士的助手。西汉太学生称"博士弟子",东汉称"诸生"或"太学生",学习的内容均为儒家经典,除《论语》《孝经》为公共必修课外,学生专攻一经(诗、书、礼、易、春秋任选其一),教学方式:一是大班上课,二是高年级学生辅导低年级学生。太学每年或每两年考试一次,其办法:一是口试,一是射策(即抽签择题后笔答),能通一经以上者,可入朝为官。由于考试有口试一项,可以想象太学中诵读之风。

此外,汉代还有郡国官学,首创者为蜀郡太守文翁,为开发四川培养了许多人才,引起汉武帝注意而下令全国推广。汉平帝时规定:郡曰学,县曰校,乡曰庠,聚曰序。地方学校教材以识字为主,如元帝时史游所作《急就章》。同时《论语》《孝经》也是必读教科书。汉代民间私学也很兴盛,学生多者上千。有的相当于大学,名为"精舍"或"精庐",有的相当于小学,名"蒙馆"或"书馆",教师中也不乏学问大家,如马融、郑玄等。

唐代是我国教育事业的大发展时期,其特点是分科办学,专业广泛,而不是像汉代一样仅限于儒学。唐代中央政府所办的各类大学情况,大致如下:一是国子学,学生 300 人,收三品以上官员的子孙。二是太学,学生 500 人,收五品以上官员的子孙。三是四门学,学生 1300 人,其中 500 人为七品以上官员的子孙,800 人为庶人子弟之俊异者。以上三学,主修儒家经典,辅修《国语》《尔雅》《说文》等史书、工具书。四是书学,学生 30 人,主要学习书法。五是算学,学生 30 人,主要学习算术。六是律学,学生 50 人,主要学习法

---

①阿尔维托·曼古埃尔:《阅读史》,吴昌杰译,商务印书馆,2002,第 77 页。

②刘宝楠:《论语正义》,中华书局,1990,第 270 页。

③张少康,刘三富:《中国文学理论批评发展史(上)》,北京大学出版社,1995,第 34－36 页。

律。此外,门下省设有弘文馆,东宫设有崇文馆,又有广文馆,这些学校兼有研究和教学双重任务,大约相当于现在的研究生院。另有京师学,为专门研究"五经"之地,有崇玄学,专门研究道家经典。太医院设有医学,司天台设有天文学,太仆寺设有兽医学,军队系统的屯营、飞骑也有相应的学校。唐代同时还鼓励私人办学,一些著名学者,或先授徒讲学而后做官,如颜师古、孔颖达;或先做官退职后再讲学,如刘焯;或既做官又讲学,如韩愈、柳宗元。这些人所设学馆,也如孔子、孟子、墨子讲学一样,没有正规学校的形式。

宋代官学制度基本上承袭唐制而稍有区别。有宋一代的教育,最值得大书特书的是民间书院。书院是在汉代"精舍"、唐代"学馆"的基础上发展起来的,北宋时著名的书院有江西庐山白鹿洞书院、湖南长沙岳麓书院、湖南衡阳石鼓书院、河南登封嵩阳书院、河南商丘应天府书院、江苏南京茅山书院等。南宋时书院则越来越多,全国有 50 余所,主持人包括朱熹、陆九渊、吕祖谦、真德秀等著名学者,影响大大超过官学。

明清时期,中央政府办的大学称之为国子监。明代有北京、南京两监,清代则只有北京一监。明清时期各地设有府学、州学、县学,但名为学校,实际上是秀才的管理机构,不是秀才不得入学。学院的发展也大大受挫,明代嘉靖、万历、天启年间曾先后发生 4 次毁损书院事件,最严重的一次无锡东林书院的主持人顾宪成、高攀龙等人,讽议朝政,裁量人物,将矛头直指专权的宦官魏忠贤。最后被宦官们罗织罪名,矫旨镇压,不仅东林党人被大批逮捕,各地书院也一扫而光。清初也曾明令禁止开设书院,直到雍正十一年,才下令各省省会设立一所书院,并每年划拨办学费用,实际上已变质为官办省立大学,与宋明书院的民间属性同名而实异。明清时期,民间兴起许多蒙馆、家塾、族学,均为小学性质。

首都师范大学文学院徐健顺教授,曾采访了当时还在世的近 700 位读过蒙馆(私塾、族学)的老人,基本还原了当时的授课方式(徐健顺教授认为,从孔子到民国,无论私塾、官学,其授课模式都是基本相同或相似的)。徐教授认为,古代教学有一个显著特点,就是一对一教学,这个方法是孔子确立的,根据《论语》《孝经》《礼记》等经典中的记载,孔子授课大多是一对一的问学制。只有讨论课,才是一对多,例如《子路曾皙冉有公西华侍坐》篇所记场景。因为每个学生都是不同的,只能一对一因材施教,即使是双胞胎兄弟,头一天一起入学,第二天两个人所学内容就不同了:一个人性急,那么就先读《中庸》;一个人性慢,那么就先读《孟子》。

徐健顺教授通过调查,发现古代的秀才,能够背诵数百万字的文章:第一,八股文考试,是从十三经中随意抽取一句话,以此为题写一篇文章,因此,十三经是必须背诵的,否则连题目的出处、前后文都不知道,就根本无法下笔作文。根据统计,十三经原文总计超过 60 万字。第二,明清以降,要求八股文对经义的阐释,必须以程朱学派的注解为准,朱熹的《四书章句集注》就是钦定的教科书和科举考试标准。因此经典的注疏也是必须背诵的,否则,不解题意就没有办法作文,误解题意则虽然完成作文,但会因不符合程朱学派的思想而被黜落。这种注疏的字数又远远多于经典原文,例如"四书"原文为 53706 字(《大学》1753 字、《中庸》3568 字、《论语》13700 字、《孟子》34685 字),而朱熹的《四书章句集注》全书大约有 37 万字,再加上其他经典的注疏,十三经的注解将超过 100 万字。第三,八股文有其固定的格式,需要高超的写作技巧,所以需要背诵范文。古代科举考试的复习资料(八股文范文)被称为"高头讲章",就是把十三经中的每一句话作为题目,下面附上一篇或多篇范文,排版的时候,题目(也就是十三经中的原文)要高出八股文,所以叫高头讲章。一篇八股文300—700字,所以考生要读的范文多达几千万字,当然,并不是每篇都要求背诵,但熟读成诵的范文至少也需要有50—100万字。例如《儒林外史》中鲁编修将女儿当作儿子来教育,"十一二岁就讲书、读文章,先把一部王守溪的稿子读的滚瓜烂熟。教他做破题、破承、起讲、题比、中比成篇……这小姐资性又高,记性又好,到此时,王、唐、瞿、薛,以及诸大家之文,历科程墨,各省宗师考卷,肚里记得三千余篇"。清代规定八股文以700字为准,3000余篇范文,字数就超过200万字。第四,八股文讲究"理真法老,花团锦簇",理真法老,就是经义明晰,技巧娴熟,而花团锦簇,就是要有文采。好文采不是能背诵《十三经注疏》及程墨范文就足够的,还要熟读诸子百家、楚辞汉赋、唐诗宋词,比如唐宋八大家的文章是必须烂熟于心,这样,写出来的八股文才文采斐然。第五,八股文还讲究"有理有据",经义熟,才能有理,历史熟,才能各种例子信手拈来,才能有据。因此,读书人还必须熟读《史记》《汉书》《资治通鉴》……由此可见,古代文人能背诵数百万字的文章,绝非虚言。

　　古代的读书人,正因为掌握了丰富的知识,进则能安邦定国,退则能著书立说。即使是普通的读书人,正如徐健顺教授所采访的、曾经读过私塾的老人们,徐教授如此形容他们:"他们都会随口作诗,儒经道藏,更是信手拈来。吃饭的时候,能为你讲解每一道菜的来龙去脉。走路的时候,能为你指点每一处地方的历史变迁。天文地理、农业水利、医术药材、拳理兵法,都通一二。"

三、文人雅集的朗读

　　雅集,又名诗会或文会,是指文人雅士吟咏诗文、议论学问的聚会。这种雅集,有的是专门论文,例如《儒林外史》第三回写道,范进中了秀才后,"因是乡试年,做了几个文会"。想必就是专门交流八股文的聚会。唐代沈亚之在其传奇小说《异梦录》中记载了泾原节度使李汇组织雅集论文的故事:

　　元和十年,亚之以记室从陇西公军泾州。而长安中贤士,皆来客之。五月十八日,陇西公与客期,宴于东池便馆。既坐,陇西公曰:"余少从邢凤游,得记其异,请语之。"客曰:"愿备听。"陇西公曰:"凤,帅家子,无他能……"

　　是日,监军使与宾客郡佐及宴客陇西独孤铉、范阳卢简辞、常山张又新、武功苏涤,皆叹息曰:"可记。"故亚之退而著录。明日客有后至者,渤海高允中、京兆韦谅、晋昌唐炎、广汉李瑀、吴兴姚合,洎亚之复集于明玉泉,因出所著以示之。于是姚合曰:"吾友王炎者,元和初,夕梦游吴,侍吴王久……"

　　由此可见,唐代文人聚会,谈论奇闻逸事并记录为传奇故事之风颇盛。实际上,这种论文的雅集非常之多,但更多的是饮酒赋诗、琴棋书画,这种在饮酒微醺之际,或吟诗,或抚琴，或作画，或品茶，更能展示文人的风度与才华，也因此更被人所津津乐道。中国文学史上，就有许多次著名的以饮宴赋诗而知名的雅集，如金谷园雅集、兰亭雅集、滕王阁雅集、西园雅集、玉山雅集等。

（一）金谷园雅集

金谷园是西晋名士石崇的私家园林。郦道元《水经注》说："榖水又东，左会金谷水，水出太白原，东南流历金谷，谓之金谷水，东南流经晋卫尉卿石崇之故居。"①石崇豪富，又有文名，与左思、陆机、潘岳等人结成诗社，史称"金谷二十四友"，常常在金谷园中聚会。《晋书·刘琨传》说："时征虏将军石崇河南金谷涧中有别庐，冠绝时辈，引致宾客，日以赋诗。琨预其间，文咏颇为当时所许。"②而最知名的是晋惠帝元康六年的金谷园雅集。是年，他出任征虏将军，假节监徐州诸军事，镇下邳。他临行前，因送行者甚多，于是在金谷园设宴款待，"遂各赋诗以叙中怀"。石崇《金谷诗序》说：

余以元康六年，从太仆卿出为使，持节监青、徐诸军事、征虏将军。有别庐在河南县界金谷涧中，或高或下，有清泉茂林，众果、竹、柏、药草之属，莫不毕备。又有水碓、鱼池、土窟，其为娱目欢心之物备矣。时征西大将军祭酒王诩当还长安，余与众贤共送往涧中，昼夜游宴，屡迁其坐，或登高临下，或列坐水滨。时琴、瑟、笙、筑，合载车中，道路并作，及住，令与鼓吹递奏。遂各赋诗以叙中怀，或不能者，罚酒三斗。感性命之不永，惧凋落之无期，故具列时人官号、姓名、年纪，又写诗著后。后之好事者，其览之哉！凡三十人，吴王师、议郎关中侯、始平武功苏绍，字世嗣，年五十，为首。

金谷园雅集，实开我国文人雅集、赋诗结集并作序之先河，后世之人纷纷效仿。王羲之在兰亭雅集之后，写了《兰亭集序》，当得知有人认为该序可与《金谷诗序》比肩时，他十分高兴。《世说新语·企羡》云："王右军得人以《兰亭集序》方《金谷诗序》，又以己敌石崇，甚有欣色。"③

（二）兰亭雅集

东晋穆帝永和九年，王羲之与谢安、孙绰、郗昙等42人借修禊之机，在绍兴山阴之兰亭雅集，饮酒赋诗。此次活动由王羲之召集，与会者大都是当时之名士。同时王家子弟也颇多，为9人，年仅9岁的王献之亦能与会，所以王羲之说"群贤毕至，少长咸集"。赋诗的方式为"曲水流觞"，就是大家坐在河渠两旁，于上流放置酒杯，酒杯顺流而下，停在谁的面前，谁就赋诗饮酒。最后，有26人写了诗，另有16人没有作诗。刘孝标《世说新语注》里说："前余姚令会稽谢胜等十五人，不能赋诗，罚酒各三斗。"当时王献之尚年幼，

①陈桥驿：《水经注校释》，杭州大学出版社，1999，第289页。
②房玄龄：《晋书》，中华书局1974年版，第1679页。
③余嘉锡：《世说新语笺疏》，上海古籍出版社，1993，第630页。

虽然同样不能赋诗,但没有罚酒。在写了诗的人中,有 16 人各写一首,10 人各写了二首或以上,其中王羲之就写了四言诗一首、五言诗五首。① 微醺之中,王羲之写下了书文皆绝的《兰亭集序》:

> 永和九年,岁在癸丑,暮春之初,会于会稽山阴之兰亭,修禊事也。群贤毕至,少长咸集。此地有崇山峻岭,茂林修竹,又有清流激湍,映带左右。引以为流觞曲水,列坐其次,虽无丝竹管弦之盛,一觞一咏,亦足以畅叙幽情。是日也,天朗气清,惠风和畅。仰观宇宙之大,俯察品类之盛,所以游目骋怀,足以极视听之娱,信可乐也。
>
> 夫人之相与,俯仰一世。或取诸怀抱,悟言一室之内;或因寄所托,放浪形骸之外。虽趣舍万殊,静躁不同,当其欣于所遇,暂得于己,快然自足,不知老之将至;及其所之既倦,情随事迁,感慨系之矣。向之所欣,俯仰之间,已为陈迹,犹不能不以之兴怀,况修短随化,终期于尽! 古人云,"死生亦大矣。"岂不痛哉!
>
> 每览昔人兴感之由,若合一契,未尝不临文嗟悼,不能喻之于怀。固知一死生为虚诞,齐彭殇为妄作。后之视今,亦犹今之视昔。悲夫! 故列叙时人,录其所述。虽世殊事异,所以兴怀,其致一也。后之览者,亦将有感于斯文。

王羲之毫不讳言兰亭雅集是效仿金谷园雅集而举办,但因为石崇颇有争议,王羲之所写的《兰亭集序》书法作品又被米芾及后人评为"天下行书第一",更因为苏轼等人重兰亭而轻金谷,所以兰亭雅集知名度远远高于金谷园雅集。此外,兰亭雅集中没有写诗的多达 16 人,可见在兰亭雅集及之前的这种文人集会,并非事先准备好诗文的"作秀",而是真正的临场作诗,颇为考验与会者的真实水平。

(三)滕王阁雅集

滕王阁是唐高祖的儿子滕王李元婴任洪州(今南昌)都督时所修建。高宗上元二年,王勃往交趾探望父亲,路过洪州,恰逢都督阎公(张逊业校正《王勃集》序,说是阎伯玙)于九月初九日重阳节在滕王阁宴请宾客,登高作赋。王勃参加了宴会,即席赋诗并写下了脍炙今古的《滕王阁序》。从该序的最后一节可以看出,这次宴会的主旨是赋诗,因此可称雅集:

> 呜乎! 胜地不常,盛筵难再;兰亭已矣,梓泽丘墟。临别赠言,幸承恩于伟饯;登高作赋,是所望于群公。敢竭鄙怀,恭疏短引;一言均赋,四韵俱成。请洒潘江,各倾陆海云尔。

王勃说:"兰亭已矣,梓泽丘墟。"众所周知,兰亭是指兰亭雅集。而梓泽指的是金谷园雅集,《晋书·石苞传》载:"崇有别馆在河阳之金谷,一名梓泽,送者倾都,帐饮于此

---

① 胡湛:《悠游林下的诗书吟咏——中国文人的雅集传统》,《中国书法》2016 年第 14 期。

焉。"可见此次滕王阁宴饮,就是效仿兰亭雅集与金谷园雅集。最后一句"请洒潘江,各倾陆海云尔",就是说希望参与滕王阁饮宴的诸位宾客,写出如同参与金谷园雅集的潘岳、陆机一样的好诗来。钟嵘《诗品》说:"晋平原相陆机诗,其源出于陈思。晋黄门郎潘岳诗,其源出于仲宣。余尝言陆才如海,潘才如江。"所谓"一言",是古人集会赋诗,往往规定一个统一的韵,或者规定一些字分配各人作为韵脚;"均赋",就是说每人都赋诗一首。

《新唐书·文艺传》中说:"初,道出钟陵,九月九日都督大宴滕王阁,宿命其婿作序以夸客,因出纸笔遍请客,莫敢当。至勃,泛然不辞。都督怒,起更衣,遣吏伺其文辄报。一再报,语益奇,乃矍然曰:天才也!请遂成文,极欢罢。"由此可见,至少到了唐初,这种雅集已经是文人特别是年轻人成名的契机,以至于提前构思作文以准备,只待集会上一鸣惊人。《新唐书·文艺传》中说:"(王)勃属文,初不精思,先磨墨数升,则酣饮,引被覆面卧,及寤,援笔成篇,不易一字,时人谓勃为腹稿。"王勃《滕王阁序》于宴会上一挥而就,也不符合其平时作文之风格,估计也是提前打好了"腹稿"。

(四)西园雅集

宋哲宗元祐二年,苏轼、黄庭坚、秦少游、李公麟、米芾等16人于驸马王诜的西园雅集。元丰八年神宗崩,年仅10岁的哲宗赵煦即位,苏轼被升为翰林学士兼侍读。元祐元年,王安石、司马光相继去世,苏轼成为朝中文才威望最高的大臣,黄庭坚、秦观、晁补之、张文潜游学于其门下,史称"苏门四学士",此时正是苏轼人生中最辉煌的时期。西园雅集没有像金谷园雅集、兰亭雅集和滕王阁雅集一样,留下传世诗文,反而是雅集之后,由李公麟作了传世名画《西园雅集图》,米芾题《西园雅集图记》也因书文俱佳而传世。从米芾的《西园雅集图记》,我们可以看到这次雅集的具体活动:

李伯时效唐小李将军为着色泉石,云物草木花竹皆妙绝动人,而人物秀发,各肖其形,自有林下风味,无一点尘埃之气。其着乌帽黄道服捉笔而书者,为东坡先生;仙桃巾紫裘而坐观者,为王晋卿;幅巾青衣,据方几而凝伫者,为丹阳蔡天启;捉椅而视者,为李端叔;后有女奴,云环翠饰侍立,自然富贵风韵,乃晋卿之家姬也。孤松盘郁,上有凌霄缠络,红绿相间。下有大石案,陈设古器瑶琴,芭蕉围绕。坐于石磐旁,道帽紫衣,右手倚石,左手执卷而观书者,为苏子由。团巾茧衣,秉蕉箑而熟视者,为黄鲁直。幅巾野褐,据横卷画归去来者,为李伯时。披巾青服,抚肩而立者,为晁无咎。跪而作石观画者,为张文潜。道巾素衣,按膝而俯视者,为郑靖老。后有童子执灵寿杖而立。二人坐于磐根古桧下,幅巾青衣,袖手侧听者,为秦少游。琴尾冠、紫道服,摘阮者,为陈碧虚。唐巾深衣,昂首而题石者,为米元章。幅巾袖手而仰观者,为王仲至。前有髯头顽童捧古砚而立,后有锦石桥、竹径,缭绕于清溪深处,翠阴茂密。中有袈裟坐蒲团而说无生论者,为圆通大师。旁有幅巾褐衣而谛听者,为刘巨济。二人并坐于怪石之上,下有激湍潀流于大溪之中,水石潺湲,风竹相吞,炉烟方袅,草木自馨,人间清旷之乐,不过于此。嗟呼!汹涌于名利之域而不知退者,岂易得此耶!自东坡而下,凡十有六人,以文章议论,博学辨识,英辞妙墨,好古多闻,雄豪绝俗之资,高僧羽流之杰,卓然高致,名动四夷,后之览者,不独图画之可观,亦足仿佛其人耳!

西园雅集具有重要的历史意义,在此之前,文人雅集往往是饮宴、赋诗,而西园雅集则大大拓宽了这种文人聚会的活动范围。从上文可以看出,宾主或写诗、或作画、或题石、或拨阮、或看书、或说经,极宴游之乐,使雅集活动少了赋诗竞赛的紧张气氛和罚酒的畏惧之心,而多了闲适、自然的文人雅趣。

(五)玉山雅集

玉山雅集的召集者是昆山顾瑛。顾瑛家豪富(据传其祖父顾闻传任元朝卫辉怀孟路总管时,"聚党于海道劫夺商货"),他不求仕进,16 岁开始就辅助父亲管理家务,以轻财好事、广交名流而闻名。30 岁开始读书,元惠宗至正年间曾举茂才,署会稽教谕,又辟行省属官,均不就。40 岁开始将家产交给子侄辈经营,筑园林玉山佳处(又名玉山草堂),广招文人墨客雅集,饮酒赋诗。从至正八年到至正十二年,玉山草堂先后营造 26 处景点,还专门建设了参与雅集的客人留宿的客房。玉山雅集不止一次,而是一项长期的活动,即使在至正十二年起江南战乱,玉山雅集也依然坚持举行。至正十六年,玉山草堂被起事者占据,但形势稍缓,至正十七年又恢复了雅集。直至朱元璋攻灭张士诚期间,玉山草堂被火,玉山雅集才正式宣告结束。

参与过玉山雅集的文人多达百人以上,既有吴中本地文人,也有游学、为官、途经吴中的南北文人,其中还有蒙古人、色目人。通过雅集,创作了诗、词、文赋共计 5100 篇左右,先后结集《玉山璞稿》20 卷(顾瑛自己的诗),以及《玉山名胜集》《玉山倡和》《玉山名胜外集》《草堂雅集》《玉山纪游》《玉山遗什》等多部。总之,"在一定程度上可以说,顾瑛一生只做了一件事:那就是主持玉山雅集,成为玉山雅集的东道主、首席诗人"[1]。

玉山雅集是元代江南文坛知名度高、影响深远的盛事。虽然持续时间长,创作诗文多,但质量上佳、足以传世的诗文几乎没有,更不用说有《兰亭集序》《滕王阁序》这样的名篇了。玉山雅集的意义在于:第一,首开家资殷实的普通文人主持雅集的先河。如前所述的金谷园雅集、兰亭雅集、滕王阁雅集、桃花园雅集、西园雅集,都是文坛领袖(李白)、军政主官(都督阎公)或两者兼具者(石崇、王羲之、苏轼)来召集和主持,而玉山雅集的组织者顾瑛,既非一代名臣,也不是当时的文坛领袖,他作诗的水准可以说低于有元一代在文学史上留名的任何人(例如其《口占》诗:玉山雅集老镂梓,纸价满城一日高。六丁下取上天去,尚传诗句到东曹。又如《登虎丘有感》诗:柳条折尽尚东风,杼轴人家户户空。只有虎丘山色好,不堪又在客愁中)。从顾瑛之后,这种文人的雅集越来越常见,不得不说是顾瑛之功。第二,首开周期性雅集之先河。在西方,常常有各种定期或不定期举办的文学沙龙。但我国古代的雅集,却是主持者兴之所至的游戏之作,举办一次之后,就没有了后续。玉山雅集创造了定期举办的先例,使后世文会、诗社有了定期举办活动的习惯。

---

①杨镰:《顾瑛与玉山雅集》,《西南民族大学学报(人文社科版)》2008 年第 9 期。

四、民间朗读

民间朗读，指的是神话传说、民间故事、民间诗歌以及其他民间文学的世代传承，与其说是民间朗读，不如说是民间讲述。

（一）神话传说

神话传说是人类最早的散文形式的口头文学，它是以神灵为中心的幻想故事。神话一词从希腊文 Mythos 演变而来，其本义是"故事、寓言"。由于神话传说与后世的故事、寓言区别较大，因此学界将神话界定为产生于原始意识的关于神的故事。我国古代曾经产生过丰富多彩的神话，由于口头文学的局限，又长久缺乏记载下来的机遇，所以最终记录在典籍中的神话传说，往往是片断性的。而这些被典籍所记录的神话传说，同时也依然在民间以口耳相传的形式传承，同一个神话在不同的地区，可能有繁简的区别和内容的细微差别。

神话中最灿烂的部分是神创造世界、创造人类的神话，前者被称为创世神话，后者被称为始祖神话。例如，三国时东吴人徐整的《三五历纪》记载："天地混沌如鸡子，盘古生其中。万八千岁，天地开辟，阳清为天，阴浊为地。盘古在其中，一日九变，神于天，圣于地。天日高一丈，地日厚一丈，盘古日长一丈。"徐整的另一部书《五运历年纪》则描述："首生盘古，垂死化身，气成风云，声为雷霆，左眼为日，右眼为月，四肢五体为四极五岳，血液为江河，筋脉为地理，肌肉为田土，发髭为星辰，皮毛为草木，齿骨为金石，精髓为珠玉，汗流为雨泽，身之诸虫，因风所感，化为黎甿。"这是我国最早关于"盘古开天地"的记载，就属于创世神话。"女娲造人"的故事则是始祖神话，《山海经》、《楚辞·天问》等多处提到女娲，《山海经·大荒西经》中说："有神十人，名曰女娲之肠，化为神。神处漂广之野，横道而处。"最早关于"女娲造人"的记载则是东汉应劭的《风俗通义》："天地开辟，未有人民。女娲抟黄土做人，务剧，力不暇供，乃引绳于泥中，举以为人。"类似的神话传说还有后羿射日、大禹治水、女娲伏羲造人等等。总之，这些神话传说都是在民间流传了上千年，才正式记载于典籍，同时也继续在民间流传，在民间的朗读（讲述）与聆听阅读（讲述）的过程中不断丰富、发展。

（二）民间故事

民间故事数量庞大，少数故事经过文人的记载、润色而全国知名，最早有意识地采写民间故事的人首推史学家、文学家司马迁。司马迁在 20 岁时有过漫游的经历，到过东南一带的许多地方，在会稽探访大禹的遗迹，在长沙湘江水滨凭吊屈原，在登封瞻仰许由的坟墓，在楚地参观春申君的宫殿，在刘邦发迹的丰沛之地，司马迁参观萧何、曹参、樊哙、夏侯婴等人的故居，听故老讲楚汉相争时这些开国功臣的逸闻逸事。[1] 因此，司马迁的

---

[1] 袁行霈主编：《中国文学史（第一卷）》，高等教育出版社，2002，第 224 页。

《史记》中记载了很多民间故事,例如玄鸟生商、姜嫄履迹生后稷、周穆王见西王母等等。此外,刘安《淮南子》、应劭《风俗通义》、任昉《述异记》、干宝《搜神记》以及唐代段成式《酉阳杂俎》、蒲松龄《聊斋志异》、纪昀《阅微草堂笔记》、沈起凤《谐铎》等书,都为记录和保存我国古代民间故事做出了巨大贡献。今天,我们还有所谓的"中国四大民间故事",即牛郎织女、孟姜女、白蛇与许仙、梁山伯与祝英台。这些民间故事,为我国的文学、戏曲、舞蹈以及今天的电视剧、电影等艺术形式的创作,提供了丰富的想象空间与养料。

实际上,被记载于典籍的民间故事仅仅是我国海量民间故事的九牛一毛。固然有许多的民间故事,但往往一城一地、一镇一村都有其独有的民间故事,甚至有的民间故事,只在几十户人家世代流传。例如,在湖南省湘乡市潭市镇有关于"永福寺"和"樟树精"的两个民间故事系列,都只在方圆十里左右的区域里流传,即使是同镇的其他村落,大部分人也不知道有这些故事。甚至在潭市镇九雁村有一座极小的龙王庙,关于该龙王庙的传说,则只在九雁村部分人家流传(即龙王庙周边的几十户人家),因为大家相信,该庙的龙王,只管辖、护佑这几十户人家所在的区域。

这些民间故事,普遍有以下几个特点:①有当地历史地理知识传承的功能。以在潭市镇采集到的民间故事为例,往往涉及了当地一些地名的来源、一些标志性地点的传说、当地特色的传说等等,比如,潭市镇的豆腐在周边较为有名,所以就有正德皇帝下江南途经潭市镇,在品尝了当地的豆腐后,称赞"走遍天下路,潭市好豆腐"的传说。因此,当年长者向其儿孙辈讲述这些民间故事的同时,也传授了当地的历史地理知识。②是简单的语言教材。这些民间故事简单易懂,其中还包含许多韵文、顺口溜,当祖父母、父母向年幼的儿孙辈讲述时,实际上也是教他们说话的一种方式。③是一种娱乐节目,当广播、电视等新媒介还没有普及时,民间特别是广大农村地区的娱乐节目极少,而讲故事、听故事就是颇受欢迎的娱乐节目之一。④有教化功能。民间故事往往蕴含了"好人有好报""忠臣孝子得到神的帮助"等内容,这些内容在传承的过程中,起到了宣扬"仁义礼智信忠孝"等传统道德的作用。⑤有朴素的为人处世的道理。例如,我们在潭市镇就采集到了许多诸如某人问路不礼貌结果走了很多冤枉路、某人暴饮暴食结果撑断肠子、某人经常深夜不归结果路上遇鬼、某人被蒙面打劫后喊破歹徒身份而被杀等故事,这些民间故事实际上是教育年轻人为人处世的生存智慧。

(三)民间诗歌

如同民间故事一样,民间诗歌的数量也十分巨大,但目前广受学界关注的是史诗和民间叙事长诗。

史诗是一种规模宏大、具有划时代特征的古典形式的长诗。它既有韵可歌,能够叙述长篇故事,塑造众多的栩栩如生的人物,具有叙事长诗的特点;同时它又是史,以诗歌的形式叙述人类早期社会的发展、民族的形成以及民族英雄的业绩和重要历史性战争。因其同时具有史的特征和诗的特征,既是一种特定历史范畴的文学样式,又是一个民族的知识总汇,故而被称之为史诗。按照人类文化史的发展规律来看,汉民族也应该有自己的史诗。但汉民族(华夏民族)形成和稳定的时间非常早,而我们的文字形成和稳定的时间也非常早，因此，这种史诗很早就被本民族的知识分子收集、整理、润色和记录，已成为正史的一部分，如炎黄故事、大禹治水等，因此汉民族并没有真正的史诗流传下来。目前，我国最享盛名的三大史诗，分别是藏族的《格萨尔》、柯尔克孜族的《玛纳斯》和蒙古族的《江格尔》。这些长篇史诗（有的史诗需要连续唱上几天几夜的时间）都是通过几千年的口耳相传而被保存到今天，往往情节生动、语言精美，拥有巨大的艺术魅力。

我国传承千年的优秀叙事长诗也很多，例如彝族的《阿诗玛》、傣族的《召树屯》和《娥并与桑洛》、回族的《尕豆妹与马五哥》等。20 世纪 80 年代，在东南吴语地区，民间文学工作者搜集到近 20 部民间口传的叙事长诗，给学术界带来极大的震撼。1989 年，上海文艺出版社出版了《江南十大叙事长诗》，这些口耳相传的叙事长诗，以爱情故事为主，风格清丽、感人至深，故事完整生动，人物形象鲜明，是不可多得的民间文学精品。

与史诗、民间叙事长诗的数量稀少和再难出现相比较，民间还有数量庞大、生命力旺盛的中短篇诗歌。从我们在湖南省湘乡市潭市镇九雁村的采集情况来看，主要有以下四大类民间诗歌：一是童谣。但随着人口流动和普通话的推广，现在的农村地区有很多外地嫁来的媳妇，小孩学习普通话也成为趋势，因此除了少量经典的传统童谣还在流传，大多已被现代儿歌、童谣所替代。二是结婚嫁娶、营建新屋所唱的"赞歌"。这种民间诗歌不但有传承，而且有创新，比如开场部分，"鲁班制定，起屋上梁；周公制定，结配鸳鸯"之类的词还是传统的，而且约定俗成，不能随便更改。而另一部分对主人的赞颂、祝福之词则与时俱进，例如，以前祝福读书人"高中状元"，而现在则是祝福其考上清华、北大甚至外国名校等词；以前祝福主人"日进斗金"，现在则是祝福"公司上市"之类。三是丧葬仪式上专门的守灵人所唱的"夜歌"。这种夜歌又分为两大类，一类是"劝亡歌"，以古代帝王将相的故事为主，意思是连这些建立了不朽功业的帝王将相也难免有死去的一日，所以劝亡者不要留恋人间，安心离去；另一类则是赞颂逝者子孙孝行的歌，比如董永与七仙女的故事、二十四孝的故事等。唱"夜歌"的人被称为"歌师傅"，有严格的师徒传承，不同的师傅有不同的夜歌底本，因此，同样是三国故事，不同的师傅所唱的内容有较大差别，而且有的师傅还会进行创新，比如在九雁村就出现了关于民国军阀混战甚至国共战争的内容。四是"狮灯歌"。九雁村在春节期间，有传统的舞狮活动，名为"耍狮灯"，往往是村里本年度收成好、年岁顺利的几户人家迎接"狮王"到家举办，每户一晚，从天黑持续到晚上十点之后。舞狮时，旁边有专门的人在锣、鼓、二胡、唢呐等乐器的配合下，唱"狮灯歌"。这种民间歌谣除了开头和结尾部分是统一的唱词之外，中间则分若干个故事，例如"鲁班上梁""喂猪娘子""八仙庆寿""刘海砍樵""学士赶考"等，但不是所有故事全部唱一遍，而是根据主人家的情况而定，如家有老人，就唱"八仙庆寿"，家有学生，则唱"学士赶考"，狮王则根据唱词内容表演故事动作。上述民间诗歌，在传承的过程中也起到了知识普及的作用，在过去，很多一字不识的人，也能懂得许多历史、文化知识，与这种民间诗歌有很大的关系。

（四）俗讲与变文

佛教传入中土后，僧徒为弘道扬教，除译经建寺、斋会讲经之外，还利用音乐、绘画、雕塑、建筑、文学等手段,广泛布道化俗。其中俗讲就是僧徒依照经文,为俗众讲佛家教义、"悦俗邀布施"的一种宗教性说唱活动。

唐代俗讲相当盛行。日本僧人圆仁《入唐求法巡礼行记》卷三载,武宗会昌元年,仅京都长安一次就有七座寺庙同时开讲,自"正月十五日起首,至二月十五日罢",俗讲法师有海岸、体虚、文溆等多人。其中文溆最为知名。赵璘《因话录》记载:

> 有文溆僧者,公为聚众谈说,假托经论,所言无非淫秽鄙亵之事。不逞之徒,转相鼓扇扶树。愚夫冶妇,乐闻其说,听者填咽寺舍,瞻礼崇奉,呼为"和尚教坊"。

赵璘的记载虽然是对俗讲持否定态度,但也从另外一个角度证明了普通民众对俗讲的趋之若鹜,以致"仍闻开讲日,湖上少渔船""远近持斋来谛听,酒坊鱼市尽无人"。连皇帝也曾"幸兴福寺观沙门文溆俗讲",朝野上下,风靡一时。俗讲在宋元以后即无记载,但民间"说话"技艺中的"说经"一家,演说佛经,或即为俗讲之嫡传。此外,后世乐曲系、诗赞系说唱诸艺,如宋的陶真、鼓子词、诸宫调,元的词话,明清弹词、鼓词、宝卷等,都可以溯源到俗讲。那种一段散文叙述、一段韵文歌咏的说唱故事体制,更可以看出俗讲的影响。①

唐五代时期,还有一种民间说唱叫"唱变文",内容为演绎佛经故事(如目莲变文、维摩诘经讲经文)及历史、民间故事(如伍子胥变文、王昭君变文)。这种民间说唱在当时极为盛行,上自宫廷,下至闹市,都有演出,还出现了演出的专门场所"变场"。变文想象极为丰富,往往使一些在典籍中记载得简略粗疏的故事,通过扩充细节,夸张渲染,大大充实丰富起来。如《史记·伍子胥列传》记伍子胥逃亡途中遇渔父一节,仅61字,而在《伍子胥变文》中却扩充到了2500字。与此同时,变文散韵结合演唱故事的体制,影响到唐人传奇。宋元以后,各类说唱文学和戏曲文学,若追根溯源,也都与变文有某些血缘关系。②

(五)说话

"说话"的本义是口传故事。口传故事的传统,可远溯至上古神话传说,那时尚未产生文字,神话传说只能靠口耳相传。后来,人们以"话"代指口传的"故事"。隋代笑话集《启颜录》记载,杨素手下散官侯白,以"能剧谈"而得到杨的器重,杨素的儿子杨玄感曾对侯白说:"侯秀才,可与玄感说一个好话。"这是目前所知关于"说话"的最早记录。唐郭湜《高力士外传》也提及"说话":"每日上皇与高公亲看扫除庭院,芟薙草木,或讲经、论议、说话,虽不近文律,终冀悦圣情。"可见唐代宫中已有"说话"活动,它是取悦皇帝的一种方式。至于宫中"说话"的内容,尚不得而知;不过,唐代民间"说话",有讲三国故事的,有讲士子与妓女爱情故事的,其名目仍可见于文献之中。

---

① 袁行霈主编《中国文学史(第二卷)》,高等教育出版社,2002,第398-399页。
② 袁行霈主编《中国文学史(第二卷)》,高等教育出版社,2002,第402页。

宋代的"说话"，上承唐代"说话"而来。又因城市经济的繁荣、瓦舍勾栏的设立、说话艺人的增多、市井听众的捧场，民间说话呈现出职业化与商业化的特点。当时"说话"有"四家"之说，各有门庭，自成路数。"四家"的名目，据宋耐得翁《京城纪胜·瓦舍众伎》载，是小说、讲经、讲史、合生。小说，以讲烟粉、灵怪、传奇、公案等故事为主；说经，即演说佛经；讲史，则说前代兴亡争战之事；合生，则以演出者的敏捷见长，"指物题咏，应命辄成"。随着说话活动的日益兴盛，在书场中流播的故事越来越多，而以口传故事为蓝本的文字记录本，以及受说话体式影响而衍生的其他故事文本等，也日见其多，后世统称为"话本"。① 至明清时期，在"话本"的基础上发展出了我国古代长篇小说主要的体裁：章回小说。《三国志通俗演义》《西游记》《水浒传》等章回小说，还保存了宋元话本中开头引开场诗，结尾用散场诗的体制；正文中常用"话说"两字起首，往往在情节开展的紧要关头煞尾，用一句"欲知后事如何，请听下回分解"的套语，中间又多引诗词歌赋来做场景描写或人物赞评等。②

五、个人朗读

《论语》公冶长篇中孔子说："道不行，乘桴浮于海。"述而篇孔子对颜回说："用之则行，舍之则藏。"泰伯篇中孔子则说："天下有道则见，无道则隐。"孟子则说："古之人得志，泽加于民。不得志，修身见于世。穷则独善其身，达则兼济天下。"这就为"士"也就是读书人阶层指出了两条道路：用之，则出世，不用，则退隐；天下有道，则出世，天下无道，则退隐。但这种退又与老庄的消极退隐不同，孔孟的退隐，是独善其身，是为了更好地现，更好地兼济天下。所以无论是隐是见，都要读书。人为什么要读书？"动机之一、过程之始就是为了学会为世界命名，为自己命名，亦即认识世界，也认识自身。"③认识世界，就是兼济天下，认识自身，就是独善其身。出世固然要读书经求经世济用，但退隐也同样要读书以"求真"，例如桐城派文人吴敏树之父在世时，虽然对子孙"不多望以进取"，但时时"训课甚勤"，甚至临终时还告诫其儿子，不要追求大富大贵，但要"不失为读书善人"。④

中国的文字，是最适于朗读的。长期以来，中西方语言学界都认为，人类语言系统最基本的意义结合单位——语素和词，用什么音来表达一个意义是任意的。比如完全可以将白菜称为萝卜，将萝卜称为白菜，或者将狗唤作猫，将猫唤作狗，只要人们约定俗成即可。⑤但最近三十年来，越来越多的人认可汉字"音义同构"的特点。这种音义同构的特点主要体现在汉字读音的"象声会意、拟声表义、音近义通"三大规律上。所谓象声会意，是指汉字音节在其发音器官活动过程中有模仿客观事物特点的性质，例如"圆"与"扁"："圆"发音时双唇是向外聚拢的，其唇形构成的形状恰好是圆的，而"扁"发音时唇形构成

①袁行霈主编《中国文学史（第三卷）》，高等教育出版社，2002，第243页。
②袁行霈主编《中国文学史（第四卷）》，高等教育出版社，2002，第13页。
③王蒙：《庄子的享受》，安徽教育出版社，2010，第52页。
④程大立：《"穷身"与"富读"：晚清"桐城派"文人学者的读书观》，《图书馆》2016年第6期。
⑤岑运强主编《语言学基础理论》，北京师范大学出版社，1994，第17页。

的形状却相反,双唇闭合,唇形恰好呈扁平形。所谓拟声表义,是指汉字中有不少音节的形成起源于对客观事物声音的模仿,例如"娃"和"蛙"的语音就是模拟婴儿的哭声和蛙类的叫声。所谓音近义通,是指汉语的音义同构现象还表现在汉语中存在大量"音近义通"的字,例如:"环、泉、圈、渊"等音节表示的客观物体形状都有圆或可能是圆的意义,因此这些音节在发音时发音器官嘴唇的形状都呈圆形。①北京大学辜正坤博士总结说:汉语"音义同构现象能强化语言的宏观和微观表达能力,尤其有助于情绪摹拟,所以,在文学作品中,音义同构现象是增强文学感染力的极强有力的因素"。他以李白《关山月》"明月出天山,苍茫云海间。长风几万里,吹度玉门关"一诗为例,全诗除了宏伟壮观的视像美之外,"我们感到一种更强有力的东西回荡在我们的耳鼓,这就是它那响亮、强壮,甚至带有一种威压感的阳性音"。所谓阳性音,就是天、山、苍、茫、海、间、长、万、关等开口度较大的音,这些字"在含义上表现了廓大的空间关系,语音上也响亮、开口度大,声威赫赫,因此,这是典型的音义同构现象,非常圆满贴切地传达了诗人想要为我们描绘出的万里长空的宏伟视象"。如果我们在不改变全诗一字的情况下,只是将这些阳性音变更为阴性音,虽然同样押韵,但"这首诗也将立刻失去那种宏伟的音象美,甚至连其义象美也将受到很大的影响"②。

正因为上述原因,中国古代的读书人,常常喜欢以吟诵的方式读书。不仅在学校(官学或私学)如此,即使是个人化的、私下的、不以背诵为目的的读书,也多用发声的吟诵模式。正如曾国藩所言:"如《四书》《诗》《书》《易》《左传》诸经,《昭明文选》,李、杜、韩、苏之诗,韩、欧、曾、王之文,非高声朗诵,则不能得其雄伟之概,非密咏恬吟,则不能得其深远之韵。"

在我国古典文献中,关于读书人"高声朗诵"或"密咏恬吟"的记述颇多:《汉书·儿宽传》载:"儿宽,千乘人也。治《尚书》,事欧阳生,后受业孔安国。贫无资用,尝为弟子都养。时行赁作,带经而锄,休息辄读诵,其精如此。"《汉书·朱买臣传》载:"朱买臣字翁子,吴人也。家贫,好读书,不治产业,常艾薪樵,卖以给食,担束薪,行且诵书。"《后汉书·逸民传》载:"高凤字文通,南阳叶人也。少为书生,家以农亩为业,而专精诵读,昼夜不息。妻尝之田,曝麦于庭,令凤护鸡。时天暴雨,而凤持竿诵经,不觉潦水流麦。妻还怪问,凤方悟之。"白居易《与元九思书》中说:"昼课赋,夜课书,间又课诗,不遑寝息矣,以至于口舌生疮。"韩愈《进学解》中自述:"口不绝吟于六艺之文,手不停披于百家之编。"宋人龚明之《中吴纪闻》卷二有名士苏舜钦"《汉书》下酒"故事:"子美豪放,饮酒无算,在妇翁杜正献家,每夕读书以一斗为率。正献深以为疑,使子弟密察之。闻读《汉书·张子房传》,至'良与客狙击秦皇帝,误中副车',遽抚案曰:'惜乎!击之不中。'遂满饮一大白。又读至'良曰:始臣起下邳,与上会于留,此天以臣授陛下',又抚案曰:'君臣相遇,其难如此!'复举一大白。正献公闻之大笑,曰:'有如此下物,一斗诚不为多也。'"《明外史》载张溥"幼嗜学,所读书必手抄,抄已,朗诵一过,即焚之,又抄,如是者六七"。

①钱伟:《音义同构是汉字的重要特点》,《中国社会科学报》2016年11月10日版。
②辜正坤:《人类语言意义同构现象与人类文化模式》,《北京大学学报(哲学社会科学版)》1995年第6期。

第四节　我国聆听阅读的现状及未来

无论中西方，聆听阅读都是人类最早的阅读方式。尤其是在纸张和印刷术普及之前，人类的知识传承主要通过口述和聆听阅读来完成。正如数字阅读出现之后的情景：在书写和纸质阅读时代到来时，有人敞开怀抱热烈欢迎，也有人激烈批判与抗拒，但更多的人持谨慎乐观的态度，不断利用新的阅读载体与阅读方式寻求信息记录、传递与反馈的更好方式。就在这种探求与批判的过程中，人们也越来越多地发现了聆听阅读的优势所在，正因为如此，当书籍和报刊成为一种大众消费品而随处可见，电视和互联网因为技术的发展和移动网络的普及而被人们随身携带，但口述、朗读和聆听阅读的传统依然保留了下来，并表现出旺盛的生命力，而新技术、新设备的出现，又催生了全新的聆听阅读模式。

2020年6月，我国网民规模达到9.4亿人，网络视频用户达到8.88亿人，人均每周上网时长达到28小时。①毫无疑问，我国已全面进入"读屏时代"。在西晋的洛阳，引起轰动效应的是左思的《三都赋》；在20世纪，引起轰动效应的是鲁迅的《狂人日记》、郭沫若的《女神》、卢新华的《伤痕》、北岛的《我不相信》、路遥《平凡的世界》、贾平凹的《废都》、余华的《许三观卖血记》；而在21世纪的前20年，引起轰动效应的是电视剧《后宫甄嬛传》《花千骨》，电影《战狼》《流浪地球》，综艺节目《歌手》《非诚勿扰》《创造营》《青春有你》《乐队的夏天》《乘风破浪的姐姐》，再没有一部文学作品引起全社会的广泛关注。但即使这样，麦克卢汉所担心的人类文化危机"感觉器官的失衡"却并没有到来，相反，"听觉"这一感官再次被重视。即使是一本图书，由于网络技术的介入，它也不再像苏格拉底所说的"保持沉默，摆出一副庄严的样子"，如果愿意，作者与读者、读者与读者之间可以即时地沟通交流。

今天，聆听阅读的场景并没有消失，相反，在教育专家、教师以及各种有声阅读平台的推动下，儿童聆听阅读表现出了旺盛的生命力。这种生命力体现在：首先，传统的聆听阅读方式继续得以保留甚至强化；其次，移动互联网带来的全新聆听阅读模式得以飞速发展。

一、成年人：聆听阅读渐成时尚

对于上班族来说，音乐和有声书成为他们漫长的上下班通勤时间、枯燥的做饭过程以及运动时间的最佳陪伴。根据我们对星沙实验小学1503班42名学生家庭的调查数据显示，在81名家长中（父亲和母亲），有59人表示每周至少有一次听书经历，占比

---

①北京日报客户端：《我国网民规模达9.4亿！人均每周上网时长28个小时》，来源：https://baijiahao.baidu.com/s?id=1679155082870208073&wfr=spider&for=pc

72.8%。其中男性家长 19 人,他们的听书场景主要集中在上下班途中;女性家长 40 人,她们的听书场景则更广泛,包括上下班途中、准备晚餐的过程中或夜跑时。根据调查数据,上述 59 名家长每周花在上下班路上的时间平均为 5.61 小时,其中有一名家长上班乘坐公交车,每天上下班时间超过 3 小时,拥有大量听书的时间。很多女性家长习惯于在夜跑时听有声书,有一名家长说:"我会一边跑步,一边听中国国家田径队的《跑步课堂》,学习正确的跑步方法。"而另一名家长则说:"我在跑步的时候,喜欢听金庸小说,这是我每天坚持跑完预定目标的方式,听着小说,就感觉没有那么累了。"

二、大学生:聆听阅读的场景更丰富

与广大上班族相比,大学生的主要任务是学习,但又拥有更多自由的时间;而与中小学生比较,他们又拥有自己的智能手机和一定金额的可自己支配的资金。因此,大学生聆听阅读的场景更丰富。首先,是课堂。语文是大学中的基础课程,在大学语文教学中,朗读依然是一种有效的教学方式。例如本书执笔人在讲《山鬼》时,就会范读全文,以梳理读音,同时让学生了解全诗"盼望—自责—寻找—失望—思念—疑惑"的情绪变化;而在讲《滕王阁序》时,则会范读第一段,然后点名让学生朗读后面的段落。其次,是跑步过程中。为改善大学生普遍体能堪忧的现状,近年来,越来越多的大学实施了跑步打卡制度,例如长沙师范学院就要求学生每学期至少跑 120 公里。学生们跑步时,会选择听音乐或有声书。再次,是课余时间,根据我们在长沙师范学院 2019 级初等教育学院 19603 班的统计,全班 50 名学生均表示有经常通过手机听有声内容的习惯,被提及最多的有声内容类别分别是脱口秀、相声、有声教材、有声小说和英语。其中男生更喜欢脱口秀和有声小说内容,而女生则更倾向于有声教材和英语读物,她们会有意识地通过互联网寻找一些知名高校、知名老师或专家的讲课、讲座录音来学习;而听英语读物的原因,则主要是为四六级考试做准备。

三、学龄前儿童:亲子阅读成为趋势

我们在对长沙师范学院附属第二幼儿园 2019 级小一班(38 人)和小二班(34 人)的调查中发现:72 名家长均表示有经常性的亲子阅读活动时间,其中 87.5% 的家长表示在孩子一岁前就开始了第一次亲子阅读,这一数据还远远高于美国、英国、加拿大和澳大利亚的数据(上述国家的家长在儿童 1 岁就开始阅读教育的比例分别为:78%、75%、70%和 60%)。之所以重视亲子阅读:一是通过网络查询后,发现所有的育儿专家、育儿类公众号(博主、头条号等)都呼吁尽早开展亲子阅读。二是身边亲戚朋友的现身说法,例如 ZYY 小朋友的妈妈就说,她姐姐在孩子很小的时候,就给孩子读绘本和童话,就是手指着书本上的字一行行地读过去,也没有要求孩子跟着读,小孩就自己认识了上千字,两岁多的时候就可以独立阅读童话书了,虽然有时候会认错字,比如将"茧"读作"虫","牡丹"读作"杜丹",但并不影响她理解童话内容。所以在 ZYY 刚刚能够竖头之后,就开始给她读绘本了。三是有的家长说,平时上班觉得时间少,但全天候带小孩时却觉得时间过得太慢,天天看电视、刷手机也很无聊,不如和孩子一起读书更有意义。

当然,对于学龄前儿童来说,亲子阅读并不仅仅是他们聆听阅读的唯一方式,他们也有大量的独自听书时间。一是有些家长会在做饭或者其他需要短暂离开孩子身边的时候,会给孩子看动画片,TYH 的妈妈说:"看动画片能让他安静地一个人待上很久,这样我做饭时就不用担心他捣乱,发生磕碰。但总看动画片也不行,对眼睛不好。所以我有时候就给他听《凯叔讲故事》,也能起到同样的效果。"二是有些家长会有意识地给孩子听有声书,目的是让孩子学习普通话,例如星沙实验小学 1503 班 PZY 小朋友的父亲就说:"我们全家都只会讲长沙塑料普通话,PZY 听习惯了,现在说起普通话来也有一股长沙味,所以我们经常让他听有声书,学习一下普通话。"三是以听书代替父母讲睡前故事——这是一个值得注意的问题。很多家长都表示,睡前故事不能是亲子阅读,如果和孩子坐在床上以亲子阅读的形式读书,孩子会一直不睡觉;拿一本书朗读也同样如此,由于开着灯,孩子很难入睡。所以最好的办法是关上灯,让孩子躺下,闭上眼睛,自己给他讲故事。但是,由于每天都要讲,时间一长就无故事可讲,更何况有的家长并不擅长讲故事。与此同时,由于孩子喜欢重复听同一个故事,以及工作和家务的疲劳,使很多家长也将讲睡前故事当作一件艰难任务。所以,目前大多数家长选择打开手机,给孩子播放睡前故事的有声书。早在 2017 年的阅读调查中,我们就发现有 90.2% 的受访家长表示已习惯于以有声书代替妈妈讲睡前故事。

四、中小学生:朗读和聆听阅读是学习的一部分

在教育部《全日制义务教育语文课程标准》中,对中小学生的朗读和聆听阅读都做了具体要求。1—2 年级学生的总体目标是:"诵读儿歌、童谣和浅近的古诗,背诵优秀诗文50 篇(段);听故事、看音像作品,能复述大意和自己感兴趣的情节;能较完整地讲述小故事,能简要讲述自己感兴趣的见闻。"3—4 年级学生的总体目标是:"诵读优秀诗文,注意在诵读过程中体验情感,领悟内容。背诵优秀诗文 50 篇(段);能具体生动地讲述故事,努力用语言打动他人。"5—6 年级学生的总体目标是:"诵读优秀诗文,注意通过诗文的声调、节奏等体味作品的内容和情感。背诵优秀诗文 60 篇(段);能根据交流的对象和场合,稍做准备,做简单的发言。"7—9 年级学生的总体目标是:"诵读古代诗词,有意识地在积累、感悟和运用中,提高自己的欣赏品位和审美情趣。背诵优秀诗文 80 篇;能就适当的话题作即席讲话和有准备的主题演讲。"要达到《全日制义务教育语文课程标准》所要求的学习目标,既需要老师在课堂上的教学和示范,也需要学生在课外的配合和实践。

目前,朗读是中小学语文教学实践中的重要手段,基础教育领域的专家、一线语文教师总结了许多朗读教学的模式和方法。步新娜认为,中小学语文教材中的课文体裁多样、题材不同、内容迥异、风格多变,因此在朗读时不能千篇一律地用同一种有声语言形式来表达,而应该为不同内容的课文配置不同风格的朗读"话语样式"。朗读的话语样式大致可分为四类:一是陈述式,"以内容为核心,根据字里行间的语法关系和逻辑关系所

自然形成的节奏,来合理分配语气的轻重缓急、抑扬顿挫,有条理地进行事实陈述"。陈述式朗读适用于大部分课文,其目的是杜绝那些附加在语言表达上的"播音腔""朗诵腔",使语言表达回归自然、朴实的事实陈述,以及信息和情感的有效传达上来。二是朗诵式,多用较为夸张的使用气息、停连、重音等技巧来传达语气、声音和情感,吐字力度强、声音响亮、节奏变化大、情感饱满激昂,还可以配合服装、手势、表情等多种元素,适合用于演讲词、诗歌等作品的朗读。三是谈话式,仿佛面前正有一个谈话对象,以一种接近日常交流但又经过修饰的语言来进行表达,即语气是亲切自然、轻松适意的口语化,但用词是准确简洁的书面语言。谈话式话语样式适用于小说、散文、书信的朗读。四是宣读式,要求语气郑重,语速较慢,内容只字不差,同时还要求重音选择、停连处理和节奏变化都十分准确。宣读式话语样式适用于通知、报告、法令、文件、重大新闻、颁奖词等内容的朗读。①

　　广州市羊城花园小学的欧阳汝林老师则认为,对于重点课文应该"三读":一是读准字音,学生首先自读,同时将不认识的生字和新词圈画出来,对照拼音多读几次。然后由老师点名学生朗读课文,重点是将课文读准确。二是读出语感,首先由老师范读,要求学生注意范读时句子的停顿、字词的重音和情感的变化,然后由学生齐读,读出语感。三是读懂意思。通过前面二读后,学生基本上对课文有了全面的了解,在老师对课文进行精讲后,学生再读文本,疏通文意。②课文朗读,对生字新词的记忆、对课文的理解都有极大的帮助,星沙实验小学 1503 班教授语文的杨诗诗老师说:"对于要求背诵的课文,我一般会在课堂上要求学生朗读三遍,第一遍是在介绍了课文的整体情况、梳理了生字后,我会范读一遍,然后要求学生齐读一遍;第二遍是在精讲的过程中,每段点名让学生朗读一遍;第三遍是最后的学生齐读。基本上经过三读,很多同学就能够将课文背诵下来了。"杨老师还说:"有时候因为其他事情占用了课堂时间,少读了两遍或一遍,学习效果就大打折扣,在接下来的单元检测中马上能够体现出来。"

　　有些教学目标必须在课外完成,比如对优秀诗文的背诵、故事讲述、主题演讲等内容,也构成了中小学生朗读和聆听阅读的重要部分。星沙实验小学要求学生自主录制诗文背诵、讲故事或演讲的视频发到班级群内,既检测了学生的完成情况,又成了学生们的一种娱乐方式,尤其是该学校鼓励以接力朗读的方式共同完成一部书的阅读,极大地促进了学生们的阅读主动性,是一种值得推广的模式。

　　当然,今天的中小学生除了学习性朗读和聆听阅读之外,还有其他的不以知识学习为目标的有声阅读行为,这种有声阅读行为一般发生在以下两种场景:一是在父母规定的娱乐时间;二是碎片化时间,例如中长途乘车时间、在外就餐等待上菜的时间和睡前等。阅读渠道则首选微信公众号,其次是喜马拉雅 FM、荔枝 FM、蜻蜓 FM 等有声阅读平台。中小学生与学龄前儿童比较,在阅读内容选择方面具有了一定的自主性。我们将这种"一定的自主性"称之为"协商式选择":对于父母来说,要求内容的经典性和教育性,而

---

① 步新娜:《语文朗读教学中的话语样式问题》,《教学与管理》2019 年第 6 期。
② 欧阳汝林:《小古文教学中语文要素的落实》,《教学与管理》2020 年第 3 期。

对于孩子来说,则要求内容的趣味性和声音的适听性。双方在这种博弈的过程中达成妥协,这也是为什么众多有声阅读平台上播放量排名靠前的有声书,大部分是诸如趣说历史、唐诗故事之类的原因之一。

在未来,我们预测,随着新的大众媒介形式的出现,还会催生新的聆听阅读方式,但传统的朗读和聆听阅读也将持续存在,中西方教育理念和教育方式的交流,也可能对我国的朗读教育产生影响。其一,教师范读、学生朗读、学生齐读、小组接力朗读等方式在课堂教学中依然重要,在很长时间内将不可替代;其二,亲子阅读被证明是建立良好亲子关系、培养儿童阅读兴趣的最佳方式,越早进行亲子阅读,就越能促进儿童语言的发展,激发想象力、创造力和学习能力,在学业上成功的可能性越大,这是老师、培训班或者 AI 等新技术所无可替代的聆听阅读方式;其三,睡前故事是促进孩子睡眠的有效方式,但随着新技术的发展,将出现妈妈更多陪伴但同时又释放妈妈更多时间的可能,即通过 VR/AR 技术和声音复刻技术,模拟妈妈讲故事的场景和声音;其四,在有声阅读平台的推动和 AI 主播的进化,有声书内容将越来越丰富,同时,从目前众多有声书内容提供商、平台商和终端商开始打造主播品牌的趋势来看,未来还可能出现更多明星式有声内容主播,他们将和歌星、影星一样在特定群体里具有极大的吸引力、影响力和号召力,从而对阅读推广以及出版产业的发展产生积极的推动作用;其五,目前,有声阅读主要通过智能手机和平板电脑等移动终端进行,在一定程度上解放了受众的眼睛和双手。但是其操作方式仍然不够智能,比如,在开车的时候、做饭的时候,就不能更换听书内容;在睡前听书时,播放、变更和停止的操作也很不方便。在未来,随着 5G 网络的商用普及和物联网技术的成熟落地,智能音箱、智能台灯、智能耳机等智能硬件终端与有声阅读平台的深度结合,受众可以实现随时随地以声音控制有声书播放、更换内容、更换声音、跳过或回听、发布评论、查听评论或回复、标签已听、停止播放等一系列操作。

第三章 儿童有声阅读的合理性

哈贝马斯认为,当我们一旦使用"合理性"这样一种说法,也就在合理性和知识之间建立起了一种紧密的联系。因为合理性更多涉及的是具有语言和行为能力的主体如何才能获得知识,而不是对知识的占有。语言可以把知识准确地表达出来,而具有一定目的的行为所表现的则是一种能力,一种潜在的知识。我们如果想从语法上找到能够和谓词"合理性"相对应的主语,就会遇到两个主要的选择对象:掌握知识的人以及体现知识的符号表达、语言行为和非语言行为、交往行为和非交往行为等。我们可以说男人和女人、儿童和成人、部长和售票员等是"合理的",但不能说鱼、丁香花、山脉、道路或椅子等是"合理的"。我们可以说道歉、迟到、外科手术、宣战、修理、建筑设计或会议做出的决议等是"不合理的",但不能说暴风雨、事故、中奖或生病是"不合理的"。①那么,人在一定情境下的行为举止究竟怎样才是"合乎理性"的呢? 或者说,人的表现"合乎理性",究竟有何意义呢?

在我们使用哈贝马斯的合理性概念前,应该首先了解马克斯·韦伯的合理性概念。这是因为:其一,今天当我们探讨某个议题时,例如某种文化、某种规定或某种行为,首先就会追问其合理性。而之所以合理性成为不同学科领域共同关注的焦点,是从韦伯开始的。其二,哈贝马斯交往行为可能性的理论前提,就是对韦伯合理性理论的反思与批判,哈贝马斯曾说过:"从理论的发展史来说,马克斯·韦伯是我理论的出发点。"②韦伯从社会、文化和个人生活三个层面对合理化现象进行了归类和论述,并从人的社会化行为入手,将社会化行为分为四种类型:传统行为、情感行为、目的理性行为和价值理性行为。他认为,前两者是非理性行为:情感行为是由行为主体特殊的情感和感情状态所决定的行为,它没有经过有意识的合理思量;而传统行为同样如此,只是行为主体依照根深蒂固的传统习惯做出决定的行为。只有目的理性行为和价值理性行为才是合理性行为。

其中目的理性行为重点关注的是实践合理性,因为它可以让行为主体学会控制周围环境:"谁的行为如果依据的是目的、手段和后果,而且在手段与目的、目的与后果、最终可能出现的各种不同目的之间的合理思量,那么,他的行为就是目的理性行为,也就是说,他的行为既不是情感行为,也不是传统行为。"韦伯坚持认为,在不同价值系统之间进行抉择,不管分析得多么清楚,都无法加以论证,也无法推断其合理的动机;准确地说就

---

① 尤尔根·哈贝马斯:《交往行为理论(第一卷)》,曹卫东译,上海人民出版社,2018,第25页。
② 李素艳:《合理性理论上的"对话"——哈贝马斯对韦伯合理性理论的改造》,《理论探讨》2006年第4期。

是,就内容而言,不存在价值预设或信仰力量的合理性。不过,他同时又认为,行为主体的价值趋向构成了一个视角,由此可以看到一个行为合理性的潜能:"谁的行为如果不考虑预见到的后果,而只坚持其关于义务、尊严、审美、宗教律令、虔诚或事实的正确性的信念,并且不管对他提出的是何种要求,那么,他的行为就纯属价值理性行为。价值理性行为永远都是一种行为主体对自己提出的要求行为或符合要求的行为。"①目的合理性行为就是以数学方式对后果进行量化和预测,强调手段的合适性和有效性,而不考虑目的是否恰当的行为;而价值合理性行为则强调道德、宗教或政治上的义务责任,而不考虑其实施过程是否恰当。在韦伯的理论里,目的合理性行为以实现目的为准则,必然会以"牺牲人的情感行为与传统行为为代价",漠视人的情感和精神价值;②而价值理性行为又刚好相反,它将目的推崇到绝对价值的地步,而要求行为主体无条件的善行、无回报的献身等。正因为如此,使韦伯的合理性理论在分析现代社会时陷入了困境。

哈贝马斯赞成韦伯关于现代社会发展的实质是理性化的结论,但是他认为韦伯在分析现代社会的合理化过程中,使用的是过于狭窄的目的—工具合理性概念,因此使得其社会理论成为"局限于目的合理性行为的行为理论",从而脱离了"一种交往理论"。韦伯之所以对现代社会出现的危机束手无策,乃至对人类发展前景悲观失望的重要原因,就在于他将目的—工具合理性与合理性等同起来,合理性的概念太狭窄。因此,哈贝马斯在对韦伯合理性理论反思和批判的基础上,提出了"交往行为理论"。

交往行为理论的源头可回溯至 17 世纪英国经验论的代表人物洛克,他认为,人作为社会动物,需要相互沟通并达成理解,否则社会便不能带给人安慰和利益。休谟继承了洛克的观点,他把交往理解为认识上的沟通,它能够使人们的心灵成为彼此之间"相互反映的镜子"。康德也反对功利主义的交往行为,他认为人们在交往行为中要遵守普遍的道德规律。③哈贝马斯以合理性为中心的交往行为理论,使合理性不再是一种脱离实践的哲理思辨,而成为行为主体之间的交往行为准则。他认为,交往行为是以语言和符号为媒介,通过对话和协商达成主体间理解一致的行为,它遵守主体间相互认同的规范,这些规范决定着双方的交往行为,把持着行为主体之间的相互期待。哈贝马斯将交往行为的合理性分为表达的合理性和行为的合理性,所谓表达的合理性,就是言语者为了交往而表达了一个论断,他必须保证其陈述的真实性,并证明其可以批判检验的有效性,对此听众可以接受,也可以予以拒绝,从而构成了表达的合理性。如果言语者满足了达到以言行事目的所必须具备的条件,并且至少和一位其他的交往参与者就世界中的存在达成共识,那么,其论断就是合理的。所谓行为的合理性,就是行为者为了实现某一目的采取了某种行为,并且为其所作所为做出了一种内部具有真实性的规划,从而使得在具体情境下的既定目标能够得以实现,就构成了行为的合理性。如果行为者满足了为成功介入世界的目的所必须具备的条件,并且至少与一位交往参与者达成共识,那么,其目的行为

---

① 尤尔根·哈贝马斯:《交往行为理论(第一卷)》,曹卫东译,上海人民出版社,2018,第 221－225 页。

② 金永:《哈贝马斯论韦伯的合理性概念——兼论马克思与韦伯的比较性分析》,《绵阳师范学院学报》2017 年第 12 期。

③ 张敏:《哈贝马斯交往行为理论的合理性》,《江西社会科学》2014 年第 8 期。

就是合理的。两种情况都可能出现失败,即预定的共识未能达成或既定的目标没有实现。但即使在失败的情况下,一种表达或行为的合理性也能得到证明:因为其失败的原因是可以解释清楚的。①

综上所述,交往行为的合理性是一种以道德为原则的,彼此间在一定的社会规范框架内,在语言和符号的中介下所达成的主体间协调一致、相互理解的合理性行为。这种合理性克服了韦伯只考虑行为主体个体的合理性局限,而将合理性放诸整个现实社会,充分考虑社会的、文化的和个人的层面,因此更具可行性,可以用来观照现实世界的各种行为。

今天,儿童有声阅读已然客观存在,并且受到儿童的喜爱,充分说明了儿童有声阅读一定存在某种或多种合理性。之所以我们还在对儿童有声阅读行为的合理性表示犹豫、怀疑,实际上是对数字时代数字媒介过度消费化、娱乐化,以及数字阅读中存在更多浅阅读、碎片化阅读现象的犹豫与怀疑。一般认为,人是理性的,或者说理性一直是人类渴望实现的目标,但数字阅读过程中常常出现非理性行为,例如,无论是儿童还是成年人,往往会在面对数字媒介时出现无计划的跳跃式阅读和无节制的狂欢式阅读,甚至因此而导致睡眠拖延症、注意力不集中等具体表现。因此,我们还很有必要对儿童有声阅读的合理性进行分析和梳理。

第一节　儿童有声阅读实现阅读目的之可能路径

在导论中我们提到,儿童阅读具有知识传承的价值、提升阅读素养的价值、审美价值和休闲娱乐价值。毫无疑问,这些都是我们提倡儿童阅读的目的,经过人类上千年的实践,也证明了纸质阅读能够实现上述目的。问题的关键是,儿童阅读的这些目的是如何达成的?通过有声阅读这一新兴的阅读方式是否也能够达成同样的目的?要回答这些问题,我们就需要首先探讨阅读的本质。

认知心理学认为,儿童阅读是儿童读者运用既有知识来建构文本解读的认知活动。这种解读由多个下位过程组成。首先是认知文字、读取单词的过程,儿童读者运用既有的语法知识、篇章结构的知识、文本内容的知识、学习方式的知识等来读取文字内容所表征的意涵。然后,将所获得的意涵进行整合,既而形成对文本的整体解读。② 也就是说,儿童阅读的本质是一种对文本的"意义建构",在这种意义建构的过程中,因此而传承了知识,提高了阅读素养,获得了审美愉悦,得到了精神的休憩。有研究者对这种阅读过程中的意义建构进行了近乎文学性的描写:"首先,读者会跟随作者的叙述,观察小说所描绘的场景;然后,将纸面的词语转化为头脑中的意象。通过想象,还原书中人物、对话、事件和场景,情节得以慢慢浮现;接着,读者会追究小说主旨,揣摩作者的意图和构思;进而

---

①尤尔根·哈贝马斯:《交往行为理论(第一卷)》,曹卫东译,上海人民出版社,2018,第28页。
②钟启泉:《儿童阅读的本质及其环境设计》,《中国教育学刊》2019年第5期。

结合自己所处的社会环境与现实生活进行关联;在此过程中体味小说中的美,包括写作的技巧和作品的诗意等,并给出自己的喜好与判断;最后,当读者的大脑意识到自己完成了所有上述这些操作,会感到某种心理上的满足。"①

文化学从不同的角度,得到了近似的结论。文化研究认为,文化是人类的生活方式,其表征为三个体系:一是客观知识体系,包括语言、科学、艺术、书籍、工具等;二是社会关系体系,包括家庭、国家、政治、经济、风俗习惯等;三是价值体系,包括审美情趣、价值观念、道德规范、宗教信仰等。其中价值体系是人类文化最高层、最抽象的存在,客观知识体系决定社会关系体系,并通过社会关系体系影响价值体系,三个体系的互相影响,共同作用而构成人类文化。文化研究认为,人类的阅读活动从本质上来说是一种文化活动,是阅读主体实践活动与精神活动的一种体现,是阅读主体与文本互相影响的过程。② 这一意义上的阅读概念,包含以下几层意思:①阅读是一种学习行为,阅读主体通过对文本的解读,获取已有的知识体系;②阅读是一种认知过程,阅读主体通过对文本的解读,探索未知,创造自我,寻求自我在社会关系体系中的存在;③阅读是人生的一部分,阅读主体通过对文本的解读,构建自我的审美情趣、价值观念和道德规范等理念。

现在,我们确认儿童阅读的本质就是"意义建构",正如有研究者所说:"阅读是人类达到的对头脑的一种最高境界的刺激,是一种营养素。因为它是基于文字的抽象符号进行咀嚼并阐释其意涵的一种行为。"③那么,儿童是如何对文本进行"咀嚼并阐释其意涵"的呢? 美国心理学者金奇(W. Kintsch)根据儿童读者在阅读文本过程中形成的表现差异,提出了"情境模型",通过这个模型揭示,儿童的阅读理解过程包含三个层次的处理,即文本表层结构处理、文本基础处理和情境模式处理,分别构成表层理解、中层理解和深层理解。

表3-1 儿童阅读意义建构的三个层次

文本表层结构处理	表层理解	把握字词句的阶段,谓之"符号化"。读者深入阅读之前把握其梗概的准备阶段,并会迁移到文本基础处理阶段
文本基础处理	中层理解	把握文本字面意涵的阶段,即明晰构成篇章的要素(命题)之间的关系,把握全文的意涵
情境模式处理	深层理解	在社会文化情境下"读者、文本、阅读活动"交互作用的动态过程——从文本中提取信息的基础上,动员既有知识,据以细致地分析概括、解释推断、揭示意涵、整合多种信息的阶段,从而把握全文内容的情境

占(C. K. K. Chan)认为儿童阅读是儿童读者进行推论、整合已有知识、修建既有知识的种种建构活动。这一推论显然受到皮亚杰平衡学说的启发,皮亚杰认为,儿童时期的

①奥尔罕·帕慕克:《阅读小说时我们的意识在做什么》,上海人民出版社,2012,第18-27页。
②王余光、汪琴:《关于阅读文化研究的几个问题》,《图书情报知识》2004年第5期。
③日本国立教育研究所:《阅读教育赏析:为了培育真实的学力与丰盈的心灵》,东洋馆出版社,2010,第59页。

本性在于通过一系列的练习和本身的行动,以及通过一种持续建构的活动,从主客体间混沌无序的状态中找到一种平衡:儿童认知上的冲突,会引起最佳或最大限度的不平衡,因此就激发儿童的求知欲和好奇心,从而吸收新信息到其已有的图式当中(同化),或者修改、新建图式以适应新信息(顺应),从而达到新的平衡。在这种"冲突—不平衡—同化/顺应—平衡"的循环中,意义被不断建构。① 占(C. K. K. Chan)对小学1—6年级儿童阅读行为的意义建构活动进行了分析,区分出5种阅读水平,并统计了不同年级儿童阅读水平的大致比例。其阅读水平区分标准,可以视为对儿童阅读意义建构层次的进一步细化。

表3-2 小学阶段儿童阅读水平区分

水准一	能够从文本的个别单词与语句中做出联想,但对文本传递的内涵本身尚不理解的反应	
水准二	能够从文本的局部内容联想到自己的既有知识来进行陈述,或者能用别的单词来改述文本的一部分内容,显示出文本内容与自己的既有知识尚未得到整合状态的反应	1—2年级45%的儿童与此对应
水准三	能够用另一套语词来改述文本的整体内涵,或者加以简单的加工,因而理解了文本的整体意涵,但既有知识并未显示出得以修正了的痕迹的反应	3—4年级48%的儿童、5—6年级45%的儿童与此对应
水准四	能够试图填埋文本意涵与自己的既有知识之间的鸿沟而做出假设,显示出旨在整合文本意涵与自己既有知识而进行的问题解决的反应	5—6年级39%的儿童与此对应
水准五	能够超越文本意涵以及自己的既有知识,进行旨在建构更复杂的知识而尝试的问题解决,显示出知识的扩充得以实现的反应	

国际教育成就评价协会主持的"国际学生阅读素养进步研究"(PIRLS)以4年级(9—10岁)儿童为研究对象,重点考察儿童的阅读素养。PIRLS将儿童阅读素养划分为三种能力:一是信息提取与检索的能力(提取信息、检索所需要的信息);二是信息整合与解释的能力(整合文中的学习以便理解其主要概念,读者能否解释文中未提及的内容);三是信息反思与评价的能力(反思指透过个人的知识与经验进行比较或者假设,评价指基于个人标准进行判断),其制订的儿童阅读素养评估表内容,可视为儿童阅读过程中意义建构行为有了可量化的标准。

---

① 让·皮亚杰:《教育科学与儿童心理学》,杜一雄、钱心婷译,教育科学出版社,2018,第167页。

表 3－3 PIRLS 儿童阅读素养评估标准

直接理解过程	提取信息	1. 找出同阅读目的相关的信息； 2. 找出特定想法或者论点； 3. 搜寻字词句的定义； 4. 指出故事的场景（时间、地点、人物）； 5. 找出文章明确表述的主题或主要论点
	不复杂的推论	1. 推论某事件所导致的另一个事件； 2. 基于一连串的观点，归纳出来重点； 3. 找出代名词与主词的关系； 4. 归纳文章的主题描述人物的关系
诠释链接过程	诠释整合	1. 归纳全文的信息或者主题； 2. 诠释文中人物可能的特征； 3. 比较与对照文字信息； 4. 推出故事中的语气或者气氛； 5. 诠释文中学习在真实世界的适用性
	比较评估	1. 评估文章所描述事件实际发生的可能性； 2. 推测作者如何想出令人出乎意料的结局； 3. 评断文章中信息的完整性或者阐明、澄清文中的学习； 4. 找出作者论述的立场

综上所述，我们对儿童阅读（主要是纸质阅读）的本质——意义建构的行为有了大致的评估标准，并且对不同年龄段的儿童阅读水平也有了大致的参照体系，现在需要验证的是，儿童有声阅读是否也能达到纸质阅读大致相同的水准。虽然已有很多研究者对此表示了担忧，例如麦克卢汉在《传播的偏向》一书的序言中认为："口头文化在我们的电子时代复活了，它和尚存的书面传统和视觉形态建立了一种非常多产的关系。这和字母表出现时的情况是类似的。在 20 世纪，我们正在将磁带倒过来放送。希腊人从口头走向书面，我们从书面走向口头。他们的结局是分类数据的荒漠，我们的结局是新型的听觉咒语的百科全书。"[1]他将数字时代的有声阅读当作一种"听觉咒语"。美国学者巴伦则认为，在信息爆炸与生活压力巨大的现代社会，人们更倾向于采用更加省力的阅读方式。获取同样的知识，听书和读图就比阅读纸书耗费更少的精力，但同时也意味着更差的理解力。[2]实际上，这些论断都是来自经验的判断和理论的思辨，而缺少实证研究。正如麦克卢汉所说，有声阅读（口头文化）是一种"复活"，而不是一种新事物。在孔子、释迦牟尼和苏格拉底之前的世界，人们不是通过口述形式传承和创造了辉煌灿烂的人类文化吗？

①哈罗德·伊尼斯：《传播的偏向》，何道宽译，中国传媒大学出版社，2015，第 26－27 页。
②内奥米·S·巴伦：《读屏时代：数字世界里我们阅读的意义》，庞洋、周凯译，电子工业出版社，2016，第 30 页。

在孔子之前的口述时代,人们主要通过口耳相传,从《易经》《尚书》《周礼》《仪礼》《礼记》中构建了价值理念和道德规范,从《诗经》中获得了审美情趣。到了今天,很多儿童也通过网络课程,学习语文、数学、英语、音乐、绘画、设计、科学等课程。教育部教育管理信息中心主办的中国教育信息化网发布的数据显示:目前世界各地的许多国家(如印度、墨西哥、泰国、意大利等)都推出了自己国家特定的 MOOC 平台。迄今为止,全球已有800 多所大学推出了至少一个 MOOC。根据美国 MOOC 导航网站 Class Central 数据,2017 年全球 MOOC 已发展到拥有7800 万位学员、9400 门课程、500 多种证书和十多个研究生在线学位。美国专栏作者 Alex Hernandez 于 2015 年在 Edusurge 上发文,介绍他 9 岁的双胞胎完成了一个为期五周的儿童 MOOC 课程 Brain Chase。Brain Chase 是一个在线学习体验课程,专门提供给 2—8 年级的孩子,功能是填补学生们在暑假期间的学习缺失,丰富学生们放学后的学习时间。在暑假期间,孩子们每周会拿出 5 小时的时间在线完成像可汗学院、myOn、Rosetta Stone 的读写课程。Brain Chase 的创始人 Heather Staker 和 Allan Staker 夫妇分享说,2015 年夏天有 2000 个 6—14 岁的孩子参加了他们的课程并且有 50% 的孩子完成了耗时 5 周的课程。① 这些实例,都有力证明了有声阅读和纸质阅读一样,能够完成儿童在阅读过程中的意义建构。但是,我们依然希望通过实证测试来证明这一点。

本次测试对象选取的是长沙县星沙实验小学六年级 82 名学生,年龄均为 11—12 岁。测试设计如下:我们以 1503 班 42 名学生为实验组,给学生听取一段有声内容,时长 6 分钟,要求学生在阅听后完成 5 道阅读理解笔试题目,试题根据 PIRLS 儿童阅读素养评估标准进行设计,满分 12 分;同时以 1501 班 40 名学生为对照组,发放有声内容的打印稿,阅读时间 10 分钟,阅读结束后,我们收回纸质文本,发放同样的笔试试题。我们提出假设:儿童有声阅读与纸质阅读一样,能够实现阅读过程的意义建构。如果假设成立,那么实验组与对照组的阅读理解成绩应当相近。

本次测试阅读理解材料选取鲁迅的《一件小事》,全文、试题及参考答案如下。

一件小事

鲁迅

①我从乡下跑到京城里,一转眼已经六年了。其间耳闻目睹的所谓国家大事,算起来也很不少;但在我心里,都不留什么痕迹,倘要我寻出这些事的影响来说,便只是增长了我的坏脾气,——老实说,便是教我一天比一天的看不起人。

②但有一件小事,却于我有意义,将我从坏脾气里拖开,使我至今忘记不得。

③这是民国六年的冬天,大北风刮得正猛,我因为生计关系,不得不一早在路上走。一路几乎遇不见人,好容易才雇定了一辆人力车,教他拉到 S 门去。不一会,北风小了,

---

① 李志明:《全球范围内慕课课程与学生数量持续增长》,来源:中国教育信息化网,网址:http://www.ict.edu.cn/html/lzmwy/mooc/n20180326_49156.shtml.

路上浮尘早已刮净,剩下一条洁白的大道来,车夫也跑得更快。刚近S门,忽而车把上带着一个人,慢慢地倒了。

④跌倒的是一个女人,花白头发,衣服都很破烂。伊从马路边上突然向车前横截过来;车夫已经让开道,但伊的破棉背心没有上扣,向外展开,所以终于兜着车把。幸而车夫早有点停步,否则伊定要栽一个大斤斗,跌到头破血出了。

⑤伊伏在地上;车夫便也立住脚。我料定这老女人并没有伤,又没有别人看见,便很怪他多事,要自己惹出是非,也误了我的路。

⑥我便对他说,"没有什么的。走你的罢!"

⑦车夫毫不理会,——或者并没有听到,——却放下车子,扶那老女人慢慢起来,搀着臂膊立定,问伊说:

⑧"你怎么啦?"

⑨"我摔坏了。"

⑩我想,我眼见你慢慢倒地,怎么会摔坏呢,装腔作势罢了,这真可憎恶。车夫多事,也正是自讨苦吃,现在你自己想法去。

⑪车夫听了这老女人的话,却毫不踌躇,仍然搀着伊的臂膊,便一步一步的向前走。我有些诧异,忙看前面,是一所巡警分驻所,大风之后,外面也不见人。这车夫扶着那老女人,便正是向那大门走去。

⑫我这时突然感到一种异样的感觉,觉得他的背影,刹时高大了,而且愈走愈大,须仰视才见。而且他对于我,渐渐的又几乎变成一种威压,甚而至于要榨出皮袍下面藏着的"小"来。

⑬我的活力这时大约有些凝滞了,坐着没有动,也没有想,直到看见分驻所里走出一个巡警,才下了车。

⑭巡警走近我说,"你自己雇车罢,他不能拉你了。"

⑮我没有思索的从外套袋里抓出一大把铜元,交给巡警,说,"请你给他……"

⑯风全住了,路上还很静。我走着,一面想,几乎怕敢想到我自己。以前的事姑且搁起,这一大把铜元又是什么意思?奖他么?我还能裁判车夫么?我不能回答自己。

⑰这事到了现在,还是时时记起。我因此也时时熬了苦痛,努力的要想到我自己。几年来的文治武力,在我早如幼小时候所读过的"子曰诗云"一般,背不上半句了。独有这一件小事,却总是浮在我眼前,有时反更分明,教我惭愧,催我自新,并且增长我的勇气和希望。

1.请用简练的语言,概括"一件小事"的起因和结果。(2分)

起因:因为生计关系,我到S门去,雇定了一辆人力车。(1分)

结果:车夫被留在巡警分驻所,我请巡警转交车夫一大把铜元之后离开了。(1分)

2."我"说:"没有什么的。走你的罢!"车夫的反应是(C)(2分)

A.完全没有听到; B.听得清清楚楚;

C.或者听到了,或者没有听到; D.听到了,但不太清晰

3.文章描写了4个人物(1分),其中运用外貌、动作和语言描写的人物是老女人(1分)。

4.全文共有四处环境描写,其中第三处为"大风之后,外面也不见人",第四处的环境描写"风停了,路上安安静静"。请分别说说它们各自的作用。(4分)

第三处:路上除了我、车夫和老女人外,没有其他人。烘托了车夫对自己行为负责的高大形象。(1分)

第四处:用安静的环境来烘托"我"此时复杂的心理活动。(1分)

5.作者在这篇文章中主要表达了怎样的思想感情?（2分）

赞美车夫对自己行为负责的精神,表现了"我"自我批评的精神。

测试成绩描述性统计量

测试对象	N	极小值	极大值	平均值	标准差
实验组	42	4	12	8.73	2.48
对照组	40	4	12	8.43	2.51

注:平均值及标准差均取小数点后两位。

从上述统计数据来看,实验组与对照组平均值与标准差都非常接近,说明有声阅读与纸质阅读在意义建构上基本没有差异,假设成立。甚至从短时间记忆来看,有声阅读的平均成绩还高于纸质阅读,可能是因为有声阅读不仅传递了作者的写作意图,同时还传递了声音创作者对文本的理解,例如,有声语言的作者在读到"没有什么的。走你的罢!"这句话时,便加重了语气,而读到"风全住了,路上还很静"这一句时,语气低沉而缓慢,营造了一种思索的气氛。通过这种节奏、语气的变化和强调,加深了听众对文本的印象。

第二节　家长意愿与儿童意愿的共识达成

儿童阅读天然就具有功利性的特点。在教育部《全日制义务教育语文课程标准》中,阅读是和识字、写作、口语交际和综合性学习并列的五大教学目标之一,并提出了1—9年级学生背诵优秀古诗文240(篇)段、课外阅读总量达到400万字的建议。教育部基础教育课程教材发展中心组织研制并发布的《中小学生阅读指导目录(2020年版)》,开宗明义地提出:(指导目录)是"对现行义务教育、普通高中课程标准和教材的拓展与延伸,对于丰富中小学生精神文化生活、提高思想政治素质和科学文化素养具有重要意义。对现行义务教育、普通高中课程标准和教材的拓展与延伸,对于丰富中小学生精神文化生活、提高思想政治素质和科学文化素养具有重要意义","旨在引导学生读好书、读经典,加强中华优秀传统文化、革命文化和社会主义先进文化教育,提升科学素养,打好中国底色,开阔国际视野,增强综合素质,培养有理想、有本领、有担当的时代新人"。有研究者也认为,"儿童阅读是将阅读作为认识文字或灌输信息和知识的工具;在校学生是为升学、考试而阅读"①。"儿童阅读有增进知识、提升智能、娱乐身心、修炼品行,实现梦想、成就事业,传承文化精髓、提升国民素养,开发智力资源、促进科技创新,创建学习型社会、培养各类型人才的作用。"②由于儿童的阅读主要在课外完成、在家庭完成,在这种大环境下,广大家长对儿童阅读具有知识性、学习性的功利要求也就不足为怪了。

但是,正如皮亚杰所说,儿童也是一个主动的存在,受到兴趣和需求法则支配,如果他们对于某种活动的自发的积极性没有得到激发,活动的效果就无法发挥到极致。③例如游戏、受泛灵论影响而爱看动画片,这就是儿童的兴趣所在。阅读也是一种活动,但没有证据表明阅读特别是知识性、学习性的阅读就是儿童天然具有的兴趣和需求,这就需要我们去激发他们的积极性。在这个过程中,家长知识性、学习性的阅读期待,和儿童娱乐性、游戏性的阅读就必然会产生协商、妥协与共识。

一、儿童对动画片的热爱和家长的担忧

儿童为什么爱看动画片? 根据皮亚杰的认知理论和发展心理学理论,儿童思维与原始思维具有同构对应关系,儿童思维中的泛灵论(万物有灵)、自我中心主义(万物皆备于我)、任意结合(前因果观念)和非逻辑观念都有别于成人思维模式,这种思维特征影响到儿童对文艺作品"艺术真实"的接受个性,这就是生命性、游戏性和同一性。所谓生命性,就是儿童眼睛里的万事万物,都与人一样具有生命、思想、情感和语言;所谓同一性,是指儿童在欣赏文艺作品时,会将作品构建的艺术世界和儿童身处的客观世界等同起来,以一种"信以为真"的阅读期待与接受心理进入艺术作品中,并进而与作品中的人物合而为一,主客不分,与作品中的人物形象同歌同哭,同喜同笑;所谓游戏性,即儿童对现实世界有自己独特的理解,他们为了适应这个世界,会按照自己的思维模式和逻辑去建构一套属于他们自己的游戏规则与语言。这套规则与语言和成年人的规则与语言如此之不同,常常会受到成年人的嘲笑、纠正,因此他们的这套游戏规则和语言只会集中体现在游戏活动里,以及在动画片、儿童文学等艺术作品中得以相互印证。④因此,别林斯基说:"童年时期,幻想乃是儿童心灵的主要本领和力量,乃是心灵的杠杆,是儿童的精神世界和存在于他们自身之外的现实世界之间的首要媒介。孩子们不需要什么辩证法的结论和证据,不需要逻辑上的首尾一致,他需要的是形象、色彩和声响。儿童不喜爱抽象的概念……他们是多么强烈地追求一切富有幻想性的东西,他们是何等贪婪入迷地听取关于死人、鬼魂和妖魔的故事。这一切说明什么呢? 说明对尤劣事物的需求,说明对生活奥秘的预感,说明开始具有审美感;而所有这一切暂时都还只能在一种思想模糊而色彩鲜

---

①封玮、谷丽萍:《从功利到权利》,《图书馆建设》2009 年第 2 期。

②童一凡:《"功利性阅读"的概念探析》,《新世纪图书馆》2014 年第 10 期。

③让·皮亚杰:《教育科学与儿童心理学》,杜一雄、钱心婷译,教育科学出版社,2018,第 166 页。

④王泉根:《论儿童文学的基本美学特征》,《北京师范大学学报(社会科学版)》2006 年第 2 期。

艳为特点的特殊事物中为自己求得满足。"①

　　动画片正是满足了儿童的这种幻想,符合儿童泛灵论、自我中心主义、任意结合和非逻辑观念的思维特点。在动画片中,动物、花草树木都可以说话,玩具会在晚上都"活"过来,举行盛大的派对,机器猫口袋里总能掏出稀奇古怪的东西,葫芦里能长出七个小孩,羊能打败狼,巫婆可以将大人轻易变成肥猪(《千与千寻》),但亨塞尔和格莱特则可以凭借智慧和勇气战胜可怕的巫婆……这些故事在成年人眼里无非是荒诞和荒唐,不过是艺术工作者天马行空的想象和"骗小孩"的极度夸张,却正和儿童眼里的"真实世界"是如此吻合。只有在这样幻想的世界里,"儿童才有可能在自己的心灵中展开一个世界,一个在其中感到有趣味,感到自由,感到如鱼得水般地身心愉悦的世界。也就是在这样一个世界中,儿童才自然地、不受干涉地用自己的心灵感知世界,感受事物,感知人,并形成真正属于自己的感知方式"②。与此同时,动画片以其连续的故事情节,变换的场地、情景,丰富的角色表情,鲜艳的色彩以及悦耳的音乐、对话等呈现在儿童眼前,使其比书籍或任何其他形式的文化艺术形式更有吸引力。因此,动画片成了广大儿童最喜爱的艺术形式之一,调查显示,早在 2000 年,广州、济南、上海和哈尔滨四个城市的少年儿童中,平均每天收看动画片超过 2 小时的人数超过 21.5%。农村留守儿童受电视动画的影响程度更深,超过城市幼儿 27.8 个百分点,其中有的留守儿童平均每天看动画片的时间超过 4 小时。③儿童对动画片如此热爱,引起了儿童教育领域的研究者以及广大家长的担忧。

　　人们对动画片的担忧主要集中在两个方面:一是动画片可能传递错误价值观。有研究者这样评价曾经风靡一时的国产动画片《虹猫蓝兔七侠传》,比起变形金刚的暴力,比起圣斗士的爱情画面,(《虹猫蓝兔七侠传》)并没有特别的暴力和情色内容,比起那些所谓的糟粕,"虹猫蓝兔"更多展现的是中国的侠义精神和团队合作精神。但其内容浮浅、粗俗、充斥暴力却是不争的事实,更谈不上思想性、艺术性上有什么大的创新。④《虹猫蓝兔七侠传》不仅当时创造了收视奇迹,至今在豆瓣上评分高达 9.5 分,但就是这样一部颇受好评的动画片,在研究者的视野里依然是"低俗作品",其他动画片就可想而知了。例如有研究者就将《喜洋洋与灰太狼》《熊出没》归类为"诙谐暴力"类型,认为红太狼用平底锅攻击灰太狼、光头强用斧头攻击熊大熊二的情节,可能导致儿童在日常行为出现更多的攻击性行为,因为儿童的认知行为将动画片中的诙谐暴力情节与暴力行为连接在了一起。⑤还有研究者将关注视角集中在儿童的媒体认知上,他们认为,儿童由于知识储备和媒体经验的不足,缺乏关于真实世界的知识,让儿童对制作精美的电视广告没有防御性,有 42% 的儿童认为电视广告"大多是真实的",而动画片片头、片尾都插播广告,甚至有的定制广告就是以动画片中的形象为角色,商家之所以选择在动画片播放时投放广告,甚至不惜花费重金购买动画片的形象授权,通过电视向儿童大肆地进行广告宣传,

①周忠和:《俄苏作家论儿童文学》,河南少年儿童出版社,1983,第 13 页。

②王富仁:《把儿童世界还给儿童》,《中国儿童文学》2000 年第 4 期。

③彭红霞:《试析动画片对幼儿语言的积极影响》,《教育导刊》2012 年第 3 期。

④贾淑品、高嵩:《对低俗动漫说"不"》,《出版发行研究》2007 年第 7 期。

⑤毛睿喆:《国产电视动画片去"暴力娱乐化"探析》,《电视研究》2016 年第 9 期。

"其实是在培养孩子形成一种消费主义、享乐主义、物质至上的价值观。这不是一种满足孩子正常需求的行为,而是一种创造孩子消费欲望的举动,会对单纯的孩子带来价值观的不良影响"①。此外,有研究者认为看动画片不利于儿童的身体健康,有研究者通过调查发现,有42%的儿童因为长期看电视而视力受到影响,从小就戴上了厚厚的眼镜;长时间观看动画片,使儿童长期的处于静止状态,机体得不到适当的锻炼,错过了脊柱发育的最佳时期,加之不正确的坐姿,导致儿童的形体易发生变形,更严重者可能会成"驼背"。②2019年11月,我们对长沙师范学院附属第二幼儿园2019级大一班和大二班共72名儿童的家庭进行阅读情况问卷调查和个别访谈,其中有22名家长对孩子爱看动画片表示了担忧,家长最关注的是长时间观看动画片可能对眼睛产生永久性伤害。而我们在长沙县星沙实验小学1503班42名学生的家庭进行阅读调查时了解到,儿童在10岁以后,对动画片的兴趣逐渐被其他题材的影视作品以及网络上的脱口秀节目、短视频所分摊,但动画片依然是他们最喜爱的影视类节目之一。

正因为广大家长对儿童看动画片的上述担忧,所以当他们发现自己的孩子对有声阅读也颇感兴趣时,这种妥协就达成了。对家长来说,相比动画片纯粹的娱乐性、可能出现的错误价值观引导和对身体的伤害,有声阅读的优势就开始突显。首先,有声阅读是对视觉的解放,不会对孩子的眼睛产生伤害;其次,很多有声内容是纸质图书的有声版本,这些有声书经过了出版社的层层把关,偏离主流价值观的可能性更低;再次,很多有声内容包含大量知识性、学习性的内容,例如国学类、诗词类、历史类有声书。虽然对于儿童来说,有声阅读的吸引力也许不如观看动画片,但有声读物中有大量故事内容,例如诗词故事、历史故事、成语故事等。这就是为什么喜马拉雅FM、蜻蜓FM和荔枝FM等有声阅读平台上,历史故事、成语故事、科普故事、诗词故事等有声书的播放量总是排在前列。对家长来说,他们满意的是历史、成语、科普和诗词,对儿童来说,他们喜欢的是故事。于是,家长和儿童在媒介选择上就达成了共识。

二、儿童过度使用互联网引起家长的焦虑

互联网正在越来越受到欢迎,对于数字原生代来说,使用互联网,就好像根本就不需要有人教授,"自然而然"就使用得非常熟练。当互联网刚刚出现时,人们欢欣鼓舞,认为数字技术将消除知识鸿沟。但人们在经历了短暂的"技术崇拜"后,很快就陷入了理性反思:互联网并没有成为大多数人尤其是儿童知识学习的主要通道,例如我们在观察中就发现,12岁以下儿童利用台式电脑、平板电脑或智能手机进行电子书阅读的现象极为罕见。相反,随着智能终端和移动网络的普及,智能手机、平板电脑替代了原来的电视机和手持游戏机,成了观看网络视频和玩电子游戏的主要工具。美国的调查发现,在2005年,有70%的6—17岁的儿童使用过互联网,而到了2011年这个数字上升到了87%,其中增

---

① 金真:《警惕儿童产品广告的负面影响》,《青年记者》2013年1月上。
② 张颖:《幼儿观看动画片的现状及对策》,《科技展望》2015年第8期。

加最多的是较年幼的儿童。常识媒体(common sense media)于 2011 年的报告则总结出了 8 岁以下美国儿童与数字媒介互动的一些特点:(1)被调查的 8 岁以下儿童中,有 27% 与新数字媒体(智能手机、平板电脑)有互动;(2)52% 的 8 岁以下儿童有机会接触智能手机,11% 的儿童在每一天里使用了智能手机;(3)在 2—4 岁的儿童当中,有 52% 使用过电脑,超过 90% 的 5—8 岁儿童使用过电脑;(4)有 44% 的 2—4 岁儿童和 81% 的 5—8 岁儿童玩过网络游戏。[①]中国互联网信息中心(CNNC)发布的《2019 年全国未成年人互联网使用情况研究报告》则显示,有 32.9% 的小学生网民在学龄前就开始使用互联网,听音乐和玩游戏仍然是未成年人最主要的网上娱乐活动。玩游戏方面,手机游戏占 56.3% ,电脑游戏占 24.6% 。看短视频和网络直播的比例,分别比 2018 年提升 5.7 和 6.4 个百分点。上网聊天是未成年人最主要的网上沟通社交方式,占 58.0% 。[②]

随着互联网的普及,在欧洲和美国,越来越多的研究者和家长对互联网的消极影响表示了担忧。在一项针对欧洲国家的大范围调查中,"欧盟少儿在线项目"的研究者们发现,有大约 1/3 的青少年在网上看到过写实的暴力或仇恨内容。在瑞典,有 60% 的受访者表示,在很大程度上,是互联网导致社会中暴力现象的出现。美国新罕布什尔大学的"儿童犯罪研究中心"于 2009 年采访了 3000 名全美国不同地方的儿童,研究者们发现,有 23% 的儿童表示曾经接触过色情内容,有 9% 的儿童表示曾经在网上被性引诱过。欧洲国家的父母们则将儿童受到互联网上情爱场面的消极影响,列为第四个最让他们担心的问题,之后才是对酒精、毒品等问题的担心。儿童隐私也是一个重要的议题,有研究者指出,很多网站尤其是那些直接面向儿童(13 岁以下)的网站,常常在没有征求父母同意的情况下,向孩子们索要电话号码、家庭住址、电子邮件、照片等信息。[③]在我国,暂时还没有找到类似的调研数据,但就今天互联网已普及到每个家庭的现实下,欧美国家的上述现象也可能发生。

今天,互联网已成为像冰箱、汽车和商场一样,对我们非常重要的生活工具和生活环境,完全对儿童实施互联网的物理隔离是不现实的——那将会使他们与整个社会格格不入,也不利于他们今后掌握互联网这一重要的工作、生活和学习的工具。对于如何解决儿童接触不当互联网内容这个问题,维克托·C·斯特拉斯伯格在《儿童、青少年与媒体》一书中也认为,最重要的是提高父母的媒介素养和监管意识,让孩子享受网络带来的好处的同时,也避免其消极的影响。显然,大多数家长也持有同样的观点,在我们的观察中,很多家长表示,他们与自己的孩子达成了协议,可以通过智能手机或平板电脑观看家长认可的一些视频,也可以听有声读物,但不能玩游戏、观看家长不许可的视频、短视频以及点击不安全的网站。

————————

①维克托·C·斯特拉斯伯格、芭芭拉·J·威尔逊、埃米·B·乔丹:《儿童、青少年与媒体》,高丽译,清华大学出版社,2018,第 231 页。

②共青团中央维护青少年权益部、中国互联网络信息中心:《2019 年全国未成年人互联网使用情况研究报告》:http://www.199it.com/archives/1048155.html.

③维克托·C·斯特拉斯伯格、芭芭拉·J·威尔逊、埃米·B·乔丹:《儿童、青少年与媒体》,高丽译,清华大学出版社,2018,第 235 - 241 页。

三、早期阅读教育与家长的解放

巴甫洛夫曾经说过："婴儿降生第三天开始教育，就迟了两天。"①全球最大的童书出版机构 Scholastic 和国际咨询机构 YouGov 合作开展了一项旨在了解儿童及家庭阅读状况的调查，自 2006 年起，每两年发布一版《儿童及家庭阅读报告》，调查范围包括美国、澳大利亚、英国、加拿大、印度等英语国家。报告显示，上述国家都鼓励从孩子出生开始就进行早期阅读教育，近五成家长能够得到相关建议。美国、加拿大、英国、澳大利亚在儿童 3 个月大就开始为其读书的家长比例分别是 45%、35%、33% 和 26%，印度作为发展中国家，其比例也达到了 11%。英国的"阅读起跑线计划（Bookstart）"是世界上第一个国家性质的专为婴幼儿提供阅读指导服务的项目，致力于向英国家长推广从出生开始就进行阅读教育的理念；美国图书馆协会儿童服务分会（ALSC）也发起了全国性的婴幼儿阅读推广项目"出生即阅读（Born to read）"，对美国父母提出从孩子出生起就开始阅读的建议和引导。在这些机构的推广下，上述国家的儿童很早就开始了阅读活动，例如，加拿大 56% 的 0—2 岁儿童父母每周为儿童读书 5—7 天，美国 66% 的 0—5 岁儿童父母每次为儿童读书都超过 1 本。②目前，这些研究已经建立起相应的理论支撑，证明了"向婴幼儿、甚至新生儿进行阅读，可以刺激他们的大脑、发展他们的语言能力，并为其今后的成功阅读奠定基础"③。

在我国，也已经开始了早期阅读理念的推广和践行。例如，为促进全民阅读，保障公民的基本阅读权利，提高公民的思想道德素质和科学文化素质，培育和践行社会主义核心价值观，传承中华优秀传统文化，推动社会文明程度显著提高，根据宪法和有关法律，2017 年 6 月，国务院法制办办务会议审议并原则通过了《全民阅读促进条例（草案）》，自 2017 年 6 月起实施。该条例第二十一条就明确规定："国家鼓励学龄前儿童的父母或者其他监护人积极开展家庭阅读、亲子阅读等，营造良好的家庭阅读氛围。国家鼓励幼儿园开展与学龄前儿童的年龄和心理状况相适应的阅读活动，着力培养阅读兴趣。国家鼓励有条件的公共图书馆等社会公共服务机构通过设立学龄前儿童阅读室为开展亲子阅读等活动提供便利条件。"在国家政策的鼓励下，我国儿童早期阅读教育也得以长足发展，其中有一个重要指标就是，图书市场上出现了越来越多亲子共读的图书。我们在百度搜索引擎上键入"亲子共读"关键词进行检索，可得到约 1980 万条结果，其中出现在首页的 14 条信息中，除了第一条为"亲子阅读"百度百科条目外，其余 13 条均为亲子共读类图书的推广信息。

显然，家长对 0 6 岁儿童、特别是 0—3 岁儿童的早期阅读教育，主要是通过亲子共读、睡前故事的方式进行的。美国女作家艾米丽·布赫瓦尔德（Emilie Buchwald）曾说：

---

① 冯佳：《美国婴幼儿阅读推广活动理论初探》，《中国图书馆学报》2019 年第 11 期。

② 汪全莉、陈邦：《英语国家儿童及家庭阅读现状与启示》，《图书馆杂志》2019 年第 3 期。

③ 马兰慧、明均仁：《绘本亲子互动阅读中的"支架"类型及其影响因素》，《图书馆论坛》2020 年第 3 期。

"孩子是父母腿上天生的读者。"①亲子共读一般是父亲/母亲将孩子抱在腿上,以指读形式一起阅读一本书,读到哪个字时,手指就指向书本上对应的文字;也可以是和孩子一起坐在沙发上、地毯上、床上或其他任何舒适的地方,一起读一本书,这种姿势的好处是,父亲/母亲可以同时做一些夸张的手势或表情,来强调书本上的内容,吸引孩子的注意。目前阅读则主要是孩子以舒适的姿势躺下,父亲/母亲坐在床边为其讲故事,直到孩子睡着为止。这种睡前阅读,不仅有利于刺激孩子大脑发育,促进其语言能力和阅读能力,同时还能营造与孩子的亲密关系,有利于其进入深度睡眠。但是,这种亲子共读和睡前故事的形式,也给很多家长带来了"甜蜜的负担":第一,在生活节奏快、工作压力大的今天,并不是所有的父母都有足够的时间与孩子进行亲子共读;第二,今天的图书价格往往并不便宜,国家新闻出版广电总局就曾不止一次通报儿童图书价格虚高的乱象。如果按加拿大 56% 的家长每周为儿童读书 5—7 天、美国 66% 的家长每次给孩子读书超过 1 本的标准计算,将对家庭造成较大的经济负担,尤其是农村地区、贫困地区和边远地区的家庭;第三,在全国推广普通话、普通话成为人们工作、学习、生活、交流最重要工具的今天,很多父母担心自己不标准的普通话发音给孩子的普通话学习带来困扰。在这种情况下,有声读物成了解决上述问题的最佳选择。父母给孩子点击播放后,就可以继续自己的工作、学习、生活和娱乐,即使父母不在家,也可以教会隔代监护的祖父母进行简单的点击播放操作;与此同时,互联网上有海量的、价格价廉的甚至是免费的有声内容,很多有声内容由专业的儿童节目主持人或配音演员创作而成,拥有标准的普通话发音。也许有声阅读并不能完全替代父母亲与孩子的亲子共读,但至少在条件不允许的情况下,有声阅读为儿童的早期阅读教育提供了另一种可供选择的途径。

第三节　有声阅读对儿童社会交往的重要作用

皮亚杰认为,从个人遗传的行为角度来看,儿童的社会交往行为是和心理—生理的机体构造有关的,儿童便构成了涂尔干(社会学学科奠基人之一)所谓的内在的社会,即从出生第一天起,他们就具有了社交的或被社会化的本能。从第二个月起,他们会向人们微笑,并寻求和他人的接触,如果人们没有培养他们有规律地独自活动,儿童会需要持续的陪伴。但是,在这些内在的社交倾向之外,还存在着个人外部的社会,即在外部建立起来的关系的总和:语言、智力交流、道德行为、法律意识。简言之,所有这些代代相传的要素构建起人类社会的主体,这正是我们不同于建立在本能上的动物世界的地方。尽管儿童自一开始就具有同情和模仿的倾向,但一切仍然需要他们去学习。实际上,儿童从一开始的纯粹自我状态到逐渐实现社会化的过程一直在进行。在最初的时候,儿童既不懂得规则,也不明白符号的意义,只有在经过由他人到自我的同化和从自我到他人的顺应带来的逐渐适应之后,他才能够理解外部社会的以下两个主要特性:共同的理解建立

---

①马兰慧、明均仁:《绘本亲子互动阅读中的"支架"类型及其影响因素》,《图书馆论坛》2020 年第 3 期。

在话语基础上,而共同的规范则建立在相互理解的原则上。一方面,儿童(从 1 岁的后半段开始)不仅寻求与他人的接触,还会不断模仿他人,这一点证明了儿童有着极大的暗示感受性。在社交层面,涉及顺应;在物理世界中,它表现的现象是以往经验里存在过的表象的理解和内化。另一方面,儿童也不断地将他人同化于自我,也就是说,他对别人的行为和动机的认识都停留在浅显的层面,只有将这些都同化为他自己的视角,并投射上他自己的想法和欲望,他才能理解别人。当儿童尚未获得社会交流和相互理解的工具,或懂得将自我遵从于相互性的规则时,显然他只相信自己是社交世界和物理世界的中心,并通过向自我的同化来对一切事物做出判断。逐渐地,儿童一旦明白了别人和自己是一样的,使他的意愿和思想服从于各种规则,这些规则的一致性又会被艰难的客观性所伴随,那么儿童就能从自我中抽离出来,并意识到自我的存在。也就是说,他能够站在外部其他人的角度,来发现自己的和其他每个人的人格特点。[1]

但是,传统的学校和家庭都很难实现这种儿童社会交往的觉醒。传统的学校只承认一种社会关系,那就是老师和学生的关系。即使同一班级的儿童的确构成了一个集体,学校也会一直鼓励同窗情谊和那些建立在这种团体上的团结一致与公平正义的规则,但是,除了专门进行的体育活动和游戏活动的时间之外,儿童之间的社交生活在班级中是不存在的。而那些专门设计的体育活动和游戏活动,实际上不过是发生在同一时间和地点的个人练习,因此,老师和学生的关系就是学校社会关系的全部了。老师被赋予了知识和道德权威的地位,学生应当服从于老师,这种社会关系在社会学上属于最典型的规训的情况。当然,其强制性只在不合作的情形下才会体现出来,例如,老师要求学生在上课时双手相叠平放在课桌上,手肘与肩膀齐平,如果学生不这样做,就会受到相应的惩戒。大多数时候,这种规训是很温和的,可以轻易地被学生所接受。在家庭中也同样如此,家长处于权威地位,孩子对家长无条件服从。有研究者就发现,大多数家长"在家让孩子做事,多数情况下是家长下达命令,幼儿遵循,已经形成习惯,自己也没有尝试过其他方式"[2]。家庭环境也不是一种儿童正常的社交环境。

有声阅读为儿童之间、儿童与成年人之间的社交生活带来了新的重要的位置。在有声阅读的世界里,儿童可以自我管理、相互合作,通过协商建立虚拟世界的道德规范。有声阅读是一种文化行为,恰好符合了功能学派社会学的观点:一种文化行为的功能,就是要满足该群体成员的基本需求和次生需求。基本需求就是人类的生理性需求,例如儿童的游戏需求。次生需求就是包含知识性、规范性、反思性、意向性等在内的社会需求,也就是儿童在社会交往中发现自己并发现他人的需求。[3]大众传播学的使用与满足理论则认为,媒介的作用和功能是帮助人们逃离工作和学习的枯燥乏味,获得消遣娱乐,转移工作压力和注意力。在这样一个逃避与转移的过程中,通过媒介上的信息获得及与媒介内容的传者、其他接受者的信息交换,产生了社会交往效应。同时也通过媒介上的内

①让·皮亚杰:《教育科学与儿童心理学》,杜一雄、钱心婷译,教育科学出版社,2018,第 189 – 191 页。
②马兰慧、明均仁:《绘本亲子互动阅读中的"支架"类型及其影响因素》,《图书馆论坛》2020 年第 3 期。
③恩伯:《文化的变迁》,杜杉杉译,辽宁人民出版社,1988,第 60 页。

容,以及与其他人的信息交流了解自我、呈现自我,发现自我并获得其他人的认同,也通过媒介知晓信息,发现他人,并与他人建立起共同依存的某种规范。按照使用与满足理论,媒介主要满足人们五个方面的社会需求:认知需求、情感需求、个人整合需求、社会整合需求和舒缓压力的需求。本书将从以上五个方面来阐述有声阅读对儿童社会交往需求的满足。

一、儿童有声阅读行为中的认知需求

儿童有声阅读行为的认知需求,就是自我发现。所谓自我发现,就是调整自己的行为使他人认同的过程。这种自我发现只能够在与他者或群体的互动过程中进行,通过他者或群体的评价与印象,与理想化"我"的形象进行同化/顺应,从而发现自我。弗洛伊德精神分析学说将人的意识结构分为意识、前意识和无意识三个层次,与之相对应的就是人格的三重性:本我、自我和超我。本我表达欲望,是无意识与本能的完全满足;超我是人在社会规范下形成的社会化人格特征;而自我则介于两者之间,是连接和调节两者的中间层次。自我和超我的形成,要求人在社会现实面前学会和保持克制,以理性的方式去获得自我满足。美国社会心理学家乔治赫伯特米德认为,"自我是逐步发展的,它并非与生俱来,而是在社会经验与社会活动的过程中产生的,是作为个体与整个过程的关系及与该过程中其他个体的关系的结果发展起来的"①。在有声阅读过程中,儿童通过以下两种方式来呈现自我。

一是在有声阅读的过程中,通过阅读内容和阅读方式的选择来验证自我的文化品位与习惯,从他人的观照来实现自我发现与自我认同。一般来说,儿童都会有一个自我分类的"群落",例如在学校里,男生和女生自动会分成两个大的群落,而不同的男生或女生又会因学习成绩、兴趣爱好等多种因素细分成若干个小的"群落",要获得群落成员的认可,是必须要进行维护、管理和创造的,例如,如果在一段时间内大多数成员都对某个话题、某部动画片或某个明星感兴趣,而其中一个成员无法参与这些话题,就会显得格格不入,并逐渐被该群体所排斥,这就是对群落身份的维护和管理;与此同时还要对群落身份进行"创造",即群落的个体成员要能够创造新的话题,以便与其他群落相区隔,同时也建立自己在群落中的话语权。儿童的有声阅读行为,既可能是对群落身份的维护和管理,例如其他群落成员都在阅听《米小圈上学记》,那么他/她也必须参与其中,以便有共同话题;也可能是对群落身份的创造,例如他/她阅听一部新的有声书,引领群落成员的话题。当然,这种引领行为具有一定的冒险性,如果群落成员对该话题不感兴趣,他/她就不得不修正这个行为,以再一次与整个群落保持一致性。

二是有声阅读的互动性,为儿童营建了一个相对安全的社交空间。在一个相对独立的空间里,儿童可以利用电脑、智能手机或平板电脑等终端,与有声内容的创作者或其他用户进行交流和沟通,这种交流既可以是直播过程中的即时互动,也可以是评论、点赞、

①乔治·赫伯特·米德:《心灵、自我与社会》,赵月琴译,上海译文出版社,2005,第17页。

弹幕、转发等半即时互动。由于人从真实的现实世界得以暂时脱离,进入一个不会被暴露的虚拟空间,看似容易呈现人的本我和本能,例如,对自己不喜欢的有声内容进行毫不留情的嘲笑、讽刺,对不符合自己心意的评论进行恶意攻击、谩骂,甚至纯粹的捣乱、刷屏等行为。但实际上,儿童在此过程中往往是一种自我呈现,将现实社会交往中被压抑的真情实感或不被人知的人格特征表露出来,例如,一个在现实生活中木讷而不善于口头表达及交际的人,可能在网络虚拟空间里侃侃而谈,表现得知识丰富而语言幽默。这就是因为社会学家库利所说的"镜中我"在进行调节。库利在其《社会组织》一书中提出的"镜中我"理论认为,人对自我的认识在很大程度上决定了人的社会行为,而这种自我认识主要是通过与他人在社会互动中形成并获得的,他人对于自己的态度和评价等就是反映"自我"的一面镜子,即"镜中我"。人就是在于他者的互动和联系中,透过"他人"这面镜子认识和把握自己的。① 如果儿童在互动中肆意表达本我,就难以被虚拟世界中的其他成员所接纳,甚至被驱逐(禁言、移除出群等)。因此他必须遵守虚拟世界中所有成员共同制定的规范,甚至要表现得更加出彩,而被其他成员所喜欢,例如对有声内容恰如其分的评论、对他人评论恰到好处的夸赞等。甚至在很多时候,他确信完全正确的观点,如果不被大多数人所认可,也不得不在今后进行调整。就是在这种协商、妥协中,儿童实现了自我发现,也发现了他人,并共同构成一个社会群体。

二、儿童有声阅读的情感需要

　　人与人之间有着各种错综复杂的关系,其中儿童最亲密的关系就是父母、老师、同学和朋友。建立起人与人之间的亲密感是人的基本情感诉求,在传统的农业社会,同一个村落、同一个姓氏就是一个大家庭,人与人的亲密关系依靠固定的居所、经常性的会面与面对面的交流来完成,这种亲密关系建立在相互了解、信任、关心、互动和承诺的基础之上,是牢固而稳定的。会面越多,亲密感越强,因此住得近的左邻右舍往往比离得远的亲戚更为亲近,即所谓"远亲不如近邻"。随着农业社会的逐渐解体和工业社会的不断发展,人口流动越来越大,传统的大家庭被一个个小家庭所替代。在今天,亲戚、朋友即使同住在一个城市里,往往也相隔甚远,每天会面甚至一天见面多次的场景很难再现,与此同时,邻里之间的关系也变得陌生,往往邻居多年,而没有互相串门,不知道对方姓名的情况比比皆是。在这种情况下,父母、亲戚、朋友之间的亲密关系主要依靠电话、网络通信工具等来维系。由于相距较远,接触的群体完全不同,彼此之间很难保持相同的话题、相同的兴趣爱好,因此这种亲密感也越来越弱化,连接这种亲密关系的只有血脉、怀旧等。

　　有声阅读恰好为儿童提供了一种虚拟的"面对面交流"模式。研究者认为,有声阅读可以通过即时性的声音、画面、文字交流,来重现这种面对面交流的感觉,使同一个虚拟

---

①郭庆光:《传播学教程》,中国人民大学出版社,1999,第82－84页。

世界群落的用户形成一种亲密感。①最典型的代表就是所谓的"饭圈",也就是某个明星的粉丝群体,是由追星粉丝自发组成的文娱社群。这个明星可以是歌手、演员、运动明星、相声演员,也可为是一个群体,比如乐队、组合,甚至可能是动物或者没有生命的物体,比如我国发射到月球表面的月球车"玉兔",就拥有不少的粉丝数量。在过去,粉丝与明星的关系是崇拜与被崇拜的关系,粉丝能做的事情就是买明星的专辑,看明星的电影、电视剧或演唱会,或者买他们的周边产品,还没有饭圈的概念。随着粉丝群体的扩大,偶像经济不断发展,催生出为偶像租广告位做宣传、投票、控制偶像的评价(例如帮偶像买热搜、通过批量正面评价淹没其负面评价等)以及做慈善公益活动等多种方式。粉丝与明星的关系也出现了重大变化,双方是相互依存的关系。一方面,明星依托庞大粉丝群体所带来的人气,从而将他们的影响力变现,例如获得品牌代言、接拍重要影视作品等。另一方面,粉丝群体怀着"母亲养儿子"的心理追星,偶像的成长之路同时也是粉丝的自我实现过程,他们是粉丝主体性的代言人,满足观看者的自我想象,同时偶像也是他们欲望中的客体,填补着理想伴侣、理想儿女、理想兄长/姐姐的缺位。在这个过程中,粉丝群体甚至能决定明星人设的树立、明星能做哪些工作或者不能接哪些工作以及明星工作室的行事方式。在这个自发的文娱社群中,大家分工明确,有的人负责跟随偶像的行程,并为社群提供源源不断的照片、视频等材料,有的人负责宣传物料的制作,有的人专门负责在网络上宣传,等等。在某个社群里,所有的成员合作无间,其亲密度甚至超过与一般同学与朋友。也正是在这样的活动中,儿童也学会了社会交往中的分工和合作。

三、有声阅读与儿童社会角色扮演

一个人在儿童时代是不具备角色意识的,随着他们的成长,经过各种学习,才开始有了角色自觉,明白自己在现实世界中的角色定位,这就是社会角色的习得过程。社会角色的学习包括学习社会角色的义务与权利,以及学习社会角色的态度和情感。比如一个人想成为教师,他就会下意识地朝着这个方向发展,学习成为一名教师所需的知识,模仿老师的穿着、谈吐和待人接物的态度。实际上,对于大多数人来说,往往没有太多机会来模拟不同的职业,因此才会出现初入职场的生疏,以及很多人认为自己选错了职业。网络的出现就为大多数人,尤其是儿童群体提供了一个角色扮演的最佳场所。1993 年,《纽约客》杂志刊登了一则漫画,画面上一条狗坐在电脑前,对着同伴说:"在互联网,没人知道你是一条狗。"形象的画面,简洁的文案,戳中了刚迎来互联网时代的新新人类。在此后的 20 年里,这则漫画让作者施泰纳至少赚了 20 万美元,成了《纽约客》杂志被授权使用次数最多的一则漫画。施泰纳曾表示他不太理解这则漫画为什么会流传如此之广,当初在创作时,他对互联网的兴趣并不大,也没有刻意给漫画赋予多么深层的含义。分析是后人加上去的,比如说这则漫画巧妙地体现了互联网的隐匿性。当时的人与人之间,能在不透露个人信息的情况下进行交流,即便有些网站实行实名制,但基本都是由平台

①沈蔚:《数字阅读研究:从文化消费到意义生产》,博士学位论文,武汉大学,2013 年。

方保存,并不会将其作为公开信息。因此,儿童在利用网络和他人交流时,没有人知道他只是个十几岁甚至几岁的孩子,他可以在网络上尽情扮演各种各样的角色。

儿童在网络中扮演的角色,从不同的角度可以划分为以下几种类型:从网络角色角度出发,可以分为自然角色和自致角色。自然角色就是儿童进入某个社群后自然具有的身份。例如,他进入一个"杨红樱粉丝群",那么他天然就具有了杨红樱粉丝的身份,必然要表现出与之相符的状态,例如,对杨红樱作品的熟悉。自致角色就是儿童经过努力获取的身份,例如在微博上,粉丝也有等级,从一级、二级,一直到铁粉,要想成为某个偶像的铁粉,就必须经常性地参与各项活动。从儿童追求的目的角度来划分,则可以分为目的性角色和表现性角色。前者有明确的目的性,例如,有人上网的目的是交朋友,有人上网的目的是获得最新的资讯,等等;而后者则没有明确的功利性目标,而是希望通过个人表现获得他人的关注和好评。总之,无论扮演的是何种角色,儿童都必须表现出与之对应的能力、态度和情感。以下是一名 12 岁女孩在 B 站一个音乐点评类脱口秀节目下的三条评论。

评论一:UP 主的品位与众不同,不过我喜欢。
评论二:这首歌适合一个人的时候,安静地听。
评论三:这是许巍十年前的一首歌,没想到还有人记得。

这些评论,也获得了许多人的点赞。如果仅看评论,谁能想到评论者只是一个 12 岁的小女孩呢? 我们会想象这个评论者是一个有着独特音乐爱好、对许巍音乐非常熟悉的音乐发烧友。事实上,她也正是在扮演这个角色,通过这种扮演,她获得了某种满足和乐趣。从这个角度来说,包括有声阅读在内的网络活动,不仅可以弥补人们在现实生活中的单调感、枯燥感和缺少交流的遗憾,同时也是个人走向社会之前的一种社会生活的体验。曼古埃尔就曾在他的著作《阅读史》中自陈:"我首先是从书本中得悉人生的经验。后来,每当我在生活中偶然碰到类似读过的书中的事件、状况或人物时,通常会有稍稍吃惊但又失望的似曾相识之感,因为我想像,现在正在发生之事已经在文字中发生于我身上,已经有了名称。""我先阅读了一些东西,然后才在生活中经验到它们。"

四、有声阅读与儿童压力舒缓

每个人都承担着诸多的社会角色,或多或少都存在压力,儿童也不例外。这种压力或者是来自学习、作业,或者是来源于同学、朋友的误解,等等。这种压力如果得不到舒缓,就会使他们造成厌学、社交恐惧等心理问题,甚至会造成损害身体健康,产生厌世情绪等。因此,让儿童的压力得到合理宣泄,既有利于其自身的健康成长,也有利于家庭、学校、社会的和谐发展。有声阅读就是这样一个合理、合适的儿童压力宣泄渠道。儿童在有声阅读过程中,通过以下方式获得压力的舒缓、情绪的宣泄,回归正常的学习、生活轨道。

其一,文学作品本身就具备给阅听者带来审美愉悦的功能。一般来说,文学作品的审美价值就是给读者带来情感愉悦的价值。对文学作品给读者带来的审美愉悦,已经有许多经典的论述,康德说:"美是无一切利害关系的愉快的对象。"① 桑塔耶纳说:"美是被当作事物之属性的快感。"② 朱光潜说,美感的特征是"观赏者在兴高采烈之际,无暇区别物我,于是我的生命和物的生命往复交流,在无意之中我以我的性格灌输到物,同时也把物的姿态吸收于我"③。李泽厚说:"美感是一种感情,是一种喜悦和愉快的感情"④。当儿童沉浸在文学作品物我两忘的美感中时,心灵得以平静,发生在身边的诸多不愉快的事情也就烟消云散,忘诸脑后了。

其二,儿童在有声阅读时,常常会通过"移情"机制,将自己代入到作品中的角色身上,与角色共同感受、共同成长。所谓"移情",是指社会个体会对外界的刺激产生相应的情感体验,将自己置身于外界的特定环境所营造的情绪氛围中,设身处地去感受这种情绪,并通过多种方式表现出来。"在审美欣赏中,人把自身的感情外射到表现了我们精神生活的对象中去,在对象上实现了自己的激动和意愿,从而获得愉悦和满足。"⑤ 例如,儿童阅听《淘气包马小跳》的有声书,当老师、同学都不相信马小跳考试能取得好成绩,但马小跳却考了 100 分,让所有人都大吃一惊时;当马小跳拾到钱包,为了等待失主而迟到,班长与老师都误会他撒谎,这时候警察带着失主一起来学校感谢时,儿童作为阅听者,仿佛也感同身受,学习上的压力、老师和同学对自己的误会也因此得到宣泄。

其三,儿童的网络行为,实际上就是一种游戏行为,例如,儿童在使用评论、弹幕功能时,完全不需要按照语言规范,而是有一套大家心照不宣的网络语言,甚至可以用一个简单的图片或符号就能表达复杂的情绪,同一个文娱社群的人都能够心领神会,这些都具有明显的游戏风格。正如卡尔·谷鲁斯在研究了动物的嬉戏之后得出的结论:游戏是一种社交训练,对动物及人类的身体和心理发育都有好处。⑥

其四,有声阅读能使儿童开阔眼界。一个人接触的客观世界是极其有限的,尤其是儿童,他们生活的空间主要局限在学校和家庭,每天按照老师和家长的要求行事。而有声阅读则为他们打开了一扇观察世界的窗口,这个世界无比广阔,除了阅读,人终其一生也无法全部涉足;这个世界又无比精彩,除了阅读,人终其一生也难以体验到其万分之一。正如作家李浩所说:"阅读能让我们过上种种不同的生活,获得非常不同的感受,而有些感受如果不是文学中、艺术中和思想中的给予,我们可能永远感受不到,是阅读,让我们甚至可以自傲而夸耀地说出,我经历得可能很少,但我的阅历很多。我说,阅读能让我们认识我们自己,认识我们敞开的和沉默着的,同时它也让我们认识、理解和体恤那些不一样的他者,从这点上来说阅读即文明;我说,阅读能让我们感受文字的美妙,故事的

① 克莱夫·贝尔:《艺术》,周金环、马钟元译,中国文联出版社公司,1984,第 4 页。

② 北京大学哲学系美学教研室编:《西方美学家论美和美感》,商务印书馆,1980,第 68 页。

③ 朱光潜:《朱光潜全集(第 1 卷)》,安徽教育出版社,1987,第 214 页。

④ 李泽厚:《美学论集》,上海文艺出版社,1980,第 76 页。

⑤ 郑兴东:《受众心理与传媒引导》,新华出版社,2004,第 68 页。

⑥ 让·皮亚杰:《教育科学与儿童心理学》,杜一雄、钱心婷译,教育科学出版社,2018,第 169 页。

美妙,细节的美妙,甚至是每一次日出和日落、每一双旧鞋子的美妙,这是其他所不可替代的;我说,阅读,还会让我们获得智慧,获得反思,获得怀疑和冒险,这,也是其他所不可替代的……阅读,还让我们获得穿越时空与古人对话的机会,获得聆听、会心和争辩的机会,如果不是阅读,这样的机会是不会给予我们的。"①儿童通过阅读,可以看到更广阔的世界,体验更精彩的人生,看到更多不一样的人甚至是现实生活中永远不可能遇到的人,比如作家李浩所说的古人,从而使他们的人生更丰富,使他们的心灵得到舒展,从而享受到一种生活多样化的愉悦。

正如我们在面向 0—12 岁儿童的数字阅读调查所发现的,821 个有效样本中,有 593 名家长(占比 72.2%)表示其孩子有数字阅读经历,而这 593 名家长中,又有 372 名家长(占比 62.7%)表示自己的孩子主要是听有声书,另有 151 名家长(占比 25.5%)表示自己的孩子既看电子书,也听有声书。由此可见,有声阅读是 0—12 岁儿童最常见的数字阅读方式。之所以出现这种情况,是因为儿童有声阅读是"合乎理性的"。首先,儿童有声阅读同样能够实现阅读的本质目的——意义的建构,包括知识的传承、阅读素养的提高、审美愉悦的获得和精神的休憩,或者是能够传承人类知识体系,形成自己的社会关系和价值体系。其次,儿童有声阅读行为是家长与儿童协商达成的共识,对于家长意愿来说,纸质阅读拥有比包括有声阅读在内的数字阅读所不可比拟的优势,而对儿童意愿来说,他们更喜欢动画片、网络游戏和网络视频。但相对于动画片、网络游戏、网络视频可能出现的错误价值观引导和对儿童身心的伤害,基于"两害相权取其轻"原则,家长们愿意与儿童意愿进行妥协,共同选择有声阅读。最后,有声阅读能够满足儿童在社会交往中的各种需求,包括认知需求、情感需求、个人与社会的整合需求、舒缓压力的需求等等,有声阅读消解了学习性阅读、休闲性阅读与娱乐性阅读的边界,使儿童的主动阅读成为可能。在这种合理性框架下,正如即使老子、孔子、苏格拉底等哲人也不能阻挡书写时代的到来(老子、孔子和苏格拉底都强烈否定过书写)、苏轼这样天才的人物也不能阻挡印刷时代的到来(苏轼热烈赞美手抄本,反对书籍印刷)一样,儿童将越来越多地接触有声阅读也是不可逆转的趋势。基于这一认识,我们在接下来的章节里,将主要探讨有声阅读如何拒绝浅阅读和碎片化阅读,实现深阅读和整体性阅读;梳理儿童有声阅读的现状,包括有声读物生产模式、有声内容呈现方式及传播模式;以及探索利用有声阅读提升儿童语言学习、阅读能力培养、写作能力培养和网络课程学习效果的可能性、有效途径和具体方法。

---

①李浩:《被阅读支撑起的写作》,《文艺争鸣》2020 年第 1 期。

第四章　浅阅读、碎片化阅读与儿童有声阅读

自人类语言诞生以来,记录语言的载体和技术发生了五次重大变革。第一次变革是金石甲骨替代了口耳相传,从此关于祭祀和战争等重大历史事件可以较为完整地记录下来,而不至于随着王朝的变迁和时间的流逝而消失。第二次变革是竹简的出现和书写工具毛笔的成熟,人类真正从口述时代进入书写时代,在此之前,只有神(天神、地示、四望山川、先妣先祖)和圣人的传说及话语才能流传下来,而有了毛笔和竹简这种随处可见、成本低廉、书写方便的文字记录工具后,一个普通人的话语、思想也可能被记载而流传,并有可能对后世产生影响,这就是葛兆光所说的"一般知识和思想"①。第三次变革是纸张的出现,以摧枯拉朽之势取代了金石竹帛上千年来作为文字载体的统治地位,书籍以手抄本的形式出现,而不再是成捆的竹简,使读书正式进入了人们的日常生活,倪宽带经而锄、李密牛角挂书的典故才有了发生的可能。第四次变革是活字印刷术的发明,在过去,手抄本书籍价格昂贵,只有世家大族才有书可读。活字印刷术的发明使书籍得以批量印刷,成为大众消费品,使人人都读书成为可能,打破了士族对知识的垄断。第五次变革则是数字媒介的出现,基于网络的数字媒介不仅使书籍泛在化,同时还打破了精英阶层对知识生产和传播的特权,人人都是阅读者,同时也可能是书写者。

每一次语言记录和传播载体或者说媒介的变革,都会引发人们对新事物的抗拒和批判。这种抗拒和批判一方面是积极的,它警示我们,在乐观拥抱新媒介的同时,也要考虑其弊端与不足,不仅如此,传统媒介的优势也不能马上抛弃;另一方面又是消极的,任何一种媒介都会造就拥有话语权的阶层,当新媒介出现时,他们会下意识地维护自己已有的话语权不致失去或弱化,从而对新媒介采取强烈的对抗。即使是被称作"贤者"的苏格拉底,当书写时代到来时,他也毫不犹豫地站在了维护口述时代一边,并对文字书写进行了严厉的批判。数字媒介的出现自然也不能免俗,出版界、教育界等领域的学者纷纷将数字阅读与传统纸质阅读进行了比较,得出了几乎一致的结论:数字阅读将受众导向"浅阅读"与"碎片化阅读","人们的阅读普遍呈现一种低质量状态"。阅读是人类不可或缺的精神活动,在"全民阅读"上升为国家战略的今天,应该更重视基于纸质阅读的"深阅读"和"整体性阅读","因此,有志之士疾呼阅读的提质升级,呼唤高质量阅读"。②

①葛兆光:《中国思想史·导论》,复旦大学出版社,2001,第14页。
②谭云明:《碎片化时代呼唤"高质量阅读"》,《人民论坛》2019年第7期。

阅读无疑是重要的,尤其是对广大儿童来说。全球最大的童书出版机构 Scholastic 和国际咨询机构 YouGov 于 2017 年联合发布的《儿童及家庭阅读报告》(调查样本来自美国、英国、加拿大、澳大利亚和印度)显示,阅读能够"促进儿童词汇和语言发展、激发想象力,此外还有利于培养阅读兴趣和习惯、帮助学业成功、远离电子产品、收获间接人生经验、放松等","阅读既能提高儿童的学习技能和批判性思维能力,也能帮助他们培养同理之心和怜悯之情"。[1] 而吉姆·崔利斯通过分析大量的调查数据后发现,那些在婴幼儿时期就开始阅读,并且形成了良好阅读习惯的人,在大学入学考试(ACT 或 SAT)中往往能取得高分,尤其是朗读,其作用是 ACT 或 SAT 考前培训课程无法比拟的。甚至从小培养了良好阅读习惯的人,其未来受雇工作的时间越长、入狱的可能性越低、寿命也越长。[2] 当然,无论是《儿童及家庭阅读报告》还是吉姆·崔利斯的《朗读手册》中提到的"阅读",主要是指纸质阅读,或基于纸质图书的朗读。

毫无疑问,儿童有声阅读属于数字阅读的范畴,那么,有声阅读是否必然就指向"浅阅读"和"碎片化阅读"呢? 如果答案是肯定的,那么我们应该如何使儿童回归传统的纸质阅读? 如果答案是否定的,那我们应该如何利用这种新兴的、深受儿童喜爱的阅读方式,将儿童导向"深阅读"和"整体性阅读"? 我想,这是广大教育工作者所需要考虑的问题。

第一节　数字阅读的典型特征

首先让我们反思一个问题:为什么当某些文摘类刊物大行其道,而某些纯文学杂志单期发行仅万余份的时候,很少有人大声疾呼"深阅读"和"整体性阅读"缺失,而人类社会一旦进入移动互联网时代,数字阅读便马上被打上"浅阅读"和"碎片化阅读"标签,无论是出版界还是教育界的专家学者都纷纷呼吁回归"深阅读""高质量阅读"呢? 原因可能是多方面的,但有一个理由可能是关键因素:纸质阅读时代和数字阅读的 PC 端时代,我们有很多行之有效的方法,阻止被认定为低层次的、娱乐化的内容抵达广大中小学生;而到了移动互联网时代,已没有更有效的手段来阻止这些内容被广大中小学生阅读。也就是说,我们并不关心自己的阅读是"深"还是"浅",而只是关心自己的孩子所阅读的内容、阅读的方式是不是符合预期。

实际上,由于智能手机和移动网络的普及,直抵广大中小学生手中的内容不仅仅只有图文的、娱乐的、碎片的内容,同时也有严肃的、深度的、价值的内容。只是前者借助现代技术手段,千方百计吸引读者们的注意,而后者却无动于衷或者说无能为力,所以我们

---

①汪全莉、陈邦:《英语国家儿童及家庭阅读现状与启示》,《图书馆杂志》2019 年第 3 期。

②吉姆·崔利斯:《朗读手册》,陈冰译,新星出版社,2016,第 21 页。

只能大声疾呼。但是,为了将广大青少年从"浅阅读"和"碎片化阅读"导向"深阅读"和"整体性阅读",开出的"药方"却是回归纸质阅读,例如有人说:"我们应该倡导少年儿童读纸质书,因为读纸质书不但可以看见文字,更可以触摸灵魂。抚摸纸张与触摸屏幕的体验是大不相同的,纸张是仅属于书籍的纸张,屏幕却是所有影像和文字的屏幕。屏幕就像空间的无限一样,是高冷的、单薄的,而纸张就像生命,有温度、有厚度。这种读纸质书特有的体验,是读电子书无论如何都无法替代的。"①这种近乎神秘主义的倡导是否有效呢?

当书写时代到来时,也就是雅斯贝斯所说的"轴心时代",无论是孔子、老子、庄子、释迦牟尼、苏格拉底还是柏拉图,都毫不犹豫地站在了口述时代一边,对书写行为给予了强烈的否定和批判;当印刷时代全面取代手抄本时代时,苏轼也对"市人转相摹刻诸子百家之书,日传万纸"的印刷时代进行了严厉的质疑和抵抗。他说:"惟周之柱下史老聃为多书。韩宣子适鲁,然后见《易象》与《鲁春秋》。季札聘于上国,然后得闻《风》《雅》《颂》。而楚独有左史倚相,能读三坟、五典、八索、九丘。士之生于是时,得见'六经'者盖无几,其学可谓难矣!而皆习于《礼》《乐》,深于道、德,非后世君子所及。自秦、汉以来,作者益众,纸与字画日趋于简便,而书益多,士莫不有,然学者益以苟简,何哉?余犹及见老儒先生,自言其少时,欲求《史记》《汉书》而不可得;幸而得之,皆手自书,日夜诵读,唯恐不及。近岁,市人转相摹刻诸子百家之书,日传万纸,学者之于书,多且易致如此。其文辞学术,当倍蓰于昔人;而后生科举之士,皆束书不观,游谈无根,此又何也?"苏轼不但维护手抄本时代、批判印刷时代,而且也身体力行,他坚持抄书,而不是买书,在他被贬谪黄州时,还给自己定下了每天抄录《汉书》的功课。②但是,时代从不迁就人的习惯,哪怕这个人贤如孔子、苏轼,书写和印刷时代还是不可阻挡,并且以书写和印刷的方式,忠实记录了孔子、苏轼反对书写、反对印刷的言论。

今天,人类社会已全面进入数字时代,数字化工作、学习和生活已不可逆转。以数字阅读为例,当我们需要参考某篇文章或某本书时,第一时间是在各大数据库检索,而不是马上直奔图书馆;当我们需要购买某本书时,也会通过当当网、亚马逊购买电子书或纸质书,而不是第一时间想到新华书店;当我们想要了解今天在全球发生了什么,也会打开"今日头条"或"微博"查看,而不是立即下楼买一份报纸;我们通过互联网看视频、看小说、进行远程学习等。无论是谁痛心疾首地反对、呼吁,我们再也回不到纯粹纸质阅读的时代,即使是反对数字阅读、呼吁回归纸质阅读的读者本身。

数字阅读时代具有以下特点。

(一)内容资源泛在化

所谓内容资源的泛在化,意即任何人在任何时间、任何空间都可以获取自己所需的

---

①文锋:《呼唤回归纸质阅读》,《广西教育》2019 年第 6 期。

②徐雁:《从苏轼到朱熹:"选精读熟"观的方法论探析》,《图书馆杂志》2019 年第 4 期。

内容资源。这种泛在化体现在以下几个方面。

其一是内容的丰富性,即使是美国国会图书馆(号称世界上最大的图书馆,藏书362.4万种,1893万册以上)的容量也是有限的,而网络空间则几乎是无限的,不仅人类历史上所有已出版的图书基本上都能在互联网上找到数字版本,同时每天新增的数据超过 491 * 1024 PB 字节(数据来源于 IDC 发布的《数据时代 2025》报告)。

其二是内容资源获取的便捷性,在过去,我们获得内容资源的主要渠道是新华书店和图书馆,但新华书店和图书馆的开放时间短、覆盖范围有限,尤其是广大农村地区、贫困地区和边远地区,基本上没有获取内容资源的渠道。随着智能手机和移动互联网的普及,人们可以不受时间和空间限制地获得自己所需的内容资源,其中几乎所有公版书都能在互联网上找到免费资源,付费类图书、报刊内容也可以在当当、亚马逊、知网、读秀等平台上,通过微信、支付宝付费,即时下载,即时阅读。

其三是内容资源的多样性,在互联网上,不同格式、不同学科、不同领域的资源齐全,有知识的,有审美的,也有娱乐的。以知识资源为例,包括先验知识、新知识和跨学科融合的知识,根据用户的需要,通过大数据和个性化推荐,可以获取不同领域的信息和知识,然后记录、处理,形成以用户使用终端为核心的知识网络。

(二)多媒介互融互补

纸质媒介是一种排他性媒介,除了文字和图片,它抗拒其他表达方式的参与,正如苏格拉底所说的:"它们(书本)似乎在和你说话,俨然才智不凡。""可是如果你探问它们,它们却会保持沉默,摆出一副庄严的样子。"而数字媒介则是兼容性媒介,其阅读内容包括文字、图片、音频、视频,以及未来随着新技术发展可能出现的更多其他形态的内容。一部《三生三世十里桃花》,用户可以看原著、看电视、看电影、看漫画、听有声原著或听改编故事。随着 5G + AI/AR/VR 技术的融合发展,更多、更生动的阅读形式被挖掘。例如,在 VR 技术的介入下,当我们欣赏《清明上河图》时,就仿佛自己就置身于北宋汴京城街头,各色人物,牛、骡、驴等牲畜,车、轿、大小船只,房屋、桥梁、城楼等宋代建筑仿佛触手可及。2019 年 8 月,在第二十六届北京国际图书博览会上,中国联通借助 5G、AR、VR、4K超高清等技术,展示了"5G + AR 古琴百科阅读""5G + VR 主题书柜""5G + 4K 远程互动阅读""5G + 混合现实"等新型阅读场景,通过"虚拟与真实""文字 + 体验"让读者感受到由文字到身临其境的阅读体验变化,也宣告了"万书互联、人书互动、纸电融合、人人共享"阅读新境界的到来。与此同时,为了更方便用户对内容的检索,除了综合性平台外,又出现了众多专业的 App,包括资讯阅读、电商平台、影音娱乐、社交、旅游出行、医疗健康、学习教育、休闲、金融服务、电子政务与智慧城市、社会公益、汽车、企业办公、实用工具、生活、年度人气、游戏、法律共计 18 个大类 91 个小类,覆盖我们学习、工作、生活各个方面。为不断满足用户的需求,数字媒介一直以"弥补—创新—再弥补"的螺旋式模式不断进化,"在人和社会环境的推动下,媒介不断向着人性化的方向进化,满足人的需求,新旧媒介不断融合,技术与技术之间互相补救,使得媒介越来越人性化,越来越完美"①。

(三)书写和传播壁垒被打破

在纸质阅读时代,传者、传播渠道的掌控者与受众是界限分明的两个阶层。传者掌握了信息和知识的生产权,而传播渠道(出版社、书店)则往往拥有资本或行政许可权。受众则长期处于弱势地位,只能被动地接受。互联网的出现引发了信息知识生产关系的大变革,打破了这种知识、资本等精英阶层对内容生产和传播的垄断。有研究者认为,互联网改变了人类交往的组织结构,建立了平等的网络关系。这种平等的关系,是由互联网所特有的去中心化的结构所决定的,"网络中的每个节点都具有高度自治的特征,节点与节点之间的无障碍连接,形成了一种非线性的因果关系与反馈渠道,搭建起开放性、扁平性的网络结构"②。正因为互联网的这种开放性、去中心化和平等关系,使普通用户也可以参与到内容的生产与传播中来,过去那种非作家、记者与专家不能书写,非持证的出版机构和书店不能传播的壁垒被打破了。

随着互联网的兴起,人人都是书写者。一方面,大量草根创作者开始崛起,比如李虎(天蚕土豆)原来是一名高中毕业在家待业者,张威(唐家三少)原来是一名小餐饮店的老板,得益于网络文学平台而成了知名的作家;张男男(幻樱空)原来是一名挖掘车司机,得益于有声阅读平台喜马拉雅FM的兴起,而成了年入百万的知名有声书主播。另一方面,每个人都可以将自己的所见所闻所思,随时随地以文字、图像、音频、视频等形式通过微信朋友圈、微博、B站或各类公众号、头条号、企鹅号等等平台公开发布。同时人人也都是传播者,不仅每个人在各大网络平台上的账号可视为独立的自媒体,而且还可以通过点赞、评论、转发,使一条新闻成为具有全国影响力的舆论事件。更重要的是,由于互联网内容获取的便捷性,网络传播速度之快、传播范围之广,简直令人瞠目结舌。例如明星蔡徐坤,在微博上随意发一张自拍照,短短几个小时之内点赞、评论和转发量就能达到百万量级;起点中文网上的白金作家,每一部作品的阅读量都超过五千万量级。而传统的纸质书写则完全难以达到这样的高度,例如余华的《活着》,被认为"创造了当代纯文学作品销售的奇迹",其十年累计销量也只有586.9万册。③ 在这一销售奇迹的背后,离不开网络上大量积极性书评的推波助澜。

(四)话语式阅读向对话式阅读转向

按照弗鲁塞尔的媒介符号理论,将媒介分为两大类:话语式媒介和对话式媒介。所谓话语式媒介就是信息的单向流动,从传者的记忆流向受众的记忆并存储起来。传统媒介就属于话语式媒介,例如我们看书、看报纸、看电视、看电影,都只能接受传者的话语。

①保罗·莱文森:《软利器:信息革命的自然历史与未来》,何道宽译,复旦大学出版社,2011,第46页。

②张涛甫、鲍震:《读图时代的文字阅读:困境与出路》,《现代出版》2020年第5期。

③新华网:《余华〈活着〉十年销量近600万,获作家出版社超级畅销奖》,网址:http://www.xinhuanet.com/book/2018-01/13/c_129790106.htm

而以互联网为代表的对话式媒介则是信息的双向互动,信息可以在传者与受众、受众与受众之间即时交换,不断刺激生成新的信息。因此,我们将传统的纸质阅读称为话语式阅读,而将数字阅读称为对话式阅读。

在传统的纸质阅读中,书写和阅读之间的关系是不平等的,书写是传者对意义进行编码,评论家则掌控了对书写内容解码的方法,阅读虽然是一种解码的过程,但大多数读者永远无法了解书写者的全部意图,只能根据评论家的意见进行解码。即使是在解码过程中出现了不同意见,但不管你同意还是不同意,文本就在那儿岿然不动。而在对话式阅读中,读者随时可以对文本进行评论,而文本的传者、其他受众也可以对其评论进行再评论。如果其评论得到大多数人认可,那么传者也不得不重视,必须马上做出解释,或者对文本进行修改。这样的事情在网络书写中极为常见,例如网络小说作家,不仅有专门的 QQ 群或微信群与读者进行沟通,征求读者关于故事情节发展、人物相关设定等方面的意见,同时也会经常发布自己的构思和考虑,以获得读者的理解,或者对文本中出现的瑕疵道歉。当然,也有的评论得不到传者或其他受众的认可,甚至受到批评,这时候评论者也需要对自己的意见进行调整。

值得一提的是,互联网媒介的对话性属性是可以随着使用情况的不同而发生改变的。很多研究者或观察者因为互联网媒介的对话性,而认为对话式阅读导致读者精力不集中或过度娱乐化,实际上他们不了解互联网媒介也可以变成话语式阅读,只要我们将网络关闭。例如,我们将一部影视作品或文字作品下载下来,在关闭网络的情况下,信息互动的通道也随之关闭,这种阅读就变成了话语式阅读。

(五)内容监管复杂化

在纸质媒介时代,内容的书写者往往是经过专业训练的精英人士,他们不但要为其书写的内容负责,其内容在抵达受众前也会经过出版机构的严格监管,因此,纸质文本的内容往往能视为是可信的、权威的。正因为互联网打破了书写与传播的壁垒,人人都是书写者,人人都是自媒体,在使内容资源极大丰富的同时,其质量也出现了良莠不齐的现象。其一,有的书写者并不具备完整传达信息的素养,其发布的文字、图片、音频或视频可能出现表述不准确、不完整,甚至是错误的现象;其二,纸质出版的内容往往经过了专业编辑的审校,以保证所发布信息的准确性,而网络书写和发布则缺少这一环节,例如,在网络上有很多数字化的古籍,错字、漏字现象严重;其三,有部分网络书写者追求流量,故意发布不实信息甚至违法信息。总之,网络上有许多内容不具备可靠性、权威性,甚至存在许多非法内容。但与此同时,虚拟空间的无限性又使这些信息的规模海量扩张,没有任何一个机构或部门可以进行有效监管。即使在未来,随着内容监管机制的完善和监管技术的进步,我们可以较好地筛选并屏蔽掉非法信息和虚假信息,但依然无法杜绝海量的粗制滥造的内容。毕竟,我们不能因为谁知识储备不足、表达能力差就禁止其发微博、发朋友圈。

第二节　浅阅读、深阅读与儿童有声阅读

一、浅阅读的概念

北京大学信息管理系周亚博士梳理了近年来学界对"浅阅读"的定义。蔡红、唐秀瑜认为，"相对于深，浅阅读是一种浅层次的、以简单轻松甚至娱乐性为终极追求的阅读形式"；袁玉荣认为，"浅阅读是指不需要思考的、图文的、跳跃式的阅读"；李劲认为，"浅阅读是指阅读不需要思考而采取跳跃式的阅读方法，所谓囫囵吞枣、一目十行、不求甚解，它所追求的是短暂的视觉快感和心理的愉悦"；吴燕、张彩霞认为，"浅阅读是指人们借助现代媒介从符号中获取某种信息或者意义的一种社会实践活动"；袁曦林则认为，"浅阅读可以集图形、声音、视频、动画等于一体，视觉图像由于剥离了高度抽象的文字编码。代之以生动、逼真、直观的影视画面，因而其内容的表达具有直观、浅白的特点。人们对它的接受不需要经由编码的解析，通过联想进行，可以直接经由视觉感受完成。与此同时，阅读也不再受到阅读者自身语言文字水平及相关文化知识的限制，只需具备一般的视觉感知能力即可，这就是浅阅读"。①

上述定义，有的描述了"浅阅读"的一些现象，但没有直指其本质，而有的几乎毫无道理。蔡红、唐秀瑜的说法，首先，忽视了以知识学习和审美接受的阅读也可能出现"浅阅读"现象，例如，几乎我们每个人都遇到过这样的情况：在学习性阅读（论文、学术资料）和审美性阅读（文学作品）过程中，会因为心不在焉，或者内容过于艰深晦涩，又或者内容过于粗糙低劣，甚至有可能仅仅是字体、排版、装订不如人意，也可能出现无法深入文本，看完一篇论文后发现一无所得，这显然属于浅阅读了。其次，该定义忽略了阅读同时也具有娱乐性，例如，读者细心品味《笑林广记》并因此开怀大笑，获得心情的愉悦和身体的放松，这难道不是一种深阅读吗？袁玉荣的说法指出了浅阅读的一些表象，即"跳跃式"阅读在大多数情况下会导向浅阅读，但实际上也并不尽然，例如苏轼的"八面受敌读书法"，就是典型的跳跃式阅读。苏轼在谈到他读《汉书》的经验时说："吾尝读《汉书》矣，盖数过而始尽之。如治道、人物、地理、官制、兵法、财货之类，每一过专求一事。不待数过，而事事精窍矣。"我们在平时的阅读中，也会经常采用跳跃式读书法，比如我们想了解子路，在阅读《论语》时，就会跳过其他记载，只关注有子路出现的章节。此外，该定义所说的"不需要思考的、图文的"阅读就是浅阅读也颇值得商榷，阅读的本质就是从书面语言和符号中获得意义的过程，不经过思考的阅读几乎不存在；同时，图文并茂的阅读并不一定就是浅阅读，相反有更多实验显示，图文并茂的图书更容易激发读者的阅读兴趣，适当的插图和配图有助于读者特别是儿童读者对文字的理解。李劲的说法同样指出了浅阅读

---

①周亚：《"浅阅读"概念界定及相关辨析》，《图书馆杂志》2013年第8期。

的一些表象,关注的主要是阅读主体的外在表现。与此同时,他对"视觉快感和心理愉悦"这一阅读结果的否定也令人诧异。如果是读图或视频,追求"视觉快感"本来就无可厚非,如果是文字阅读,相信没有任何人会追求"视觉快感";而"心理愉悦",不正是深度阅读所带来的效应吗?简·奥斯汀在《书信集》中谈到他们全家人一起读到一本好书时说:"我们晚上都非常快乐。"冰心在《忆读书》中说:"我永远感到读书是我生命中最大的快乐。"刘心武在《与书共生》中说:"与书共生,是我的幸福。"这正是读书给人以心理愉悦的例证。吴燕、张彩霞认为凡通过现代媒介这一载体的阅读都是浅阅读就根本上毫无道理,相对于竹简来说,手抄本也是一种现代媒介。袁曦林的说法则开始触及浅阅读的本质:他提到了阅读主体自身的知识储备以及内在参与度(不需要经由编码的解析,通过联想进行),也提到了阅读文本的知识含量(直观、浅白)。但是他的这一定义最大的缺陷在于将影视画面的阅读视为浅阅读,实际上,受众会因为看电视剧、漫画书和电影而被激怒、被感动,他们在此过程中深度参与了对文本的解码,有时候甚至是对抗式解码,应该视为深度阅读;而有时候,受众在纯文字阅读(纸质阅读/数字阅读)时会因为注意力不集中等诸多因素造成难以获得连续的、可加工的意义,应该视为浅阅读。

综上所述,目前对"浅阅读"定义的界定,更多关注的是阅读载体、内容呈现方式、阅读方法和阅读过程中的感性体验,而对阅读主体思维的参与度、阅读客体的知识信息含量、阅读结果(所获得的意义是否能够加工、整理,形成长久的记忆)几乎很少涉及。正因为这些定义没有揭示浅阅读的内涵和实质,周亚博士从"阅读"的主流概念出发,以阅读主体大脑的参与程度、阅读客体的知识信息含量和阅读结果三个维度作为衡量"深"与"浅"的标准,提出了其深阅读与浅阅读的概念。他认为:

深阅读:读者从具有较大知识信息含量(相对于阅读主体而言)和较高系统性的书面语言和符号中获得丰富意义的社会行为、实践活动和心理过程——在这个过程中,阅读主体大脑参与度很高,对于阅读语言和符号的熟悉、理解与掌握达到了较高的程度。

浅阅读:读者从书面语言和符号中获得意义的社会行为、实践活动和心理过程——在这个过程中,阅读主体大脑参与程度并不高,对于阅读语言和符号的理解和掌握程度不高,一般停留在了解或知其大概的层面。①

我们认为,无论是"深阅读"还是"浅阅读",归根到底属于阅读的范畴。如果我们将"阅读"定义为"读者通过连续性、标准化的语言文本获取意义的行为",那么,读者在这一过程中参与度越高,获得的意义更丰富、更有效,就是深阅读,反之则是浅阅读。因此,我们认为周亚博士的上述定义是颇为精当的。

二、关于深阅读与浅阅读的几点辨析

由于定义往往是高度概括和抽象的,周亚博士关于"深阅读"和"浅阅读"的概念界定,一方面,基本上没有涉及阅读载体、阅读方式和阅读过程;另一方面,在阅读结果的表

---

① 周亚:《"浅阅读"概念界定及相关辨析》,《图书馆杂志》2013 年第 8 期。

述上,采用了"高""很高""较高"这样模糊的标准。因此,我们认为,还需要对"深阅读"和"浅阅读"进行更明确、更深入的区分。

(一)数字阅读不一定就是浅阅读,纸质阅读也不一定就是深阅读

随着互联网的发展、新媒体的崛起,人类社会全面进入了数字时代,特别是智能手机和移动互联网的普及,内容资源丰富而泛在。为准确概括人们热衷于浅显易懂的内容(如漫画、八卦新闻等)和浏览式的阅读方式,学界提出了"浅阅读"的概念。毫无疑问,浅阅读概念是数字时代的新名词,但浅阅读现象却是早就出现了的。早在宋代,苏轼就在《李氏山房藏书记》中提到过这种浅阅读现象,他说:"自秦、汉以来,作者益众,纸与字画日趋于简便,而书益多,士莫不有,然学者益以苟简,何哉?"朱熹也在《朱子读书法》中说:"今人所以读书苟简者,缘书皆有印本多了。"所谓读书苟简,就是读书的时候苟且、简略,这不正是浅阅读吗?朱光潜在《谈读书》中说:"现在书籍易得……(读书人)过目的虽多,留心的却少。譬如饮食,不消化的东西积得愈多,愈易酿成肠胃病,许多浮浅虚骄的习气,都由耳食肤受所养成。"朱光潜批评当时的人读书时稍稍过目却不留心,浮浅虚骄,正说明在纸质阅读时代,亦可能产生浅阅读。实际上,即使是非数字原住民,在纸质阅读时往往也有浅阅读的经历,比如,当家长要求孩子将课文读三遍就可以出去玩时,孩子口里念着课文,心却已经飞到篮球场上;我们靠在床头,手里拿着一本书,一边扫描着书本上的文字,一边昏昏欲睡……纸质阅读固然可以导向深度阅读,但也可能出现浅阅读;同理,数字阅读固然可以导向浅阅读,但同时也可能导向深度阅读。2019年,我的一名学生就告诉我,她获得了湖南大学远程和继续教育学院新闻学专业的本科文凭,该学院所有课程全部采用"以在线授课为主"的O2O混合教学模式授课。在线学习平台拥有丰富优质的数字化教学资源,包括视频课程、知识点视频、在线自测、冲关练习、作业讲解、考前辅导等。学生通过在线学习平台进行远程学习、作业交互、提问答疑等教学活动来完成学业。我12岁的女儿通过报名在线培训课程,目前已学会了简单的平面设计和视频剪辑。包括我在内的很多老师,目前都习惯了通过知网平台和读秀平台阅读论文和其他资料性书籍。因此,我们可以说,纸质阅读不一定就是深度阅读,数字阅读也不一定是浅阅读。只是数字时代的到来,让我们更加关注浅阅读现象。这是一件好事,这种关注将有利于学界探索如何实现深度阅读和高质量阅读的更多可能,让更多人避免数字时代更容易出现的浅阅读陷阱,亲近书籍,热爱经典,从而提升全民的知识素养与文化素养。

(二)浅阅读也是一种有效的阅读方式

在数字媒介时代,我们最常见的浅阅读场景是,当我们拿出手机,打开"今日头条"或者"微博",大多数文章我们匆匆扫一眼标题就会略过,有时候会被标题所吸引,点击进入,但如果看到内容与标题完全不一致,也会立即放弃,只有找到自己感兴趣的文章,才会认真读下去。然后刷新,继续下一轮筛选和阅读。这种匆匆浏览就是典型的浅阅读,因为我们并没有在这种浏览过程中获取完整的意义,更不用说将这种意义编码、加工和整理成完整的知识体系。实际上,这种浅阅读场景也常常在纸质阅读时代发生,比如,我

们在阅读报纸时,如非特殊情况,不可能将每篇文章都细细研读,大部分的内容只会略作浏览,只有我们感兴趣的文章,符合我们知识水平、审美水平或者实际需要的文章,才会细细品味。在阅读书籍的时候也是如此,在汗牛充栋的书籍中挑选一本适合自己的书,在一本书中挑选自己所需的资料,就往往只对其他书的简介稍作浏览,或只对一本书的其他内容一览而过。这种浅阅读,在信息爆炸、内容资源极度丰富的今天,是每个人应该具备的阅读技能。它能够让我们在海量而杂乱无章的信息中,找到适合的、需要的有效信息。根据国家新闻出版署官网数据,2019 年我国出版图书 505979 种,其中新出版 224762种;出版报纸 1851 种,总印数 317.59 亿份;同时出版期刊 21.89 亿册、音像制品 2.32亿盒(张)、电子出版物 2.93 亿张。如此之多的内容资源,我们不可能都一一精读,如果不具备浅阅读这种筛选技能,就可能淹没在信息海洋之中,完全找不到自己需要的内容。

(三)跳跃式、一目十行的快速阅读不一定是浅阅读

很多人认为,浅阅读的显著标志之一就是快速阅读,"跳跃式""一目十行"则是快速阅读的具体表现。例如:"在线阅读的典型场景移动阅读中,读者更是常通过扫读、跳读、泛读等快速浏览方式来满足碎片时间下的阅读需求。"[1]"(在各种网络媒介中)低质量阅读具有跳跃式、粗略式和快餐式等特征。"[2]"浅阅读的消费指征是快速(即时性)、快感(娱乐性)、快扔(浅显性)"[3]"以浅显的浏览替代传统的青灯黄卷的经典阅读,快餐式、浏览式、随意性、跳跃性、碎片化的阅读都是典型的浅阅读。"[4]上述说法,是典型的将现象当作本质、特点的做法,就好像有人看到很多公园里都有人工湖,就认为人工湖是公园的特点之一。东汉张衡能够"目所一见,辄诵于口",唐代欧阳询"每读辄数行同尽,遂博贯经史",苏轼独创八面受敌读书法:"如欲求古今兴亡治乱圣贤作用,且只作此意求之,勿生余念。又别作一次,求事迹故实、典章文物之类,亦如之。他皆仿此。"张衡、欧阳询的读书方法显然是"一目十行"的快速阅读,而苏轼的读书法则是"跳跃式"的快速阅读,但效果都很好,三人都是史上著名的学问大家。实际上,我们大多数人都有过"一目十行"的快速阅读经验,这就是"温故而知新"。"温故而知新,可以为师矣",是《论语·为政》里记录的孔子说过的话,这句话至少包含了三层含义:其一,既要温习过去学习过的知识,又要学习新的知识;其二,温习旧知识,能够从中获得新知识;其三,随着年龄的增长和社会阅历的提升,我们对过去学过的知识会有更深的理解。曾经阅读过的内容,已经内化在我们的知识体系之中,所谓温故,就是将湮没在记忆深处的旧知识重新激发,因此,"温故"式的阅读就无须字斟句酌地精读,而可以一目十行地快速阅读。比如,我们曾经将《滕王阁序》熟读成诵,但时间一长就可能记忆模糊,很多段落、句子背不出来。但这时候只要打开书本快速浏览一遍,马上就能够全文背诵了。古代的读书人,常常能背诵数百

①彭焕萍、李小品:《媒介技术哲学视野下的在线阅读批判》,《现代出版》2019 年第 4 期。

②谭云明:《碎片化时代呼唤"高质量阅读"》,《人民论坛》2019 年第 7 期。

③周亚:《"浅阅读"概念界定及相关辨析》,《图书馆杂志》2013 年第 8 期。

④李劲:《论浅阅读时代图书馆对大众阅读的深度引导》,《图书馆学研究》2008 年第 4 期。

万字的文章,一个人的精力不可能时不时将以前读过的书又精读一遍,自然就是用一目十行的快速浏览来进行温习。我们大多数人也应该都有过"跳跃式"的快速阅读经验,这就是所谓的重点读书法。自媒体人、得到 App 的创始人罗振宇就曾经连续 7 年坚持每天读一本书;真格基金合伙人、聚美优品联合创始人戴雨森则能够用 10 小时左右读完总页数 500～800 页的三本书,他们的方法就是重点阅读书中的核心论点和分论点,论证逻辑和思考框架,将自己的经验和见解与书中的观点和理论结合起来,而对其他内容则只稍作浏览。我们在资料性阅读中,也会常用"跳跃式"方法,与主题相关的,就仔细阅读,其他无关的或关联性不大的资料,就稍作浏览而已。

综上所述,跳跃式、一目十行的快速阅读不一定就是浅阅读,而且有时候还是一种温习旧知识或资料性阅读的重要技巧。

(四)功利性阅读不等于浅阅读

有研究者认为,功利性阅读是浅阅读的表现形式之一,"浅阅读主要表现为:……五是为应付考试或工作需要的功利性阅读的上升,而过分注重阅读的功利性,会使人们的知识结构明显残缺,不利于自身的全面发展"[1]。有人认为,所谓功利性阅读,是"以实际功效或利益为行为准则的阅读"[2],但是,作为一个理性的人,其社会行为必定是有目的性的,正如艾德勒在《如何阅读一本书》中所说,一个主动的阅读者,其阅读的目标要么为获得资讯而读,要么是为求得理解而读,或者是他不愿意谈起的为娱乐而读。[3] 我们平时看新闻,就是为获得资讯而进行的阅读,这种阅读凭借我们现有的知识储备和简单的阅读能力就可以完成;而我们的学习性阅读和审美式阅读,就是为求得理解而进行的阅读,这就意味着阅读对象的知识和信息含量高于我们的现有的知识储备,需要我们拥有较好的阅读素养,将所获得的信息进行解码、加工和整理,吸纳到我们已有的图式之中,或者需要修改或新建图式以适应新的信息;而娱乐性阅读则是为了消磨时间、排解压力、振奋精神、放松心情的一种阅读,它有时候与获得资讯式的阅读颇有重合之处。可以说,无论哪一种阅读都是功利性的,都有着"实际功效或利益"的追求(获得资讯、知识学习、文学审美、娱乐消遣),而且,越是功利性强的阅读,越趋近于深度阅读,比如知识学习型和文学审美型的阅读,信息知识含量大,要求读者智力参与度高,得到的阅读结果也更好。资讯获得性阅读和娱乐性阅读,更接近于浅阅读,目的性也并不唯一,毕竟,我们每天早上或晚上可以选择刷一刷手机新闻,也可以选择不刷;阅读也不是娱乐消遣唯一的选择。相反,强烈的目的性和功利性一定导向深度阅读,例如古代的科举考试、现代的高考和研考,让读书人将经典的、严肃的、价值的内容熟读成诵,读精读透,并融会贯通,形成自己的知识体系。而目的性不强的阅读,反而是漫不经心的浅阅读行为。《儒林外史》第十一回中,就将有志于科举和无意仕途者的读书状态对比得非常强烈。有志于科举的人,"十

---

①蔡红,唐秀瑜:《浅阅读时代图书馆的深度选择》,《图书馆》2007 年第 3 期。

②董一凡:《"功利性阅读"的概念探析》,《新世纪图书馆》2014 年第 10 期。

③莫提默·J·艾德勒、查尔斯·范多伦:《如何阅读一本书》,郝明义、朱衣译,商务印书馆,2004,第 10 页。

一二岁就讲书,读文章,先把一部王守溪读的滚瓜烂熟,教他做破题、破承、起讲、题比、中比成篇……到此时,王、唐、瞿、薛,以及诸大家之文,历科程墨,各省宗师考卷,肚里记得三千余篇。自己作出来的文章又理真法老,花团锦簇"。而无意仕途的蓬公孙,却是"房里满架都是文章,公孙却全不在意……袖里笼了一本诗来灯下吟哦,也拉着小姐并坐同看"。正如有研究者所说:"功利性阅读是人们适应社会发展需要所做的正确选择之一。如果没有功利性阅读,人们阅读的动力就会失去必要的依托,最终将会影响社会的进步与发展。"①

(五) 图像影视阅读不等于浅阅读

几乎大多数研究者都认为图像影视阅读就是浅阅读,例如袁曦林认为,视觉图像剥离了高度抽象的文字编码,代之以生动、逼真、直观的影视画面,阅读者只需要视觉感知能力即可完成,而没有语言文字水平和文化知识的限制,因此是一种浅阅读。② 张涛甫、鲍震认为,"无论是照片、短片、默片、电影、网络视频,若非实验性的作品,都视复杂、抽象为禁忌,其'语言'无论从视觉上还是从听觉上都对受众没有过高的要求,甚至说,技术越发展,其对受众理解能力的要求就越低……在传达严肃且深奥的信息时,其效率都远逊色于书面语言……(视觉语言)囿于形式的限制,难以呈现抽象或整体的概念——没有一张照片能拍下整个大海,也没有一段视频能展现正义的意义"③。林玲则认为,"读图时代、阅读视听化对感官刺激的片面推崇,弱化了阅读者对阅读对象内在审美特质的精准把握能力与深层价值传导能力,较易造成审美情趣的浮躁化、审美表达的感性化,影响了深层阅读效果的达成"④。童话大王郑渊洁认为"读图"弱化了青少年的想象力,原少年儿童出版社社长、总编辑王一方则认为图像是人类表现初级思维的方式。⑤ 概括起来,就是文字能够表达复杂抽象、严肃深奥的信息,而图像影视则传达的是简单直观的内容;文字阅读需要读者拥有一定的知识储备和阅读能力,在阅读文字时,能充分调动人的多种感官。例如,我们在阅读一段关于晚宴的文字时,可能会想象到晚宴热闹的场景、食物的香味和各种餐具的质感。而图像影视作品,则将这些画面完整地呈现出来,阅读者无须调动其知识储备和想象力就能获知结果。实际上这是一种偏见:第一,图像影视也能传递复杂的信息内容,比如我们对《呐喊》《清明上河图》等名画,以及《大红灯笼高高挂》《星球大战》等电影的评论、解读早已连篇累牍,而且这种创造性的解读还会持续下去。第二,图像影视和文字一样能够激发阅读者的想象力,例如几只小动物在草地上玩耍的图片,就能让儿童想象出很多个童话故事,看图作文也经常性地出现在语文考试中。很多影视作品之所以让海量观众追看、讨论、创作同人小说,甚至引起全社会的轰动效应,正是激发了观众的想象力和代入感。第三,图像影视的阅读同样需要相当的知识储备和

---

①董一凡:《为"浅阅读"与"功利性阅读"再辩》,《图书馆建设》2010年第2期。

②袁曦林:《青少年浅阅读与图书馆的导读教育》,《中国图书评论》2008年第8期。

③张涛甫、鲍震:《读图时代的文字阅读:困境与出路》,《现代出版》2020年第5期。

④林玲:《大学生浅阅读的基本特征、深层原因及应对策略》,《中国出版》2018年第17期。

⑤胡根林:《读图时代:我们教孩子怎么读》,《教学与管理》2006年第11期。

解码能力,例如《盗梦空间》《蝴蝶效应》等电影作品,不具备一定知识水平、记忆能力和推理能力的观众,根本就看不懂影片内容。为什么大多数人更喜欢图像影视内容,而不是文字内容?原因不在于图像影视内容更简单——皮亚杰的适度新颖原则早已证明:司空见惯、太熟悉、太简单的事物不能引起人们的兴趣。而是因为图像影视内容有图片、有文字、有音效、有色彩,更有吸引力。我们应该做的不是将图像影视视为浅阅读而摒弃,而是让文字内容更有吸引力,或者利用图像影视的优势进一步激发人们的深度阅读能力。

(六)阅读载体关乎习惯,而无关乎获取意义的深度

在人类发明文字之后漫长的时间里,记录文字的载体要么极为昂贵(如鼎、玉),要么数量较为稀少(如龟甲、牛骨);记录文字的方式也很复杂和缓慢,如铸造、刀刻。因此,只有神、圣人、先贤的话语能够记载下来,这些被记载下来的文字往往成了经典。人们出于对经典的崇拜,逐渐也移及经典的载体,即使到了书写时代,文字记录的载体(纸张)已成本较低和较为容易获得,记录的方式也变得极为简便和快速(书写或印刷),但这种对经典、对经典记录载体的崇拜并没有消亡,比如我国古代的"敬惜字纸"和西方社会的"圣经崇拜"。到了现代社会,这种对经典和经典载体的崇拜已经消失,但实际上人们依然对纸质书籍有一种神秘主义的喜爱、依赖或习惯。美国女作家海莲·汉芙在收到英国伦敦马克斯与科恩书店寄来的《大学论》之后写道:"我不时停下打字,伸手过去,无限爱怜地抚摸它……拥有这样的书,竟让我油然而生莫名的罪恶感。它那光可鉴人的皮装封面,古雅的烫金书名,秀丽的印刷铅字,它实在应该置身于英国乡间的一栋木造宅邸;由一位优雅的老绅士坐在炉火前的皮制摇椅里,慢条斯理地轻轻展读……而不该委身在一间寒酸破公寓里,让我坐在蹩脚旧沙发上翻阅。"[1]英国作家乔治·吉辛则说:"我对自己每一本书的气味都很熟悉,我只要把鼻子凑近这些书,它们那散发出来的书味就立刻勾起我对往事的种种回忆。"他还说:"那些莎士比亚著作,它们是剑桥版本,也有一种能惹起我追忆往事的香味。这套书是属于我父亲的,当我还不能够读懂它们的时候,常常有幸被允许从书架上抽出一本来看看。这时我总是怀着虔敬的心情,将它一页一页地翻弄着。"[2]因此,有人认为,纸质阅读不仅可以调度文字背后的媒介背景和人文背景,还能够将阅读场景立体地展现出来,阅读成为浑然一体的体验场景。而以手机、电脑为载体的数字阅读则难以做到这一点。实际上,这仅仅是一种习惯使然,我们习惯了书本,所以在纸质阅读的时候,让我们有更多的联想:书籍的来源,这本书辗转流传的历史,以及与这本书相关的人和事。但这种联想并非纸质载体所特有的,也许有一天,数字原生代的读者也会这么写:我常常怀着虔敬的心情,用华为手机一页一页地翻看着。

(七)记忆外包不是数字阅读的必然

为研究互联网对个人记忆模式的影响,哥伦比亚大学心理学系的贝特西·斯帕罗等

---

[1]海莲·汉芙:《查令十字街84号》,陈建铭译,译林出版社2005,第18页。
[2]张新颖:《读书这么好的事》,上海人民出版社,2007,第48页。

人进行过这样的实验：将受试者分为 A、B 两组，要求受试者记忆 40 个陈述句，并将这些句子输入电脑。其中 A 组被告之，他们输入电脑的信息将被保存；而 B 组则被告之，他们输入电脑的信息将被删除。结果，B 组所能记住的信息明显高于 A 组。由此，研究人员得出结论：互联网作为一种外部记忆媒介，正在替代人类大脑的记忆功能，这就是所谓的"谷歌效应"。① 实际上，不仅仅是计算机的存储空间在替代人的记忆功能，互联网还有收藏功能和强大的检索能力。当我们在某个网络平台收藏了一个网络文本后，下一次想重新阅读一遍，或者是查询、引用其中的部分内容，只需再次打开该平台的收藏夹，我们收藏的网络文本就完好地待在那儿；有时候我们甚至根本无须收藏，只要记住作者、标题或者其中的一个关键词，通过搜索引擎，也能马上找到我们需要的文本。既然计算机和互联网有如此强大的记忆功能，那么我们就常常将原本应该由大脑完成的记忆工作"外包"给计算机和互联网，这就是所谓的"记忆外包"。

很多研究者对这种"记忆外包"现象表示出极大的担忧。他们认为，一方面，计算机和互联网的"记忆"是很不可靠的，一旦计算机损坏或丢失，存储在其中的信息自然也就再也找不到了，与此同时，互联网上每天都有网站或网页消失，意味着收藏夹里的文本也可能随之消失，强大的搜索引擎也因此无能为力。另一方面，我们将信息存储在大脑中后，个人的记忆功能每一次回忆这些内容，都会在大脑中开启巩固记忆的完整过程，这样长期的积累所形成的认知框架对我们知识体系的构建至关重要，同时也是我们深入思考的前提、决定着我们的智力深度。与此同时，个人记忆尤其是长期记忆，是人们理解力的基础，随着所记忆内容的增多，我们的理解能力也就更加敏锐。总之，如果长期将记忆外包给外部记忆媒介，则可能影响我们的记忆功能、理解能力和知识体系的建构。

实际上，人们很早以前就有对"记忆外包"现象的担忧。苏格拉底讲过这样一个故事，埃及智慧和学习之神、书写的发明者托特去拜访埃及国王，表示愿意将书写技艺传授给国王的子民，托特说："这是学习的一环，可以改善百姓的记忆；我所发明的方法可以提供他们记忆和智慧的秘诀。"但国王并不同意，他对神说："假如百姓学会了这种记忆，就会把健忘植入灵魂中；他们不会再练习记忆，因为只会依赖写下的东西，不再从心底将事物唤回记忆中，而只想靠着心外那些标记。你所发现的不是记忆的秘诀，而是提醒的秘诀。你提供给你的信众的不是真正的智慧，而是智慧的假象。"② 在苏格拉底去世 2000 多年后，虽然当时书写早已巩固其作为人类知识载体的统治地位，但法国剧作家让·拉辛依然是苏格拉底的信徒，因为他 18 岁时的悲惨经历让他明白书本的不可靠和记忆的重要性。当时他在罗亚尔港修道院求学，喜欢上了一本希腊小说《泰奥哥尼斯和夏里克莉丝之爱》，但还不等他读完，就连续两次被修道院的管理者发现，并烧掉了他的书。于是他买了第三本，并将整本书牢牢记忆在脑海中。然后他主动把书交给修道院的管理者，说："现在你也可以把这本书烧掉，就跟烧掉前两本一样。"在让·拉辛之后大约 260 年，年仅 11 岁的阿尔维托·曼古埃尔（加拿大作家、《阅读史》的作者）在家庭教师的教导下，

① 李明：《从"谷歌效应"透视互联网对记忆的影响》，《国际新闻界》2014 年第 5 期。

② 阿尔维托·曼古埃尔：《阅读史》，吴昌杰译，商务印书馆，2002，第 74 页。

也坚信应该依靠自己的大脑记住书本中的内容。曼古埃尔被要求背诵歌德、海涅和席勒的诗，他很喜欢这些诗，但并不明白为什么要背诵下来。于是这位家庭教师回答道："当你没有书可读的日子，它们会陪伴你。"家庭教师的断言来源于他的父亲，其父亲是一名学者，能够背诵维吉尔和欧里庇得斯的许多作品。当他被关在集中营时，正是这些记忆之书，让他和同囚者在那个脏暗、残酷、绝望的地方坚持了很长时间。所以曼古埃尔说："一篇被记住的文本变成就像我很久以前背过的一首诗中的冰冻湖泊一般，如土地般坚固，能够撑得住读者的横越。"[1]

之所以大段引用上述有关于前贤对记忆的赞叹和对书本可靠性的怀疑，就是想说明，在纸质阅读时代，也有很多人认为书籍是一种外部记忆媒介，有损于人类的记忆和智慧。但事实证明，这些担心是多余的，或者是外部记忆媒介无损于记忆力和理解力，或者是人类大脑有自我弥补机制，总之人们并没有因为书籍的出现而导致记忆力、理解力丧失，也不影响我们知识体系的构建。

三、有声阅读是儿童深度阅读的重要途径

数字时代带来的一大变革，就是有声阅读的复兴。2009 年中国移动最早上线有声阅读服务，此后以 PGC 内容为主的豆瓣 FM、蜻蜓 FM 等产品相继上线；2013 年至 2014 年期间，随着国内 4G 网的商用落地，移动互联网加速渗透，有声阅读移动端 App 应用快速发展，喜马拉雅、考拉 FM 等移动音频应用上线；此后资本涌入，推动有声阅读市场迅速成长，竞争加剧；从 2018 年开始，有声阅读市场在内容、渠道及商业模式方面不断探索，逐步走向成熟，进入多元化发展阶段。2019 年，我国有声书用户规模达到 4.78 亿人，占网民总数(9.4 亿人)的 50.85%，也就是说，每 100 名网络用户中，就有超过 50 人有听书经历(实际上这一数据应该更大：因为大量婴幼儿、学龄前儿童和中小学生并没有智能手机，但他们有丰富的听书经历)。如果孔子生活在这个时代，他一定会为有声阅读的复兴而由衷赞叹，毕竟孔子是口述时代的坚定维护者；而苏轼则会如同今天大多数阅读研究者，对有声阅读持反对态度，因为苏轼不仅仅反对印刷时代，同时也反对默读或诵读——他支持手抄。

如前所述，人类已全面进入数字时代，数字阅读已成为人们工作、学习和生活的重要情境，我们再也回不到纯粹的纸质阅读时代。那么，有声阅读是否有可能将儿童导向深度阅读？周亚博士对"深阅读"概念的界定，涉及三个核心要素：一是阅读客体具有较高的知识信息含量；二是阅读过程中阅读主体大脑参与程度很高；三是阅读结果为对阅读文本的熟悉、理解与掌握程度较高。如果儿童有声阅读也能实现这三个要素，我们就可以肯定：有声阅读并非天然的"浅阅读"模式，而是实现儿童深度阅读的重要途径。

(一)阅读客体

有声阅读过程中的阅读客体，就是有声读物。我们之所以形成儿童有声阅读就是浅

---

[1]阿尔维托·曼古埃尔:《阅读史》,吴昌杰译,商务印书馆,2002,第81页。

阅读的印象,原因就在于他们更容易被童话故事、动画故事所吸引,正如纸质阅读时,儿童更容易被图文并茂的书籍所吸引一样。对于儿童有声阅读内容"深"与"浅"的评判,我们应该遵循以下原则:第一,有声内容的深浅应该因人而异,对于成年人来说,"童书共读"App中"诗词精读打卡营"栏目的任何一个有声文本都是浅阅读内容,而对于一个3岁的小朋友来说,听故事机播"《赠汪伦》的故事"就是深阅读;同样,对于一个12岁的六年级小学生来说,听故事机播"《关雎》的故事"也是深阅读。第二,有声内容的深浅也会因时而变,例如,明清时代风行的白话小说,对当时的人们来说属于浅阅读文本,但对今天的大多数人来说都是深阅读文本;同样,我们观察到很多儿童津津有味地听《海贼王》的动画原声,对他们来说,这是浅阅读文本,而对他们的祖父辈来说,可能就是深阅读文本了。

知识,就是人们在改造世界的实践中所获得的认识和经验的总和。[1] 所谓知识含量高,对于具体的读者来说,应该具有两个层次的意义:一是知识信息丰富,这里的丰富并不是指文本的长度或大小,一篇3000字的童话故事,可能承载的知识信息就很少,而王昌龄的《出塞》仅仅28个字,却包含了丰富的信息,如果读者不了解秦汉以来持续不断的战争、龙城飞将的故事、阴山的大概位置,以及作者写这首诗的时代背景等等,他们就不能完整地把握这首诗要表达的真实意涵;二是所指的知识信息适度超出具体读者现有的知识储备和理解能力。这就仿佛皮亚杰所说的适度新颖性,例如给一名12岁儿童的阅读材料,刚好与他已有的经验和知识有一定联系,但又足够新颖。又如艾德勒在《如何阅读一本书》中所说的,当你拿到一本书时,"你对这本书的理解程度,刚好让你明白其实你并不理解这本书。你知道这本书要说的东西超过你所理解的"。但是,你能够在"没有任何外力的帮助……只凭着内心的力量,玩味着眼前的字句,慢慢地提升自己,从只有模糊的概念到更清楚地理解为止"[2]。之所以提出适度原则,就是说,对六年级的小学生来说,七年级的语文教材是深阅读文本,但大学一年级的《大学语文》教材,对他们来说就不是深阅读文本,而是无意义的文本。这个新颖性的"度",就在于具体的读者能不能在没有任何外力的帮助下,自己获得意义的理解。

我们在第三章提到过,目前众多有声阅读平台上的儿童有声书内容,主要包括国学、故事、儿歌、小说、散文、英语等类别;同时还有诸如少儿编程、少儿设计等内容划分在儿童教育频道。这些内容,对于不同年龄段的儿童来说有明显的深浅之别。例如,对0—2岁的婴幼儿来说,大部分都是深阅读文本甚至无意义文本(如编程、设计类教程);对3—6岁的学龄前儿童来说,童话、故事也是深阅读文本;而对7岁以上的儿童来说,《论语》《孟子》《声律启蒙》等国学读本,以及《西游记》《水浒传》《红楼梦》等古典小说读本,也是深阅读文本。

(二)阅读过程

判断儿童有声阅读是否是深阅读的重要标准,就是儿童在阅读过程中心理或大脑的

---

①中国社会科学院语言研究所词典编辑室:《现代汉语词典》,商务印书馆,1996,第1612页。

②莫提默·J·艾德勒、查尔斯·范多伦:《如何阅读一本书》,郝明义、朱衣译,商务印书馆,2004,第11页。

参与程度,参与程度高,就是深阅读,否则就是浅阅读。麦克卢汉对受众在媒介内容传播过程中的心理参与现象进行了详细分析,他认为传媒有冷媒介和热媒介之分。冷媒介清晰度低,提供的信息量少,如广播、书籍,需要受众动员多种感官的配合和丰富的想象力来填补,这种动员多种感官的配合,并不是媒介同时刺激了受众的视觉、听觉、味觉等感官,相反,这种媒介是单一的感官刺激,而对其他感官的刺激需要我们在想象中调动。热媒介清晰度高,提供的信息量大,如电影、电视,主动刺激受众的多重感官,如视觉、听觉、触角(如5D电影)等,受众发挥想象力的空间有限,参与程度就较低。他认为:"电话就是一种冷媒介,或者叫低清晰度的媒介,因为它给耳朵提供的信息相当匮乏。"[1]对于传播的有效性来说,媒介内容对受众参与程度的要求越低越好,而对知识学习来说,则恰恰相反。

传统的纸质文本显然是一种冷媒介。纸质文本由一系列连续的文字符号构成,儿童的阅读就是其视觉感官接收到符号信息,并从中获得意义的一种活动。但这种活动实际上是非常复杂的,文字符号承载的信息量非常之少,需要儿童调用多方位的能力来实现意义的呈现。例如符号解码能力,众所周知,语言是约定俗成的同时表示特定意义的物质实体和物质实体所表示的特定意义的一套符号系统,而文字是"符号的符号"。儿童在阅读时,首先要将文字符号解码成语言符号(例如我们在阅读时,即使是默读,大脑里会同时有一个声音响起),再将语言符号与其特定的物质实体和物质实体所表示的特定意义对应起来,这就需要儿童掌握正确的语音、足够多的词汇和一定的语法才能实现;此外,儿童在阅读时还需要调动其思维能力,思维就是理解现实世界的精神活动,所以思维能力就是理解能力。思维不一定要借助语言,但语言的出现却成了思维的重要工具,并且积极影响着人的思维。萨丕尔—沃尔夫假说认为,语言决定思维,语言主要是一种背景知识,任何人在使用自己的语言进行思维时,都在无意识地运用这种背景知识。背景知识不同,即使是相同的文本也会有不同的看法。[2]例如,对于不了解《世说新语·排调》的人来说,"枕流漱石"这一成语不但毫无意境,简直岂有此理。正因为儿童在纸质文本阅读时需要同步调动多方面的能力,容易进入一种沉浸式集中的状态,从而又反过来促进其各方面能力的提升。

而网络视频显然是一种热媒介,它通过丰富的画面语言,辅以音效、色彩、对白来同时刺激受众的视觉和听觉感官,对于儿童来说,他们几乎不需要掌握太多的语言能力,也能够从中获取意义。例如,不识字的幼儿,同样能看懂动画片。视频文本是以画面解释现实世界,为保证故事的精彩性,能用画面表达的情节一般不会有语言的参与。如前所述,语言是思维的重要工具,实际上,视频文本是用画面的快速流动替代了儿童的思维过程。与此同时,为了保证画面的流畅性、故事的紧张感和连续性,视频文本中各种画面、音效、色彩纷至沓来,让人目不暇接,没有给儿童留下思考的空间。不仅如此,甚至有研究者认为,儿童观看视频时间过长,容易引发疲劳感、注意力难以集中等视频终端综合

---

① 麦克卢汉:《理解媒介——论人的延伸》,何道宽译,商务印书馆,2003,第49页。
② 沈阳:《语言学常识十五讲》,北京大学出版社,2005,第370页。

征,并进而弱化其文字阅读能力。①

那么有声读物属于热媒介还是冷媒介? 首先,有声读物是对儿童单一感官(听觉)的刺激,而不是以画面、音效、色彩、图文对多重感官进行全方位的信息轰炸,需要我们通过想象来配合,例如,当儿童听到"小明很幸福,因为他吃到了漂亮而美味的蛋糕"这个句子时,他需要想象蛋糕的颜色、形状和味道,这样才能充分感受到小明的幸福。其次,有声读物具有转瞬即逝的特点,而不像书面语言一样可以马上回视,要求儿童在阅听时注意力更加集中、沉浸到内容中去,同时要迅速调动其语言能力和思维能力,从而获得清晰而完整的意义。第三,由于互联网双向性、互动性的特点,儿童还可以与内容生产者及其他受众交换信息,实现意义(立场)认同,或者通过协商式谈判,共同对事件赋予新的意义。在这一层面上来讲,有声读物是一种典型的冷媒介,对儿童参与程度的要求更高于纸质文本和视频文本,更加有利于其阅读能力的提升。

(三)阅读结果

阅读结果是判断儿童有声阅读最关键的因素,儿童在有声阅读时,哪怕阅读对象是众所周知的、合适深度的阅读文本,阅读过程中大脑参与程度也高,但如果没有好的阅读结果,我们也不能说这是深阅读。根据周亚博士"深阅读"的定义,好的阅读结果主要有两个标准:一是对阅读文本的熟悉程度较高,就是说能形成记忆;二是对阅读文本的理解与掌握程度较高,也就是说能通过同化/顺应机制,解码、整理和加工成为自己的知识体系。那么,儿童有声阅读能否达成这一目标呢?

知名的儿童有声书主播王凯曾经设计开发了一款"睡前故事 + 睡前诗"的产品,在讲完一个故事后,将一首小学生必背的诗按篇幅长短读 7 遍至 15 遍,声音一遍比一遍小,直到最后声音似有似无。一周之后,王凯得到了用户的反馈:孩子不仅在听诗的过程中安稳地入睡了,而且这么长的诗歌也背了下来,以后不用再逼着孩子念诗了。②

2019 年下学期,我们进行了一次考察有声阅读与纸质阅读对儿童记忆效果影响的实验。我们在长沙县星沙实验小学挑选了两个五年级的自然班,其中 1501 班为实验组,共 40 人;1503 班为对照组,共 42 人。两个班均为正常教学班,学生年龄为 10—11 岁,平均学业成绩相近。实验设计如下:实验组学生使用智能手机,以耳机模式通过蜻蜓 FM 阅听有声书《君王夏启》;对照组则阅读《君王夏启》有声书文字版的打印稿。实验组与对照组只有一个变量,即一组是有声阅读,一组是纸质阅读。一个月后,对两组学生进行测试。假设儿童有声阅读的记忆效果不如纸质阅读,那么,实验组的测试成绩应当明显低于对照组。

《君王夏启》有声内容时长 11 分 44 秒,讲述了大禹年老后,对选择伯益还是启作为继承人尚在犹豫,刚好此时三苗部落与大禹部落发生了冲突,于是大禹以占卜的方式,选择由启带领军队去驱逐三苗。启作战勇猛,冲锋在前,取得了战争的胜利。由于这场胜

①陈薇:《深阅读濒危》,《新疆新闻出版》2011 第 10 期。

②张雅佼:《将睡前故事打造成受欢迎 IP》,《当代电视》2019 年第 11 期。

利,启作为继承人的呼声越来越高。伯益迫于压力,选择了叛乱,而启又带领他的支持者打败了伯益。虽然启连续取得胜利,但他依然待人和气、生活朴素、乐于助人。经过大禹和部落长老们的长期观察,最终决定由启继承部落首领,启也由此建立了我国第一个王朝。从此,我国古代的王位继承制度由禅让制转向世袭制,从公天下变成了家天下。这个故事涉及了占卜的方法和结果的判定,三苗部落与大禹部落之关系,以及禅让制和家天下等知识,对五年级学生来说,属于深阅读文本。

测试重点考查学生对文本的记忆,题目较为简单,共 10 题,其中 5 题为单选题,5 题为填空题,每题分值为 1 分。测试结果显示,实验组平均得分为 8.075 分,对照组平均得分为 8.166 分,两组测试成绩没有显著差异,假设不成立。

2019 年暑假,我们进行了一次观察有声阅读与纸质阅读对儿童理解能力影响的实验。将我们长期跟踪观察的 5 名 11 岁儿童分为两组,实验组 3 人,对照组 2 人。实验组学生使用智能耳机,以耳机模式在蜻蜓 FM 阅听有声内容《神奇的骨头:二里头卜骨》,时长为 4 分 43 秒;对照组则阅读《神奇的骨头:二里头卜骨》有声内容文字版的打印稿,共689 字。主要内容描述了河南偃师二里头出土的卜骨,有牛、羊、猪、鹿的肩胛骨,占卜的时候,先在骨头上钻孔,然后放到火上烤,直到烤出裂纹,再根据裂纹的形状和长短寻找答案、做决定,但这些卜骨上都没有文字。在文章的最后,又提到了商代的占卜,其占卜材料除了骨头,又多了龟甲,同样是先钻孔、火烧,根据裂纹来判定占卜结果。最后,还要把占卜的问题和结果刻到甲骨上,这就是知名的"甲骨文"。在他们阅听之前,已告之后面将要对他们的阅听情况进行考查。假设儿童有声阅读对文本的理解不如纸质阅读,那么,实验组的测试成绩应当明显低于对照组。

考查的题目有两道,均为书面回答。第一题为选择题:小明在博物馆看到一片卜骨,上面记载了古代一位国王询问上天什么时候下雨。请问这位国王可能是谁? A. 夏启;B. 商汤。第二题是一道简述题:请至少写出夏代与商代占卜的两点不同之处。结果是,无论是实验组还是对照组,都能正确给出答案。假设不成立。

由于条件限制,我们不能选择更多的样本来进行此次实验,但是,众多面向中小学生的远程培训的成功,足以说明有声阅读并不对儿童理解文本的意义、构建其知识体系形成障碍。例如,2020 年新冠肺炎疫情期间,我的女儿(12 岁)报名参加了某编程的在线培训课程,该课程以老师讲解为主,配合简单的 PPT 图片,是典型的有声内容。同时参加培训的学生超过 2000 人。经过 10 节课的培训,她学会了简单的平面设计和视频剪辑,并独立完成了多个视频作品,学业成绩被评定为"优秀"。

综上所述,无论是听众对凯叔睡前故事的反馈结果,还是在星沙实验小学进行的记忆效果实验,都证明了儿童有声阅读的记忆保持程度与纸质阅读没有显著差异;无论是对 5 名 12 岁儿童进行的理解能力实验,还是众多在线课程培训的成功案例,也证明了有声阅读并不影响儿童理解文本的意义,并将这些所获取的意义进行编码、加工和整理,构建自身的知识体系。因此,我们可以说,儿童有声阅读对于阅读语言和符号的熟悉、理解与掌握都能够达到较高的程度,从而获得较好的阅读效果。

四、儿童有声阅读的去浅阅读化

早在纸质阅读时代，人们就发现了儿童的浅阅读倾向，他们天然更喜欢"读图"，一本纯文字书和一本图文并茂的书，大多数儿童往往会选择后者。有研究者认为，辩论"读图好还是读文好的问题根据就是一个伪问题。因为，在孩子的生活世界里，到处都是图片，各种课本，儿童读物，媒体上的大照片、大图片、FLASH 都对孩子充满诱惑，想要孩子不读图是不可能的事"①。因此，作为教师或家长，纠结的不应该是儿童能不能读图，而是要对他们进行阅读指导，防止儿童过多读图而偏废了读文。

实际上，在纸质时代，为了引导儿童指向深度阅读，教育界早就形成了一套成熟的、行之有效的方法，并且被视为"浅阅读"标志之一的"图像"，也被充分利用为促进儿童深阅读的工具。通常的做法是：在 0—6 岁的婴幼儿阶段，以读图为主，同时通过亲子阅读、绘本阅读等方式辅以文字阅读；随着他们进入学校，逐渐以读文为主，为了激发其文字阅读的兴趣和积极性，也会在儿童使用的教材和课外书中，辅以栩栩如生的插图。

儿童有声阅读也是如此。虽然我们已经可以确认，有声读物同样可以承载深度阅读文本，有声阅读的过程中，对儿童思维参与程度的要求甚至更高于纸质文本，同时，有声阅读也并不影响儿童对文本意义的理解和记忆，并构建自身的知识体系。但是我们在观察中也发现，如果让儿童自主选择有声读物，他们会优先选择动画原声、童话故事等"浅阅读"文本，喜马拉雅 FM、蜻蜓 FM、懒人听书等有声平台上，播放量排名前列的也往往是儿歌、童话、故事等内容，而国学经典、文学经典及有声课程则播放量排名靠后。在这个时候，阅读指导的意义就充分体现出来：其一，我们要为儿童选择符合其年龄的有声文本，所谓的适龄，又有两个方面的含义，一方面，目前很多有声平台都显著标注了按年龄阶段的检索导航，例如蜻蜓 FM 就将儿童的年龄段分为 0—1 岁、1—3 岁、3—6 岁、6—9 岁、9—12 岁、12 岁以上六个阶段，点击某个年龄阶段，检索页面出现的有声书内容均为面向上述年龄阶段儿童；此外，很多有声书内容也直接在书名后标注了适听年龄段等。另一方面，则可以根据维果茨基的"最近发展区"理论，如果我们任由儿童选择自己喜欢的读物，他们的阅读素养就只会与自己的智力发展水平保持一致，如果我们能在内容选择上提出一些建议，并给予适当的帮助，他们就可能达到更高的水平。其二，我们可以利用儿童心理发展的特点引导其走向深阅读，众所周知，儿童的大脑正在大量地学习和辨析外界的各种信息，因而他们天然具有爱听故事的习惯；皮亚杰认为，8 岁以前的孩子认为，物品都是有生命和意识的，能够自己运动，并且这些运动既保证了世界的和谐，又为人类服务，甚至 8—11 岁的孩子还残留泛灵论的痕迹，②这种泛灵论认识决定了儿童爱看动画片；皮亚杰同时还认为，儿童将游戏看得如此重要，是因为游戏不仅是一种消遣或者宣泄多余精力的活动，同时还是一种发展感知和智力，进行有倾向的实验以及锻炼

---

① 胡根林：《读图时代：我们教孩子怎么读》，《教学与管理》2006 年第 11 期。

② 让·皮亚杰：《教育科学与儿童心理学》，杜一雄、钱心亭译，教育科学出版社，2018，第 185 页。

社交本能的活动。① 因此，我们在创作有声读物时，就可以利用故事、动画和游戏的形式来激发儿童对深度阅读的兴趣。事实上，今天已经有很多有声读物开始行动了，例如，让一名 10 岁的孩子主动阅读《关雎》《蒹葭》《蜀道难》《茅屋为秋风所破歌》等诗歌几无可能，但以"古典诗词＋故事"的形式，就立即成为家长支持、孩子喜欢的热播有声书，即使一名 7 岁的儿童也愿意阅听。此外，还有"国学＋故事""经典文学＋故事""动画配音演员讲古典名著"等多种探索也正在进行。其三，提倡家庭共同阅听。2006—2014 年，我们进行了长达 9 年的关于动画片对儿童语言学习的影响研究，在此过程中我们发现了一个有趣的"遥控器协商"现象：当全家人坐在一起看电视时，开始总会有频道争夺现象，例如爸爸要看体育频道，妈妈要看电视剧频道，孩子要看动画频道，但最后一定会出现"协商式观看"，即大家在遥控器控制权的争夺中达成妥协，选择三方都可以接受的节目，比如一个旅游主题的综艺节目。家庭共同阅听也会有"协商式阅听"现象，当孩子要听童话故事，家长要听经典名著，可能最后双方达成妥协，共同阅听一部曹文轩的《草房子》。通过上述方法，将使儿童有声阅读去浅阅读化，或者说利用有声阅读将儿童导向深度阅读成为可能。

第三节　碎片化阅读、整体性阅读与儿童有声阅读

　　知识管理领域的研究认为，人类大脑对外部客观物质世界的认知构成了人类意识的全部内容，这个认知过程是一个从低级到高级，不断发展的过程。系统理论和组织变革研究领域的专家 R·阿克奥夫认为，可以将人类意识内容分为五类：数据、信息、知识、理解和智慧。② 数据是指通过感觉器官或测量仪器感知反映外部客观物质世界运动状态的信号，形成事实、文字、声音和图像等形式或符号的数据。这些数据是最原始的记录，是零散的、孤立的，如果不将它们进行整理和加工，除了表示事实的存在之外没有其他任何意义。可以想象一个新生婴儿刚刚睁开眼睛所看到的一切事物。信息则是大脑对数据进行筛选、整理、加工和编码，使筛选的数据之间建立相互联系，从而具有了某种意义。比如说以下数据，"今天是星期六、今天下雨、假日不要上学"，就可以加工成一条信息：今天是星期六，所以不用上学。而"今天下雨"则是噪声，是无效数据。知识则是对信息的进一步提炼，从而形成概念、方法、技能、经验等完整的体系，是回答信息"为什么"的问题，是知其然还知其所以然。比如"星期六不用上学"是信息，而为什么星期六不用上学的答案则是知识。理解就是"温故而知新"，是人对既有知识体系的梳理，从而形成新的知识。而智慧则体现在两个方面：一是对现有知识和理解的运用，从而对外部客观物质世界的发展做出预判；二是为了对外部客观物质世界的发展做出更准确的预判，指挥大脑收集更多数据和信息，形成更庞大的知识体系和理解能力，从而推动人的智慧向更高

---

① 让·皮亚杰：《教育科学与儿童心理学》，杜一雄、钱心亭译，教育科学出版社，2018，第 169 页。
② G. 贝林杰、D. 卡斯特罗、A. 米尔斯：《数据、信息、知识、智慧》，《国外社会科学》2007 年第 6 期。

层次发展。知识和理解只能解释已发生的事情，而智慧则能对未发生的事情做出正确的评估。因此，我们可以说人类意识认知发展的过程，就是从数据和信息出发，不断形成知识体系和理解能力，并进而向智慧跃迁、升级的过程。以下就是一个从数据、信息、知识、理解到智慧推进的一个理想模型式的范例：

数据1：下雨了

数据2：小明考试挂科了

信息1：开始天气闷热，然后下雨了

信息2：小明不慎掉进水里，感冒了，导致考试发挥不好而挂科

知识1：由于温度高，大量水汽蒸发，导致大气中水蒸气含量增加，因此使人感觉闷热，这是夏季雷雨将至的先兆

知识2：人掉进水里后，由于水比较凉，造成人体受寒，抵抗力降低，因此容易感冒，使身体不适，影响考试发挥

理解：如果淋雨了，雨水也会使人体受寒，造成身体不适和感冒

智慧：今天早上天气闷热，可能会下雨。明天就要考试了，为防止淋雨感冒而影响考试，我要带把雨伞去上学

之所以说以上例子是一个理想模型，主要基于两个原因：一是如果仅仅获取零散的、孤立的数据，而不是主动积极地对数据进行筛选、建立联系，了解数据所承载的信息内容，进而对信息进行编码、整理和加工成知识体系和理解能力，数据和信息就不能实现认知层级的推进，跃迁为解释物质世界、对物质世界的发展进行预估的知识、理解和智慧。二是人类对外部物质世界感知所形成的数据，不会是恰好能够彼此之间建立联系，并被加工成有效信息和知识体系，而是充满了大量的噪声。我们在形成自己知识体系的过程中，往往需要对大量无效的数据和信息进行筛选和摒弃。

美国教育心理学家加涅的信息加工理论认为，当人被外界数据刺激后，就会进行选择性知觉编码形成信息，并储存在短时记忆中。这种短时记忆可储存的信息容量和保持时间都十分有限，一般容量超过 4～9 个组块、时间超过 15～20 秒，储存的信息就会被新进入的信息挤走。这种储存在短时记忆的信息只有通过复述、精细加工等方式进一步编码，才有可能进入长时记忆得以保存，以备日后回忆。[①] 因此，我们接受的数据和信息并非越多越好，这种零散的、孤立的、碎片化的信息接收得越多，就越记不住，更不用说形成长久的知识体系了。阅读也是如此，如果我们把一篇文章读熟读透，这篇文章的内容就成为我们知识体系中的一部分，但如果我们这篇文章读一下，那篇文章读一下，而不对这些内容进行及时的整理、加工、编码，使之相互建立联系，进入长时间记忆系统，看上去好像读了好多书，但实际上新信息一进入，这些内容就全部忘记了。这就是为什么黄庭坚强调"读书先务精而不务博，有余力乃能纵横"、朱熹强调"通一书而后及一书"、朱光潜强

①刘启珍、杨黎明：《学与教的心理学》，华中科技大学出版社，2012，第 154－155 页。

调"与其十部书都只能泛览一遍,不如取一部书精读十遍"的原因所在。

在数字阅读时代,这种碎片化阅读的情况更容易出现。一是互联网上精彩纷呈的信息层出不穷,以新闻信息为例,这一个新闻还没有消化,另一个热点新闻又被推送到我们眼前,阅读主体的注意力容易被分散;二是互联网上碎片化的内容很多,内容提供者迎合现代人的快节奏,不断以"精彩内容抢先看""三分钟读懂鲁迅""十分钟看完一本书"等名义批量制造碎片化内容;三是随着智能手机和移动网络的普及,人们的阅读行为随时开始,也随时中断,没有稳定的、长时间的阅读行为。一方面,我们能获取的内容资源得到了极大的丰富;另一方面,我们的阅读时间也似乎增多了,真正做到了欧阳修提倡的"三上":马(车)上、枕上、厕上。但我们获取的意义和知识却似乎更少了,例如在我们对非中文专业大学生语文基础知识、语文知识应用能力、审美感受力和文学阐释能力的测查中发现,其相应能力近年来一直呈现下降趋势。① 因此,碎片化阅读现象引起了学界的普遍担忧。

一、碎片化阅读的概念重建

与碎片化阅读相对应的概念是整体性阅读,也有人称之为完整性阅读、整本书阅读。碎片化阅读和浅阅读是两个不同的概念,碎片化阅读固然具有浅阅读的一些特征,但浅阅读并不一定是碎片化阅读。我们阅读《红楼梦》,如果我们从头到尾读一遍,就可以称之为整体性阅读,在阅读的过程中,实际上我们就已经不知不觉把许多信息在大脑里回忆、复述和加工了,形成了有联系的、长久的记忆。但这依然是浅阅读,因为我们还没有对这些信息进行进一步的提炼和组织,知其然而不知其所以然,还没有同化/顺应成为我们的知识体系。例如,如果我们不了解古代的科举制度,就不能理解为什么贾宝玉如此聪明有礼、诗才敏捷,还会被冷子兴评价为"可笑、一代不如一代"。所以,碎片化阅读一定是浅阅读,但整体性阅读也可能是浅阅读。与此同时,碎片化阅读也不是部分性阅读,碎片化的信息是零散的、彼此孤立的,我们获取再多的碎片化信息,也无法拼凑成一个整体;而部分性信息则是彼此有联系的,只要我们获取足够多的信息部分,就可以形成一个整体。依然以《红楼梦》为例,就可以把每一回当作一个部分,当我们将第一回反复熟读,故事的前因后果、人物关系等梳理明白,如果在本回找不到答案的,则带着问题继续读第二回……这样一个部分一个部分地深阅读,也不会影响我们对《红楼梦》全书的整体把握。

随着数字阅读的兴起,碎片化阅读现象开始被重视,很多研究者根据自己的理解对"碎片化阅读"的概念进行了界定。贺逸群、刘黎明认为,"碎片化阅读是一种以互联网为载体,以手机、平板电脑等便携式电子产品为工具,利用零碎时间获取碎片化信息的阅读方式"②。这一定义强调了阅读载体、阅读时间和阅读内容的碎片化;王鹏涛认为,碎片化

---

① 彭红霞:《数字阅读时代大学生古典文学鉴赏能力现状及培养途径》,《文教资料》2019 年第 3 期。
② 贺逸群、刘黎明:《蜜糖或砒霜:碎片化阅读的利与弊》,《编辑之友》2018 年第 11 期。

阅读就是"读者在确定的阅读目标指导下,以相对稳定的速度,投入较短时间(少于设定的某个标注),阅读某个内容的阅读方式。它有别于传统的纸质阅读,具有零散、随意、快捷、无序、简易等特征,但也有可能是有计划的、完整的、系统性的阅读,只是每次时间较短"①。这一定义强调了阅读时长及碎片化阅读的特征;林元彪则认为,"碎片化阅读是描述信息传播与获取情况的形象说法,有两层意思:一是相对于原典内容的碎片化,二是相对于连续阅读时间的碎片化"②。这一定义则强调的是内容的碎片化和时间的碎片化。

从上述定义来看,研究者认定碎片化阅读的关键指标主要是三个:阅读载体(互联网、数字产品)、阅读时长(短暂、零碎)和阅读内容(零散、简易)。显然,上述说法都是有一定道理的,在互联网环境下,以手机、平板电脑等电子产品更容易获取碎片化内容,也更容易产生碎片化阅读语境,比如超链接、弹窗、消息推送等形式都更容易使读者在一篇文章还没有读完的情况下,迫不及待打开另一个窗口;短暂、零碎的阅读时长往往是随意的、无计划,使读者不能完成一个完整的文本阅读,或者来不及对接收的信息进行加工整理和编码,从而也更容易导致碎片化阅读;零散的阅读内容,意味着这些内容是孤立的、相互没有联系的,很难被组织在一起,当然也是一种碎片化阅读。但是,上述定义也是不全面的,根据《中国读书大辞典》中"阅读"的概念:"一种从书面语言和符号中获得意义的社会行为、实践活动和心理过程,是读者与文本相互影响的过程。"我们可以看出,"阅读"是由阅读主体(读者)、阅读客体(书面语言和符号,即文本)、阅读环境(地点、载体等硬件环境以及社会、时间等软件环境)、阅读结果(获得意义)四个要素组成。在这四个要素中,阅读结果是阅读活动中的核心要素,也是阅读活动的最终目的,而阅读主体、阅读客体和阅读环境是构成阅读活动的基础要素,缺少任何一个基础要素,阅读活动都不能成立,也就不会产生阅读结果。因此,三个基础要素中的任意一个环节出现碎片化情形,都会导致碎片化结果。我们在界定"碎片化阅读"的概念时,就要充分考虑阅读主体、阅读客体和阅读环境。

(一)阅读主体

阅读主体即读者,其导致碎片化阅读结果的因素有多种,但主要体现在读者的知识储备、阅读素养和心理状态三个方面。

其一是知识储备,不同的阅读文本,需要相应的知识才能欣赏、理解。例如,北京大学郭锡良教授等人编撰的《古代汉语》教材,就要求在骈体文选读课程之前,首先安排讲授基础知识课程"骈体文的构成",诗经、楚辞、汉赋等文体均依此类推。如果让一个小学生读《离骚》,无论给他创设多么好的阅读环境,他都只能获得碎片化阅读结果,即使他认识所有的字词,由于不懂其字义和词义,他眼中的字词就是孤立的、碎片化的,无法被加工成意义。

其二是阅读素养,包括阅读兴趣、阅读速度、定位信息能力、整合信息能力、获取知识

① 王鹏涛:《我国碎片化阅读研究的回顾与展望:基于量度视角的考察》,《编辑之友》2018年第1期。
② 林元彪:《走出"文本语境":"碎片化阅读"时代典籍翻译的若干问题思考》,《上海翻译》2015年第1期。

能力、阅读赏鉴能力、批判性阅读能力和文本解读能力。其中阅读兴趣和阅读速度决定了阅读的效率,而定位信息能力和整合信息能力就决定了阅读结果是否碎片化,如果我们在阅读过程中不能准确定位信息(也就是对信息的筛选,去除信息噪声,选择有效信息),并对信息进行组织(整理、加工和编码),那么我们获得的就是碎片化阅读结果,而其他能力则决定了阅读的质量,即浅阅读还是深阅读。例如,对于大多数人来说,《红楼梦》就是一个爱情故事,但对于具有较好赏鉴能力和文本解读能力的读者,他们就能从中解读更多的意涵。

其三是心理状态,阅读是一种心理活动的过程,所谓心理状态就是我们在阅读过程中心理活动的特征,例如注意、疲劳、紧张、轻松、忧伤、喜悦等等。这种心理状态决定了我们的阅读行为是主动的还是被动的。艾德勒认为,阅读越主动,效果越好,"这个读者比另一个读者更主动一些,他在阅读世界里面的探索能力就更强一些,收获更多一些,因而也更高明一些。读者对他自己,以及自己面前的书籍,要求得越多,获得的就越多"①。这种被动和主动又是可以相互转化的,例如,著名的孙敬和苏秦"头悬梁、锥刺股"的故事,心理上是主动的,但身体上却是被动的,在双眼疲劳、昏昏欲睡的状态下,不可能有良好的阅读结果;同时,在奖惩机制合理的情况下,基于可以预期的奖励的吸引力,或对可以预期的惩罚的恐惧,可以使被动的阅读转化为主动的阅读,例如,鲁迅先生《朝花夕拾·五猖会》一文中回忆:七岁时的鲁迅,高高兴兴准备去看五猖会,临出发前,他父亲却要他背诵大约二十到三十行《鉴略》,如果背不出来,就不允许去。显然,这是一种被动阅读。但是,出于对看五猖会的向往和不能去看五猖会的担心,使少年鲁迅努力地、主动地去背诵,阅读结果也很好,他很快能够"一口气背将下去"。

综上所述,阅读主体的知识储备、阅读素养和心理状态是影响阅读结果的重要因素。阅读主体知识储备不足、阅读素养不够或心理状态呈现被动特征的情况下,就越容易导致碎片化阅读结果。

(二)阅读客体

阅读客体即阅读文本,阅读客体的碎片化,有三个层面的含义。

第一,在一个文本内蕴含的信息缺乏内在逻辑,例如,一名不具备书写能力的作者生产的文本,由于表达含混,读者无法将其传递的信息加工成意义。

第二,是多个孤立的、缺乏联系的文本,这些文本中,可能有的本身就不具备意义,如一些片言只语;而有的具备完整的意义,但多个文本缺乏联系,而无法被加工成知识体系,正如有人所说,"碎片化信息没有前后,不知信息从何处来,去到何方;没有左右,与相关信息没对照;没有上下,上不从属母系统(如全文中的数据)、下不衔接子系统"②。例如,我们在睡前,拿起手机随意地翻阅微博的热搜新闻,这些单个的文本是有意义的,但我们读完后,最多可以说获得了一些资讯,而无法吸纳到我们的知识体系之中。

①莫提默·J·艾德勒、查尔斯·范多伦:《如何阅读一本书》,郝明义、朱衣译,商务印书馆,2004,第8页。
②张立伟:《构建意义:超越新闻传播的信息范式(上篇)》,《新闻战线》2017年第11期。

第三，多个文本之间有隐藏的、内在的联系，这种联系需要借助某种理论工具才能够实现，只有具备某种专业知识、掌握某种理论工具的人才能够将这些文本组织成一个体系。例如，《红楼梦》里写了很多饮宴的场面，《金瓶梅》里也写了很多饮宴的场面，如果将两部书里对食物的描写罗列在一起，对于大多数读者来说，就是一堆碎片化的内容，毫无意义。但有的研究者就发现，曹雪芹写高端宴席得心应手，而兰陵笑笑生写起来却有种说不出的陌生感，但他一写到家常菜，就马上妙笔生花。因此，研究者得出结论，兰陵笑笑生是王世贞的说法大概率是错误的，因为王世贞这样的世家子弟，自身也少年得志，仕途顺利，官至刑部尚书，不可能对下层人民的生活非常熟悉，反而对上流社会的生活有陌生感。再比如，沈从文作品的用词特点、李白与杜甫诗歌的特点，稍有学习和研究的人都能说出几条来。但有的研究者却能从沈从文少用的字、李白和杜甫从不涉及的题材中总结出规律来。有研究者就从沈从文少用"的"字来分析其语言艺术，还有的研究者则分析了"李杜文章在，从不写芭蕉"的原因。

综上所述，阅读文本的碎片化也是因人而异的。有的文本，对任何人来说都是碎片化的、无意义的，如乱码；而有的文本本身具有意义，但众多这样的文本彼此没有关联地堆砌在一起，对读者来说也是碎片化的内容，如笑话集、微博新闻；还有的文本，对部分读者来说是碎片化内容，而对另一部分读者来说则可能是有其内在联系的整体性内容。甚至，由于古典文学特别是诗词，讲究"言在意外"，它的意境往往隐藏在看似寻常、容易忽略的字句之中，甚至暗含在作者没有写出的无字无句之中，需要读者从看似碎片化的信息中、没有写出但实际上存在的信息中去挖掘、领会其意义。前者如《天净沙·秋思》中的物象堆砌；后者如《春江花月夜》，全诗都在反复吟咏"春江、花、月、夜"，但实际上表达的却是对时间流逝、历史兴废的哲理思考和人生慨叹，是诗人在引导读者与宇宙时空的对话。

（三）阅读环境

阅读环境包括硬件环境和软件环境，前者如阅读场所、配套工具（如书桌、椅子、灯光、文具）、阅读载体（纸质图书、智能手机、平板电脑）等；后者则主要指家庭环境、社会环境等因素，如对阅读的重视与否。

中国人对阅读场所比较讲究，例如古代的读书人，往往有书斋，书斋既是他们藏书之所，也是他们读书、著书之所，同时还是其修身养性的精神寄托之所在。因此，很多读书人对书斋的营造分外地用心。明代高廉在《遵生八笺·起居安乐笺》中描写了对书斋的环境要求："书斋宜明静，不可太敞，明静可爽心神，宏敞则伤目力。窗外四壁，薜萝满墙。中列松桧盆景，或建兰一二，绕砌种以翠芸卓令遍，茂则青葱郁然。旁置洗砚池一，更设盆池，近窗处，蓄金鲫五七头，以观天机活泼。"[①]如果说高廉所述是读人对书斋的理想状态的话，《明史》还记载了著名画家倪瓒的书斋甚详："所居有阁曰清閟，幽回绝尘。藏书数千卷，皆手自勘定。古鼎法书，名琴奇画，陈列左右。四时卉木，萦绕其外，高木修篁，

---

①高廉：《遵生八笺·起居安乐笺》，巴蜀书社 1992，第 306－307 页。

蔚然深秀,故自号云林居士。时与客觞咏其中。为人有洁癖,盥濯不离手,俗客造该庐,比去,必洗涤其处。"①古人之所以重视书斋,可能和其读书习惯有莫大之关系,当时大多数读书人有"抄读法",即一边抄书,一边诵书。如三国时的范汪,"布衣蔬食,然薪写书,写毕,诵读亦遍",宋代刘恕"求书不远数百里,身就之读且抄,殆忘寝食",明代张溥"幼嗜学,所读书必手抄,抄已,朗诵一过,即焚之,又抄,如是者六七"。与此同时,古代读书还重视记笔记,司马迁、司马光、顾炎武、曾国藩等人边读书边笔记的方式都有史可证。② 这种读书同时还要笔录的方式,当然就需要正襟危坐,有个舒适的读书场所了。但实际上,并非要有固定且舒适的场所才能实现好的阅读结果,在我国古代,也有很多随时随地读书的记载,例如朱买臣负薪读书、倪宽带经而锄、高凤曝麦诵经、李密牛角挂书、江泌映月读书,都是古人在户外读书的典故。

　　西方人读书则似乎更追求舒适感,数学家、天文学家、医学家、诗人兼哲学家欧玛尔·海亚姆认为最佳的读书场所是户外的树下,法国文学评论家圣伯夫则在书中建议读者在11月的树丛下阅读,英国诗人雪莱则喜欢坐在户外的岩石上读书。《追忆逝水年华》的作者普鲁斯特喜欢撑躺在柔软的床上,在微弱的灯光下读书,英国诗人乔叟认为在床上阅读是莫大的乐趣,小说家约瑟夫·斯科夫列克基和作家安妮·迪亚尔也认为在床上阅读是一种可以沉溺其中的乐趣。据说,在床上阅读一度成为欧洲的普遍现象,以至于一名法国教育家还专门写书呼吁民众:"不要模仿某些忙于读书或其他事务的人,假如不是要睡觉,就不要赖在床上。"③

　　到了今天,至少在我国,大多数城市家庭都有一个"书房",但书房似乎成了成年人利用台式电脑工作和游戏的地方,或者是孩子写作业的场地,而无论是大人还是小孩,他们的家庭阅读大都发生在客厅或卧室。另一个重要的读书场所则是图书馆,主要有大学的图书馆和公共图书馆,大学图书馆似乎更适合于学习而不是单纯的读书,"很少有人在图书馆看小说或其他文学作品,"大三学生姚源艺说,"一般是做题,即使是看教材,或者参考书,也会拿一支笔做笔记。"但公共图书馆的情况则恰好相反,大多数人都在阅读,以文学作品为主,也会有人因为考研、考证而选择在图书馆学习,但他们一般坐在最角落的地方做题或者背英语单词,与周围轻松闲适的读书氛围格格不入。随着智能手机和移动网络的普及,地铁、公交车等公共交通工具也成了常见的阅读场所,几乎所有人都在阅读——新闻、网络小说或者视频。如果欧阳修看到这样的场景一定大为欣慰,因为正是他提倡利用马上、枕上、厕上的碎片化时间来读书。

　　正如王余光、汪琴《中国阅读通史》中所说:"随着历史的发展,阅读的内涵和外延也在不断地发展和变化。从最早的结绳记事式的阅读到原始的图像阅读,到文字阅读、听读,再到现代的对图像、电影、电子音像制品的阅读,甚至所有的视觉文化产品、现实世界和人生,都被视为阅读的对象。"④阅读对象的扩大,自然阅读载体也在发生变化。即使我

---

①张廷玉等:《明史》卷二九八《隐逸列传·倪瓒传》,中华书局,1974,第7624页。

②王余光、汪琴:《中国阅读通史·理论卷》,安徽教育出版社,2017,第318页。

③阿尔维托·曼古埃尔:《阅读史》,吴昌杰译,商务印书馆,2002,第186–193页。

④王余光、汪琴:《中国阅读通史·理论卷》,安徽教育出版社,2017,第7页。

们将阅读对象界定在以语言文字为主的文本,阅读载体也包括了纸质书籍、智能手机、平板电脑、PC电脑、阅读器、电视机等。在我们的调查中发现,不同群体习惯的阅读载体有很大的不同,这种习惯和他们的职业有较大的关系。

在一家文化传播公司的问卷调查中,15名员工均表示近一年来没有阅读过纸质书,所有阅读行为均发生在智能手机和电脑上,阅读内容主要是新闻资讯和网络小说;而在大学教师群体中,纸质图书和数字产品的使用频率则较为平均,通过对31名大学教师以访谈方式的调查,他们在与教学、科研相关的专业阅读方面,更倾向于纸质阅读,但对于数字阅读也能够接受,尤其是急需参考的专业书籍和线上线下书店无法购买到实体书的专业书籍;与此同时,他们已习惯于通过知网、万方、维普等平台阅读专业论文,也习惯于通过手机了解新闻资讯,还会通过藏书馆、掌阅等平台阅读一些普及性的文学类、历史类、科普类书籍,但其目的已经是休闲娱乐,而非学习性、理解性阅读了;通过对三所大学院校200名非中文专业的大学生的问卷调查,除了与学习相关的专业阅读外,在最近一年里有过课外纸质阅读经历的学生只有31人,占比15.5%;与之相反的是,全部学生均有过数字阅读经历,阅读内容主要是新闻资讯、网络文学、畅销书(如《六神磊磊读金庸》)、脱口秀、相声以及网络课程;通过对42名小学生家长的问卷调查,小学生的主要阅读方式为纸质阅读,阅读内容为儿童文学、文学名著、科普类图书、历史类图书等,数字阅读也成为常态,主要是有声阅读和网络课程,其中26人有参加远程培训课程的经历(不包括新冠肺炎疫情期间的网课),有14人正在学习网络课程。

社会环境对阅读的影响极大,在我国古代读书之所以被重视,与全社会认同的"万般皆下品,唯有读书高"的理念关系极大。宋真宗赵恒还专门写了一首《劝学诗》,全诗极富感染力:"富家不用买良田,书中自有千钟粟。安房不用架高堂,书中自有黄金屋。娶妻莫恨无良媒,书中有女颜如玉。出门莫恨无随人,书中车马多如簇。男儿欲遂平生志,六经勤向窗前读。"不仅如此,读书人阶层还享有很多特权,例如中了秀才后,就可以免赋税、免徭役,见官不拜,免于刑罚。这种从庙堂到民间对读书的重视,以及政府制定的奖励措施,使读书蔚然成风,直接催生了我国光辉灿烂的文化艺术成就。目前,我国对阅读也非常重视,教育从精英化逐渐向普及化转向,"全民阅读"已上升为国家发展战略。但是,在商品经济的冲击下,这种重视没有被转化为国民的自发行动;特别是在"快乐学习""为学生减负"理念的冲击下,学生的阅读质量也在下降。目前,引导学生阅读的主要措施有三个:一是教育部制定的《语文课程标准》(义务教育版和高中版)。以《全日制义务教育语文课程标准》为例,课标要求"九年课外阅读总量应在400万字以上",这一标准可谓极低,要知道,仅《红楼梦》一书的总字数就超过500万字。二是教育部发布的《中小学生阅读指导目录》。2020年4月,教育部基础教育课程教材发展中心首次发布了《中小学生阅读指导目录》,面向全国义务教育阶段学生推荐图书210种,但是,这一指导目录并不具备强制性,教育部还特别强调:"《指导目录》所列图书供学生自主选择阅读,各地各校不作统一要求,不得强制使用,不得要求学生全部必读。"也就是说,这些书学生可以读,也可以不读。在这种情况下,除了少数有阅读兴趣或自觉性极强的学生,大多数学生自然选择不读了。三是升学考试中的阅读理解题型。我国是教育大国,大多数家长都有

"望子成龙、望女成凤"的希望,考试内容往往能成为学习的风向标。但问题是,考试中的阅读理解题型实际上与"阅读"的关系并不紧密,这种题目几乎完全不用真实阅读,通过《三年高考五年模拟》之类的辅导书刷题同样可以获得较高分数。相反,古代的科举考试才是真正的阅读理解,考生们必须对"四书""五经"读熟读透、充分理解才能作出好的文章来。

家庭环境也是影响阅读的重要因素。对于儿童读者来说,家庭环境因素包括家庭经济情况、父母职业、父母受教育程度、家庭居住地、父母阅读习惯等,但父母的阅读习惯对儿童阅读影响最大。美国一项研究家庭对孩子阅读兴趣影响的调查显示,当妈妈经常性阅读报纸的家庭,阅读兴趣高的孩子占比为 80.4%,当妈妈经常性阅读小说的家庭,阅读兴趣高的孩子占比为 95.2%;而爸爸经常性阅读报纸的家庭,阅读兴趣高的孩子占比为 91.1%,爸爸经常性阅读小说的家庭,阅读兴趣高的孩子占比为 62.5%。吉姆·崔利斯访谈的关于伦纳德·皮兹和他妈妈的故事,则说明了即使在一个经济条件较差、父母受教育程度低并且没有固定工作的家庭,父母良好的阅读习惯也可以将孩子引导向热爱阅读。皮兹成长于单亲家庭,住在政府安排的安居房内,全家主要靠社会福利救济金生活,其母亲是一位黑人妈妈,高中没有毕业,还患有心脏病。但这位母亲"总是如饥似渴地阅读书籍和报纸,是一名有着强烈求知欲的妇女",同时还鼓励皮兹阅读、经常与他一起朗读。伦纳德·皮兹也因此从小热爱阅读和写作,后来成为一名作家,并获得普利策评论奖。[1] 在我国的情况也同样如此,调查显示,父母表示喜欢看书、经常看书的家庭,94.6%的孩子喜欢看书,64.5%的孩子经常看书。[2] 在长沙县星沙实验小学 1503 班,语文老师认为阅读能力和写作能力均表现较好的 4 名学生,家庭中至少有一名家长热爱阅读,家庭藏书均超过 300 册(其中藏书最多的超过 3000 册)。由此可见,父母的阅读习惯是影响儿童阅读兴趣与阅读能力最重要的家庭环境因素。

从上述分析来看,在阅读活动中,阅读主体、阅读客体和阅读环境是非常复杂的可变量,稍有变化都可能造成碎片化阅读结果,例如,一名知识储备丰富、阅读素养良好的小学儿童,在舒适的环境下阅读曹文轩的《草房子》(该书是教育部推荐给小学生阅读的儿童文学作品),也可能因注意力分散等原因使信息接收不完整,造成碎片化阅读。同时我们也应看到,即使是一名识字不多、没有丰富阅读经验的学龄前儿童,却有可能在父母的指导下(如亲子阅读方式),实现对一本书的整体性阅读。因此,我们可以断定:从阅读主体、阅读客体和阅读环境来定义何为碎片化阅读是极其困难的,很难实现面面俱到的观察并标准化,只能从阅读结果这一阅读活动的核心要素出发,根据阅读结果的情况来进行"碎片化阅读"概念的界定,即阅读结果是碎片化的,那么这一阅读过程就是碎片化阅读,相反,即使是阅读过程中出现了碎片化现象(如阅读时间的碎片化、阅读方式的跳跃化),只要阅读结果是整体性的,则可以称之为整体性阅读。根据上述论断,结合阅读概念,我们可以尝试对"碎片化阅读"的概念定义如下:碎片化阅读,是指读者在阅读过程

①吉姆·崔利斯:《朗读手册》,陈冰译,新星出版社,2016,第 12 页。
②拜庆平:《从阅读调查管窥我国少年儿童阅读现状》,《出版广角》2018 年第 12 期。

中,从书面语言和符号中获取的数据和信息呈现孤立、零散、相互之间缺乏联系等碎片化状态,读者无法进行长时间记忆,并被整理、加工和编码为知识体系的阅读活动。

二、数字阅读时代的碎片化阅读

碎片化阅读和浅阅读是不同的。浅阅读是指读者在阅读过程中大脑参与程度不够,对阅读文本的熟悉、理解和掌握程度不够,一般停留在了解或知其大概的层面。因此,浅阅读只是一种低效率的阅读,但对读者来说还是有一定意义的,甚至可以通过重复多次的浅阅读来实现深阅读,这就是所谓的"读书百遍,其义自见"。而碎片化阅读则是在阅读过程中,接收到的是零碎的数据和信息,也不能形成长期记忆,对读者来说没有任何意义。而且,长时期的、形成了习惯的碎片化阅读,对读者来说是有害的。

在纸质阅读时代,也会出现碎片化阅读现象,比如阅读《红楼梦》时,只喜欢看贾宝玉和林黛玉的片段,其他情节就略过不看。此外就是大量阅读各种文摘类、略读类、缩减版的书籍,例如《意林》《人一生要读的100部名著》等。而在数字阅读时代,互联网上拥有海量的碎片化内容,而超链接、个性化推送、消息推送等新技术的应用又千方百计地诱惑读者碎片化阅读。因此在数字阅读时代,碎片化阅读现象更为多见,最为常见的是无计划的跳跃式阅读和无节制的狂欢式阅读。

(一)无计划的跳跃式阅读

跳跃式阅读既可以是一种研究型阅读模式,也可以是无意义的碎片化阅读。作为研究型的阅读模式,跳跃式阅读需要具备以下基础条件:一是要对文本已有整体性的把握,也就是说,已经对文本进行了至少一次或多次的整体性阅读,对文本的内容已经比较熟悉,具有了进一步深入研读的基础。二是要有目的性,即这种跳跃式阅读需要解决什么问题、寻求什么答案。例如苏轼的"八面受敌读书法",便是跳跃式阅读。他曾经和朋友分享读书的经验,认为每本书都要读几遍,每一遍都专门读一个主题,"如钱、谷、兵、农及诸事物之类,每一件事做一次理会,可以终身不忘"。以治《汉书》为例,"如治道、人物、地理、官制、兵法、货财之类,每一过专求一事,不待数过,而事事精核矣。参伍错综,八面受敌,沛然应之而莫御焉"①。三是至少掌握了一种理论工具,能够将这些碎片化的内容串联起来。我们在阅读过程中获得的各种数据和信息,需要将它们彼此联系起来,形成长期记忆,同化/顺应到我们的知识图式中。当我们进行整体性阅读时,作者的写作思路就能够起到这种联系的作用。但跳跃式阅读方式,就需要我们有一种工具、方法或理论将这些看上去毫无联系的数据和信息建立起联系。

而在数字阅读时代,无意义的、跳跃式的碎片化阅读现象经常性发生,主要有这样几种跳跃式的阅读现象:一是超链接。所谓超链接,就是从一个网页指向另一个目标的连接关系,这个目标可以是另一个网页,也可以是同一个网页的不同位置,还可以是一个图

---

① 徐雁:《从苏轼到朱熹:"选精读熟"观的方法论探析》,《图书馆杂志》2019年第4期。

片、一个邮箱、一个文件或者一个程序。例如,读者的最初目标是阅读一篇关于白居易诗歌特点的文章,文章里出现了唐玄宗的名字,该名字是蓝色字体,点击即可链接到一篇关于唐玄宗的文章,然后在这篇文章里又出现了杨贵妃的名字,点击即可进入一篇关于杨贵妃的文章,而这篇文章里又有关于荔枝的超链接,点击进入了一个荔枝的网店……最终,读者的阅读活动可能以购买了一箱荔枝而结束。二是基于大数据和云计算等新技术的个性化推荐,以"猜你喜欢""相关主题""读过这篇文章的读者还读过以下文章"等名义,吸引读者点击阅读。读者的最初目的是了解白居易,结果又点击了关于元稹的介绍,然后阅读了王实甫和《西厢记》,继而还阅读了《白蛇传》的相关背景,最终可能在《白蛇前传》动画电影中消磨了一下午。三是各类 App 的推送消息。据统计,2019 年中国网民人均安装 App 总量为 56 款,众多 App 为追求日活数据,每天发送数条、数十条刺激眼球甚至耸人听闻的推送消息到用户手机屏幕,用户很容易被吸引点击阅读。上述跳跃式阅读具有明显的盲目性、无计划性,读者在此过程中失去了其主体性,而被内容(或者说内容背后的平台、资本)所控制。

(二) 无节制的狂欢式阅读

回忆我们的数字阅读经历,是否经常出现这样的场景:打开微博、今日头条,或者其他的一个 App,不知不觉就刷了好几个小时? 在此过程中,有时候会多次意识到自己的这一行为是在浪费时间,甚至对自己说:"看完这一篇(章)就去学习(工作、锻炼)。"但不由自主地,又打开了新的页面。就这样,一上午或者一天就这么过去了。在此过程中,我们能感受到无与伦比的阅读快感。实际上,这就是一种奇观/表演范式下的无节制的狂欢式阅读。

奇观/表演范式认为,当媒介渗透到人们的日常生活中后,每个人都有了观展和表演的场所,人们通过媒介观看他人的表演,同时也根据媒介提供的媒体资源想象建构自我在他人心中的奇观,进行表演从而产生认同。当这种奇观/表演的参与者达到一定数量后,媒介也会给予关注,进而以首页推荐、个性化推荐等方式展示给更多人看,吸引更多人的观展和表演。例如,当我们通过微博打开一篇文章时,下意识已经有一种倾向:支持或者反对。这篇文章的真实性、观点的正确性与否都不重要,我们会根据自己的意见来评论。这种评论越激烈、越有表演性,就越会得到关注、点赞和回复,关注你的人越多,你的评论就越会被展示在前列被更多人看到。当这种情况成为常见现象后,传者也不再注重其文章的真实性、合理性、逻辑性,而是尽量在最小的篇幅、最短的时间内刺激受众的表演欲望。因此,我们在微博、今日头条等 App 上看到的很多文章,往往没有前因后果,一开始展现给读者的就是事件的高潮部分。当然,这种做法很容易引起认同或者争议,但这也正是传者的目的所在。以下内容是从"今日头条"上随意选择的一篇文章,标题为《你的奇葩亲戚提过什么过分的要求? 脸皮咋这么厚呢》,全文非常之短:

2014 年我在上海买了两套房子,我经常在北京,很少住在上海。2017 年我堂弟去上海读大学,他妈妈让我原价把房子卖给她,因为堂弟以后要在上海读书工作。我说现在房价涨很多了,她说我的房子是二手的,旧的,我直接没有搭理他,后来他们家人几个人都轮流着过来找我谈,一概拒绝了。

回复一:

我在县城买了一个房子当婚房,刚装修好,我自己还没有住进去,我爸的亲老表给我爸打电话说他儿子要到县城上初中,他们全家也来县城做生意,顺便陪读,让我把房子免费给他们全家住。我媳妇就要生产了,我每个月要还贷款,问题是平时这个人一副特牛的样子,我就不能惯着。

回复二:

我工资只有5000来块钱,前夫的表哥来电话让我帮他找一个工作,要求是工作不累,去掉吃和住的费用,每个月能剩一万块钱左右,我该怎么说呢?

从上文及回复我们可以看到,文章的发布者无意将事件的全过程展示出来,只着力于描写堂弟妈妈的奇葩行为,从而引起读者的强烈情绪。而回复者同样如此:他们不关心文章的真实性,而是觉得这种行为确实可称之为一种奇观,因此也加入了表演之中。他们的回复并不是对事件的评论,而是表演(描述)了一个新的奇葩事件。读者在这里既是观演者,也是表演者,并乐此不疲。

如果说以"今日头条""微博"等资讯类平台的阅读是奇观/表演范式的碎片化阅读,网络小说则是一种"打怪升级"范式的碎片化阅读。在本书"导论"中已详尽论述了网络小说的三个特征:一是凡人(弱者)逆袭,主角一开始往往是弱者,受尽欺辱,偶然获得奇遇后,从此逆袭,打败一个又一个怪物(敌人)从而实现自身的不断成长,最终走上人生巅峰,使读者容易通过移情机制代入其中。二是即时获得感,网络小说虽然动辄数百万字甚至上千万字,实际上是由一个个小故事组成,这些小故事短则三至五章,长则十余章,但矛盾冲突强烈,给读者以极大的刺激感。每个小故事都是微缩版的"弱者逆袭、打怪升级"模式,主角遇到的敌人总是无比强大,看似难以致胜,但主角总是能够通过巧合、奇遇,在关键时刻以弱胜强,让读者大呼过瘾。三是松散型参与模式,由于网络小说是若干个独立的小故事组成,读者完全可以对不重要内容一目十行地浏览,甚至大段大段地跳过,也不影响对故事情节的把握。因此网络小说也被读者称为"爽文",阅读过程中往往会进行跳跃式阅读,寻找更刺激、更有阅读快感的章节。

综上所述,基于互联网的碎片化阅读,包括无计划的跳跃式阅读和无节制的狂欢式阅读。一方面,读者很难在此过程中就某一个主题进行深入思考、洞察,对所接收的数据和信息进行及时的加工整理,进而形成自有的知识、理解和智慧。另一方面,这种阅读行为还严重破坏读者的阅读能力。美国媒介研究领域的学者凯瑟琳·海尔斯认为,这种数字阅读行为将导致读者形成一种全新的"超级注意力",其特点就是读者开始偏好多重信息的流动,追求强烈的阅读刺激,对单调沉闷的忍耐性极低,"也就是说习惯了同时推进多项任务的在线阅读者,也许已经失去了专注于解读一篇长而复杂的文章或一部厚重经典著作的耐心；他们或许拥有灵动的头脑，但却不再能沉浸阅读与深入思考"①。事实上，任何对于某一个或多个人物、事件、现象或者某种心理、想象、情感的完整、深入而负责任的描述，包括文学作品或研究类文章，都不可能像"今日头条""微博"上的资讯，或者网络小说一样戏剧性强、矛盾冲突激烈、在短时间内给读者以多重刺激。例如，勃朗特姐妹、巴尔扎克、托尔斯泰、陀思妥耶夫斯基、曹雪芹等人的作品，其故事的发展和情节的推动主要依托人物性格和环境变化，而不是种种奇遇和巧合，因此，这些名著往往有大段大段冗长沉闷的心理描写或环境描写。读者往往需要沉浸到作品之中，与作品中的人物同呼吸、共命运，与自己的阅历互相印证，细细体会才能感受到作品的美。有时候，甚至有作者在写作时故意营造一种"阅读阻碍"，如王小波、卡夫卡的小说，其目的是使读者进入深入的思考状态。而形成了"超级注意力"的读者，就很难在这些厚重的经典名著中获得阅读乐趣了。这一结论也在实证研究中得以验证，2017 年，我们通过对湖南第一师范学院、湖南女子大学和长沙师范学院 200 名非中文专业的本科生（大二）进行的一次网络小说对纸质阅读影响的测试，得出如下结论：在大学生群体中，大量和长时间阅读网络小说，可能严重破坏其阅读能力。②

三、儿童有声阅读的去碎片化

毫无疑问，有声阅读属于数字阅读范畴。如何使儿童有声阅读去碎片化，将儿童读者导向整体性阅读，是广大家长、教师及儿童教育研究者在有声阅读成为儿童成长重要环境下需要思考的重要议题。

（一）培养儿童有声阅读能力

在纸质阅读时代，如果我们认为某些书籍是碎片化内容，可以不使这些内容出现在儿童的视野。但网络电视、智能手机、平板电脑和移动互联网的普及，使海量的碎片化内容不可避免地出现在儿童的学习和生活环境。2019 年 7 月，我们进行了一次 0—12 岁儿童数字阅读情况问卷调查，在 821 份有效样本中，有 72.2% 的家长选择了孩子有数字阅读经历，而其中又有 62.7% 的家长表示孩子数字阅读的主要方式是"听书"，由此可见，有声阅读在儿童阅读领域的地位日益突显，有声阅读能力已成为儿童阅读素养中的重要构成部分。

1994 年，新西兰政府教育部门颁发了《语文课程标准》，将视觉语言作为一个维度设计了课程目标，着重培养学生的视像能力和发布能力，其能力等级共分为八级。其中视像能力是指图文认知、理解、阐述、比较和评价的能力；发布能力则是运用图文技术手段进行叙述、表达、交流信息和思想观点的能力。其中二级视像能力的学习目标包括：理解含意和观点，识别和描述口语和视觉因素；二级发布能力的学习目标包括凭借图案设计、

---

①彭焕萍、李小品：《媒介技术哲学视野下的在线阅读批判》，《现代出版》2019 年第 4 期。
②彭红霞：《数字阅读时代大学生古典文学鉴赏能力现状及培养途径》，《文教资料》2019 年第 3 期。

演艺、电视录像、照片等手段,运用口语和视觉因素沟通思想和事件。通过学习,最终目的是学生能亲自规划和制作电视录像、广告或班级电子报纸等。

无独有偶,加拿大安大略省也注意到了培养学生阅听高科技媒体(电影、电视和网络)的相关能力,并特别强调发展媒体沟通能力对学生的重要性。媒体沟通能力特指数字阅读能力,是将现代新媒介内容的阅听与传统的听说读写能力综合起来进行评价,同样也分为八级。仍以二级能力为例,其学习目标包括观看、阅读、聆听含有简单资讯或实际信息的媒体制品,并叙述从中学到什么;制作一些简单的媒体制品。其能力指标包括通过观看、阅读、聆听媒体制品获取信息,完成指定的任务(如观看电视中或者阅读报纸上的天气报告);区分电视上或广播中的广告和节目,区分杂志或者报纸上的广告和文章;区分不同的科学技术(如电视、广播、网络等);制作一些简单的媒体制品(为某个玩具设计一个广告)。①

在我国的中小学教学中,对儿童阅读有明确的目标(虽然其目标设定往往以定性指标为主,可精准考核的定量目标较少),也会定期布置一些课外阅读任务并要求完成作业。例如,2020年暑假,长沙县星沙实验小学就要求六年级学生在假期中阅读三本书,并摘抄其中的好词好句,写一篇简短的读后感。但是,无论是教育部制定的阅读教学目标,还是学校布置的阅读任务,都是针对纸质阅读的。鉴于当下中小学生数字阅读的主要方式是有声阅读,应该制定相应的有声阅读能力培养目标和学习任务。

(二)引导主题阅读

从当下有声阅读平台及有声阅读微信公众号上架的有声内容来看,碎片化内容所占比重极大。其中"知识+故事"类型的碎片化内容较多,如历史故事类、成语故事类、诗词故事类有声书,其特征就是偏重"故事"的精彩性,而忽略了"知识"的系统性。以成语故事为例,成语选取标准并不是以某个朝代,或者某个主题,或者某一类型的人物为串联,而主要考虑的是该成语背后的故事是否能吸引听众。因此,儿童的阅听行为就是听故事,"知识"只是平台方或创作者吸引家长的一个噱头,根本无法使儿童组织加工成系统的知识体系。

在这种背景下,家长应在儿童有声阅读中起到引导作用,其较好的方法就是主题阅读,通过一个个主题将原本碎片化的内容联系在一起。其主题不能过于浅显,以致失去知识和学习价值;也不能过于深奥,以免孩子失去兴趣。以诗词故事的有声内容为例,可以是诗人词家为主题,如"李白诗""杜甫诗""苏轼词",通过连续阅听同一个作者的作品,从而对该作者的风格形成整体的印象;也可以是以题材为主题,如"登高诗""送别诗""饮宴诗",通过连续阅听同一题材的作品,从而激发儿童从不同视角对同一事件的思考。

(三)提倡整本书阅读

整体性阅读不一定是整本书阅读,但整本书阅读一定是整体性阅读。真正意义上整

---

①胡根林:《读图时代:我们教孩子怎么读》,《教学与管理》2006年第11期。

本的有声书,应该是对原著的有声呈现。但目前各类有声阅读平台上整本的有声书内容比较少,很多有声内容看上去是整本的书,实际上经过了大量删节改编,如喜马拉雅 FM 平台上的《西游记》《水浒传》等经典名著的有声书,不仅删除了文学性的描写,也删除了背景介绍的故事内容和表现人物性格、介绍人物关系或其他较不重要的故事情节,只剩下主要故事的主要情节。这种有声内容看上去是整本的书,实际上还是碎片化内容,儿童的阅读过程是片面的、平面的和单线的,很难通过信息筛选、内容整合和情感挖掘,拓宽知识链条,促进其思维训练和文化沉淀。与此同时,还有的家长在给孩子播放有声书时,随意性较大,打开有声阅读 App,看到哪个就播放哪个,今天听唐诗故事,明天听国学启蒙,后天又听水浒故事,使有声阅读活动成为无目的、无计划的碎片化阅读。

因此,在儿童有声阅读中,应提倡整本书阅读以对抗碎片化阅读。对于学龄前儿童和小学 1—3 年级学生,可以通过短篇作品开始,逐渐向中长篇过渡,而小学高年级学生和初中生,则可以阅读经典名著。整本的书,背景设置更加宏观立体,人物关系更加纷繁复杂,故事情节更加曲折多元,文本内容更加丰富完整,有利于儿童阅读经验的形成和阅读思维的构建。可以说,如果一名儿童能够主动完整地阅听四大名著中的任何一部,即表示他(她)已具备了深度阅读任意文本的能力,奠定了扎实的终身阅读基础。

第五章　儿童有声阅读现状及趋势

在"导论"中，我们明确提出了"有声读物"的概念，即以连续性的有声语言为主要传播符号，可满足读者一种或多种需求聆听阅读文本。在这一概念的观照下，有声读物可以分为两大类：一是纯粹的口头文本，包括存储在人的大脑记忆中枢的有声文本，这一类文本的阅读方式，需要聆听阅读者主动提问，或者文本的创作者（传承者）主动口述才能进行，例如孔子对其弟子阐述什么是"仁"，为什么要学"诗"；苏格拉底论口述与书写的不同性；以及当下仍然存在的民间口头文学；同时也包括以其他形式存在的非有声文本，但以口述的有声形式传递给受众，例如，课堂上老师的朗读、妈妈的睡前故事。二是以数字形式存在的有声文本，包括通过磁带、光盘、U盘、电脑、阅读器、智能终端等数字载体存储的有声文本。而本章所述的有声读物，特指第二大类。在移动网络和智能终端越来越普及的今天，作为有声读物载体，磁带、光盘、U盘、阅读器已基本上被市场所淘汰，而电脑的使用频率越来越低，只在某种特定时间或场所才会被使用（如上班时间），因此，实际上本章所述的有声阅读，是指在网络环境下，通过智能手机、平板电脑等移动终端进行的聆听阅读活动。

第一节　儿童有声读物的生产模式

正如数字阅读的发展轨迹一样，首先是大量公版书以数字化形式在网络上免费传播，然后开始有作者将自己创作的内容在网络上首次发表，形成了一定的聚集地（如最初的"榕树下""西祠胡同"等），在用户形成了一定的数字阅读习惯（部分用户形成了付费阅读习惯）后，敏感的资本开始进入数字出版行业，出现了专门的数字阅读平台，这些平台包括最初主要由渠道商和终端商所主导的平台，以及其后介入的由内容提供商主导的平台。渠道商主导的平台包括亚马逊、盛大文学、今日头条、中国移动的咪咕阅读、中国联通的沃阅读等；终端商主导的平台如苹果公司的苹果商店、小米手机的"小米读书"、华为手机的"读书"App等。而广大出版社作为内容提供商，最开始在数字出版中处于弱势地位，数字出版对传统出版造成巨大冲击后，"害怕自己落伍的出版商们为了使自己在从纸张到屏幕的巨变中存活下来，在人员和出版流程上投入了大量的资金"。由此，数字内容提供商、渠道商和终端商都开始介入数字出版领域，共同构成了当下的数字阅读生态。

有声阅读的发展轨迹同样如此，首先是有用户将大量公共版权甚至是处于版权保护期内的音频内容发布在网络上免费传播,然后有创作者开始将公版书内容直接进行有声处理或半加工(前者如朗读《三字经》《弟子规》等文本,后者如讲唐诗故事、改编的经典童话等),进而众多数字阅读平台也推出了有声阅读频道,喜马拉雅 FM、懒人听书等专业听书平台也相继出现,在这一过程中,传统出版机构也加入了进来。有声阅读的快速发展,使市场逐渐探索和形成了有声读物的三大主流生产模式。

一、职业生产内容模式(OGC)

职业生产内容,是指传统出版社或有声阅读平台投入资金自制有声读物。这种模式主要有两大类:一是购买图书版权,邀请专业的主播录制有声读物,例如喜马拉雅 FM 从阅文集团购买了大量网络文学作品的有声版权;二是邀请某个领域的专家,录制专业的有声内容,例如亚马逊有声书平台 AUdible 在好莱坞电影《末日之战》上映前,就邀请该电影的男主角布拉德·皮特等 40 多位演员配音,制作了同名有声小说,并与电影同步上市;在我国,上海音乐出版社、上海文艺音像电子出版社共同推出了有声绘本《彼得兔和他的朋友们》;喜马拉雅 FM 邀请"华语圈最会说话的组合"马东、马薇薇、周玄毅、黄执中等人制作的《好好说话》、邀请吴晓波制作的《每天听见吴晓波》等有声读物,以及通过录制中国社科院、北京大学、清华大学、人民大学、复旦大学等大学院校或科研机构 17 位教授的课程,课程内容为中国夏代直至民国的历史,最终以《中国通史大师课》为名面向听众传播。OGC 模式的优势在于:首先,这是出品方根据市场一线数据支撑,为满足听众实际喜好而策划的选题,能基本保障其市场回报从而形成良好的有声出版生态产业链;其次,参与制作的往往是某一行业的专家,能够保障内容的专业性、权威性、知识性或思想性,与其他有声内容的随意性形成了明显区隔。

二、专业用户生产内容模式(PGC)

所谓专业生产内容模式,是指专业的主播,或某一行业的专家录制或直播的有声内容生产方式。专业用户一般可以分为两类:一是专业的语言艺术从业人员,如主播、配音演员、相声艺人等,他们以标准的语音和专业的语言表达来吸引听众,主要是朗读经典作品,或者对经典作品进行适合聆听的改编,如王凯的《凯叔讲故事》、刘飞的《趣说野史》等;二是某一行业的专家,以自己的专业知识创作内容,以有声方式进行发表,如张召忠的《张召忠说》,《百家讲坛》系列节目,等等。PGC 模式与 OGC 模式有相似之处,但不同的是,PGC 模式下生产的有声内容,大多数情况下需要创作者自己承担节目生产成本,但同时也自己拥有版权;此外,PGC 模式生产的有声内容,发布渠道并不局限于有声阅读平台,既可以在中央电视台等传统媒体上发布,也可以在优酷、爱奇艺、腾讯视频等视频网站发布,还可以在自媒体平台发布。事实上,由于微信是国人不可或缺的社交应用,而每个人手机上可安装的 App 数量有限,很多人是通过微信公众号来发布其有声作品。我们在调查中也发现,0—13 岁的儿童中,有超过 23.46% 的调查对象表示只通过微信公众号来进行有声阅读;另有34.57%的调查对象同时通过有声阅读App和微信公众号进行有声阅读。

三、普通用户生产内容模式(UGC)

普通用户生产内容模式,是指非专业人员录制或直播的有声内容生产方式。在UGC模式下,用户不仅仅是有声内容的听众,同时也是有声内容的生产者。UGC模式生产的有声内容具有以下优势:其一,极大地丰富了有声平台的内容。文字内容和视频内容的生产,需要有一定的技巧或技术。但人人都会说话,人人都能成为有声内容的创作者,因此,海量的用户创作了海量的有声内容,使用户的选择性更多,无疑增加了平台的吸引力。其二,制作成本低廉,无论是PGC模式还是OGC模式,都需要有专业的人员、专业的场地、专业的设备进行录制,制作成本高昂,而在UGC模式下,甚至仅靠一台手机就可以完成内容生产,大大降低了有声内容的生产成本,从而催生了更多的有声内容。其三,增强了有声内容的在场感,用户遍布全国各地,当新闻事件发生时,很多人就在现场。有声内容的制作比文字内容和视频内容的创作更加方便快捷,从而往往成为新闻事件的最先发布者。例如,2018年9月12日晚上发生的震惊全国的衡东洣江广场路虎车故意冲撞碾压行人事件,由于事发晚上,视频模糊不清,而在众多微信群和微信朋友圈中发布的有声内容却在第一时间将事情经过展现在全国人民面前:事发现场惊恐的尖叫声、哭泣声以及创作者的描述,基本上还原了整个事件的过程。在这些有声内容在微信上传播了一小时之后,各种文字和图片的简讯才开始发出,而详细的报道直到第二天才见诸各个新闻平台。实际上,目前喜马拉雅FM、懒人听书、荔枝FM、蜻蜓FM等大型有声平台中,UGC模式的有声内容远远多于PGC模式和OGC模式生产的有声内容。

第二节　儿童有声读物的内容呈现

早在2016年,我国有声阅读App就达到了近200款①,目前,喜马拉雅FM、懒人听书、蜻蜓FM已成为有声阅读领域的前三强。各种有声自媒体更是无法计数,微信公众号"凯叔讲故事""童书共读"就是其中的佼佼者。本书将主要考察三大平台的内容布局,从而探寻我国儿童有声读物的内容呈现模式。

一、喜马拉雅FM

喜马拉雅FM于2012年8月上线,致力于在线音频分享平台的建设与运营,被称为音频领域的"YouTube"。平台以"用声音分享人类智慧"为口号,不仅引领着音频行业的

---

①闫伟华,申玲玲:《我国有声书行业的发展现状与策略研究》,《出版发行研究》2017年第2期。

创新,同时也吸引了大量的文化和自媒体人投身音频内容创业,其中包括马东等 8000 多位有声自媒体大咖和 700 万有声主播,他们共同创造了覆盖财经、音乐、新闻、商业、小说、汽车等 328 类过亿有声内容。不仅如此,新浪、福布斯、36 氪、三联生活周刊等 200 家媒体和阿里、百度、肯德基、欧莱雅等 3000 多家品牌也纷纷入驻。目前手机用户超过 6 亿,其中日活用户接近 1 亿人,是国内规模最大、影响力最高、内容资源最丰富的有声阅读平台。

自 2016 年起,喜马拉雅 FM 受天猫“双 11”购物节、京东“618”购物节的启发,宣布每年 12 月 3 日为有声内容消费“123 知识狂欢节”,号召重视知识的价值,并在狂欢节前向所有用户派发“知识红包”。海量“知识网红”和精品课程参与活动,所有用户都能够以 5 折或更低门槛获取到上述大咖的付费课程。12 月 3 日当天,所有用户可以在 0 点至 24 点的所有整点时刻参与“1 元秒杀”。2018 年喜马拉雅第三届“123 知识狂欢节”内容消费总额超过 4.35 亿元。同年,喜马拉雅 FM 正式推出全内容智能音箱小雅 Nano,该产品为一款能免费听会员作品的 AI 音箱,完全和喜马拉雅会员内容库打通并进行了深度绑定。

喜马拉雅 FM 自我定位为 UGC 模式的平台,实际上目前已成为 PGC 模式、OGC 模式与 UGC 模式的混合体。在儿童内容板块,更是以 PGC 模式和 OGC 模式生产的内容为主。在喜马拉雅 FM 平台,专业面向儿童用户提供服务的有“儿童”和“少儿教育”两大板块。

在“儿童”板块,又细分为故事、哄睡、儿歌、动画(无画面)、科普、国学等多个频道。同时还发布每日更新的“热播榜”“畅销榜”“新品榜”和“口碑榜”四个榜单,每个榜单列出 100 种有声读物,为用户提供基于大数据的有声内容寻径导航。从这些榜单也可以看出用户对有声内容的喜好程度。

以下是 2020 年 8 月 30 日有声读物上榜情况:

表 5-1　喜马拉雅 FM 儿童有声读物热播榜

排名	有声读物	内容	热度
1	一二三年级	上学趣事一箩筐,轻松搞定写日记	333357
2	猴子警长探案记	原创侦探推理故事	137529
3	晚安妈妈睡前故事	暖心又高效的哄睡故事	128555
4	宝宝巴士·睡前故事	放飞想象,让宝贝感受大千世界的神奇	84978
5	安全警长啦咘啦哆	解开案件真相,守护孩子安全	58814
6	神探迈克狐·千面怪盗篇	少儿科学侦探故事	58157
7	十万个为什么	有理有趣有科普,简单易懂好吸收	47964

续表

排名	有声读物	内容	热度
8	宝宝巴士·脑筋急转弯	爆笑小剧场,智力大比拼	38394
9	大灰狼睡前故事	一天一个童话故事	32073
10	我是一只霸王龙	恐龙童话故事	31806
11	国学启蒙:成语故事	让成语变得好玩、好听、好用	30530
12	魔法日记∣哆哆罗故事	魔法学校爆笑大冒险	27177
13	《森林旅店》——超有趣的睡前童话	温馨治愈的睡前童话故事	26982
14	螺丝钉(第一季)	动画原声,在孩子心中埋下科学的种子	26486
15	四年级	上学趣事一箩筐,轻松搞定写日记	26418
16	新百变马丁(1—5季)	动画原声,每天一段奇幻之旅	24223
17	超能细菌大战∣东东龙科普故事	听细菌探险故事,学科学防护知识	24060
18	中国神话故事(1—4卷)	古代经典神话故事	23317
19	兔耳朵姐姐∣晚安兔睡前故事	越听越聪明,多听多温暖的睡前故事	23193
20	新版父与子	爆笑成语儿童剧	22646
21	睡前故事:一千零一夜	经典作品有声版本	21553
22	西游记(上)	经典作品有声版本,儿童广播剧	20745
23	立小言淘学记:一二年级	儿童故事	20122
24	小月姐姐∣儿童必听情商睡前故事	睡前故事	19732
25	宝宝经典儿歌　0—6岁	精选0—6岁世界经典儿歌	19588
26	晚安妈妈小时候	有趣的成长故事,走心的育儿心得	19003
27	蜜桃姐姐讲故事	每晚一个故事,陪你甜蜜入眠	18927
28	怪奇侦探团∣东东龙科学探险	魔法的侦探故事,小事件推理大科学	18712
29	宝宝巴士儿歌∣儿童歌曲大全	超火原创经典儿歌,让宝宝快乐启蒙	18646
30	宝宝巴士·国学启蒙:奇妙三字经	唱完之后再朗诵,易学易记	18625

排名	有声读物	内容	热度
31	西游记(下)	经典作品有声版本,儿童广播剧	18474
32	宝宝巴士·儿童故事	走近7—12岁儿童的冒险奇幻魔法故事	17317
33	听相声学成语|郭德纲徒弟讲故事	让宝宝在捧腹大笑中学成语	17219
34	晚安妈妈原创童话	晚安妈妈写的童话故事	17189
35	宝宝巴士经典儿歌	快乐启蒙,陪伴成长的儿歌	16432
36	一年级的小豆豆	幽默有趣的校园小说	16423
37	米小圈三国演义|让孩子听懂三国	经典作品有声版本	16272
38	我的世界之梦想之城	益智游戏故事	15974
39	宝宝巴士·国学儿歌|唐诗三百首	唐诗主题的儿歌	15515
40	我的世界之梦想大陆	益智游戏故事	15433
41	姜小牙上学记	校园故事	13603
42	小猪佩奇全集:1—4季	动画原声故事	13603
43	神探迈克狐·国际学院篇	高智商神探故事	13377
44	米小圈快乐西游记	经典故事改编有声版	13347
45	米朵朵上学记·一二三年级	小学生爆笑成长故事	13151
46	小肉包睡前故事	童话绘本精选	13144
47	钱儿爸讲成语故事	成语故事	13057
48	植物大战僵尸之全能大侦探	游戏侦探故事	13026
49	格林童话	经典作品有声版本	12742
50	小猪佩奇动画故事书	动画原声故事	12446

表 5 - 2 喜马拉雅 FM 儿童有声读物畅销榜

排名	有声读物	内容	热度
1	四年级	快乐学习生活和好玩故事	2461
2	小猪佩奇全集:一二三四季	动画故事中、英文原声	2065
3	米小圈快乐成语	和米小圈一起趣学 200 个成语	2007
4	伊索寓言精选l儿童睡前故事	经典作品有声版本	1974
5	讲给孩子听的 200 个中华成语故事	成语故事	1970
6	水浒传广播剧全集	经典作品有声版本	1918
7	上下五千年:孩子秒懂的中国史	600 集从远古到明清的历史故事	1883
8	米小圈三国演义	经典作品有声版本	1879
9	神探迈克狐·神秘组织篇	少儿科学侦探故事	1786
10	植物大战僵尸之冒险之旅	寓教于乐的科学冒险故事	1728
11	西游记·后传	西游主题的精彩故事	1725
12	装在口袋里的爸爸(第 1 辑)	迪士尼签约作家杨鹏科普故事	1700
13	讲给孩子听的封神演义	经典作品有声版本	1684
14	神奇校车经典故事	销售 3 亿册,20 多个国家孩子喜爱的科普故事	1665
15	小学生第一堂"阅读习惯"养成课	阅读习惯养成+品格提升	1622
16	海底大纵队广播剧	BBC 收视率第一的海洋科普探险故事	1621
17	封神演义全集＋哪吒特辑＋姜子牙特辑	中国神话故事	1611
18	魔法学校第二季	神秘好玩的校园故事	1609
19	情商故事:肖小笑上学记	全国优秀畅销书有声版	1603
20	给孩子的 365 个成语故事	成语故事	1592
21	江户川乱步·少儿侦探有声剧	日本推理之父为孩子创作的侦探小说	1587
22	植物大战僵尸之恐龙权杖记	冒险穿越故事,恐龙知识宝典	1583
23	装在口袋里的爸爸:科普大冒险	迪士尼签约作家杨鹏科普故事	1581
24	晚安妈妈:世界真奇妙	365 个有趣的百科故事	1579
25	有个小孩叫曹操	一年级小学生上学故事	1577

排名	有声读物	内容	热度
26	纳尼亚传奇	世界三大魔幻经典巨著之一	1560
27	植物大战僵尸之学校历险记	校园生活故事	1552
28	儿童睡前故事:陪孩子读《山海经》《最美古诗词》	人民日报社新媒体中心编辑的经典有声读物	1542
29	暖房子有声绘本馆	亲子绘本有声版本	1541
30	装在口袋里的爸爸(第2辑)	迪士尼签约作家杨鹏科普故事	1540
31	大个子老鼠小个子猫	国家一级播音员王齐讲童话故事	1539
32	历史大冒险	迪士尼签约作家杨鹏历史故事	1539
33	姜小牙上学记	一份提前了解小学生活的学习手册	1524
34	新三字儿歌　0-3岁幼儿语言开发歌	全网首部幼儿认知三字儿歌	1510
35	米小圈快乐西游记	经典作品有声版本	1505
36	大宇神秘惊奇	悬疑故事	1495
37	冒险小王子睡前童话故事	销售2000万册童书的有声版本	1489
38	新版父与子　300节爆笑成语课	趣学500个小学生常用成语	1488
39	中国通史　500余则经典历史故事	紧扣中小学历史教材的历史故事	1467
40	平说文学　三国群英传	复旦学霸平哥讲三国英雄故事	1467
41	十万个为什么:动物真奇妙	科普知识	1459
42	迪士尼儿童故事全集·第1辑	风靡全球的50多个迪士尼故事合集	1448
43	碰碰狐|英语儿歌合集	营造英语启蒙环境的英语儿歌	1396
44	星际太空鼠|恐龙星历险记	意大利国宝级绘本的有声版本	1396
45	我的世界之武灵帝国	古风魔幻类小说	1390
46	朗朗给孩子的钢琴课:掌握大师级演奏技巧	朗朗精讲50首世界钢琴名曲演奏技巧	1386
47	沈石溪的品藏书系全集	动物小说大王沈石溪作品有声版本	1381
48	林汉达中国历史故事	中国小学生基础阅读书目作品有声版	1371
49	迪士尼英语故事全集·第2辑	迪士尼原版电影英文故事	1346
50	植物大战僵尸之机器时代	让孩子对科学产生兴趣的故事	1345

在"少儿教育"板块,则细分为语文、数学、英语、教材教辅、百科知识、天文物理、历史人文、艺术启蒙、能力素养等9个频道。其中既有紧扣教材的精品节目,如《名师郦波:语文启蒙课》,其主题就是"全新精读部编本教材,全面巩固语文知识";更多的是对教材的延伸和拓展,如《珠心算教学播报》《何秋光:数学思维训练营》等;还有各种面向中小学生的兴趣培训类读物,如《小小演说家丨小东的演讲课》《三及第互动课堂—才艺素养—幼儿巧手创作》《可乐姐姐学画画》等。

二、懒人听书

懒人听书支持多种客户端平台,产品目前由有声书城、听吧社区、开放平台三部分组成。其中"有声书城"为PGC频道,以提供海量精品书籍类有声读物收听服务为主,书城内的有声读物通过懒人听书录制、购买版权、联合运营等方式不断更新。"听吧社区"为UGC频道,汇聚大量国内主播上传分享的网络电台节目,节目以脱口秀、心情讲述、笑话段子、健康养生、广播剧为主。普通用户可以在社区内关注主播和订阅节目,还可以分享交流有声阅读资源。"开放平台"为内容合作频道,目前提供主播招募、机构合作、作家合作、资源合作等服务,有播音经验的主播可以通过主播招募申请成为懒人听书的兼职或全职主播,作家可以携文学作品提交申请联合录制有声读物,有声资源版权机构可以申请入驻到懒人听书品牌专区获得更多推荐和宣传机会,音乐、小说等第三方平台可以申请获得懒人听书有声资源的接口服务。目前,懒人听书已与中信出版社、长江文艺出版社、接力出版社等全国500多家出版社建立长期合作关系,拥有5000+优质主播、70000+个节目,超万部的有声书籍音频作品,音频时长超百万小时,每年投入数千万元资金用于采购正版书籍版权,以丰富平台资源。

与喜马拉雅FM一样,懒人听书平台同样有专门的"儿童"板块,并细分为儿童文学、科普、国学、动画、少儿历史、故事、儿歌、家教等8个频道,同时也设置了"童书榜"。与喜马拉雅FM的榜单每日更新,细分为热播榜、畅销榜、新书榜和口碑榜不同,懒人听书的童书榜是一个总榜,上榜有声读物87种。且榜单更新周期、上榜理由均不明确。以2020年8月30日可见的童书榜单,既有播放量超过1亿的有声书,也有播放量不足10万的有声书。其中累计播放量超过100万人次的有声读物有以下34种。

表5-3　懒人听书童书榜

有声读物	内容	播放量
一二三年级	风靡小学校园的爆笑幽默日记	1.1亿
十万个为什么(大合集)	讲述孩子感到好奇的问题	163.2万
植物大战僵尸之学校历险记	风靡全球的游戏改编故事	607.4万
四年级	风靡小学校园的爆笑幽默日记	415.1万

有声读物	内容	播放量
盒子历险记(1—7全集)	盒子世界发生的有趣又惊险的故事	1256 万
米小圈快乐西游记	以现代语言和孩子视角讲述西游故事	336.7 万
姜小牙上学记	日记体校园故事,米小圈上学记兄弟篇	446.1 万
小马宝莉	《小马宝莉》动画同名作品有声版本	131.9 万
植物大战僵尸之夺宝奇兵	风靡全球的游戏改编故事	220.5 万
三国英雄之诸葛亮(第一部)	听洪涛叔叔给孩子讲诸葛亮故事	362.5 万
米小圈三国演义	经典名著有声版本	154.3 万
男生女生笑翻天(7 册合集)	送给孩子的爆笑校园生活启示录	411.1 万
凯叔·三国演义	王凯讲《三国演义》故事	369.5 万
十万个为什么:人体真有趣	艾斯妈妈讲人类身体秘密到健康知识	185.2 万
米小圈快乐成语	精选小学生必学的 200 个成语故事	143.3 万
凯叔·口袋神探	凯叔专为小学生创作的科学侦探故事	541.5 万
365 夜故事	叶圣陶、鲁兵先生创作的儿童故事经典	1149.1 万
又又三字经·国学原创广播剧	前沿有趣的科幻故事形式讲国学知识	347.6 万
胡小闹日记·学习篇	国内首套校园励志小说	218.5 万
特种兵学校(第二季)	中国超级英雄的反恐战斗故事	180.6 万
十万个为什么·动物真奇妙	写给 3—6 岁儿童的知识百科书	176.7 万
大个子老鼠小个子猫	畅销百万册同名儿童读物有声版	250.5 万
特种兵学校(第三季)	中国超级英雄的反恐战斗故事	144.5 万
新黑猫警长(1—9 全集)	配音大师王明军全新演绎经典动画故事	116.2 万
凯叔·西游记	王凯讲西游记故事	1637.3 万
特种兵大冒险(第一季)	特种兵＋野外冒险＋生存知识	123.1 万
三国英雄传(第一部)	三国英雄故事	131.5 万
鲁西西传(郑渊洁经典名作)	童话大王郑渊洁经典童话作品有声版本	216.5 万

续表

有声读物	内容	播放量
奶泡泡学古诗·小学生必背	用轻松搞笑的方式学古诗	272.5 万
浩然爸爸讲三字经	国学启蒙有声读物	289.4 万
张羽博士:像吃布丁一样品诗词	复旦名师张羽博士精讲 40 个诗词故事	132.2 万
皮皮鲁传(郑渊洁经典名作)	童话大王郑渊洁经典童话作品有声版本	163.6 万
奶泡泡学成语:小学生必背	用轻松搞笑方式学成语	228.4 万
奶泡泡和机器人朋友	首部儿童人工智能启蒙广播剧	190.9 万

三、蜻蜓 FM

蜻蜓 FM 于 2011 年 9 月正式上线,是国内首家网络音频应用,以"更多的世界,用听的"为口号,与用户和内容生产者共建生态平台,汇聚广播电台、版权内容、人格主播等优质音频 IP。蜻蜓 FM 总用户规模突破 4.5 亿,生态流量月活跃用户量 1 亿,日活跃用户 2500 万,平台收录全国 1500 家广播电台,认证主播数超 35 万名,内容覆盖文化、财经、科技、音乐、有声书等多种类型。

2017 年,蜻蜓 FM 正式布局知识付费市场。接连推出了《蒋勋细说红楼梦》等一系列独家付费音频内容。其中,《蒋勋细说红楼梦》专辑已拥有超过 2.2 亿播放量。

2018 年,蜻蜓 FM 全新推出了九大内容矩阵,构建全新的品质和品类格局,这一体系包括文化名家、女性、新青年、财经、儿童成长、原创自制、超级广播剧、影视 IP 等九大矩阵,这也成为蜻蜓 FM 为满足不同场景下用户的差异化需求所做的全场景生态中的"内容"部署。同年,平台加速布局有声书产业,战略合作纵横文学,并开启有声书主播选秀"天声计划"。

2019 年,蜻蜓 FM 已完成音频全场景生态 1.0 布局,全场景生态的渠道布局包含移动互联网生态和物联网生态,移动互联网生态中,蜻蜓 FM 与华为、VIVO、小米、百度、今日头条等企业开展合作,在物联网生态中,蜻蜓 FM 已内置智能家居及可穿戴设备 3700 万台,汽车 800 万辆。蜻蜓 FM 也是天猫精灵、百度小度、小米小爱等智能音箱品牌,保时捷、宝马、沃尔沃、福特、上汽集团、标致雪铁龙等车厂,以及 Apple、华为旗下可穿戴设备,海尔、美的、TCL 等智能家居厂商的合作伙伴。

同样的,蜻蜓 FM 也有专门的"儿童"板块,并细分为儿歌、绘本、故事、国学、百科、英语、历史、育儿、教育、动画、中外经典、儿童文学、亲子共听等 13 个小类。与喜马拉雅 FM 和懒人听书比较,蜻蜓 FM 儿童板块的内容分类看似非常混乱,很多细分类别在内容上有重复之处,但实际上更有利于用户检索自己需要的内容。值得一提的是,蜻蜓 FM 除了在内容上进行细分之外,同时还按专区(小学必备、精锐学霸、童书推荐、凯叔专区、独家自

制、美声图书馆、巧虎专区、牛津英语、迪士尼等）、年龄（0—1 岁、1—3 岁、3—6 岁、
6—9 岁、9—12 岁、12 岁以上）、功能（哄睡、好习惯、财商课、磨耳朵、认知、学拼音、性教育
等）、适合人群（男宝宝、女宝宝、家长）、完结状态（连载、完结）进行了进一步的分类，为
用户提供了方便快捷的导航。蜻蜓 FM 并没有建立热播榜、童书榜等榜单，但其内容展示
按播放量进行了综合排序，播放量越多，其内容展示在页面的最前面。以下是蜻蜓 FM 截
止到 2020 年 8 月 30 日累计播放量达到 1 亿的 36 本有声童书。

表 5-4　蜻蜓 FM 童书播放量综合排序

有声读物	内容	播放量
一二三年级	风靡小学校园的爆笑幽默日记	53.0 亿
儿歌童谣精选	海量精品儿童歌谣	14.4 亿
贝瓦儿歌	海量精品儿童歌谣	12.1 亿
格林童话	经典童话作品有声版	6.0 亿
糊糊妈妈讲《猫和老鼠》	经典动画故事重新讲述	5.7 亿
睡前童话	精选童话故事制作的有声版本	5.4 亿
宝宝巴士·睡前故事　4—7 岁儿童	宝宝巴士品牌的原创儿童故事	5.0 亿
糊糊妈妈讲《海绵宝宝历险记》	经典动画故事重新讲述	4.7 亿
超级飞侠·睡前故事	动画片原声优讲动画故事	4.1 亿
熊爸爸的十万个为什么	互动问答类智慧启蒙节目	3.3 亿
三字经	经典作品的朗读版本	3.2 亿
亲宝儿歌	海量精品儿童歌谣	3.1 亿
宝宝巴士儿歌	海量精品儿童歌谣	3.0 亿
宝宝爱听的儿歌	海量精品儿童歌谣	2.6 亿
听故事说晚安	好听的睡前故事陪伴宝贝健康成长	2.5 亿
大耳朵图图（故事版）	知名动画片故事版	2.4 亿
儿童歌曲精选	400 首精品儿童歌谣	2.2 亿
大耳朵图图（全集）	知名动画片原声	2.1 亿
糊糊妈妈讲《巧克力一号店》	经典动画故事重新讲述	2.1 亿

有声读物	内容	播放量
蜜桃姐姐讲故事	蜜桃姐姐用最温柔的声音给宝宝讲故事	2.0 亿
麦阿姨讲故事	麦阿姨讲最新的儿童故事	1.8 亿
小雪老师讲故事	全国十佳广播节目主持人小雪每天讲给宝贝的故事	1.8 亿
唐诗童声朗读	童声朗读唐诗	1.6 亿
宝宝巴士·儿童故事　7—12 岁儿童	宝宝巴士品牌的原创儿童故事	1.6 亿
小朱妈妈讲《366 个经典故事》	小朱妈妈的睡前故事	1.5 亿
猴子警长探案记｜宝宝巴士故事	大型原创侦探推理故事	1.5 亿
影响孩子成长的一百个故事	一群专业配音演员用声音演绎经典童话	1.5 亿
365 夜故事合集	睡前故事精选	1.4 亿
宝贝催眠曲	经典催眠音乐	1.3 亿
有个小孩叫曹操	小学生校园故事	1.2 亿
小猪佩奇	动画原音主题故事＋趣味启蒙教育延伸	1.2 亿
西游记	语文老师讲西游记故事	1.2 亿
爱探险的朵拉	英语故事	1.0 亿
少儿版三国演义	经典名著少儿版	1.0 亿
世界经典绘本	绘本故事有声版	1.0 亿
熊孩子儿歌大全	海量精品儿童歌谣	1.0 亿

第三节　儿童有声读物的传播模式

自"数字出版"这一概念诞生后,出版界对电子书的未来普遍持乐观态度,甚至有人认为电子书将取代纸质书,苏格兰小说家埃万·莫里森于 2011 年曾说过:"25 年之内,数字革命将带来纸版书的末日。"①但事实上,数字出版发展到今天,它确实对时效性较强的

———————

①尼古拉斯·卡尔:《电子书会取代纸质书吗》,https://www.guokr.com/article/437478/。

新闻报纸产生了巨大的冲击,但对图书行业的影响却出乎意料地小。以美国为例,2018 年,美国出版行业实现销售收入 161.9 亿美元,电子书的销量仅为 20 亿美元,且电子书的销量自 2014 年起一直呈缓慢下滑的趋势。因此,美国出版界认为,电子书的销量可能存在"某种上限",而不可能替代纸质书。① 我国的情况同样如此:电子书的销量集中在网络文学这一新兴板块,而对传统图书出版冲击不大。

有声书的出现则有可能改变这一局面:在过去数十年内,从没有出现过因为电子书的存在,而造成某一类纸质图书销量下滑的事例,但有声书却显著影响了部分图书的销量。根据我们在长沙师范附属第二幼儿园的阅读调查发现,2006 年,学龄前儿童最喜爱的活动分别是看动画片、游戏和亲子共读;而到了 2017 年,学龄前儿童最喜爱的活动中,"亲子共读"被"听故事"所替代。在 2006 年,学龄前儿童的父母(主要是妈妈)会在晚饭后、睡前和节假日,与孩子一起阅读绘本、故事书、唐诗等图书,图书的获得渠道首先是网上购买,其次是图书馆借阅;而到了 2017 年,有 90.2% 的受访家长表示已习惯于以有声书代替妈妈讲睡前故事,64.3% 的家长表示,家庭只购买过绘本,因为其他故事类、童话类图书都可以通过喜马拉雅 App、公众号等途径获得。受访者 ZYY 的妈妈说:"(我的)第一个小孩大概是 1 岁多的时候,就开始买绘本、童话、历史故事之类的书,读给他听,时间比较固定,一般是晚饭后和睡觉前,就像上班一样,有时候自己很累了、很困了,也不得不给他讲故事,因为他喜欢。ZYY 出生后,我们很早就用平板(电脑)给他听音乐、听故事,现在他每天都是听着手机里的故事入睡,因为有了平板和手机,我也轻松多了。"这一现象在美国也同样存在,2014 年,美国电子书的销量开始呈现逐年下滑的趋势,而有声书的销量则保持了持续增长,2014—2018 年 5 年间,累计增长达到 181.8%,"在文化、技术和商业发展等多种因素的推动下,有声书看起来更加有望受到大众欢迎"②。

麦克·卢汉说:"媒介即信息。"纸质图书、电子书和有声书都是一种大众媒介。不同的媒介都为思考、思想表达和情感抒发的方式提供了不同的定位,从而创造出独特的话语符号。尼尔·波兹曼在麦克·卢汉的基础上进一步提出了"媒介即隐喻"的观点,他认为大众媒介用一种"隐蔽但有力的暗示来定义现实世界,不管是通过言语还是印刷的文字或是电视摄像机来感受这个世界,这种媒介——隐喻的关系帮助我们将这个世界进行分类、排序、构建、放大、缩小和着色,并且证明一切存在的理由"③。有声书之所以比电子书"更受大众欢迎",并正在取代睡前故事、童话等纸质图书,是因为其作为一种新兴的大众媒介,具有其独特的传播模式。

大众媒介的传播过程是极为复杂的,研究者为了对复杂的传播过程进行清晰、理性的表达,从而抽象出各种研究模式。其中贝罗传播模式(SMCR 模式)利用社会学相关理论,发展和完善了以往的传播模式,以传播系统的四个构成要素为框架,综合了哲学、心理学、语言学、人类学、大众传播、行为科学等理论去解释传播过程。④ 贝罗传播模式将传

---

① 凯伦·霍尔特:《为何有声书在美国大众市场上将超越电子书》,《出版科学》2020 年第 2 期。
② 凯伦·霍尔特:《为何有声书在美国大众市场上将超越电子书》,《出版科学》2020 年第 2 期。
③ 尼尔·波兹曼:《娱乐至死》,章艳译,中信出版集团,2015,第 11 页。
④ 李振亭、马明山:《现代教育技术》,高等教育出版社,2008,第 5 页。

播过程分为四个模块,即:信息源、信息、传播渠道和受众。从贝罗传播模式的四个构成要素来分析有声书的传播过程,可以清晰地洞见有声书之所以风行的原因。

一、信息源

信息源是传播过程的出发点,儿童有声读物的信息源,就是有声内容的生产者。如前所述,儿童有声读物的生产者既有某个领域的专家(如主播、配音演员、儿童文学作者、儿童教育领域的研究者、心理学家、老师、经验丰富的妈妈等),也有普通用户。这些制码者的传播技术、传播态度、知识系统、文化修养和本身的社会系统功能决定了有声读物的内容、风格、质量以及信息传递的有效性。

(一)传播技术

传播技术对有声读物的制码者来说,就是其表达技巧。如语言组织的技巧、语言表达的技巧以及其他包装技巧(如很多有声书不仅有对内容的朗读或故事的声音演绎,同时还配合音效、背景音乐等)。标准的语音、恰当的说话节奏、富有亲和力和感染力的声音,是有声书能否有效传播的基本要求,优秀的有声书内容则还有更高的要求。例如,王凯在讲述《凯叔讲故事·西游记》的制作时说,首先遇到的第一个问题,三四岁的孩子听不懂《西游记》里的一些名词,比如瀑布、袈裟、钵盂等,于是他对作品进行了无数次打磨:将改编的稿子读给孩子听,请孩子遇到不懂的地方就马上打断他的朗读并提出来。结果第一个故事就出现了 20 多个问题。他将这些问题的答案都加进故事中,再读给孩子听,如果还有问题就进行下一次修改。如此反复多次,直到一个问题也没有,即使是三四岁的孩子听起来也没有任何障碍。因此,当《凯叔讲故事·西游记》一上线,马上就打败了市场上的其他《西游记》有声内容产品。《凯叔讲故事·声律启蒙》则是另一个典型例子,为了做好这个产品,需要挑选好的童声朗读《声律启蒙》的原文,为此,他面试了 200 多个童声演员,并从中挑选出 5 个最天然的声音,然后再根据每段声音录制者当时的状态和节拍,加入声效元素和背景音乐,相当于每一段都是定制的。因此,《凯叔讲故事·声律启蒙》上线 10 个月,付费下载量超过 18 万单。[1] 由此可见,内容生产者的传播技术,是儿童有声读物有效传播的基础和关键因素之一。

(二)传播态度

传播态度,是指儿童有声书生产者是否喜欢传播的主题、是否有明确的传播目的,以及对接受者(听众)有清晰的了解。

首先,每一个优秀的有声书文本,都要有一个明确的传播主题,并且生产者要对这个主题发自内心地喜爱。如前所述,在喜马拉雅 FM、蜻蜓 FM 和懒人听书上播放量排在前列的儿童有声读物中,都有明确的主题分类。这些儿童有声读物按主题大致可以分为以

---

①张雅佼:《将睡前故事打造成受欢迎 IP》,《当代电视》2019 年第 11 期。

下几类。

表5-5　儿童有声读物主题分类

主题	细分	作品举例及内容呈现
国学	国学启蒙	《三字经》《弟子规》《千字文》《声律启蒙》以及必背古诗词等内容,将传统文学与文学常识、背景故事结合起来
	国学经典	《论语》《孟子》《诗经》《易经》等国学经典的解读或讲座录音
故事	神话故事	以讲故事或广播剧形式演绎中外神话故事,如《夸父追日》《金苹果》等
	成语故事	以讲故事或广播剧形式演绎成语故事
	历史故事	以讲故事或广播剧形式演绎历史故事,如三十六计的故事等
	童话故事	以朗读方式演绎中外经典童话或讲故事方式演绎原创童话故事
	绘本故事	将绘本改编的故事
	影视故事	将儿童影视作品(以动画片为主)以原音呈现或改编的故事
	科普故事	以讲故事的方式普及科学知识
	教育故事	以培养儿童安全意识、心理健康、情商等为目的的教育故事
	英语故事	用英文讲故事,主要培养儿童的英语听力和语感
儿歌	经典儿歌	中外经典儿歌
	原创儿歌	原创儿歌,如古诗词改编的歌曲
	英语儿歌	英语国家经典的儿歌,主要培养儿童的英语听力和语感
小说	中国小说	四大名著以及曹文轩、杨红樱等现当代作家的作品
	外国小说	《窗边的小豆豆》《绿野仙踪》等经典的外国小说
散文	散文	《小桔灯》《寄小读者》等经典散文以及当代作家的散文作品

这种明确的传播主题,既方便内容生产者的创作,同时也可以更加有效地到达受众的检索页面。但是,仅有明确的传播主题是不够的,优秀的有声文本还要求内容生产者对传播主题发自内心地喜爱,这种喜爱,受众是可以感受得到的。例如,《凯叔讲故事·声律启蒙》录制过程中,王凯就在旁边观察童声演员的表演,他认为,"一定要找到喜欢做这件事的孩子,让他觉得是在玩,觉得这个过程很愉悦"①。明确的传播主题可以让

---

①张雅佼:《将睡前故事打造成受欢迎IP》,《当代电视》2019年第11期。

受众方便快捷地检索到有声读物,而内容生产者对传播主题发自内心的喜爱则可以打动受众、留住受众。

其次,儿童有声读物需要有明确的传播目的。明确的主题实际上就向受众传达了准确的传播目的。值得一提的是,儿童有声读物的受众有两个:显性的受众是儿童,而家长是隐藏在后面的受众。儿童有声读物需要做到"家长认可、儿童喜欢"。例如在蜻蜓 FM 上播放量高达1.5亿人次的《小朱妈妈讲365个经典故事》,家长关注的是"经典",而吸引孩子的是"故事";又如在喜马拉雅 FM、蜻蜓 FM 和懒人听书上播放量均排名第一的《米小圈上学记》,正如其宣传语"上学趣事一箩筐,轻松搞定写日记",家长关注的是"写日记",而孩子喜欢的是"趣事"。这种明确的传播主题和传播目的,可以使双重受众的需求达到平衡和统一。事实上,我们在调查中就发现了这一点:大多数学龄前儿童,家长选择的往往是影视故事、绘本故事、童话故事等题材的有声书;而小学生的家长则会选择国学、历史故事、成语故事、科普故事、小说等题材的有声书。星沙实验小学1503班 YHR 的妈妈在受访时这样说:"我会选择历史、国学以及经典的儿童文学作品,比如《草房子》《窗边的小豆豆》等。因为我们家 YHR 喜欢这样的书,我也觉得听这样的书能够学到很多知识,增加词汇量。"同样是星沙实验小学1503班的 CSY 的妈妈则说得更加直白:"在喜马拉雅上听书,我的选书标准有两个,一是要她自己喜欢,二是要有利于她的学习。"

此外,儿童有声读物的内容生产者需要对接受者(受众)有清晰的了解。使用与满足理论认为,受众是有着特定需求的个人,他们"使用"媒介是有着特定需求和动机并得到"满足"的过程。但与此同时,受众并不是孤立的,他们属于不同的社会群体,"受众个人的群体属性不同,意味着他们所处的年代、社会环境、社会地位、价值观念、文化背景等都有很大差异,因此,他们对大众传媒信息的需求、接触和反应的方式相差甚远"[1]。这就意味着,儿童有声读物的内容生产者,必须对他的受众(儿童及其父母)有清晰的了解,才能够满足受众基于知识学习、信息获取、休闲娱乐、心理精神等各种不同的需求。

2006年下半年,一部面向中小学生的动画片《虹猫蓝兔七侠传》火爆全国,成为现象级的国产动画。我们在与该片的编剧座谈时,编剧之一吴德新提到,该片在策划之初,就组建了节目筹备组,在北京、广州、重庆、长沙、长春五城,以深入家庭、学校的方式,深度访谈了1000余名孩子,了解他们对当下国产动画的看法,以及他们到底想看什么样的动画片。在对访谈资料进行了长达2个月的梳理后,节目筹备组列出了几个关键点:①每个人心中都有一个武侠梦;②国产动画普遍低幼,故事太简单,一看开头就能猜到结果;③国产动画中的坏人没有理由的坏,好人都傻乎乎的,经常被坏人戏弄,而最后又能轻轻松松地战胜坏人;④国产动画中男生与男生、男生与女生之间的关系太简单,和现实生活完全格格不入……根据这些关键点创作的《虹猫蓝兔七侠传》看上去完全不像一部儿童动画片,以至于当时的投资者、审片专家、电视台购片部门的领导都怀疑孩子们是不是能

①蔡琪:《多维视野中的受众研究》,《湖南师范大学社会科学学报》2003年第2期。

够看懂。但事实上,节目一播出,立即受到孩子们的喜爱,成为最受欢迎的国产动画片。直到 2020 年,这部动画片在豆瓣评分依然高达 9.5 分,在 B 站评分高达 9.9 分。由此可见,一部动画片只有清晰地了解并满足受众的需求,才能取得成功。

儿童动画片如此,儿童有声读物也是如此。同样以《凯叔讲故事》为例,王凯曾经开发过几个睡前故事产品,但同样精心制作的睡前故事却播放量不高,经过调查发现,很多家长认为,王凯讲的故事"太生动,孩子都听上瘾了,听了一遍又一遍,一个又一个,结果耽误孩子睡觉了"①。王凯恍然大悟,原来有声故事不仅仅要做到孩子喜欢,同时还要适应其应用场景,作为睡前故事,不仅要有知识性、趣味性,还要有助眠作用,才能真正实现"家长支持、孩子喜欢"。于是,他开发了一款新的睡前故事产品,讲完故事后,会选择一首《全日制义务教育语文课程标准(2011 年版)》要求背诵的古诗,根据篇幅朗读 7—15 遍,每一遍都会比上一遍声音小一点,到最后几遍时声音似有似无。这个有声睡前故事上线一周后,马上就受到家长的普遍欢迎,有家长说:"我的孩子听着听着就睡着了,而且这么长的诗歌给背下来了,以后不用再逼着孩子背诗了。"②

(三)知识和文化

知识是人类探索物质世界和精神世界结果的总和,有声书内容生产者的知识储备越丰富,对所传播的主题越了解,其传播效果就越好。中央电视台《百家讲坛》所邀请的主讲嘉宾,就都是某个领域的专家学者,在该领域有着丰富的知识储备。因此,即使有的学者普通话很不标准,但由于知识储备丰富,所以能将原本艰涩的学术变得不再晦涩,将一个个学术谜题旁征博引、剥茧抽丝、深入浅出地将答案呈现在受众面前。而如果在某个领域的知识储备不足,哪怕是表达能力更好,经过精心的策划和准备,也可能在准备资料时无从下手,或者因不具备资料筛选能力而造成"翻车"。

大众媒介完整的传播过程,实际上是生产者与接受者共享其共同感兴趣的文化信息。英国社会文化人类学家泰勒在《原始文化》一书中提出,"文化就其广泛的民族学意义来说,是作为社会成员的人所习得的包括知识、信仰、艺术、道德、法律、习俗以及其他能力和习惯的复合体"。有声阅读既是一种文化行为,也是一种消费行为,因此儿童有声读物的创作者,就必须提供符合受众文化品位的产品,同时又要避免过度的消费化,甚至要引领受众走向积极的文化需求。

对于大多数中小学生来说,他们受到流行文化深刻的影响,具体表现在对流行音乐、流行影视、流行综艺、流行明星、流行语言的推崇和传播。如果有声读物的创作者不理解这种流行文化,就很难与受众产生共鸣。相反,如果能够将有声内容与流行文化进行适当地结合,则会产生奇妙的化学反应,更容易抓住受众。例如于丹讲《论语》,引经据典和训诂考证只是其中的一部分,而大部分内容是结合当下现实来谈心得。对当下的大多数受众来说,孔子是一位离我们距离遥远的古代圣贤,《论语》是一部高不可攀的文言经典,

---

①张雅佼:《将睡前故事打造成受欢迎 IP》,《当代电视》2019 年第 11 期。
②张雅佼:《将睡前故事打造成受欢迎 IP》,《当代电视》2019 年第 11 期。

但在于丹的口里,将《论语》深奥的道理讲得浅显易懂,孔子没有圣贤的架势,朴素平和、平易近人,时时传递一种朴素、温暖的生活态度。因此,一个 14 岁的孩子在签售会上对于丹说:"谢谢于老师,你让我知道圣贤说的不是废话。"①十几岁的孩子正处于青春期,思想往往逆反,他们认为很多大人说的话都是废话,不值得一听,但是中国传统文化的基因一直就潜藏于我们每一个人的心里,只是长期以来,各种关于传统文化的教材、影视作品,往往一副严肃而拒人于千里之外的面孔,很难引起受众特别是年轻受众的共鸣。而经过于丹的阐释后,他觉得孔子的话说到了他的心里,不是废话。这就说明,于丹把覆盖在《论语》上的历史的、学术的硬壳儿轻轻揭开了,呈现给大家的是一个最直接、真实、朴素的真理,而真理是可以进入到人们的心里的。

(四)社会系统

社会系统指的是儿童有声读物内容生产者在社会系统中的地位与影响力。如前所述,有声书内容生产者的知识储备越丰富,其生产的内容就更准确(能够分辨资料的真实性)、更生动(能够从众多资料中筛选出有趣的内容),其传播效果就越好。受众判断内容生产者是否拥有足够的知识储备,主要方式还是根据其社会地位与影响力,越是有名人效应、有权威性的内容生产者,其有声书就更容易被关注。这也是喜马拉雅 FM 强调发挥名人效应,开设明星电台,签约郭德纲、吴晓波、许知远、高晓松、马东等名人、明星、专家来开发有声书产品的原因所在。事实上,在喜马拉雅 FM、蜻蜓 FM 和懒人听书上播放量排名前列的儿童有声读物,往往属于"一经典双专业"范围,一是经典作品,如《论语》《西游记》《格林童话》《猫和老鼠》等;二是某个知识领域的专业人士创作的有声内容,如郭德纲(相声艺术家)、吴晓波(财经领域专家)、许知远(专业出版人)等专家创作的有声产品;三是专业的主播和配音演员创作的有声内容,如全国十佳广播节目主持人小雪创作的《小雪老师讲故事》。我们在星沙实验小学 1503 班的调查中就发现,经典和专业几乎是家长选择有声书的唯一标准。ZZQ 的妈妈说:"她最近在听的书是《米小圈上学记》,这本书是有名的儿童文学作家北猫的作品,这本书还获得了中华优秀出版物奖,所以我觉得应该是一本好书。"YHR 的妈妈说:"我会选择历史、国学以及经典的儿童文学作品,比如《草房子》《窗边的小豆豆》……这些书都是公认的经典作品,对 YHR 的学习和成长都有好处。"PZY 的爸爸则说:"因为我和他妈妈都要上班,我的孩子三岁前放在农村爷爷奶奶家长大,上幼儿园之后一直到读小学,虽然接回了长沙,但也一直是爷爷接送,平时更多时间是和爷爷奶奶在一起,因此普通话不是很标准。所以我们有意识地找一些电视台主持人朗读的有声书给他听,效果很明显,现在普通话比以前好多了。"

二、信息

贝罗模式认为,影响信息有效传播的因素主要有三个方面:一是符号,即语言、文字、

---

① 华一欣:《于丹〈论语〉心得》为什么畅销?》,《人民日报》2007 年 2 月 11 日第 8 版。

图像与音乐等。在儿童有声书领域,当然主要是指有声语言,有的有声读物同时还配合加入了音效、背景音乐和少量影像、图文;二是内容,即传播者为了有效传递传播内容而进行的材料筛选,包括信息的成分和结构;三是信息处理,即传播者选择和安排符号所做的各种决定。声音,是最古老的信息传播符号,也是现在及未来不可或缺的信息传递、信息交流的重要方式。事实上,无论是家庭教育、课堂教育还是人与人之间的日常交流,主要还是依靠声音来实现。尤其是对儿童来说,无论是印刷时代还是今天的影像时代,文字和图像都不能完全取代声音。著名教育家徐特立在回忆自己的读书经历时说:"前半年的蒙师,只能教学生读书,不能解释意义……从九岁到十五岁,是在蒙馆念死书时代,全不理解内容和字义。"[1]今天的中小学生,学习过程中也需要教师对课本进行讲解。即使在当下的影像时代,无论是长视频还是短视频,都需要有声音的配合才能完整传递意义。相反,声音则可以不借助其他元素准确、完整地传递信息,而且发声者还可以将自己的理解、情感传递给聆听者,这也是为什么同样的教材、同样的学生,不同的教师会有不同教学效果的原因之一。正如尼古拉·尼葛洛庞帝所说:"说出来的话除了字面的意思之外,同时传递了大量信息。讲话的时候,我们使用完全一样的字眼,可以表达或激情洋溢、或嘲讽、或愤怒、或闪烁暧昧、或曲意逢迎、或精疲力竭等不同情绪。"[2]但是,目前学界对于儿童有声读物中信息要素对传播效果的影响研究还没有给予足够重视,本书将结合调研、有声书传播案例和学界的研究成果,梳理儿童有声读物中声音与传播效果之关系。

(一)男声/女声的差异性

有研究者认为,"纵观当下的儿童音频市场,男声似乎占了很大比例,并且比女声更受欢迎"。究其原因,主要是在家庭中,父亲角色因为忙于工作,较少陪伴在孩子身边;而在学校,目前的中小学都以女教师居多,因此,有声读物中的男声恰好填补了家庭中父亲角色和学校中男性教师角色的缺失,"更容易吸引孩子的注意力"。[3] 但是,我们在调查中却得到了与之相反的结论:根据我们于 2020 年 8 月 30 日的统计数据,喜马拉雅 FM、蜻蜓 FM 和懒人听书三大平台上,播放量排名前 20 位的儿童有声读物中,男声分别只有7 名、2 名和 7 名,从这一数据来看,似乎女声更受儿童的喜爱。但根据我们对 5 名 12 岁的六年级学生有声阅读情况的观察,他们对有声书是男声还是女声并没有给予过多的关注,而是注重声音的"美",5 名儿童均对沙哑低沉的男声和声音夸张的女声表现出明显的反感。例如,当听到昌辉叔叔的《哈利波特》和小糖姐姐的《小马宝莉》时,5 名儿童均表示要换一本书,原因不约而同地选择了"声音不好听"。由此可见,男声或女声对有声读物的传播效果并没有明显影响,反而是声音的适听性对有声读物传播效果的影响较为显著,优美的声音更受儿童的喜爱。

①湖南省长沙师范学校编:《徐特立文集》,湖南省人民出版社,1980,第 596－597 页。
②尼古拉·尼葛洛庞帝:《数字化生存》,胡泳、范海燕译,电子工业出版社,2017,第 136 页。
③张雅佼:《将睡前故事打造成受欢迎 IP》,《当代电视》2019 年第 11 期。

（二）音频时间长度的差异性

如前所述,以声音作为信息传递的载体起源很早,远远早于文字时代。声音具有线性传播的特点,转瞬即逝。因此,在口述时代,声音传播的信息要么短小精悍(如《论语》),要么是一唱三叹便于记忆的韵文(如诗歌)。现代意义上的有声读物,则是满足识字不多甚至不识字的儿童,或者是满足人们在移动化、碎片化场景的休闲和学习,使人们在走路、开车、运动、等待、睡前等场景也能够进行阅读。无论是为了方便记忆,还是满足儿童难以长时间注意力集中的特点,或者是满足移动化、碎片化场景的聆听阅读,都要求有声读物以短音频的形态出现,事实上,目前大多数儿童有声读物均为 10 分钟以内的短音频。以在喜马拉雅 FM、蜻蜓 FM 和懒人听书三大平台上播放量均排名第一的《米小圈上学记》为例,这部书被分为数百个小单元,大多数小单元的时长都在 2—5 分钟。根据我们对 5 名 12 岁的六年级学生有声阅读情况的观察,当有声读物的时长在 7 分钟以内时,5 名儿童均能够专注地听完,一旦超过 7 分钟,就会出现走神的情况,具体表现在走动、喝水、随手拿起身边的物品(如笔、小玩具)玩、问问题(主要出现在听睡前故事时)等情况。但并不意味着单个有声音频的时长不能超过 7 分钟,因为我们让 5 名儿童通过蜻蜓 FM 听朱啦老师讲《西游记》故事,该有声书单个音频往往超过 20 分钟,他们在阅听时固然出现了注意力不集中的现象,但听完后,依然能够记住故事内容并完整复述出来。值得注意的是,当单个音频时长超过 30 分钟时,阅听效果就会大打折扣。我们选取朱啦老师讲的《西游记》部分内容剪辑了 5 段 30—45 分钟的音频分别给 5 名儿童播放,在这 5 名儿童明显知道这是一个测试、给予了相当配合的情况下,但依然有 11 人/次不能在阅听后完整、正确地复述故事内容。由此可见,有声读物的最佳时长是 7 分钟之内,且不能超过 30 分钟。

（三）口语/书面语的差异性

汉语书面语和口语存在显著差异,"书面语用词严谨规范,逻辑性强,多用长句、复句、关联词,句式完整;口语通俗、简练、易懂,多用短句、单句、省略句"[1]。目前,大多数有声读物都源于用书面语写成的纸质图书,存在专业术语、文言辞句等较为难懂的字、词、句,而且还常常出现倒叙、插叙、情节主线副线交叉等文学手法。一般认为,如果照搬纸质图书的内容制作成有声读物,会造成阅听障碍。因此应该对纸质文本进行改编,首先是梳理故事情节,以时间或空间变换为故事发展顺序,而不要使用倒叙、插叙;其次是对书面语进行口语化改编,以适应听觉感官获取信息所需要的通俗易懂;最后是对纸质文本篇幅的改编,删除文学性的描写,只保留故事情节,以保障每个故事的时长控制在合适范畴。事实上,当下大多数儿童有声读物,除了短小的诗歌韵文、散文之外,其他童话、故事、文学作品都经过了通俗化、口语化改编。

---

①童云、周荣庭:《有声读物声音质量评价维度》,《中国广播》2020 年第 1 期。

这种将书面语改编为口语的做法，一方面实现了适应听觉的需要，但另一方面，使信息传递不完整、不准确，同时还丧失了作品的文学性和审美性。例如吴承恩所著的《西游记》，这部书是我国第一部神魔小说，在中国长篇小说发展史上具有里程碑式的开拓意义，它"又以作者融会了传统艺术经验所形成的艺术的独创性批判了社会的宗教性观念，或更正确地说，和社会的宗教性观念开了玩笑，进行了嘲弄。这是这部演述超人间故事的神魔小说最突出、最优异的品质，也是它的艺术价值和魅力的最根本所在"。与此同时，该书"动物而又如此变化多端，神通广大，具有超人的能耐和现实生活中难以想象的作为，情节如此曲折离奇，语言又如此优美、幽默，便更成了妙趣横生、兴味无穷的童话，少年儿童们为它所吸引，《西游记》于是成为未成年读者最喜爱的古典小说"①。将《西游记》改编成通俗化、口语化的有声读物后，以蜻蜓 FM 上朱啦老师所讲的《西游记》有声书为例，不仅去除了大量文学性和审美性的内容，同时将情节也进行了大量的删减，例如介绍唐僧是何踏上取经之路的内容，原书有六回之多，但有声书则浓缩为不足 12 分钟的内容。在这种情况下，改编后的《西游记》就成了唐僧师徒四人取经路上打怪升级的"故事合集"，不仅大量"优美、幽默"的辞句不见了，"妙趣横生、兴味无穷"的故事情节也大大缩水，更不要说其"艺术价值和魅力的最根本所在"，也就是对我国古代传统儒释道文化的诠释了。《西游记》有声就成了一个纯粹的休闲娱乐性文本，而失去了其作为文学文本的价值所在。在这一意义上，有声阅读就真的只是浅阅读和娱乐性阅读了。

那么，究竟有声读物能不能实现文学作品的原文呈现，并被儿童所接受、理解，从而实现以声音为载体的深度阅读和整本书阅读？为此我们设计了一个简单的实验：将 5 名 12 岁儿童分为两组，实验组 3 人，对照组 2 人。由工作人员为实验组 3 人朗读《西游记》第一回《灵根有孕源流出，心性修持大道生》和第二回《悟彻菩提真妙理，断魔归本合元神》；对照组 2 人则阅读纸质文本。在实验组听书的过程中，如遇到听不懂的地方，随时可以打断朗读者，并提出问题，但朗读者并不立即回答，只是由工作人员将问题记录；同样，对照组在阅读的过程中，也要求将看不懂的地方标记出来。实验结果显示：①无论是实验组还是对照组，在聆听/阅读之后，都能够将故事内容大致复述出来；②实验对象的理解能力大大超过我们的想象，以第一回第一段"诗曰"为例，"混沌未分天地乱，茫茫渺渺无人见。自从盘古破鸿蒙，开辟从兹清浊辨"，5 名儿童均能够准确理解其意义，据 HYK 小朋友所说，这是因为"以前就看过盘古开天辟地的故事，所以一听就明白"；③实验组所提出的问题，远远少于对照组所提出的问题，原因主要有两个：一是这两回书中有多个他们没有学习过的生字，对照组的儿童不认识，而实验组则不存在这个问题；二是由于《西游记》所使用的明代口语与现代口语有较大差别，对照组在阅读时，很多句子因不知道如何断句而造成理解困难，而实验组同样不存在这个问题。从这一点来说，实际上朗读者通过标准发音、重音表达、连停技巧、节奏变化、语气语态等诸多声音表达技巧，已为阅听者扫除了许多理解障碍。从这个简单的实验可以看出，实际上，对于广大儿童读

①何满子：《西游记·前言》，岳麓书社，2007，第 8 页。

者尤其是有了一定知识储备的中小学生来说,以聆听阅读方式同样能实现深度阅读,甚至具备某些纸质阅读所不具备的优势。

(四)内心视像与声音传递的准确性

"内心视像"是俄国艺术家斯坦尼斯拉夫斯基所提出的艺术概念,其含义是演员在表演之前,就应该首先在自己内心中创造出角色的形象,然后进行外部模仿,其理想状态是演员忘却自我意识,完全化身为角色。因此狄德罗将内心视像称之为"理想范本",而我国戏剧学家则命名为"心像"。① 事实上,当我们在谈论某个人、某个物品或某件事情时,脑海中就会情不自禁地出现所涉对象的画面。比如,A 和 B 回忆双方共同的中学同学,就常常会出现这样的对话:"你还记得某某吗,就是那个长头发、戴眼镜、喜欢穿格子西装的男生……"这时候,在 B 的脑海中,就会将 A 所提及的特征迅速拼出一个人的形象,从而与其名字相对应。而如果 A 不提及这些特征,则 B 可能很难回忆起来。同样,当我们阅读时,如果将我们看到的文字在脑海中转化为具体的图像,将更加有助于我们的理解和记忆,这就是所谓的"图像记忆法"。

内心视像常常被用来作为播音员着力培养的能力之一,也就是说,播讲者在朗读、播新闻或讲故事时,就要将声音和内心视像结合起来。声音表演者如果用心体会文本,并通过想象力在心中形成一幅幅画面,通过声音将这些画面展示出来,就能让听众有一种"声临其境"的感觉。国家一级演员、广东话剧院的姚锡娟老师就说:"我把我几十年的朗诵艺术实践,总结为一句心得:'我心中有一幅流动的画,情随画生,调随情移。'每当我朗诵一篇文学作品时,面对作者的描写,我的想象力使我心中生出一幅画,画随着作品中的情景的发展而流动,我的信念感使我对画中的情景涌动出真实的情感,情感随着画面的转换而波动;正是随着情感的起伏,我语气语调的变化才有了合情合理的依托。我心中有一幅流动的画,就是我通过想象和信念建立起来的内心视像。"姚锡娟老师同时说:"我朗诵的节奏、重音、语气语调的变化都不是我臆造出来的,而是根据作品的情景、画面产生的。"她举了一个例子,曾经有一名大学生在听完她朗诵《卖火柴的小女孩》一文后,给她写信说:"乐声低回,视线里,你的梦幻分明已成真,你的明眸已闪动着泪光,眉目轻颦舒缓之间道出了那样多的悲喜忧乐——而你,却还未曾开口。"为什么这名大学生会有这样的感受呢? 这是因为"我在音乐声中已经打开了想象,建立了内心视像,融入了作品,进入了情景,而他正是从我的视线、我的神态中捕捉到我在情景中的悲喜忧乐的"②。郑州人民广播电台的蔡智老师也说:"播讲者必须结合自己的经历找到同角色之间恰当的关系,配合恰当的画面。这样一来,当播讲者在说出台词的时候,视觉画面就会感觉像是从播讲者个人的生活中直接浮现出来。相反,如果没有内心视像能力,播讲者只是遵从自己的习惯语势,那语言必定是僵硬且不准确的。"他举例说,比如在广播小说《呼家堡的传说》中有这样一个场景:"若是雨天,大地上会骤然泛起一股陈年老酒的气味。那是雨

①张霞云:《戏曲演员构建内心视像能力培养初探》,《北极光》2019 年第 6 期。
②姚锡娟:《朗诵艺术中的想象》,《语言战略研究》2020 年第 4 期。

初来的时候,大地上刚刚砸出麻麻的雨点,平原上会飘出一股浓浓的酒气。"播讲这个段落时,播讲者脑海中应该形成暴风骤雨、茫茫无边的画面,配以较多的虚声,才能体现平原的广袤。再比如"雨在大地和平原之间",我们应该想象"平原的气息是叫人慢慢醉的"真实语境。因此,在播讲这段时,要做到声音的虚实结合,才能和小说中的画面感更加贴合。①

综上所述,内心视像是声音表达技巧的依托,如果有声读物的创作者心中没有"一幅幅流动的画面",那些轻重音、节奏缓急、语气变化等表达技巧就是毫无根据的随意使用。可以说,有声读物创作者的内心视像,也就是其创作时根据文本在脑海中想象的画面决定了能否将文本中的真实意图和情感准确传递给听众,并打动他们。

(五)声音的情感表达赋予文字作品新的审美价值

2018年,全球首个"AI合成主播"在新华社上岗,一度引起播音行业的恐慌。目前,市场上也出现了众多由AI主播生成的有声读物。经过两年来的市场检验,播音行业的从业人员普遍松了一口气,因为人们发现,AI主播僵硬机械的声音,完全无法实现情感表达,从而满足听众对语言美的审美需求。

研究表明,动物之间也存在着利用声音的交际现象,例如猴子之间,就会用不同语气语调的喊叫来表达愉快、悲伤、恐惧等情绪。②人类作为万物之灵长,其语言更是能够表达丰富的情感。有声读物中的声音语言,与口头语言、书面语言都有显著的区别。许世荣在为张颂《朗读学》所作的序言中说:"书面语言其实是来源于口头语言,书面语是化声音为文字,改听觉接受为视觉接受,书面语精炼加工,力图消除口语中的啰唆、凌乱等问题,实现语言的艺术性与精密性。"③书面语言的出现,虽然消除了口语的种种弊端,但同时也失去了部分精华,就是语音中所传达的种种情感。为了弥补这一缺失,人类发明了标点符号来显示语调,用语气助词来强调语气,但依然不能完美地解决这一根本缺失。正如将猴子们或悲伤、或愉快、或恐惧喊叫声书之于纸面,就只剩下"吱吱吱"或"唧唧唧",完全看不出有任何情绪了一样,人类的语言也同样如此。例如,一名五六岁的小女孩看到妈妈下班回到家后,叫了一声"妈妈",她的妈妈马上就能感受到女儿声音里的情绪,是久盼妈妈而不见的委屈,还是有开心事要分享的兴奋,或者其他情绪。但是一旦书之笔下,就成了毫无感情色彩的两个汉字了,即使是加上感叹号,也只能让读者感受情绪的强烈,而不能分辨其中包含的是何种情绪。而有声读物中的声音语言,是以书面语言为底本,再通过口头表达出来,既避免了口语中啰唆凌乱等问题,同时又弥补了情感缺失的遗憾。

汉语的语言美,包含三个并列的层面:字形美、意义美和语音美。这种语音之美,不仅体现在规范标准的发音,更是体现在通过语势、语气、节奏、重音、停连、内在语等技巧,

---

①蔡智:《广播小说播讲的表达技巧》,《新闻爱好者》2020年第9期。

②岑运强主编:《语言学基础理论》,北京师范大学出版社,1994,第16页。

③赵睿芳、王虹凯:《AI主播日新月异,播音员真的要被取代了吗》,《视听》2020年第10期。

将文字所代表的意义准确、清晰、生动、鲜明地传达给听众,给听众以美的享受。《中国播音学》一书将播音类型细分为四大类,即新闻播音、通讯播音、评论播音和文艺播音,其中文艺播音就是要"教育、审美、愉悦地服务受众,以美愉人"①。有声读物属于文艺播音的范畴,应该具备基本的审美价值。

郑州人民广播电台的蔡智老师认为,在利用声音表达情感时,重要的技巧就是在表达时要注入自己的真情实感。比如"炎热的夏天,我们赤足走在沙漠滚烫的石头上"这句话,在表达"炎热"和"滚烫"这两个关键词时,就要往外释放"热"和"烫"的感觉,语调和状态应该激昂;相反,处理冷的感觉就应该是蜷缩着说,辅之较弱的音量。再比如"他悲伤地说"这句话,在表达的时候应该加以哀伤的情绪,用颤抖或者缓慢的语气进行呈现。这样才能感染听众,引发藏在我们内心之中、在生活当中体会到的那种真正的悲伤感。②有"播音散仙"之称的周建龙老师创作的《鬼吹灯》有声书,就是通过声音的情感表达赋予听众以审美感受的典型代表,在这部有声书中,周建龙老师以浑厚饱满而又藏而不露的情感表达方式,使胡八一、王胖子等人物的形象跃然而出。例如,在关东军要塞中,胡八一的悼词独白,周建龙老师就运用了低沉坚毅的语气,向听众传递了胡八一善良又不失军人铁血的人物性格,使听众不由自主地跟着声音表演者的情绪高低起伏。这就是声音赋予文字作品新的审美价值,这种"美",深深地隐藏在文字深处,必须用声音才能发掘出来。

三、传播渠道

近年来,听书逐渐成为一种时尚的阅读方式,越来越多的人开始在学习或工作了一天之后,走在下班路上戴上耳机听有声书,回到家之后边做饭边听书,或是躺在床上听着有声书入睡,这已经成为许多人的日常。作为数字阅读的延伸,有声书提高了受众对碎片化时间的利用程度,表现出强大的市场潜力。根据全球领先的移动互联网第三方数据挖掘与整合营销机构艾媒咨询的统计数据,2019 年我国有声阅读市场规模在 63.6 亿元左右,预计 2020 年将达到 82.1 亿元;我国有声书市场用户规模从 2016 年的 2.18 亿人上升至 2019 年的 4.78 亿人左右,预计 2020 年用户规模有望达到 5.62 亿人。③

随着有声阅读对用户日常休闲娱乐、工作学习的渗透,用户对阅读场景(渠道)的需求也呈现多样化发展趋势。传统的阅读场景包含移动阅读 App、有声阅读 App 和微信公众号等,覆盖面最为广泛。除此之外,电子阅读器、绘本阅读器、智能音箱/耳机等硬件设备的发展也带动了阅读场景多样化,使得用户可以在不同时间内和不同场景下进行阅读,为用户带来了不同的阅读体验。

————————

①赵睿芳、王虹凯:《AI 主播日新月异,播音员真的要被取代了吗》,《视听》2020 年第 10 期。
②蔡智:《广播小说播讲的表达技巧》,《新闻爱好者》2020 年第 9 期。
③前瞻经济学人:《2020 年我国有声阅读行业发展现状和趋势分析:阅读场景不断细化》,https://baijiahao.baidu.com/s? id＝1681869667504423267&wfr＝spider&for＝pc

表5-6　多样化的有声阅读场景

阅读场景	特点	案例
综合性阅读App	选择更多元,满足受众文字阅读或有声阅读	咪咕读书、掌阅
移动音频App	专注于有声阅读,发展较快	荔枝FM、蜻蜓FM
微信公众号	无须下载,但检索有声读物较困难	童书共读、为你读诗
电子阅读器	兼具文字阅读和有声阅读,但携带不方便	Kindle、iReader
绘本阅读器	提供阅读互动乐趣	物灵、科大讯飞机器人
智能音箱/耳机	功能多样化	小米AI音箱、小度智能屏

根据艾媒咨询发布的《2019年中国手机App分类排行榜》,2019年排名前十的音频App分别为喜马拉雅FM、荔枝FM、蜻蜓FM、懒人听书、凤凰FM、企鹅FM、酷我听书、豆瓣FM、龙卷风收音机和阿基米德FM。[①] 2020年第一季度在疫情催化及行业企业发起免费阅读等因素影响下,以喜马拉雅为代表的头部音频平台有声阅读用户及用户时长分别增长了63%、100%,随着用户听书习惯的进一步养成,有声阅读的普及率有望继续提高。

未来随着5G技术的发展落地,有声阅读场景和阅读模式有望进一步细化并且进一步提升用户阅读体验,在更大带宽与更快传输的加持下,阅读+VR/AR的沉浸式阅读以及高音质听书模式均有望快速实现。

四、受众

1985年,中国展望出版社出版了美国传播学之父W.宣伟伯的《传媒信息与人——传学概论》一书,该书的翻译者余也鲁将"audience"一词翻译为"受众",意即"在传播的过程中的另一端的读者、听众与观众的总称"。从此,受众概念被我国学界普遍接受。而在此之前,中国大陆学者将"audience"一词译为"受传者",中国台湾学者则称之为"阅听人"。[②] 到了今天,受众的范围越来越宽泛,街头涂鸦或大型画展上的欣赏者、书籍报刊的读者、广播的听众、电影电视的观众、互联网用户等,都可以称之为受众。因此,中国社会科学院陈崇山研究员对"受众"概念进行了更清晰的定义:"受众是一个集合概念,是报刊读者、广播听众、电视观众、网络网民的统称,是指一切通过大众传播媒介接受信息的人。

---

①艾媒咨询:《2019年中国手机App分类排行榜》,https://www.iimedia.cn/c900/68230.html。

②马池珠:《受众中心论的理论基础与时代特色》,《理论学刊》2009年第10期。

不论是国家元首、党政领袖、社会名流,还是工人、农民、知识分子,只要是从大众传播媒介接收信息的人,都称为受众。"[1]

受众理论起源于 20 世纪初期的美国。早期的受众理论从宣传的角度出发,认为传者(信息源)处于传播过程的中心地位,而受众是被动的信息接受者。例如著名的"魔弹论"(又名枪弹论、靶子论、皮下注射理论等),这一理论认为,传者是信息的掌控者,可以像枪手打靶或医生为患者注射一样,将信息内容灌输给受众,而受众处于信息传播的弱势地位,只能被动接受并相信。这一理论形成于"一战"和"二战"期间,"一战"时两大军事同盟的战时动员、"二战"前纳粹德国狂热的反犹宣传以及战时同盟国的反法西斯宣传,都起到了宣传者所期望的效果,为传者中心论提供了很好的佐证。

到了 20 世纪 40 年代,随着广播和电视的普及,人们接受的信息越来越丰富,信息接收越来越方便快捷,这时候,研究者发现媒介的作用并不是万能的,受众也并不像靶子或患者一样,只能任由枪手和医生摆布。随着研究的进展,研究者发现受众也不是孤立的、分散的同质存在,而是分别属于不同的社会群体,"受众个人的群体属性不同,意味着他们所处的年代、社会环境、社会地位、价值观念、文化背景等都有很大差异,因此,他们对大众传媒信息的需求、接触和反应的方式相差甚远"[2]。不同的受众面对同一信息时会有不同的反应。于是,学界开始对传者中心论进行反思和批判,受众在信息传播过程中的作用开始受到重视,并最终形成了受众中心理论。

受众中心概念最先见于英国传播学家丹尼斯·麦奎尔和瑞典学者斯文·温德尔合作的《大众传播理论》一书。该书提出了"受众中心模式"概念,受众中心模式包括使用与满足模式、使用与效果模式以及信息寻求模式。其中使用与满足模式影响最大,得到了学界的广泛关注与认同。使用与满足理论认为,受众是有着特定需求的个人,他们是基于某种特定的需求(信息获取、知识学习、休闲娱乐、精神慰藉等)来"使用"媒介,并得到"满足"。传者和通道所要做的,就是以受众的需求为出发点,尽量生产和传播受众喜闻乐见的信息内容,满足受众的各种需求。

使用与满足理论突显了受众在传播过程中的重要作用,是对传者中心论的有益矫正。但是该理论脱离信息生产和传播过程,过于强调受众个人的需求对信息传播的决定作用,也具有一定的局限性:第一,受众要得到"满足",就需要"使用"媒介,而媒介信息的形成,离不开传者的工作,例如一部有声书,需要传者(个人或团体)完成一系列包括策划、版权获得、声音录制、后期制作、产品发布、市场营销等众多专业的工作,并最终实现信息传递给受众,使受众获得满足感,离开传者一系列的参与和努力,所谓信息传播也就无从谈起;当然,如果传者生产的信息内容没有受众来"使用",或者受众普遍反馈不能满足其需求,整个信息传播活动就变得失去意义。因此,在信息传播活动中,传者与受众应该是相互作用、相互影响、相互依存的关系,借助信息内容和媒介通道,传者与受众都实

---

①马池珠:《受众中心论的理论基础与时代特色》,《理论学刊》2009 年第 10 期。
②蔡琪:《多维视野中的受众研究》,《湖南师范大学社会科学学报》2003 年第 2 期。

现了意义。第二,受众在大多数时候并不能够清晰地知道自己需要什么,例如,我们访谈了星沙实验小学 1503 班的 20 名家长,在问到"希望孩子们读哪些书"时,得到的回答主要有两大类:一是有利于孩子学习的书,二是经典的文学作品,而没有具体的书名。当问到"给孩子听有声书的选书标准"时,有相当一部分家长(尤其是女性家长)主要依靠平台的推荐,即按照听书软件的排行榜来进行选择。由此可见,使用满足理论高估了受众的理性和知识储备,受众大多数时候并不清楚自己的真正需求,而是按照他人的意见来决定使用媒介。第三,传者往往会制造虚假需求,例如,在喜马拉雅 FM、懒人听书、蜻蜓 FM 上都有众多面向儿童听众的财商主题的有声读物,这些创作者虚构了这样的概念:财富的创造和积累,需要有"财商"这一核心能力,而财商的形成需要从娃娃抓起。很多家长深以为然,担心自己的孩子在未来会因财商不够而落伍,于是纷纷给孩子听财商培养类的有声读物,其中蜻蜓 FM 上就不乏付费播放达到数十万的有声财商课程。当家长们欣喜于满足了孩子需要从小培养财商的需求,实际上不过是传者制造的虚假需求。从这一层面来讲,受众实际上依然制约于媒介而不自知。第四,过于强调满足受众的需求,容易导致媒介传播媚俗现象的滋生。正如有研究者所说,这种媚俗,使"不少媒体聚焦于性、腥、星题材,热衷于渲染畸情怪恋、凶杀暴力以及绯闻、隐私,肆意炒作八卦新闻乃至不惜掺假造假以制造轰动效应,致使低级趣味和煽情主义大行其道,业已成为困扰传媒业健康发展的恶风浊浪。"①甚至很多媒介不惜制造虚假需求,并通过热搜、水军来诱导受众追捧,例如当下批量制造的部分流量明星,其实际上并没有任何作为歌手、舞者、演员的才艺,仅仅通过不断制造话题,让受众沉浸其中,获得了虚假的满足。

正因为受众中心论的种种局限性,很多研究者开始重新观照传者与受众之间的关系。斯图尔特·霍尔的"编码/解码"理论就是对传者中心论或受众中心论这种"单一主体论"和"自我中心论"的反思和批判。"编码/解码"理论否定了过去将受众对象化、被视为信息传播活动客体的观点,而是将传者和受众都看作是传播活动中的主体,都是传播过程中的实践者和认知者,而其实践和认知的共同对象就是信息(客体),借助媒介通道,传者与受众通过信息进行了相互影响。霍尔将信息内容的生产过程称之为"编码",他说,"这些实践的对象就是以特殊方式组织起来并以符号载体的形式出现的各种意义和信息,在一种话语的语义链范围之内通过符码的运作而组织起来"②,编码者在信息建构时,必然会受到一些因素的制约,这种因素包括制度、技术以及自身知识背景、社会关系,以及其对受众的了解与期待等。在信息内容传播的过程中,编码者也会有自己的期待视野,他希望受众倾向于有利于自身的解读方式。但是,信息一旦进入传播通道即不受编码者的控制,受众有可能产生"协商式解码",即对编码者的真实意图既不完全接受,也不完全否定,而是根据个人实际情况来解读出另一种不尽相同的意义;也有可能产生"对抗性解码",即受众对信息内容解读出与编码者真实意图完全相反的意义。在"编码/

①刘伯贤:《主导性:大众传播的灵魂——对"受者中心论"的再思考》,《学术论坛》2005 年第 10 期。
②罗钢、刘象愚主编:《文化研究读本》,中国社会科学出版社,2000,第 352 页。

解码"理论的视野下,毫无疑问,编码者是可以影响受众的,而受众无论是协商式解码还是对抗性解码,也会影响到编码者对信息内容的调整。可以说,"传播中的意义不是某个主体自身形成的,而是在主体与主体之间形成的"①。"编码/解码"理论是受众研究的重大突破,它可以解释很多媒介传播中传者与受众之间相互影响的关系。

　　美国学者约翰·费斯克在编码/解码理论的基础上,进一步丰富了受众理论。他认为,虽然在大众媒介时代,大众文化已经成为一种商品,但受众不仅仅是被动的消费商品,他们在这一消费过程中同时也在积极地建构自我意义、社会属性和社会关系。费斯克受众理论最主要的观点是"生产性受众"。而生产性受众产生的基础是"生产性文本",所谓"生产性文本"就是一种开放式的文本(可写文本),它蕴藏多种含义,要求受众参与其中并创建自己对文本的个性化解读。

　　费斯克在其著作《传播研究导论》一书中,还总结出了传受关系的三角模式:

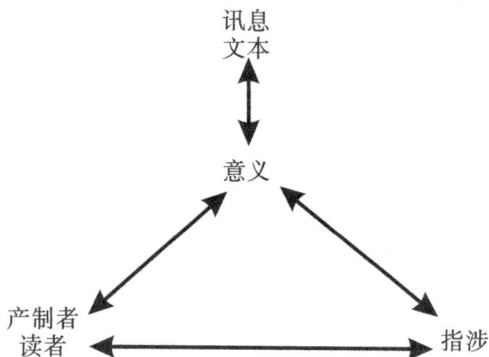

　　在该模式中,传者和受者被放在一个平等的位置上,双方都是意义的生产者。这一模式进一步突显了受众的意义生产功能,指出受众的意义生产不仅仅体现在对文本是"协商式阅读"或是"对抗式阅读",还体现在通过这种阅读和意义的创建获得"快感"体验,从而使受众真正摆脱在信息传播环节的弱势地位,成为大众文化生产和消费的主角。

　　综上所述,我们可以看到受众在研究者的视野中从信息内容被动的接受者、消费者逐渐向主动者、积极的意义建构者转变。当然,学界对受众的研究远远还没有到达尽头,尤其是当下经典的媒介传播理论,大多数都诞生于印刷时代和电视时代。而在互联网时代,文本的开放性与受众主动参与的激情,远非印刷时代和电视时代可比拟。在过去,一部书或一部电视剧的创作,到受众最终看到这本书或这部电视剧,这一过程是漫长的;而受众的反馈到达创作者并与其互动,也是一个漫长的过程。在今天的互联网时代,不同空间的传者与受众可以即时沟通,传者也可以根据受众的意见反馈对信息内容进行不断的调整,几乎所有互联网上的信息都是开放式的可写文本。

---

　　①单波:《评西方受众理论》,《国外社会科学》2002 年第 1 期。

第四节　儿童有声阅读存在的问题

　　我国有声阅读市场近年来呈现快速发展态势,不仅用户规模迅速扩长,使用频率与时长方面同样具有高度黏性。如前所述,2019 年,我国有声书用户规模达到了 4.78 亿人,有声阅读市场规模达到 63.6 亿元。但是我们也不得不承认,目前的有声阅读行业特别是儿童有声阅读行业,在生产、内容、传播模式、赢利模式等各个环节都依然存在着许多问题。如果这些问题不得到妥善解决,有声书也可能重蹈电子书的覆辙:在受众新鲜感退却后,全球电子书市场均在 2014 年前后触顶下滑。

一、有声书专业生产成本高

　　如同任何内容产业一样,有声阅读市场在经历了粗放式的高速发展之后,一定会进入高品质内容竞争的阶段。如果说目前排名前列的有声 App 竞争的是内容的数量,而在未来,谁拥有更多优质的内容,谁就会胜出。但是,优质的内容就意味着高成本。一本有声书从创意到成品,大致要经历策划、选书、版权获取、改编、选角、录制、剪辑、音效等诸多环节,根据闫伟华的估算,目前音频版权费用约 50 元/分钟,专业级的播音员薪酬约为 100 元/分钟,以此标准计算,一本 15 万字的图书,制作有声版本的周期 30 ~ 45 天,不计策划、选书和后期制作等环节的成本,仅版权购买和声频录制的费用就超过 10 万元。上海音乐出版社和上海文艺音像电子出版社共同打造的有声绘本《彼得兔和他的朋友们》,录制周期为一周,版权购买、聘请专业人员、租用专业录音棚等制作成本超过 20 万元。①如果邀请知名的主持人或专家加入制作,其成本则会更加高昂。

二、用户原创内容质量良莠不齐

　　正因为有声书专业生产成本高,为了在短时间内聚合更多内容资源,众多有声书平台不约而同地选择吸引用户原创有声内容,例如,2020 年 2 月,喜马拉雅 FM 宣布推出"谢谢你的爱·主播回报月"扶持计划,感谢回馈在新冠肺炎疫情期间,持续创造好内容的优质主播,将每天遴选 100 人,送出 1000 元的爱心奖励金。在平台的激励政策下,大量用户成为主播,蜻蜓 FM 就宣布该平台的认证主播已超过 35 万人。主播的大量涌现,固然丰富了原创内容产品,使用户有了更多的选择。事实上,也因此诞生了一批优秀的原创主播。但是,这些原创作品质量良莠不齐,大部分内容质量堪忧。有的主播仅靠一部手机和网上下载的编辑软件就开始创作,存在发音不标准、音质较差、语音毫无节奏变化、字幕错漏、内容错误、故事不完整或结构混乱等诸多问题,甚至有的主播为吸引听众

---

①闫伟华,申玲玲:《我国有声书行业的发展现状与策略研究》,《出版发行研究》2017 年第 2 期。

故意传播色情、暴力等非法内容,盗用他人的内容或素材的情况也时有发生。这些低质内容的存在,大大增加了用户检索的时间成本,更重要的是,对于广大分辨能力不强的儿童听众来说,有可能获取了错误的知识,甚至对其价值观、人生观和世界观产生误导。

三、同质化的低幼内容过多,缺乏经典的有声内容

在喜马拉雅 FM、懒人听书和蜻蜓 FM 播放量排名前列的儿童类有声书,有以下几个特征:一是低幼化。大部分有声书是适合学龄前儿童阅听的内容,包括童话故事、动画故事、绘本故事等,适合 7 岁以上儿童阅听的内容少之又少,甚至还有些内容并非真正意义上的有声读物,如儿歌、童谣、催眠曲之类的音频。二是同质化。有声内容生产者跟风现象严重,某个类型或某本有声书受到听众的欢迎,众多主播、资本就纷纷跟进。目前,在各有声书平台上,《格林童话》《弟子规》《西游记》以及唐诗等内容,往往有上百个不同的版本,同一内容如此之多的版本,既是资源的浪费,同时也增加了受众检索与筛选的时间成本。三是娱乐化。如前所述,儿童有声读物的最佳时长是 7 分钟以内,最长不能超过30 分钟。要在如此短的时间内吸引听众,只能以结构简单、矛盾冲突强烈或喜剧意味浓烈的故事取胜,即使是《格林童话》《三字经》《西游记》等经典童话、国学读本和古典小说,实际上经过改编后,审美的、文学的以及复杂的内容被去除,最终呈现在听众面前的就是一个个简单的娱乐化的故事。因此,儿童听一部有声书和看一部动画片的效果是一样的,完全起不到实现阅读目标和提升阅读能力的作用。

四、缺乏"整本书"内容

教育部颁布的《全日制义务教育语文课程标准》中提到,要"培养学生广泛的阅读兴趣,扩大阅读面,增加阅读量,提倡少做题、多读书、好读书、读好书、读整本的书"。实际上,在我国古代,从来就不存在是否要读"整本书"的问题,所有的读书人都是读整本书,朱熹还专门写过多篇诸如《读〈论语〉〈孟子〉法》等专门指导读整本书方法的文章,从来没有说《论语》只读《学而》篇,《庄子》只读《逍遥游》的现象。到了近现代,整本书阅读逐渐从课堂教学中淡出,语文教材中只选择微型作品、短篇作品或中长篇作品的节选。在这种情况下,中小学生普遍缺少"整本书"阅读训练和阅读素养的弊病开始突显。因此,教育部以及广大阅读教育领域的专家学者都纷纷呼吁要培养学生"读整本的书"。目前,有声阅读平台上极少看到有整本书原样呈现的作品,即使是经典的文学作品,也往往经过了去除复杂情节、去除文学性描写的过程。一方面,这是因为长篇的、整本的有声读物制作成本过高,无论是职业主播还是有声平台都没有制作整本有声书的积极性;另一方面,也是因为广大儿童听众不具备"整本书"阅读的素养,他们往往没有耐心听完一本节奏较慢、文学性浓厚的长篇作品。这也是有声读物常常被诟病为浅阅读、娱乐化阅读的原因所在,如果有声读物持续缺乏"整本书"内容,在未来有声阅读就可能沦为一种单纯的娱乐和消遣。

五、有声阅读通道的隐忧

目前,主流的有声阅读通道主要有三个:一是专业的有声阅读 App,如喜马拉雅 FM;二是综合性阅读平台中的听书频道,如掌阅;二是有声阅读微信公众号,如童书共读。这三个主流的有声阅读通道,都各有其显而易见的缺点。

第一,根据中国网信网公布的数据,截至 2019 年 12 月末,我国国内市场上监测到的 App 数量为 367 万款,包括音乐视频、社交通信、游戏、日常工具、系统工具、生活服务、新闻阅读、电子商务、金融理财等 9 个大类,全方位覆盖国人工作、学习和生活的方方面面。① 另据《光明日报》新媒体平台的报道,2019 年,中国网民人均安装 App 总量为56 款,除了智能手机厂商预装的、不可删除的 App 之外,实际上用户可自主选择且长期留存在用户手机中的 App 数量不超过 15 款。② 有声阅读 App 并不是用户工作、学习和生活必需的工具,在智能手机 App 留存数量有限的情况下,很难在用户手机中长期占有一席之地。

第二,目前,很多综合性阅读平台,例如掌阅也开辟了专门的听书频道,但这些平台主打电子书阅读,有声阅读处于边缘位置,缺乏丰富的、优质的有声书资源。

第三,微信作为一款人人不可或缺的国民软件,有声阅读微信公众号具有无须下载、可长期留存在用户手机的优点,有声书资源也极为丰富。但是,微信公众号内容检索困难,即使用户键入准确的书名或公众号名称,也不能实现精准检索。例如,我们检索"童书共读"公众号,就会出现数十个类似的结果。这对于广大阅听需求并不明确的用户来说,基本上很难通过微信公众号找到合适的有声读物。综上所述,有声阅读行业的持续发展,还有待探索将有声内容精准送达用户的更好通道。

六、儿童有声阅读领域品牌化打造缺失

一个值得注意的现象是,在儿童有声阅读领域知名的栏目品牌和知名的主播品牌极少。我们在 1503 班的问卷调查中也验证了这一点,该班 42 名学生中,除了少数几个有声书品牌之外,很少有其他儿童有声书栏目或主播的名字被提及。之所以出现这种现象,一方面是儿童什么时候听书、听什么书,大多数时候是家长的选择,或者是家长与儿童的共同选择(家长打开一个音频,孩子不反对就继续听下去,如果反对,则换另外一个音频),儿童对听何种书并没有决定权;另一方面,正因为家长在孩子听何种有声书方面有着更高的决策权,儿童有声书的创作者不能过多展现自己的个性和特色(而面向成年人的主播则可能使用俏皮搞怪的声音,或者是在内容中加入自己个性化的评论等),反而是中规中矩的声音更容易被家长接受,因此,这些主播的声音和内容不能在儿童听众的心

---

① 中国网信网:《2019 年我国移动应用程序(App)数量增长情况》,http://www.cac.gov.cn/2020 – 02/17/c_1583491211996616.htm

② 《光明日报》官方帐号:《中国网民人均装 56 款 App》,https://baijiahao.baidu.com/s? id = 1642037446359027974&wfr = spider&for = pc

中形成深刻印象。儿童有声阅读领域栏目品牌与主播品牌缺失的情况下,用户对有声书的选择更加依赖平台方的推荐,而平台方则会考虑各种因素推荐内容(平台方拥有版权或利益分配方式更倾向于平台方的有声内容),而其他有声书则很少获得这种推荐机会。即使是有声书品牌作品,在众多有声平台上都很少有机会出现在首页或推荐榜单,想要听他的有声书,必须通过搜索引擎检索。在这种情况下,有声书内容提供商在平台面前基本上没有议价权,从短期来看似乎有利于平台的发展,实际上从长期来看,打击了有声书创作者创作优质内容、进行品牌打造的积极性,不利于整个行业的健康发展。

当然,还有很多研究者指出了关于儿童有声阅读行业存在的诸多问题,例如闫伟华、申玲玲指出我国有声书的发展困境主要源于专业录制成本较高、版权管理有待规范、平台方生产动力不足、营销意识不强、行业缺乏规划等五大问题;①刘琛、柳溪则认为我国有声书市场当下的主要困境是优质内容缺乏、产业价值链不完善和运营形式单一;②赵玲认为我国有声阅读 App 发展的主要问题是盈利模式单一、制作成本高和内容质量良莠不齐;③孙宇科则认为我国有声阅读类微信公众平台从有声内容的编辑形式上看,音频元素有待突出和加强、同质化现象明显和缺少核心竞争力、与受众互动有待加强等三大问题。④ 总之,我国有声阅读行业的健康持续发展,还应该在内容、传播两大方面进一步发力。

第五节　儿童有声阅读的发展趋势

一、有声阅读进入"内容为王"时代

有声书属于内容型产品,内容是其发展的根本。尤其是儿童有声读物,让内容产品满足用户知识、精神、审美等领域的需求将是有声书平台和创作者需要不断探索的事情。目前,有声书行业用户已停止盲目消费或为了新鲜感消费,整个市场已回归理性,用户增长已不再是各个平台主要关注的指标,而用户黏性、使用习惯以及体验则是平台可以发力的地方。拥有好内容的有声书平台未来将拥有更好的收益。除了完善已有的内容,研发新内容和新的表达形态将是有声书平台发力的重点。所谓"内容为王",包括以下三个方面的含义:一是当下的儿童有声读物以娱乐内容为主,即使是标签为"国学""历史""成语""科普"的题材,实际上也是在知识学习的外衣下讲故事,满足了孩子休闲娱乐的需求以及家长解放自我的需求(我们在调查中发现,儿童听有声书最常见的时间是睡前和准备晚饭时,妈妈可以放心地做饭或不用费尽心思找故事、讲故事),在未来,将增加更

①闫伟华,申玲玲:《我国有声书行业的发展现状与策略研究》,《出版发行研究》2017 年第 2 期。
②刘琛、柳溪:《移动互联网时代有声读物出版的创新路径》,《科技与出版》2018 年第 10 期。
③赵玲:《以喜马拉雅 FM 探究我国有声阅读平台发展》,《出版广角》2020 年第 14 期。
④孙宇科:《有声阅读类微信公众平台的问题与突破》,《出版广角》2018 年 9 月下。

多满足儿童学习需求、审美需求的有声内容。例如,无论是教育部《全日制义务教育语文课程标准》中附录的推荐书目和教育部基础教育课程教材发展中心向全国中小学生发布的阅读指导目录中提到的图书,在当下的有声平台都找不到对应的有声书内容(或全本呈现的内容),这一局面在未来可能有所改观。二是有声书内容更加丰富,目前,各大有声内容平台看似资源极多,实际上大多数内容同质化严重,例如《格林童话》《安徒生童话》等中外经典童话故事,就有多达数百甚至上千个不同版本;还有随处可见的睡前故事,很多主播选择的故事大同小异。真正精心改编的经典作品或优质的原创作品非常罕见。在未来,优质的主播和优质的内容将品牌化运作,粗制滥造的内容将逐渐被市场淘汰。三是将出现有声内容 IP。在内容产业,其成熟的标志就是形成了能独立诞生优秀的、有"出圈"影响力的原创作品。例如,一部好的电影可以衍生出图书、电视剧;优秀的网络小说可以衍生出实体图书、游戏和影视作品;在面向成年人听众的有声内容中,也出现了如《于丹〈论语〉心得》《蒋勋细说红楼梦》等有声出版在先、继而纸质出版的内容。在未来,儿童有声读物中也开始大量出现可衍生为纸质图书、影视作品、动漫游戏等具有跨界影响力的优秀作品,就证明该行业已步入了成熟阶段。

二、有声读物的多样化呈现

今天,有声读物已不仅仅是服务于视觉障碍人群、不识字(识字少)人群的图书替代物,其受到用户的欢迎也不止于能够解放双手和眼睛。很多听众也愿意在听的过程中与有声内容的创作者或其他听众一起以文字方式(如评论、弹幕)或语音方式(连麦)进行互动。实际上,今天所说的有声内容,是一切以数字介质为载体、以有声语言为主要传播符号的、可以解码的文本的总称。我们常说,相声、评书是声音的艺术,但演员在表演相声或评书的时候也并不因此就躲在幕后,让观众只闻其声而不见其人;在广播时代和录音带时代,声音成为唯一的传播符号,是因为技术与设备不能实现声音、图像与文字的共同呈现;而到了今天的网络时代,完全可以利用成熟的技术将声音、图像与文字完美结合,从而实现有声读物的多样化呈现。在这一意义上来说,美国有声书出版协会将有声书定义为"其中包含不低于 51% 的文字内容,复制和包装成盒式磁带、高密度光盘或者单纯数字文件等形式进行销售的录音产品"具有高度概括性。

目前,有声阅读平台上大多数有声读物特别是儿童有声读物,其包装十分简单粗糙,常见的界面是"标题 + 封面 + 开关键 + 进度条",点击播放后,只能听到主播的声音,而没有文字、图像等元素或其他功能的配合,使有声读物的娱乐性、互动性、信息传递的准确性都大为降低。实际上,反而是非专业有声平台(例如 B 站)、微信公众号上的主播们,探索了多种多样的有声内容呈现形式:一是加入了主播形象,以新闻播报、新闻评论甚至是说相声、评书的方式,或一人独播,或二人联动,或多人互动,主播既可以是真人形象,也可以是动画(玩偶)形象。这种加入主播形象的做法,配合其精心设计的标志性手势、表情,或者通过精心设计、制作的动画形象或玩偶形象,使主播的声音具有人格化特征,有利于打造主播形象品牌,动画(玩偶)形象主播甚至可以开发有声内容的周边产品。二是以文字配合声音表达，B 站有声内容的做法是"声音 + 字幕"，而微信公众号的做法则是"图片 + 音频 + 文字"的方式，即是在标题下放一张图片，接着放音频文件，其后是音频资料的文字稿(文字稿中也可能插入多幅图片)。这种文字配合声音的形式，可以加深用户对内容的理解，提升信息传递的准确性。三是加入评论和弹幕功能，这种互动方式在视频领域已十分常见，在面向成年人的有声阅读领域也开始普及，但在儿童有声读物中还非常少见。通过评论与弹幕，创作者与用户、用户与用户之间可以互相点赞、回复和私信，使有声阅读具备了一定的社交功能。四是直播模式，主播可以直播朗读一部文学作品或讲一个故事，听众通过弹幕即时评论、对主播提出建议，而主播也即时对其表达方式进行调整，甚至会中途停下来，对听众的评论进行回复；另一种方式则是主播与用户共同听一部其他人的有声作品，主播以声音、用户以弹幕的方式对这部作品进行评价，而主播与用户、用户与用户之间也可以对彼此的评论进行评价。直播模式因信息的即时反馈、高互动性和高娱乐性而深受广大青少年的喜爱。五是接力朗读模式，这是一种新兴的有声内容生产模式，往往是一个拥有共同阅读爱好的兴趣圈的成员，通过有组织的分工合作，选择一篇文章或一部书后，在 QQ 群、微信群或其他开放的平台上，每个人分段接力朗读。这种模式最大的优点是，在生活节奏快、娱乐信息过载、人们越来越难以静下心来读完一本书，特别是纯文学书和科学书的当下，成员之间可以互相"催更"、互相激励，共同完成一本书的深度阅读。

在未来，随着音频生产、传播与接收技术或设备的进步，会有越来越多精彩纷呈的有声内容呈现形式。不管怎样，不断激发用户的阅听兴趣，提升用户黏性，是有声书创作者或有声平台需要发力的方向。

三、儿童有声阅读市场前景更好

根据我们对星沙实验小学 1503 班 42 名学生的家庭调查数据，在 81 名家长中(父亲和母亲)，有 59 人表示每周至少有一次听书经历，占比 72.8%。其中男性家长 19 人，他们的听书场景主要集中在上下班途中；女性家长 40 人，她们的听书场景则更广泛，包括上下班途中、准备晚餐的过程中或夜跑时。根据调查数据，上述 59 名家长每周花在上下班路上的平均时长为 5.61 小时，他们拥有大量听书的时间。但是，对于拥有智能手机、车载蓝牙和耳机的家长来说，听书仅仅是他们的选择之一，而并不是他们的刚需。开车上班的家长还可以选择听音乐，乘坐公共交通的家长则既可以选择听音乐，还可以选择看视频或电子书。

而在家长意愿和儿童意愿的共同作用下，听书已成为儿童不可或缺的学习和生活内容。一是儿童都有听故事的刚需，这种需求在学龄前儿童中以及儿童睡前场景特别突出。在前移动互联网时代，要满足儿童的听故事需求，往往需要家长讲述或朗读。问题在于，有的家长不擅长讲故事，大多数家庭也不可能有太多的故事书，而且这种每天重复的讲故事或朗读工作也让家长感到是一种负担，因此这种需求往往得不到满足。随着移动互联网时代的到来和各种有声 App 和有声阅读微信公众号的出现，海量有声书内容资源唾手可得，让孩子听有声书成为广大家长的共同选择。根据我们于 2017 年在长沙师范附属第二幼儿园的阅读调查中发现，有 90.2% 的受访家长表示已习惯于以有声书代替妈妈讲睡前故事。二是在教育部门、教育专家和学校的共同推动下（例如"全民阅读推广活动"），儿童阅读的重要性已逐渐普及，但不可回避的是，儿童识字量有限，存在阅读障碍，特别是阅读非儿童文学类的经典作品有一定困难，这时候，有声阅读是纸质阅读的补充。三是家长对儿童用眼过度的担忧推动了有声阅读的发展，家长们普遍认为，看电视和网络视频、长时间阅读纸质书和电子书，对孩子的眼睛是一种伤害。在过去，妈妈做饭时或有其他事情需要处理时，为安抚孩子或防止其在无人陪伴的情况下受到意外伤害，往往会打开电视机或手机让其看动画片。在有声阅读平台出现后，越来越多的家长出于用眼安全考虑，开始让孩子用"听书"替代"看视频"。四是学习普通话的需求。在我国，工作场景中使用普通话交流已成为一种常态，普通话不标准，意味着失去许多机会。但是大多数家庭在日常生活中都使用方言交流，很多父母本身的普通话水平就不高，在农村地区、贫困地区和边远地区，甚至中小学老师的普通话也并不标准。特别是很多家庭的孩子，由于父母工作原因，往往由祖父母、外祖父母隔代监护，这些老一辈的监护人甚至不会说普通话。在这种情况下，造成孩子普通话发音不标准。因此，家长有意识地让孩子听有声书，以创设普通话学习环境和纠正孩子的普通话发音。我们在星沙实验小学1503 班的调查就证明了这一点，在谈及为什么让孩子听有声书时，很多家长都选择了"学习标准普通话发音"这一选项。

综上所述，听有声书并非成年用户的刚需。但我国 0—14 岁儿童人口规模庞大，在全面放开二胎政策之后，中国每年将新增接近 1800 万左右的新生儿，且中国父母愿意给孩子提供高质量内容，拥有更高的付费意愿。听故事对儿童来说是其刚需，基于儿童有声书的娱乐、教育双重属性，以及教育市场的长期需求，儿童有声阅读发展前景可期。

四、智能硬件终端拓宽有声书应用场景

虽然儿童有声阅读市场处于快速发展阶段，且未来可能成为行业消费主力。但在目前阶段来说，儿童有声阅读受限于阅读终端。众所周知，当下有声阅读的硬件终端主要是智能手机，在幼儿园和学校的要求下，中小学生及学龄前儿童都没有属于自己的智能手机。因此，儿童的听书行为，往往只能发生于家长在身边，且手机有闲暇的时间段。即使如此，他们的有声阅读行为还常常被电话和信息打断。因此，儿童有声阅读的持续快速发展，有待于新的、儿童可自由支配的智能硬件终端的普及。

随着物联网的发展，催生了大量不同生活场景下的智能硬件终端，如智能音箱、智能学习灯和智能作业桌等。在未来，可以结合这些多样化的智能硬件终端，切入儿童生活、教育等不同场景，拓宽有声书平台的收听环境。例如孩子用智能手机听睡前故事时，有时候孩子睡着了，手机还在播放，需要家长到孩子房间关闭；而有时候孩子听完一个故事，还想听其他故事，或者想中途更换一个新的故事，都需要手动操作，不利于孩子入睡。如果有声阅读平台和智能台灯可以结合，可能会有更好的效果，智能台灯因为可以声音

控制开关而受到广大家长的孩子的喜爱,如果孩子可以用声音控制有声书的播放、变更或关闭,既方便收听,也有助于入睡。因此,在未来,有声书平台与物联网渠道的深度结合、有声书内容与智能硬件终端的跨界合作,能够通过智能硬件搭配优质内容,为用户提供更多有价值的内容,更方便的操作方式,从而促进两个行业的健康发展。

五、新兴技术持续为有声阅读行业助力

内容、平台和终端是内容产业的三大关键因素,在三大关键领域出现的新技术,往往能催化内容产业出现快速的、彻底的、立竿见影的变革。例如,AI 主播的出现,就可能解决优质有声读物录制周期长、成本高的瓶颈,从而催生更多的、更贴合用户需求的有声作品。2018 年,我国首位 AI 合成主播在新华社上岗,虽然目前 AI 主播的声音机械僵硬,缺乏技巧表达与情感表达,在讲故事和朗读文学作品领域还不足以吸引听众,也缺少与听众的交流和互动,但是在一些资料性、资讯类的播报或朗读领域(客观事件的描述、学术性图书的朗读),已完全足够满足听众的需求,例如在"学习强国"平台上,就有很多由 AI主播朗读的学术类图书(如《资本论》)和政策性文件)。随着人工智能技术的发展,在未来可能出现更为人格化的 AI 主播,在更多领域可以替代专业播音员的大量工作。另外,声音复刻技术也可能在有声阅读领域大显身手,谷歌公司正在研发这样一种技术:用户只需要上传一段约 1000 个字符的音频,就能定制一本与用户原声几乎一致的有声书。[1]当这种技术成熟和普及后,孩子们就可能通过有声阅读平台,听到以父母的声音、老师的声音、朋友的声音讲述的故事,甚至可以听"自己给自己讲的故事",将极大地激发儿童的有声阅读兴趣。与此同时,随着 5G 网络的普及和 VR/AR 技术的发展,在更大宽带和更快传输的加持下,有声阅读将进一步提升用户体验,沉浸式、高音质的听书模式有望快速实现。

---

①彭红霞:《有声阅读语境下儿童主动阅读模式的构建》,《特立研究》2020 年第 3 期。

第六章　儿童有声阅读场景、行为与方法

　　国内外关于数字阅读的研究与数字技术发展几乎同步,研究者对数字阅读的关注始于互联网在线阅读,随着智能终端和移动互联网的普及,研究兴趣逐渐转向移动阅读。目前,数字阅读研究也发展成为一门"显学",作为一个新兴的多学科交叉领域,教育界、出版界、传媒界、图书馆界的研究者纷纷发表看法。通过知网平台键入"数字阅读"关键词,可检索到910篇核心期刊(包括北大核心和南大核心)的论文。有声阅读作为数字阅读的分支,却鲜有研究者讨论。同样通过知网平台键入"有声阅读"关键词,可检索到的核心期刊论文只有58篇,其中有14篇关注有声阅读平台的发展模式,23篇关注有声阅读作为一种新兴媒介的传播特点,11篇关注图书馆有声内容资源建设与推广,7篇分别关注有声阅读赢利模式、产业政策和版权保护,只有3篇关注有声阅读的应用场景、行为特征和应用方法,其中仅有1篇与儿童有声阅读相关,是范晓红发表在《语文建设》上的《从"诉"入手,系统指导学生有声阅读》。

　　我们认为,在有声阅读已成为儿童学习和生活重要环境的当下,应该重点关注的是以下三个问题:"在哪里""做什么"和"怎么做"。"在哪里"是指儿童在什么样的场景(时间、地点、心理状态)下进行有声阅读;"做什么"则是指儿童有声阅读时的阅读动机、平台选择、阅读时长、内容偏好等;"怎么做"则是指如何提升儿童有声阅读能力,以及如何通过有声阅读实现儿童深度阅读和整体性阅读。回答了这三个问题,有声阅读平台就能够有针对性地创建内容资源和制定推广策略,而教育界、出版界和图书馆界则可以更好地利用有声阅读平台提高实践工作水平和服务水平。

　　自2017年7月以来,我们已连续对7名儿童(2017年,7名儿童年龄为8—9岁,其中农村儿童2名,城市儿童5名)的阅读行为进行了超过3年的跟踪观察;我们还对长沙县星沙实验小学2015级257名学生及家长进行了问卷调查,特别是对1503班的42名学生及家庭的阅读情况进行了多次问卷调研、家长集体座谈和部分家长分别访谈;与此同时,我们在长沙师范学院附属第二幼儿园对2019级大一班(38人)和大二班(34人)的幼儿家庭进行了关于亲子阅读的问卷调查,以及针对具体问题进行了其他的一些调研、实验。根据调研数据、访谈资料和实证测试观察结果,我们对儿童有声阅读场景进行了分类,梳理了儿童有声阅读的行为特征,并提出了提升儿童有声阅读能力、利用有声阅读促进儿童阅读素养的一些方法和建议。

第一节　儿童有声阅读场景

鉴于当下有声阅读载体已主要集中在智能手机、平板电脑等移动终端,本章所述的有声阅读特指移动有声阅读。场景原本是一个影视术语,是指在一定的时间、空间(主要是空间)内发生的一定的任务行动或因人物关系所构成的具体生活画面,相对而言,是人物的行动和生活事件表现剧情内容的具体发展过程中阶段性的横向展示。更简便地说,是指在一个单独的地点拍摄的一组连续的镜头。[1]后来,这一影视术语被广泛应用,泛指生活中特定的情景。根据影视术语中的场景概念,其包括了时间、空间、人物、行动(或事件)四大基本要素。梅罗维茨场景理论则认为,在现代社会,媒介的变化必然导致社会环境的变化,而社会环境的变化又必然导致人类行为的变化,其中尤其是电子传播媒介对社会变化所产生的巨大影响更令人瞩目,因为它能更有效地重新组织社会环境和削弱自然环境及物质"场景"间一贯密切的联系。因此,梅罗维茨进一步丰富了场景理论的内涵,在时间、空间、人物、事件等环境因素之外,又加入了媒介特别是电子传播媒介带来的行为与心理的环境氛围。[2]

罗伯特·斯考伯和谢尔·伊斯雷尔在《即将到来的场景时代》一书中提出,互联网时代的场景是基于移动互联、社交媒体、定位追踪、大数据和物联网五种技术原力,实现人物(用户实时状态)、时间、空间、行为、社交关系等场景要素的收集、感知、处理和分析,并由此营造的一种在场感。[3]移动互联网成为一种制造场景的新工具,利用智能终端实现的有声阅读,就是移动互联网制造的新场景。在今天,场景的价值也日益突显,媒介传播不仅仅要考虑传播内容、传播渠道和传播方式,同时也要考虑用户的应用场景,"场景的意义在移动互联网时代大大强化,移动传播的本质是基于场景的服务,即对场景(情境)的感知及信息(服务)适配"[4],也就是说,移动传播过程中,核心问题是传播内容、传播渠道和传播方式如何适应用户的应用场景。在移动互联网语境下,儿童有声读物传播的信息源、信息、渠道及接受者四要素中,接受者(儿童)的应用场景已成为需要优先考虑的核心要素。

一、0—3 岁儿童有声阅读场景

2019 年 11 月,我们对长沙师范学院附属第二幼儿园(以下简称长师附二幼)2019 级大一班(38 人)和大二班(34 人)进行了阅读情况问卷调查和个别访谈。72 个家庭均表

①沈贻炜、俞春放、高华、刘连开、向宇:《影视剧创作》,浙江大学出版社,2012,第 162 页。
②梅罗维茨:《消失的地域:电子媒介对社会行为的影响》,肖志军译,清华大学出版社,2002,第 31 – 32 页。
③罗伯特·斯考伯、谢尔·伊斯雷尔:《即将到来的场景时代》,赵乾坤、周宝曜译,北京联合出版公司,2014,第 11 页
④彭兰:《场景:移动时代媒体的新要素》,《新闻记者》2015 年第 3 期。

示自己的孩子在进入幼儿园之前就已经有了经常性的阅读行为,其中有87.5%的家长表示在孩子一岁时就开始了第一次亲子阅读。在此过程中,有声阅读的出现频率颇高。

如果将听音乐也视为有声阅读的话,有63名家长表示孩子刚刚出生几天,就开始与孩子一起听歌,这些被阅听的音乐往往是经过精心挑选的,以世界名曲和儿歌为主。真正意义上的有声阅读则要等到孩子6个月以后,有37名家长(占比51.3%)表示在这一阶段,当孩子可以独立坐稳后,即开始为其播放童谣以及简单的动画片(这里指的是以声音为主、图像为辅,如物体指认类动画片,已剔除纯粹的故事动画片)。

对于0—3岁的儿童来说,其集中、稳定的有声阅读场景发生在他们一岁之后的睡前,在这个阶段,孩子开始能说一些简单词汇,到2岁左右,他们的口语越来越流利,和父母可以进行无障碍沟通。调研结果显示,只有9.7%(7人)的家长表示他们坚持自己每天给孩子讲睡前故事,而有90.2%(65人)的家长表示,他们在大多数时间的睡前故事是以有声内容替代。他们的睡前阅听行为不仅仅是助眠,同时也是亲子共处的一种方式。年轻的妈妈、爸爸或者一家三口躺在床上,一开始并不关灯,而是共同听几个童话故事,在这个过程中,孩子可以提问,父母也会回答他们。直到父母认为已到了孩子的睡觉时间,才关掉灯,换上他们认为适合助眠的有声内容,比如唐诗故事的有声版本。ZYY的妈妈认为,与自己讲故事相比,有声故事更有助于孩子入睡,她说:"我们一般要求她(晚上)十点就上床睡觉,但不讲故事的话,她到12点还不肯睡,一直闹腾让我们陪她玩;如果我给她讲故事,入睡时间至少可以提前一小时;听有声故事的话,一般半小时内就可以入睡了。"之所以有声故事的助眠效果更好,她认为主要有两点:一是听有声故事可以关上灯听;二是有声睡前故事都是专业的主播录制,声音温柔轻灵,再配上舒缓的音乐,"别说是孩子了,有时候我自己都听着听着就睡着了"。

二、4—6 岁儿童的有声阅读场景

4—6岁的儿童意味着他们已经进入幼儿园并接受了一定的语言训练,可以较为清楚地表达自己的意图,也学习了如何倾听和交谈。但值得注意的是,这个年龄阶段的儿童,有声阅读的场景并没有比幼儿园之前更多,反而极大地缩减了。我们在调查中发现,几乎所有家长都认为,这个阶段的儿童更愿意看动画片,而不是听有声故事。长师附二幼大一班和大二班儿童的情况显示,所有6岁的儿童都会使用两个遥控器打开网络电视,寻找自己喜欢看的动画片,75%的家长表示他们的孩子知道如何打开台式电脑和平板电脑,并能够使用台式电脑、平板电脑和智能手机搜索动画片观看。儿童对网络的熟练使用让家长深感惊讶,"现在的电视机都有两个遥控器,我每次想找一个电视节目看都要摸索好久,但小孩表现得比我还熟练",一名男性家长对我们表示。而另一位女性家长在访谈中则提到,她的母亲不愿意使用平板电脑看电视,认为要打字、搜索节目很麻烦,但她6岁的小儿子却能够运用幼儿园学习的简单拼音知识,很快找到他想看的动画片,而作为家长,他们从没有教过他平板电脑的使用方法。实际上,研究者很早就发现了数字原生代比他们的父母更精通于使用新媒体,早在2006年,美国的一项调查就发现,很多儿童知道如何用手机拍照、储存照片或操作数字视频录像,而他们的父母在使用这些技术时仍然笨手笨脚。[①] 在这种情况下,有 30.5% 的家长对孩子长时间看动画片表示了担忧,他们最担忧的是看动画片将对孩子的眼睛造成永久性损伤。因此,这些家长要求孩子听有声书来代替看动画片,但他们的这种努力都失败了。TYH 的妈妈说:"做晚饭的时候,我给她打开喜马拉雅听《西游记》,但中途就看到她已经换到腾讯视频看动画片了。"在这个年龄段,能让儿童在家庭中接受有声阅读的,是幼儿园老师的要求。长师附二幼大一班和大二班的老师都要求孩子们在周末的时候至少听一个故事,并要在周一的时候和同学们分享。在这种情况下,孩子们甚至会主动要求听故事,甚至能够指名听某个平台或某位主播的内容,原因是他们在和其他小朋友交流的时候,得到了其他小朋友的推荐。

对于 4—6 岁的儿童来说,睡前依然是有声阅读最集中的场景。但此时的儿童已成长为一个主动的阅听者,而不再是父母播放什么,他们就听什么。这个阶段的儿童有声阅读具有以下几个特点:一是儿童开始主动要求听什么内容的有声书,这种主动要求的动机,主要源于幼儿园老师或朋友的推荐。在调查中我们发现,长师附二幼的老师经常性会向学生推荐观看某个纪录片或有声书,以作为其接下来的社会、科学、健康或其他课程的预习;此外,我们发现,在幼儿园里,每个小朋友都有一个"最佳伙伴",如果不是老师组织的话,他们都更愿意和自己的"最佳伙伴"一起玩耍、聊天,当某个班级的儿童总数是单数的话,就会有一个不幸的孩子成为最孤独的人。最佳伙伴的言行对彼此的影响很大,如果其中一个小朋友提到了某个具体的有声平台、主播或有声故事时,那么另外一个小朋友就会效仿。我们持续关注的 HYK 和 ZSY 小朋友在幼儿园阶段的互相影响、良性互动就是一个很好的例子:有一次,ZSY 小朋友"炫耀"了"小鸟为什么站在电线上不会触电""能上树的鱼"等"神奇"的知识,引起了 HYK 小朋友的惊叹。当 HYK 小朋友得知这些知识都来自一部《十万个为什么》的有声书后,就要求她的妈妈也给她听这部有声书,并且非常有耐心地听完了超过 100 集的有声科普故事。而在 HYK 小朋友的影响下,ZSY 小朋友则听完了《中国神话故事》和《不一样的卡拉梅》等有声书。二是这个阶段的儿童开始拥有声音辨识度,对某个或某几个主播的声音有特别的偏好。例如长师附二幼大一班的孩子中,有 11 名孩子的家长表示他们更喜欢"凯叔"的声音,提到"小月姐姐""晚安妈妈"的则分别有 6 位和 3 位。三是男孩与女孩的阅读喜好也开始出现巨大差异,男孩更喜欢故事情节比较激烈,例如侦探类、魔法类、战争类的有声故事;而女孩则更喜欢有关于公主、朋友、小动物主题的温馨类有声故事。

三、7—13 岁儿童有声阅读场景

实际上,7—11 岁的儿童与 12—13 岁的儿童有明显的不同,虽然孩子从"儿童"身份转化到"青少年"身份这一发展性变化并非一下子完成,但也不是平稳发生的。我们听到

---

① 维克托·C·斯特拉斯伯格、芭芭拉·J·威尔逊、埃米·B·乔丹:《儿童、青少年与媒体》,高丽译,清华大学出版社,2018,第 10 页。

很多家长表示,他们能够清楚地看到孩子 12 岁以后的变化:在此之前,他们是可爱而体贴的"儿童",而在 12 岁以后,仿佛一夜之间,他们就变成了与父母感情上疏远且独立的"青少年"。7—11 岁儿童与 12—13 岁儿童的媒体偏好也有很大的不同,美国的一项研究发现,12 岁以下的儿童喜欢看卡通片和动画电影,这些卡通片和动画电影中有很多涉及奇幻题材,如《玩具总动员》《闪电狗博尔特》等;相比之下,12 岁以上的儿童观众则更喜欢那些聚焦青少年话题的真人秀和情景喜剧,如《美国偶像》《与梦随行》(少年情景喜剧)。① 本书之所以将 7—13 岁的儿童放在一起观察,主要因为他们中的大多数都是小学生。

对于 7—13 岁的儿童来说,他们的有声阅读场景有了极大的丰富,与学龄前儿童的有声阅读场景表现为固定场景,主要集中在客厅、书房、卧室等室内空间不同,他们还开始涉及移动场景,包括车上、餐厅、商场等半户外空间和旅行、运动等户外空间。毫无疑问,睡前阅读依然是重要的有声阅读场景,但已不是主要的有声阅读场景。根据我们对长沙县星沙实验小学 1503 班 42 名学生及其家庭的调研,以及对 7 名儿童的长期观察,7—13 岁儿童的主要有声阅读场景包括以下几种。

(一)脱口秀节目

我们观察到,大约在 10 岁以后(小学四年级),儿童的媒体兴趣不再聚焦于动画片,而开始接受成年人喜爱的生活、家庭、爱情、职场等类型的影视作品。对于有声内容来说,他们关注的目光开始不再聚焦于童话和儿童文学,逐渐接触青少年题材,其中脱口秀节目成为 10—13 岁儿童最喜爱的有声内容类型。脱口秀可以代指两种表演形式:Talk Show(脱口秀)和 Stand‐Up Comedy(单口喜剧),这两种形式都起源于国外。在国内,首先是在 Bilibili 等二次元网站上兴起,逐渐成熟后开始有主流网站或电视台开始制作和播出。Talk Show 一般是指在电视或网络平台上表演的固定栏目,往往有固定的主持人并邀请嘉宾到现场互动,也有的是多个固定的节目主持人。Stand‐Up Comedy 则是指单口喜剧,在我国有时候也称之为"单口相声"。对于介于"儿童"与"青少年"之间过渡期的 10—13 岁的儿童来说,他们更加青睐于 Bilibili 网站上的脱口秀节目。这些脱口秀节目往往只会出现主持人的形象或简单画面,有的甚至主持人都不出现,完全只有声音出镜,是典型的有声内容。在长沙县星沙实验小学 1503 班 42 名学生中,有 21 人(50%)表示在 B 站上看过脱口秀节目,主要关注的内容是游戏解说、影视剧吐槽和新闻热点解说。而在我们持续跟踪的 5 名城市儿童中,则全部有在 B 站上看过脱口秀节目,因为他们之间彼此熟悉、互相推荐,因此关注的内容也非常相似,关注最多的脱口秀内容为影视节目的吐槽。儿童在阅听脱口秀节目时,最常见的方式是周末、寒暑假等节假日,在客厅通过网络电视或平板电脑观看。

---

① 维克托·C·斯特拉斯伯格、芭芭拉·J·威尔逊、埃米·B·乔丹:《儿童、青少年与媒体》,高丽译,清华大学出版社,2018,第 12 页。

（二）网络课程

如今，网络课程已有很多种差别明显的类型，大致可以分为以下几类：一是数字化教学资源，也就是将教材或课程设计，以图文、动画等形式通过网络共享。例如，2003 的"新世纪网络课程"，出现了"课程网站（教材搬家）"；2005—2007 年的国家精品课建设，出现了"三分屏课件（讲授搬家）"等，都是以资源开发为主。这类课程不含或者含有少量的作业，网络学习过程主要依赖学生自主学习，被称为自主学习型网络课程。二是公开课资源，就是将名校名师的讲课视频上传到网络，供学习者学习。2010 年，哈佛、耶鲁等世界一流大学开发的视频公开课轰动全球。目前，我国网络上存在大量的"名师课堂""名师公开课"就属于这一类型。这种网络课程只有视频讲授，没有设计在线教学互动，实际上还是一种数字化教学资源。三是大规模的网络教学模式，即一名老师面对众多学生，学生数量有时候多达数千人甚至上万人。在教学过程中，设计了教学互动环节，老师和学生之间有即时在线交流，例如，老师还会在讲课中提出问题，要求学生在规定的时间内以文字形式集体回答，有时候老师还会对在线学习的学生进行个别提问，全体学生都能听到被点名学生回答问题的声音，或者以小窗口的形式看到其实时视频，老师也会对学生的回答进行点评；与此同时，老师还会布置课后作业，由专门的助教人员对学生的作业进行批改、点评。目前，MOOC 课程以及猿辅导、作业帮、学而思、清北网校等大多数远程网络教学都是采取这一形式。四是小班制在线教学，一名老师只面对几名学生，上课方式类似于学校的班级教学，老师可以看到学生的实时在线状态，师生交流互动频繁。

对于我国大多数望子成龙的家长来说，网络课程的出现，使孩子不用前往各类培训班、辅导班学习，既减少了家长接送的麻烦，同时学习成本也大大降低（小班制网络教学的成本也极高），因此受到极大的欢迎。在不计疫情期间学校要求必须参加的远程教学活动之外，长沙县星沙实验小学 1503 班 42 名学生中，有 26 名学生（占比 61.9%）曾经报名参加过至少一个网络课程。而我们长期跟踪观察的 5 名城市儿童中，均有多次参加网络课程的经历，包括数字教学资源的购买，也包括 MOOC 形式和网络教学，涉及作文、数学、英语、编程、平面设计等教学内容。

值得注意的是，该班有 9 名学生参与了某控训机构"线上 + 线下"的网络课程，这是一种新的网络教学模式：每节课前，学生需要通过该机构 App 的一段视频进行预习，预习过程在家庭进行。正式上课需要在该机构的线下培训机构进行，这些培训机构聘请了教学助理，学生到达后，由教学助理发放 3~5 道"入门考"试题，以检验线上预习情况。接下来由一名老师进行线上授课，也就是说，学生们即使来到了线下课堂，上课的老师依然是通过大规模网络课程形式授课，但由线下助理维持课堂纪律。全国学生的入门考成绩也迅速被汇总到授课老师处，老师将根据学生们的成绩决定授课重点，例如，学生们错误最多的知识点，将被重点讲解。上课结束后，线下助理又会发放 3~5 道"出门考"试题，学生们完成试题后才正式下课。从线下培训机构回家后，学生们即可通过该机构 App 查看出门考成绩，与此同时，授课老师也同步获得了全国学生的成绩情况，并根据学生们的成绩进行在线试题讲解。这种线上线下结合的模式，部分解决了大规模网络课程教学质量难以保障的问题。

（三）睡前故事

对于7—9岁的儿童来说，他们在睡前听有声故事的情景和4—6岁的儿童几乎没有区别，他们依然保持了稳定的听睡前故事的习惯。但到了10岁以后的儿童，睡前故事已不是他们入睡前的必要程序，有很多孩子在10岁以后逐渐不需要通过睡前故事的陪伴入睡。在长沙县星沙实验小学1503班的42名学生中，只有13人（占比30.9%）在睡前保持了稳定的听故事习惯。值得注意的是，这13个家庭恰好是对孩子的作息有严格的规定，他们要求孩子必须在晚上九点或十点前上床睡觉，保证充足的睡眠时间，因此这些孩子往往需要通过听睡前故事来帮助入眠。而另外的孩子由于没有严格的作息要求，他们在完成作业到上床睡觉这段闲暇时间，以书籍、电视、游戏、短视频等休闲娱乐方式来填补，直到感觉困了才睡觉，因此逐渐摆脱了对睡前故事的依赖。

（四）其他碎片化场景的有声阅读

长沙县星沙实验小学1503班42名学生中，有32名家长（占比76.2%）表示，他们的孩子有在长途行车（车程1小时以上）过程中听书的经历，包括乘坐私家车或高铁。长途乘车是一个极为枯燥的过程，家长们一般会选择看视频或听音乐，出于对孩子视力的保护，最终家长与孩子经过协商式谈判，达成听有声书的共识。有11名家长（占比26.1%）表示孩子在写完作业后，如果还没有到规定的睡觉时间，会被允许阅读课外书或听有声书，在这种情况下，孩子们对有声书内容的选择拥有完全自主权。有3名家长（占比7.1%）表示孩子在全家人外出就餐的等餐过程中听有声书；或者购物的过程中，由于孩子对购物完全不感兴趣，所以宁愿在等候区听有声书，等待家长购物行为结束。另有3名家长（占比7.1%）则表示他们鼓励自己的孩子有时间就多听有声书，原因是其家庭是方言环境，孩子普通话不标准，希望通过听有声书纠正孩子的普通话发音。

第二节　儿童有声阅读行为

为有效描述儿童有声阅读行为特征，2019年11月，我们对长沙县星沙实验小学2015级（五年级）257名学生的家庭进行了一次问卷调查。本次调查通过向学生发放"五年级学生有声阅读情况调查"问卷，要求其带回家与家长共同填写。与此同时，我们还对1503班的20名家长进行了深度访谈。问卷内容除了基本的姓名、性别、年龄、籍贯等人口学指标外，主要涉及儿童有声阅读的阅读动机、平台选择、阅读时长、内容偏好、内容选择标准等五个指标。在正式调查之前，我们首先在1503班进行了预测试，并根据回收的预测试问卷结果，对指标情况进行了调整。因为本次调查活动得到了学校老师的大力支持，问卷回收率及有效问卷率为100%，其中女生样本110个，占比42.8%，男生样本147个，占比57.2%。深度访谈的样本20个，男生女生分别为10名。

一、儿童有声阅读动机

儿童有声阅读动机提供 4 个可选项和 1 个自定项,可多项选择。统计结果显示,选择知识学习、帮助入睡、拓宽阅读面、利用碎片化时间和其他的人数分别为 257 人(占比 100%)、91 人(占比 35.4%)、134 人(占比 52.1%)、30 人(占比 11.6%)和 55 人(占比 21.4%)。而选择其他的 55 人中,又有 24 人(占比 9.3%)填写了学习普通话。

在本次调查中,全部样本家庭都选择了"知识学习"选项,完美诠释了"知识就是力量"这一语谚。有研究者认为,在当今社会,知识是一种可以和经济地位、社会地位等互相转化的资本,知识资本的积累成为每个人参与社会竞争的必修课,这种积累越早开始,效果越好,而听书就是这种知识资本积累的新途径。[①] 首先,听书降低了知识资本积累的成本,在此之前,儿童的知识积累除了学校教育之外,主要通过参加各类培训班或通过购买书籍自主学习,而有声阅读则比购买书籍、报班补习、参加培训的成本低廉得多。很多网络课程由于辐射全国甚至全球学生,价格往往只要几块钱、十几块钱;而有声书由于一次制作可以无限售卖,价格也比实体书便宜得多,例如喜马拉雅会员费用为 98 元/年,即可畅读其平台上的所有有声内容。与此同时,网络上还有很多优质的免费内容,如国家精品课程资源网、学习强国等网站上的免费教学资源等。其次,有声阅读降低了知识积累的门槛,通过有声阅读,可以使识字较少的儿童更早地接触经典作品。例如《三国演义》《红楼梦》等作品,至少需要小学四年级以上,一般需要初中生的知识储备才可以阅读,但通过专业主播的改编或解说,使小学低年级甚至学龄前儿童即可阅听。最后,有声阅读打破了知识积累的场域限制,一般来说,儿童知识积累的主要场所是学校和各类培训机构,但有声阅读打破了这一局限,儿童可以随时随地通过移动终端进行学习,使泛在学习和终身学习成为现实。

本次调查中,有 91 个样本家庭选择了儿童有声阅读的动机是帮助入眠。一方面,说明随着年龄的增长,家庭的睡前阅读场景在减少,这与我们关于儿童阅读场景调研中发现 7—13 岁儿童中,只有大约 1/3 的儿童保持稳定的睡前故事阅听习惯几乎完全一致。另一方面,说明睡前阅听可有效帮助入眠。一般认为,人体在需要睡眠的时候,大脑就会发出一个信号,告诉身体的主要系统(心脏、肺部、消化系统、神经系统,甚至是肌肉):"今天该休息了。"但如果还并没有到达大脑认为需要休息的程度,或者在入睡前进行了沉浸式的即时娱乐活动,这时候的入眠就需要有外部或内部的因素介入。[②] 而听故事就是一种良好的外部介入方式,睡前故事逐渐将儿童的注意力集中在声音和故事中,通过温馨的故事与平缓柔和的声音使其颈部和四肢肌肉张力逐渐降低,心率和呼吸逐渐变慢,从而使其安静地进入睡眠状态。有家长提到了她观察到的情景:当孩子处于亢

①蔡骐、丁雨婷:《个体选择、产业创新、社会嵌入——考察听书现象的三个维度》,《中国编辑》2019 年第 11 期。
②傅轶鸣、马晓涵、牟丽:《睡眠拖延行为背后的心理生理机制解析》,《心理科学》2020 年第 5 期。

奋状态时,一般很难自然入睡,但如果给她播放有声故事,就能够快速平复其情绪,在半小时内入睡。

选择"拓宽阅读面"作为儿童有声阅读动机的家庭达到 134 个,说明越来越多的家庭意识到了儿童阅读的重要性。美国国家教育进展评估会(NAEP)的一项研究表明,孩子在家中的读物越多,他们的阅读和写作能力也就越强。[①]家庭图书数量越多,表明家庭阅读氛围良好,或者至少有一名家长热爱阅读,从而通过榜样作用带动其孩子阅读,为孩子的写作能力奠定坚实的基础。我们在长沙县星沙实验小学 1503 班的调研中也发现,语文老师认为阅读能力和写作能力均表现较好的 4 名学生,其家庭藏书均超过 300 册(其中藏书最多的超过 3000 册)。但不可能每个家庭都有丰富的藏书,第十五次全国国民阅读调查数据显示,我国 0—8 周岁儿童在家中拥有属于自己的图书约 16.54 本,9—13 周岁少年儿童拥有属于自己的图书约 26.88 本。而我们在调研中发现,长沙县星沙实验小学 1503 班 42 名学生家庭中,至少有 4 名(占比 9.5%)家长表示从未购买过任何图书。有声阅读则实现了人人家中有一个数字图书馆,只要有阅读需求,每个人都可以随时随地通过互联网获得有声书,包括海量免费的有声书资源。也就是说,数字阅读时代的到来,使家庭经济因素造成家庭藏书缺失,从而给儿童读写能力形成和提升带来的负面影响降至最低。

选择"利用碎片化时间"作为儿童有声阅读动机的家庭样本多达 30 个,意味着在人们生活节奏日益加快、选择更加多元的今天,儿童学习的、文化的、娱乐的活动越来越多,以至于大量可阅读时间被占用,引起了家长的焦虑。2004 年美国《旗帜周刊》刊登了一篇题为《阅读真是处于危机中吗?》的文章,该文章援引统计数据,提出与阅读相比,人们"常常花 3 倍以上的时间在艺术博物馆、表演、音乐会等文化活动上"[②]。以我们长期观察的 5 名城市儿童为例,他们在放学后,往往还要参加培训班、体育运动以及完成老师(包括培训班老师)布置的家庭作业,在节假日则有各种兴趣班、社会实践活动、旅游活动,以及不定期的参观博物馆、看画(艺术)展、听音乐会、看电影以及不同形式的家庭、朋友聚会等,课外生活丰富多彩。在这些活动的过程中,必然会产生乘车、排队、等候等大量碎片化时间,如何合理利用这些碎片化时间、减少碎片化时间无意义的消耗成为人们时间管理的重要课题。而听书则是合理利用碎片化时间的最佳方式之一:首先,相比看视频、听音乐,有声阅读的知识性更强,人们会感觉自己在进行"有意义"的活动;其次,有声阅读无须眼睛和双手的参与,人们在听书的过程中还可以随时关注排队、候车等活动的进展;最后,如前所述,一般单个有声内容的长度都在几分钟、十几分钟不等,作为一种伴随性的学习或信息接收活动,其时间长度与碎片化时间的利用高度契合。

①拜庆平:《从阅读调查管窥我国少年儿童阅读现状》,《出版广角》2018 年 6 月下。
②黄丹俞:《阅读的未来:西方的阅读新理念》,《图书与情报》2010 年第 2 期。

二、儿童有声阅读平台选择

调查数据显示,儿童有声阅读最常用的平台是微信公众号,选择该选项的家庭为144 个(占比 56.0%),紧随其后的依次是喜马拉雅 FM、荔枝 FM 和蜻蜓 FM,分别为61 个(占比 23.7%)、29 个(占比 11.3%)和 16 个(占比 6.2%),另有 7 人(占比2.7%)选择其他。

之所以有超过一半的家庭选择微信公众号,说明更多儿童是通过父母的智能手机进行有声阅读的,父母对孩子有声阅读的时间、场地和阅听内容有较大的掌控权。一方面,大多数成年人因为手机的空间有限,如果不是自身有经常听书的爱好,不会在手机上下载一个专门的听书 App;另一方面,微信上有众多听书公众号,诸如凯叔讲故事、小月姐姐睡前故事、兔耳朵姐姐睡前故事、晚安妈妈小时候、童书共读等被经常提及的儿童有声书品牌,以及米小圈上学记、猴子警长探案记、神探迈克狐等深受儿童喜爱的有声内容,都能够在微信公众号上搜索到。因此,通过微信公众号就能满足大部分儿童和家庭的听书需求。

喜马拉雅 FM、蜻蜓 FM 和荔枝 FM 是我国有声阅读行业目前排名前三的听书 App,其中喜马拉雅 FM 月活跃用户数高于其余平台,2020 年 5 月其月活跃用户数达到9937.39 万人;蜻蜓 FM 排名第二,月活跃用户数达到 2215.46 万人;荔枝 FM 排名第三,月活跃用户数达到 1797.79 万人。[1] 喜马拉雅 FM 是综合性的听书 App,有声内容资源丰富且分类齐全,"而蜻蜓 FM 则聚焦于直播和热点事件,荔枝 FM 主打文艺、精致、复古、小清新风格"[2]。因此,喜马拉雅 FM 的用户性别比较平衡,而蜻蜓 FM 则更受男性用户欢迎,女性用户则更青睐于荔枝 FM。

三、儿童有声阅读时长

调查数据统计,在平均每天儿童有声阅读时长方面,166 个家庭(占比 64.6%)选择了"半小时以内",82 个家庭(占比 31.9%)选择了"1 小时以内",8 个家庭(占比 3.1%)的家长选择了"2 小时以内",1 个家庭(占比 0.4%)选择了"超过 2 小时"。

尼葛洛庞帝在《数字化生存》一书中提出,尽管数字化生存极具诱惑性,但挑战也随之而来,其中之一就是数字依赖和网络成瘾。[3] 数字阅读则被认为与商业化结合得越来越紧密,娱乐化现象越来越严重,很容易使读者阅读时间过长,造成"数字化媒介中毒"现象。[4] 我们在对数字阅读用户的观察中也发现,人们通过手机阅读娱乐类资讯及网络小

---

①前瞻产业研究院:《2020 年中国网络音频行业市场分析》,https://bg. qianzhan. com/trends/detail/506/200821 −9e2edd17. html

②邓香莲:《新媒体环境下大学生有声阅读行为特征研究》,《图书情报知识》2018 年第 5 期。

③尼古拉·尼葛洛庞帝:《数字化生存》,胡泳、范海燕译,电子工业出版社,2017,第 64 页。

④周海宁:《论数字化媒介时代儿童阅读能力的提升》,《出版广角》2019 年 1 月下。

说时,常常会不自觉地陷入一种"无节制的狂欢式阅读"中,其具体表现为三个特征:延迟停止时间、缺乏正当的拖延理由和可以预见的糟糕后果。即原计划只阅读一小时,但不知不知觉就远远超过了这一预定时间,即使是设置闹钟、自我提醒或他人提醒都无济于事,哪怕明知道这样下去会耽误工作或作业的完成,也完全停不下来。有声阅读作为数字阅读的一种,也可能使阅听者陷入这种沉溺倾向。根据喜马拉雅 FM 的官方数据,该平台活跃用户人均日收听时间超过 170 分钟;而蜻蜓 FM 发布的数据则显示,该平台会员用户人均日收听时间高达 234 分钟;而荔枝 FM 的用户则相对理性,其用户人均日收听时间为 55 分钟。

但是,儿童有声阅读则似乎打破了数字阅读容易导致用户数字依赖和网络成瘾的魔咒,儿童用户人均日收听时间不超过 1 小时的比例高达 96.5%,其中不超过半小时的比例也达到 64.6%。究其原因,可能主要有以下三个因素:一是父母的严格限制,长沙县星沙实验小学 1503 班 42 名学生家庭中,有 13 名家长(占比 30.9%)表示在其家庭制定了较为严格的作息时间,对孩子学习、娱乐、运动、休息的时间有明确的规定;二是随着儿童年龄的增长,可供其选择的活动也越来越多,有声阅读仅仅是其中的一个选项;三是有声阅读具有转瞬即逝的特点,它和纸质阅读有显著的区别。纸质阅读在遇到阅读阻碍时,可以通过多次阅读来加强理解,甚至可以随时中断,然后向家长、同伴或者搜索引擎发问。而有声阅读要求儿童在阅听时注意力更加集中,沉浸到内容中去,同时要迅速调动其语言能力和思维能力,才能够获得清晰而完整的意义。因此有声阅读相比纸质阅读与电子书阅读更为耗费精力,使儿童不能够保持长时间阅听,这也是为什么单个儿童有声内容的时长往往较短,一般在几分钟、十几分钟,最长不超过三十分钟的主要原因。

四、儿童有声阅读的内容偏好

在儿童有声阅读内容偏好方面,有 113 个家庭(占比 43.9%)首选"故事类有声内容(包括神话故事、成语故事、历史故事、诗词故事、童话故事、科普故事、影视动画故事、绘本故事、教育故事等)";102 个家庭(占比 39.7%)首选"文学类有声内容(包括儿童文学、经典文学)";22 个家庭(8.6%)首选"国学类有声内容(如《弟子规》《论语》等)";18 个家庭(占比 7.0%)首选"网络课程类有声内容";2 个家庭(占比 0.8%)首选"其他有声内容"。

在内容偏好方面,更多家庭选择了"故事类有声内容",与我们对儿童阅读的日常观察结果高度一致,即在阅读内容选择上,家长更加关注知识性和学习性,儿童则更加关注趣味性和可读性。根据"遥控器协商"理论(即在一个家庭中,每个家庭成员有不同的电视节目偏好,而产生对遥控器控制权的争夺。但最终全体成员会达成协商式观看,选择一档所有人都能够接受的节目。这一协商过程无须争吵,有时候甚至不需要语言表达,不知不觉地达成了默契),最终家长与孩子在知识性与趣味性之间达成一致意见,而选择"知识 + 故事"的有声书。对家长来说,满意的是孩子在阅听过程中学习到了知识(如历史知识、成语知识);而孩子关注的则是故事(如历史故事、成语故事)。

同时,有39.7%的家庭选择了"文学类有声内容",说明有很多家长将学习性阅读和审美性阅读进行了明确区分,将有声阅读归类于"阅读"而不是学习。他们希望孩子通过有声阅读,培养广泛的阅读兴趣,扩大阅读面,增加阅读量,在文学作品中感受审美愉悦。恰好契合了《全日制义务教育语文课程标准》中关于阅读培养的总体目标:"具有独立阅读的能力,注重情感体验,有较丰富的积累,形成良好的语感。学会运用多种阅读方法。能初步理解、鉴赏文学作品,受到高尚情操与趣味的熏陶,发展个性,丰富自己的精神世界。"

有22个家庭选择了"国学类有声内容",说明已有家长对数字阅读时代信息爆炸、信息质量良莠不齐的现象产生了警惕。在数字时代,信息源众多,儿童每天都会接触到海量信息。有的信息是优质的、有益于儿童成长的,但也有些信息是碎片化的、无价值的,甚至是有害的。今天,家长在无法分辨哪些信息对儿童学习和成长产生负面效果的情况下,信息焦虑就出现了。在这种情况下,全社会出现了对信息源的"重构与回退"(例如国学班的再现),开始返身求助于国学经典,希望通过深度的、严肃的、价值的经典文本对儿童学习和成长产生正面的、积极的影响。实际上,诸如《孝训·三百千》《弟子规》《声律启蒙》等国学启蒙文本,因语言精练、易读易记,一直是我国古代蒙学教材,这些教材不仅是儿童学习语言、文字的重要工具,同时还涉及历史发展、名物常识、诗词歌赋、人生哲理、伦理道德等知识,熔识字、知识、审美、道德教育于一炉,而且篇幅短小精悍,表达形式采用易读易记的韵文,确实有其长处和优势。以《论语》《孟子》《诗经》等为代表的国学经典,记载了我国古代思想文化发展史上政治、军事、外交、文化等各个方面的史实资料,以及孔孟老庄等思想家的重要思想,在世界文化史、思想史上具有极高的地位。不仅如此,这些内容还具有极高的文学价值和审美价值,例如《诗经》中的作品,反映了各方面的生活,具有深厚丰富的文化积淀,体现了我国古代诗歌最初的伟大成就,是我国文学、审美的重要源头。① 总之,经典文本对数字时代庞杂的、海量的、良莠不齐的信息构成了强烈否定,有利于儿童清晰洞见文化的、价值的、深度的语言世界。

与此同时,有18个家庭选择了"网络课程类有声内容",说明了在教育信息化的催化下,我们的学习环境发生了重大变化,包括"改变了学生认识事物的过程,改变了某些教学原则,改变了教学内容和教材形式,改变了教师、学生、教材之间的关系"②这种新型的学习环境,被称为"泛在学习环境"。泛在学习意指无处不在的学习,是经由马克·威瑟提出的泛在计算概念转化而形成的。在这个概念转化的过程中,"学习者的主体性和个性将会得到充分的发挥。因其是以人为中心、以学习任务为焦点的学习,具有永久性、可获取性、即时性、交互性、情境性的主要特点"③。学习者可以根据自己现有的知识水平、学习任务,随时随地获取所需要的教学资源,最大限度减少学习行为阻碍的发生,实现学习的无门槛。目前,我国中小学在全国范围内实行统一的义务教育,这个"统一"就包括

---

①袁行霈主编:《中国文学史(第一卷)》,高等教育出版社,2002,第60页。

②黄荣怀、杨俊锋、胡永斌:《从数字学习环境到智慧学习环境——学习环境的变革与趋势》,《开放教育研究》2012年第2期。

③王牧华:《当代学习环境研究的转向及启示》,《课程·教材·教法》2018年第1期。

统一的教科书设置标准和统一的教学标准。但是学生是个性化的,每个人的智力、学习能力均不相同,有的儿童能够轻轻松松完成其学习任务,但他们也不得不与其他同龄孩子一起循序渐进,实际上是对他们时间和精力的浪费;而有的孩子智力发展较为缓慢或者学习能力较差,很难紧跟同龄孩子的学习进度。同时,还有的儿童在绘画、音乐、体育或者其他方面有更多的学习要求,但学校提供不了相应的学习资源。在这种情况下,无处不在的网络课程就为不同的儿童提供了更多的学习机会和个性化的教学资源,他们可以根据自己的需要,开展富有个性化的学习。以长沙县星沙实验小学 1503 班为例,2020 年,该班有 14 名学生(占比 33.3%)正在进行网络课程的学习,他们的学习目的和任务各不相同,有的是超出了义务教育六年级的学习目标,正在学习奥数;有的则在对作文、英语等课程进行补充学习,以取得更好的成绩;还有的是学习学校没有设置的课程,如乐器、编程、平面设计等。

五、儿童有声阅读内容选择标准

调查数据显示,在儿童有声阅读内容选择标准方面,122 个家庭(占比 47.5%)选择了"内容的知识性",42 个家庭(占比 16.3%)选择了"内容的权威性",83 个家庭(占比 32.3%)选择了"内容的作者",10 个家庭(3.9%)选择了"内容的播放量排行"。

多达 47.5% 的家庭选择了"内容的知识性",再一次验证了家长对儿童有声阅读的功利性,在他们看来,阅读就是知识的传递、学习的辅助,如同《如何阅读一本书》的作者艾德勒一样,否定了阅读的娱乐性和审美性。这种功利性心理固然有一定的危害。功利性就意味着有明确的目的性,例如,希望孩子通过阅读提高写作水平、掌握一定数量的成语、掌握丰富的历史知识或者学习成绩显著提高,而且结果是要可见的、正向的。但如果这种目的性没有达到,就会产生焦虑和对阅读的不信任,"读书无用论"就是在这种背景之下产生。但这种功利性也并非没有积极意义,它事实上起到了促进、监督儿童阅读的作用。马克思主义认为:"人们奋斗所争取的一切,都同他们的利益有关。"①实际上,儿童有声阅读过程中,总能表现出一定的目的性和实用性,包括增进知识、陶冶情操和提升智能,有研究认为,经常性的阅读活动,"能使大脑神经细胞体积增大,大脑皮质内酶的活动性增高,使其充满无限活力,其观察力、注意力、记忆力、联想力、思维力、写作力、创造力都会得到有效训练,从而提升人的智能"②。只是这种目的性和实用性,是循序渐进、潜移默化的,可能在短期内看不到效果,而与家长追求的"立竿见影"式短平快效果有所差距,但从长远来看能使阅读者受益终生。

有 16.3% 的家庭选择了"内容的权威性",说明已有部分家长不仅关注了内容的知识性,同时还关注了知识表达的权威性。知识是符合文明方向的、人类对物质世界以及精神世界探索的结果总和,柏拉图认为,知识必须满足三个条件:被验证过的、正确的,而且

---

①马克思、恩格斯:《马克思恩格斯全集:第 1 卷》,人民出版社,1956,第 82 页。
②董一凡:《"功利性阅读"的概念探析》,《新世纪图书馆》2014 年第 10 期。

被人们相信的。知识不存在权威性,但知识的表达则存在。随着技术的发展,人们仅凭一部手机和一副耳机就可以生产有声内容,这种生产的便捷性容易导致随意性,使互联网上充斥着海量良莠不齐的信息内容。例如,有一些网络文学作品中就大量存在语法错误、常识错误和各种伪科学。这种情况下,对内容权威性的关注就成为必然,而正规出版机构、学科领域的专家等所生产的有声内容,有声内容(或有声内容的底本)获得了具有公信力的机构颁发的荣誉奖项,就具有使人信服的力量和威望的性状,在一定程度上代表了内容的权威性。

有32.3%的家庭选择了"内容的作者"这一选项,实际上是一种对内容权威性更加具象化的确认,同时也体现了家庭有声阅读内容选择的个性化特征。家长对有声内容作者因素的考量,主要有三个方面:一是原典的作者,即有声内容的底本是否知名作者的作品;二是原创有声内容的作者,是否是知名作家或某个领域的专家;三是有声内容声音语言的创作者,是否是专业的主持人或配音演员。诸如以经典作品(如《论语》《西游记》《格林童话》等)为底本的有声内容,知名作家、学科领域的专家、专业主持人和配音演员创作生产的有声内容,就意味着内容的权威性和质量的可靠性,因此更受家长欢迎。有声平台的运营方也深谙这一道理,例如喜马拉雅FM就一直强调发挥名人效应,签约了马东等众多名人、专家来开发有声书产品。

我们发现,有10个家庭选择了按"内容的播放量"来决定给孩子听什么书。经过确认,这10个家庭均为妈妈为主做出的选择。有人认为,女性家长的这种行为是典型的从众行为,从心理学角度来看,女性比男性更容易受到他人意见的影响,也更容易受环境气氛的影响而表现出相符行为,因此她们会出现模仿和从众行为。[①]但实际上,根据播放量来选择孩子的听书内容,是一种简便而有效的方法。每个人的知识和阅历都是有限的,往往不能恰当地判断一本有声书的内容是否具有权威性,其创作者是否为知名作家、专家、专业主持人或配音演员。事实上,梳理上述三大有声阅读平台播放量排名前30的有声书,往往都是知识性与趣味性兼备的优质作品。从这一角度来看,妈妈们根据播放量排名来选择孩子的有声读物,也是一种科学的决策方法。

第三节　儿童有声阅读的应用实践

2014年,教育部研制印发了《关于全面深化课程改革落实立德树人根本任务的意见》,提出"教育部将组织研究提出各学段学生发展核心素养体系,明确学生应具备的适应终身发展和社会发展需要的必备品格和关键能力"。2016年9月13日,教育部委托北京师范大学,联合国内高校近百位专家成立课题组,历时3年完成的《中国学生发展核心素养》研究成果正式发布。核心素养以培养"全面发展的人"为核心,分为文化基础、自主发展、社会参与3个方面,综合表现为人文底蕴、科学精神、学会学习、健康生活、责任担

①邓香莲:《新媒体环境下大学生有声阅读行为特征研究》,《图书情报知识》2018年第5期。

当、实践创新六大素养。学生发展核心素养是指学生应该具备的、能够适应终身发展和社会发展需要的必备品格和关键能力,是关于学生知识、技能、情感、态度、价值观等多方面要求的综合表现。

文化基础,重在强调能习得人文、科学等各领域的知识和技能,掌握和运用人类优秀智慧成果,涵养内在精神,追求真善美的统一,发展成为有宽厚文化基础、有更高精神追求的人。自主发展,重在强调能有效管理自己的学习和生活,认识和发现自我价值,发掘自身潜力,有效应对复杂多变的环境,成就出彩人生,发展成为有明确人生方向、有生活品质的人。社会参与,重在强调能处理好自我与社会的关系,养成现代公民所必须遵守和履行的道德准则和行为规范,增强社会责任感,提升创新精神和实践能力,促进个人价值实现,推动社会发展进步,发展成为有理想信念、敢于担当的人。

根据《中国学生发展核心素养》的阐述,文化基础包括人文底蕴和科学精神两大核心素养,其中人文底蕴"主要是学生在学习、理解、运用人文领域知识和技能等方面所形成的基本能力、情感态度和价值取向。具体包括人文积淀、人文情怀和审美情趣等基本要点"。而科学精神则"主要是学生在学习、理解、运用科学知识和技能等方面所形成的价值标准、思维方式和行为表现。具体包括理性思维、批判质疑、勇于探究等基本要点"。从这一表述可以看到,无论是人文底蕴还是科学精神的培养,都与阅读密切相关。实际上,自主发展、责任担当等方面的核心素养的培养,也与阅读有关。可以说,学生发展核心素养,为其阅读能力提出了更高的要求:一方面,学生要通过阅读来传承人类几千年来以文字为主所构建的知识体系;另一方面,学生还要通过阅读来培养其人文情怀、审美情趣、高尚情操、爱国主义情怀,以及理解能力、批判思维能力、整合信息能力、获取知识能力等。

如果说阅读只是学生核心素养培养的重要工具,那么对成年人来说,阅读则是一项重要的能力。2011 年,OECD(经济合作与发展组织)首次面向 24 个国家和地区进行国际成人能力评估(The Program for International Assessment of Adult Competencies,PIAAC),测量 16—65 岁成人在关键信息加工能力上的水平及其在工作中的使用情况,对于各国制定能力战略提供了大量翔实准确的数据,在国际上有着重要的影响。国际成人能力评估项目根据当今数字时代对成年人能力发展的要求,提出了以读写能力、计算能力和高技术环境问题解决能力为核心指标的关键信息加工能力评价体系。[1]

国际成人能力评估项目对读写能力的定义是理解、筛选和使用信息,提高个人知识水平,激发个人潜能实现人生目标的能力。其考核内容包括对连续性文本、非连续性文本、混合文本和多个文本内容的理解。主要考核的是成年人在工作和生活中需要用到的能力,包括对信息的识别与获取、整合与解释、评估与思考,以及对单词、句子、文章的理解以及文件书写。国际成人能力评估项目将读写能力分为 6 个等级,最低水平是 1 级以下,最高水平是 5 级。每一个等级都有对应的任务要求和评分范围,成年人可根据任务要求和评分范围对自己的读写能力进行评估。

---

[1]董甜园、王正青:《国际成人能力评估项目(PIAAC)的调查框架与结果分析》,《职教论坛》2017 年第 3 期。

表6-1　国际成人能力评估项目读写能力任务要求和评分范围

能力水平	评分范围	任务要求
1级以下	<176分	阅读主题相似的、简短的、容易理解的文章,在较为简短的连续性文本中准确定位信息,掌握基础的词汇知识,不需要理解文章和句子结构
1级	176—226分	阅读简短的电子或者印刷式的连续性文本、非连续性文本或者混合文本,可以准确地把个人信息输入到一个文档中
2级	226—276分	通过电子或者印刷式的连续性文本,非连续文本或者混合文本中的提供信息找到合适的文章段落,有低水平的解释或者推断
3级	276—326分	通过多个步骤理解较为复杂的长文本的结构和修辞手法,识别、解释或评估一种信息或多种信息,并从不同的角度进行推断,理解文章含义并做出相应的回答
4级	326—376分	通过多个步骤对连续性文本,非连续性文本、混合文本或者多个文本的信息进行整合和解释,通过复杂的背景知识来理解文章,并在文章中找到相应的论据进行论述和解释
5级	≥376分	从多个文本或者复杂文本中寻找和整合信息,对不同的相关信息进行对比,通过多个步骤的分析和推理来对文章的要求做出高水平的论证和解释

2016年6月,OECD公布了《能力紧要:成人能力第二次调查结果》报告,新西兰、立陶宛、新加坡、斯洛文尼亚、以色列、希腊、土耳其、智利、印度尼西亚9个国家16—65岁成年人读写能力平均得分为267.7分,也就是说,上述9个国家成年人的读写能力处于2级水平偏高、接近于3级水平的程度,其中新西兰得分最高,该国成年人读写能力平均得分为280.7分,处于3级水平。实际上,国际成人能力评估项目对成年人读写能力3级水平的考核标准已非常之高,非经长期的、大量的阅读训练不能达到。

国际成人能力评估项目对高技术环境问题解决能力的评估,也与阅读能力息息相关。该项能力是评估成年人在工作环境中应用信息通信技术及解决问题的能力,其中应用信息信技术的能力包括使用互联网、使用电子邮件、制作电子表格、文字处理、在线处理事务和参与网上讨论等;问题解决能力则是指在30分钟以内想出解决难题的办法。毫无疑问,高技术环境问题解决能力需要成年人阅读能力的直接参与或间接辅助。

OECD在评估过程中发现,在上述9个国家中,凡属读写能力、计算能力和高技术环境问题解决能力得分较高的个人,他在工作中获得的薪资也较高,与此同时,他们受教育程度也普遍偏高。这与美国的一项调查结论高度契合,该项调查的结果显示:读写能力越强的个人,获得的文凭、受雇工作的机会和获得的劳动报酬也更多。① 由此我们可以得出以下结论:包括读写能力在内的成年人能力越高,意味着经济地位越高;与此同时,这种能力的获得需要通过接受长期的学习。

毫无疑问,人类数千年的生存和发展实践已经证明,纸质阅读是能够实现传承人类以文字构建的知识体系,并培养出工作、学习和生活中所必需的读写能力这一目标。那么,有声阅读文本是否也能够实现这一目标,或者对该目标的实现提供实质性的帮助?这就是本章需要重点考察的问题。

一、有声阅读对儿童语言习得的影响

人是怎样习得语言的? 这个问题首先涉及语言是先天存在于人脑之中还是后天学习才能得到的。行为心理学认为,儿童语言学习的过程是一个不断"刺激—反应"的过程,他们的语言知识是经过后天的反复学习才能得到的。而乔姆斯基派的认知心理学则认为,语言能力是天生的,他们认为,人脑中先天就有一套"语言习得机制"(Language Acquisition Device,简称 LAD),儿童在语言习得过程中每个阶段都有自己的规则,不只是简单地模仿大人说话,他们能从接触到的语言素材中总结出系统的规则。为了验证人是否先天存在 LAD,有人拿黑猩猩做了一系列试验(一般认为灵长类动物,如黑猩猩与人最为接近,智力水平也是其他动物中最高的):通过 6 年的时间,将一只小猩猩当成孩子一样抚养,每天和它说话,但是最后它只学会了 4 个词。而一般儿童到 6 岁时,已基本上掌握了语音规则和语法规则。对于这一实验结果,有人认为,并不能证明人大脑中 LAD 的存在,而是黑猩猩的发音器官与人并不完全一样所致。

到今天,关于先天和后天的争论还在进行,实际上,应该辩证地看待这个问题。过去一般将动物的行为分为先天性的(如狗叫)和后天性的(如狗如何取悦主人以获得食物)两种。但最新的研究表明,动物的有些行为要在一定的条件下,达到一定的成熟期才能表现出来,比如性行为。言语行为其实也是一个受成熟期控制的行为,就人习得语言来说,先天的本能和后天的教育缺一不可。先天的本能为后天的教育提供一个框架,只有在这个框架之内,到了适当的阶段,给予一定的环境和条件,人才会去学习语言、学会语言。如果没有到达适当的阶段(比如前语言阶段),是无法学会语言的。德国语言学家彪勒通过实验,发现前语言阶段的儿童与黑猩猩的活动非常相似,她甚至将儿童的前语言阶段形象地称之为"黑猩猩期"。维果茨基则将思维与语言结合起来考察,他认为儿童在前语言阶段的牙牙学语和哭叫,甚至他说出的最初的词语,都是与思维发展毫无关系的,只能视之为一种情绪表达。② 相反,如果到了适当的阶段,但没有提供适当的学习环境,仅靠先天本能也学不会语言。发生在美国的"金妮事件"就证明了这一点。金妮是加利福尼亚的一个小女孩,出生后 12 个月就被其父亲关在一间不与人接触的小房间里,只要

---

① 吉姆·崔利斯:《朗读手册》,陈冰译,新星出版社 2016 年版,第 21 页。
② 列夫·维果茨基:《思维与语言》,李维译,北京大学出版社 2010 年版,第 51 - 52 页。

她发出一点声音就会遭到父亲的体罚。直到她十多岁,人们才发现这件事情,并将她营救出来。这时候,她一句话也不会说。①

目前,很多研究者通过长期的追踪观察,对儿童语言发展的阶段有了一致的结论,无论是汉语儿童还是英语儿童,他们从出生到3岁的语言发展是一个连续的、有序的、规律的过程,大致可以分为6个阶段:①简单发音阶段,从出生到3个月;②重复连续音节阶段,从4个月到9个月;③不同连续音节阶段,学话准备期,从9个月到1岁左右;④单词句阶段,正式开始学话,从1岁左右到1岁半;⑤简单句阶段,掌握最初的语言,从1岁半到2岁;⑥复合句开始发展阶段,掌握最基本的语言,从2岁到3岁。②

综上所述,我们就能发现一个矛盾的地方:一方面,儿童的语言习得需要在适当的阶段提供一定的环境和条件;另一方面,儿童语言发展的阶段性又仿佛是固定不变的,不受环境和条件的影响。事实上,通过我们的观察,儿童语言发展的阶段并不是一成不变的,在一定的刺激下,也能够加快其进程,或者说能为以后的语言发展奠定良好的基础。比如说,在孩子出生后到4个月,我们无论是亲子阅读,还是播放动画片或者其他任何方式,也不能让他们学会说话,但在此阶段,父母与其反复说话、讲故事、播放音乐等其他有声内容,可以为其之后的语言学习奠定良好的基础。我们通过对3名家长的深度访谈(其孩子的年龄均为3岁,家长表示在孩子1岁前就开始了有声阅读),以及为另外3名儿童(ZYY,19个月;LR,31个月;ZZY,41个月)播放有声内容,搜集和观察到了正面积极的回应。

(一)有声内容为儿童提供了标准的语音、语词、语法以及语言交流的范本

幼儿期是学习语言的关键时期。在这一时期,幼儿开始掌握一定的语言能力,包括正确清楚的发音、一定数量的词汇以及能够进行语言交流。这也是幼儿语言教育的目的所在。但是,绝大多数家庭的语言教育有随意性、非规范性、非阶梯性的特点。首先,家长对幼儿的语言教育不是有计划的,而是兴之所至。比如说看到苹果,就要求幼儿跟着自己重复"苹果";看到路灯,就要求幼儿重复"路灯",这种语言教育方式随意性很强。其次,家庭语言教育有非规范性的特点。一方面,家长可能故意迎合幼儿的童趣,比如将"吃饭"说成"吃饭饭";还有的家长,因为幼儿还不能正确发音,如将"好"说成"搞",便模仿幼儿发音;等等,固然童趣十足,但不利于幼儿掌握正确词汇和发音方式。另一方面,由于经济发展造成人口大流动,很多家庭都是异地组成,甚至又在第三地工作,父母、祖父母、外公外婆时而以自己的方言与之交流,时而以普通话与之交流,同时幼儿还能经常接触第三地方言,使幼儿在语言学习方面产生混淆。最后,家庭语言教育具有非阶梯性的特点。如前所述,由于父母对幼儿的语言教育是随意而无计划的,因此,在语言教育方面没有注意循序渐进、由易入难,这种方式类似于古代《千字文》识字教育,当孩子尚不明白周边环境的时候,就开始灌输"天地玄黄,宇宙洪荒",其效果只能使幼儿对语言学习感到

①岑运强主编:《语言学基础理论》,北京师范大学出版社1994年版,第195页。
②许政援:《儿童语言和认知(思维)发展的关系》,《心理学报》1994年第11期。

索然寡味。

因此,有声内容成为家庭语言教育中重要而有效的补充。面向幼儿的、优质的有声书,其内容是儿童文学作家或教育领域的专业人士(专家、教师)经过了精心设计,其对白由专业主持人或配音演员以标准普通话进行配音,为幼儿语言学习提供了标准的语词、语音、语法及语言交流的范本。更重要的是,随着有声阅读市场的快速发展,越来越多的机构、资本、技术和人才进入这一行业,出现了很多关于幼儿语言学习的有声内容,例如经典童谣、三字儿歌、猜字谜、宝宝会说话之类的有声书。这些语言教育类型的有声书是根据幼儿的心理特点,以现代教育思想为指导,融声音、音乐等多种元素于一体,具有循序渐进、阶梯性的特点,又深受幼儿的喜爱。

HZK 小朋友的妈妈告诉我们,在 HZK 出生 10 个月左右,她和丈夫就去了异地工作,每年只回家一周左右的时间,孩子由祖父母隔代监护,其成长环境属于方言环境。于是她专门购买了平板电脑,下载了视频 App 和有声阅读 App,要求其祖父母每天给孩子播放动画片、儿歌、童谣及童话故事,在这种情况下,HZK 小朋友能够与其父母通过视频进行普通话对话。虽然他在说普通话时远比方言表达缓慢,且普通话并不十分标准,但这种情况已经让其父母感到足够高兴。

(二)有声阅读有利于幼儿掌握更丰富的词汇

儿童认知心理学表明:幼儿最早掌握的词语往往与其生活环境息息相关,并且大多是对他们来说重要、熟悉和突出的物体和事件。因此,幼儿最早掌握的词汇往往是名词,如家庭成员的称谓、常见儿童食品、经常玩耍的玩具、身体部位的名称、交通工具等。而且,他们掌握的这些词汇都是"活词",能够被他们在日常交流中使用。可以说,幼儿活动的范围越广,熟悉的事物越多,掌握的词汇就越多。相反,如果是幼儿所不熟悉的事物,即使是家长使用其他方法使其能够正确发音,形成记忆,这种词汇也不是"活词",而是"休眠词",他们在日常沟通中不会使用。比如说"老虎"一词,家长可以用儿歌的方式(一二三四五,上山打老虎)使幼儿掌握其正确的发音,但如果他们没有见过老虎,就不可能在日常生活中使用"老虎"这一词汇。

有声内容大大拓宽了幼儿的视野。一方面,有声内容的题材包罗万象,可以是童话,可以是神话,可以是科幻,也可以是现实题材;另一方面,面向幼儿的有声书,其内容表达往往是想象和夸张的艺术形式,其故事能够打破时间、空间的限制,角色驰骋中外、跨越古今,上天入地无所不能。总之,有声内容能够带着幼儿在声音世界里漫步,在想象空间中飞翔,大大拓宽了幼儿除社区、公园、幼儿园、游乐场之外的视野,使其能够接触、了解更多身边环境中没有甚至不可能有的物体和事件。比如前面所说的"老虎",有声内容就能够通过绘声绘色的讲述,展现一头老虎从出生、长大、捕食、玩耍一直到老去的全过程,使幼儿如临其境地熟悉和了解老虎。这样,"老虎"一词就由"休眠词"转化成"活词",出现在幼儿的日常对话中,如"爸爸像老虎一样强壮"等。与此同时,有声内容还能使幼儿掌握一些抽象的词汇。比如《雪孩子》中的"冷清""可爱""纯洁",《咕咚来了》中的"荒诞""有趣",《没头脑和不高兴》中反复出现的"没头脑"和"不高兴"等词汇,都能增加幼儿的词汇量,让他们理解较为抽象的形容词、副词及动词。

美国学者 Vandewater、Barr 等人于 2001—2011 年的实验和观察中就发现,18 个月大的幼儿能够从屏幕媒体上(电视、手机、平板电脑)学到一些东西,包括简单的词汇。但这种学习基于以下情况发生:①媒体资料被重复播放;②受欢迎的角色被使用;③同处一室的成年人对资料进行强化和补充;④资料在认知发展上是适龄的。[①] 这一现象与我们的观察高度契合:当我们为 ZYY 小朋友(19 个月)重复播放《大手套》有声书 3 遍后,再和她一起以指读形式读这本书的绘本时,就发现她能够认识(或者说判断出)比较复杂的汉字。《大手套》是一个简单的童话故事,讲述了在一个下雪天,一只大手套掉进了森林里,小老鼠发现大手套后,就把它当作了自己的家。紧接着,小青蛙、小兔子、狐狸和大灰狼陆续发现了大手套,大家高兴地挤在了一起。最后,大熊也来了:

> 这时,大熊来了。
> "住在大手套里的是谁呀?"
> "是我,小老鼠、小青蛙、小兔子、狐狸和大灰狼。"
> "我能进来吗?"
> "啊?! 可能装不下了吧!"
> "行不行,要试一下才知道啊!"
> 大熊撅着屁股,挤啊挤啊,
> 终于挤了进去。
> 大手套里挤得满满的。

在听《大手套》有声书时,每次听到"大熊撅着屁股,挤啊挤啊"的时候,ZYY 小朋友就笑得乐不可支,引起了我们的注意。于是,当我们为其指读《大手套》绘本时,读到这一句时,我们读了"大熊"两字后就故意停顿了一下,然后不发出声音,但手指依然往后面的字移动,这时候,ZYY 小朋友就能跟着手指移动的节奏发出"撅、着、屁、股"的声音,然后又发出爆笑声。由此可见,通过这种方式,能够使儿童快速地将语音与字形联系起来,从而为识字学习提供帮助。

(三)有声阅读有利于幼儿语法的发展

幼儿语法的发展主要体现在句子长度增长、完整性增强和复杂程度提高三个方面。幼儿最初表达的句子往往是简单、不完整、词性多义的,只有在特定的环境之下,结合幼儿表达的语气,才能被成人所理解。比如幼儿说"水",就可能有"我要喝水""那是一杯水""喝了水我很高兴"等意思。随着年龄的增长,句子含词量逐渐增多,句子结构日趋完整和严谨,由主谓不分的单词句逐渐发展为双词句、而后又发展为简单句,最后出现

---

①维克托・C・斯特拉斯伯格、芭芭拉・J・威尔逊、埃米・B・乔丹:《儿童、青少年与媒体》,高丽译,清华大学出版社,2018,第 29 页。

复合句。

有声阅读能使幼儿的这一语法发展过程加速,或者在这一过程中起到辅助作用。有声书往往是儿童文学作家、儿童教育领域的专家以及专业主播根据幼儿的心理特征、审美习惯制作而成,但绝不是对幼儿行为、语言的简单模仿。首先,面向幼儿的有声书中的对白往往言简意赅,大量使用短句以及幼儿能够理解的句子。比如形容天气适合出游,有声内容的对白中不会说"今天晴空万里,阳光明媚",而会直白地表达为"今天天气很好"。这样言简意赅的短句,为幼儿顺利表达提供了丰富的语料。其次,有声内容对白提供了正确的语法范本,故事中的人物不会以单词"水"来替代"我要喝水",幼儿在耳濡目染后,自然而然地学会了"我要喝水"的表达方式。最后,出于剧情的需要,有声内容对白中会经常出现幼儿所尚未掌握的语法用法。比如,3岁的幼儿在阅听有声书时,可能大量接触到因果、转折、递进、条件、选择等复句。维果茨基认为,在皮亚杰所说的运算发展的第二阶段,儿童就可以学会使用从句来表示事物,能够使用"因为""如果""当……时候"和"但是"这样的语句,即使他们此时并没有掌握原因、条件、时间等关系。[1]因此,幼儿通过有声内容受到这些句式不断地重复、强调刺激,能够越来越多地使用和掌握这些句式。传统的观点认为5岁的儿童才能理解并掌握因果关系的复句。但目前的观察显示,二至四岁的幼儿就能够理解并回答"为什么",可见他们已具有因果的概念。[2]这种现象的出现与当前幼儿在传统的生活环境之外,又增加了有声内容这一多媒体接触不无关系。

(四)有声阅读有利于提高幼儿语言表达能力

语言表达能力是指在口头语言及书面语言运用的过程中使用字、词、句、段的能力。对幼儿来说,主要指口头语言表达能力。如果说正确清楚的发音、一定数量词汇的累积,都可以通过家长、老师的教学来实现,那么,幼儿的语言表达能力则需要在实践中得到锻炼。家长、老师可以教会幼儿表达的内容,但如何在具体的环境中使用这些内容的组织、技巧,则是教不会的。

通过有声阅读,有利于提高幼儿的语言表达能力。首先,有声内容可以模拟逼真的语言表达实践情境,有声书中的所有对白都是在一定的故事背景、一定的情境之下发生的,给幼儿提供了多种情况下语言表达的范本,如介绍自己、求助、交朋友、表达自己的愿望或信心等。其次,有声内容能够提升幼儿语言表达的信心。幼儿之所以不愿意在公共场合说话,是因为他们缺乏表达的信心。幼儿在家庭中是理所当然的核心,任何动作、语言都会得到家长的反应,但到了公众场合,这种核心优势不再存在,他们的表达有可能得不到回应,甚至可能得到其他人的嘲笑回应,这样,幼儿出于自我保护而变得沉默寡言。而在有声故事中,角色形象遇到同样情形的例子比比皆是,幼儿在角色替代或角色认同中,能够学习到应对的方法或调整好自己的心态,提升自己表达的信心。最后,幼儿在阅

---

① 列夫·维果茨基:《思维与语言》,李维译,北京大学出版社2010年版,第57页。
② 彭红霞:《试析动画片对幼儿语言的积极影响》,《教育导刊》2012年第3期。

听有声内容后,家长可有意识地引导幼儿对故事主线、主要情节以自己的语言进行复述。而在幼儿园中,教师可以采用小组交流的形式,提出一个或几个与有声故事相关的问题,如"你最喜爱的人物""你最想成为故事中的谁",让幼儿们自由讨论、交流,畅谈自己的感受、体验和发现,从而大大提高幼儿的语言表达能力。

(五)有声阅读有利于幼儿语言习得过程中加入审美观照

在我们的日常语言中,或者影视语言中,为了使幼儿明白易懂,其语言往往趋向于简单化、口语化。例如动画片中的对白往往没有修饰词,多使用陈述句,以达意为目标,有时候甚至只要使用一些象声词就可以表达一场激烈的打斗。可以说,日常语言和面向儿童的影视语言主要考虑的是"真"与"善",对"美"缺乏追求。

看动画片和听故事,都能使幼儿产生审美愉悦,但前者主要是通过画面、色彩、音效等元素对幼儿进行复合刺激,使其产生审美共鸣;而后者则是纯粹的对语言本身的审美共鸣。前者是直观的、浅显易懂而又强烈的刺激;后者则在倾听到语言之后,要对语言后面所蕴含的信息进行回忆、组合、想象等思维活动的加工才能产生愉悦。例如,幼儿听到"老虎凶狠地扑了上来"这句话时,在大脑中必须迅速提取"老虎""凶狠""扑"等关键词的词义并加以整合,这句话才会产生意义,否则只是一系列毫无意义的发音而已。显然,幼儿更容易接受前者的审美方式,久而久之,看动画片的时间就会驱逐听故事的时间,读图(包括静态的图,如漫画;动态的图,如动画)将成为幼儿今后的审美习惯。当下已进入"读图时代","读图时代"的显著特点是儿童受动画与漫画的影响较深,对文字阅读缺乏兴趣甚至出现阅读障碍,进而影响其口头语言表达和书面语言表达。综上所述,动画片不仅无法给幼儿提供优美的审美语言,以及同一个民族甚至全人类共同的审美象征,而且还将对其今后的口头表达能力和书面表达能力产生负面影响。

与之相反的是,一些经典的文学作品(对幼儿来说,主要是童话故事、民间故事、经典儿歌或简单的诗歌等)有着很高的审美价值,这些作品之所以成为经典,是因为其内容与语言符合人们的普遍审美价值。因此,当家长给幼儿朗读这些文学作品,或者给幼儿播放这些作品的有声书时,能丰富幼儿口语之外的审美语言。优美的语言会提升幼儿语言学习的兴趣,同时让幼儿更易记忆和理解。例如,大多数幼儿在重复几遍之后,就能够背诵骆宾王的《鹅》,就在于这首诗用优美的语言不仅描述了鹅的形状(曲项)、颜色(白),同时还描述了其典型动作(歌、浮、拨),容易被幼儿所理解和记忆。我们身边很多具体的事物被赋予了特殊的、一个民族甚至是全人类共同的审美诉求,当我们看到或听到这一事物时,便会产生情感共鸣和审美愉悦。例如,看到月亮,我们会联想到月饼、联想到嫦娥奔月、联想到自己的家乡;看到银河,会联想到牛郎织女;提起美人鱼,我们会联想到海的女儿;等等。这些具体而理性的事物背后,蕴含着丰富的情感信息,如果对其不了解,与他人的沟通就会产生歧义。因此,有声阅读是读图时代提升儿童审美情趣的重要补充。

二、有声阅读对提升儿童阅读素养的价值

2020 年 4 月，教育部基础教育课程教材发展中心首次发布了《中小学生阅读指导目录》，面向全国小学生推荐图书 110 种，其中人文社科类图书 21 种、文学类图书 56 种、自然科学类图书 22 种和艺术类图书 11 种，"旨在引导学生读好书、读经典，加强中华优秀传统文化、革命文化和社会主义先进文化教育，提升科学素养，打好中国底色，开阔国际视野，增强综合素质，培养有理想、有本领、有担当的时代新人"，是对现行小学课程标准教材的拓展与延伸，对于丰富小学生精神文化生活、提高思想政治素质和科学文化素养具有重要意义。

然而，当下儿童的阅读素养却并不乐观，在北京市，有 40.3% 的小学教师认为小学生阅读素养一般、较差或很差；有 30.2% 的小学教师认为对提升小学生阅读能力缺乏有效方法。① 2020 年 7 月，我们在长沙县星沙实验小学五年级 257 名学生中进行了一次阅读调查，结果显示，《指导目录》中有 95 种图书的阅读人数为 0，占比 86.36%，只有《格林童话》《安徒生童话》和《笨狼的故事》等童话书的阅读率达到三成以上。由此可见，如何提升儿童的阅读能力，特别是经典阅读能力，是广大基础教育工作者面临的重要问题。

随着智能手机和移动网络的普及，我国有声书行业进入快速发展阶段，据统计，国内现有 200 余款听书 App，用户规模过亿。面向儿童的海量有声读物和众多听书 App、公众号也开始涌现，研究者普遍认为，有声阅读有助于提升儿童阅读能力，"有声阅读为孩子提供了与他者对话的声音通道，而语音解码训练是儿童丰富词汇认知、体会言语之妙、感知文学艺术的关键一步，脑科学研究表明儿童的语言解码能力对于儿童阅读素质的提升至关重要"②。本文试图寻求利用有声阅读促进儿童阅读能力尤其是经典阅读能力的可能途径，为提升儿童阅读素养提供有益探索。

（一）利用有声阅读激发儿童经典阅读兴趣

艾德勒在《如何阅读一本书》这一风靡全球的著作中，开宗明义地提出，只有对阅读有兴趣的人，才会去主动阅读一本书，阅读越主动，效果越好。但是，调查数据显示，儿童对经典阅读普遍缺乏兴趣③，究其原因，一是经典作品的阅读难度较高，很多字词超出了小学阶段要求掌握的 3000 个常用汉字，特别是古典文学作品，其文言文书写方式与现代汉语表达方式完全不同；二是经典作品之所以是经典，是因为其具有艺术的审美性和思想内涵的丰富性、深刻性，儿童以自己的生活经验来观照经典作品，往往难以产生皮亚杰所说的认知冲突，进而引起同化与顺应，当然也就不能激发其阅读兴趣与主动性。因此，有研究者认为，儿童经典阅读必须有外力介入，这个外力就是家长或教师的讲解。但事

①倪燕：《基于 PISA 测试的北京儿童阅读素养评价——对小学教师的调查分析》，《新闻记者》2018 年第 7 期。

②王莹：《从"我—它"到"我—你"——移动互联网时代儿童有声阅读的"对话"之思》，《出版发行研究》2018 年第 9 期。

③刘昕：《讲述——儿童经典阅读的有效途径》，《教学与管理》2011 年第 32 期。

实上,义务教育语文课程标准中要求小学课外阅读量达到 140 万字,其推荐书目中不乏《水浒传》《钢铁是怎样炼成的》等长篇巨著,如果全部依靠家长或教师的讲解,显然是不现实的。

有声阅读的出现,为激发儿童经典阅读兴趣提供了除家长和教师讲解之外的另一种可能。艾德勒将人类的阅读需求简单分为两类:知识需求和休闲娱乐需求。前者是阅读主体通过阅读获得信息,并进一步理解和加工,形成自己知识体系的过程;而后者则没有明确目的性,只是通过阅读来打发时间或获得快乐、悲伤等强烈情绪。在纸质阅读中,二者泾渭分明,经典阅读显然就是知识阅读,教师和家长希望学生通过阅读来吸收以文字构建的知识体系;漫画、图画书等通俗作品的阅读就是休闲娱乐阅读。而有声阅读则有效地消除了知识阅读与休闲娱乐阅读的界限,有声读物作为一种大众传播媒介,天然就具有四种功能:“信息搜集与传达功能、舆论引导功能、教育功能和娱乐功能。”①有声文本的生产者通过专业训练的声音和语速,配合与内容相关的音效、或舒缓或激昂的背景音乐,使经典作品成为与卡通片一样娱乐功能明显的数字产品,同时基于互联网传播的有声读物还可以进行内容生产者与受众、受众与受众之间的双向互动或者多维互动,正好符合了新闻传播学意义上的娱乐概念,即“人们为了转换心情或者恢复元气,通过游戏而刺激相关信息交换活动的行为”。② 因此,有声阅读的介入,使阅读行为无法再通过知识阅读或休闲娱乐阅读来进行界定。例如,我们无法准确界定孩子在去动物园的路上听一段《西游记》、在睡前听一段唐诗故事是学习知识还是休闲放松,或者纯粹是孩子的一种娱乐活动。但很多阅读学习目标,恰好是在这种正式与非正式、学习与娱乐的模糊边缘,无须教师、家长的引导讲解就自主完成了。

2020 年暑假,我们向长沙县星沙实验小学五(1)班和五(3)班布置了《城南旧事》《假如给我三天光明》的阅读任务,其中向五(3)班学生特别强调,可以通过纸质阅读或有声阅读方式完成,而对五(1)班不做特别说明。结果显示,五(3)班 42 名学生中,有 39 人完成任务,其中 35 人选择有声阅读;而五(1)班 40 名学生中,只有 27 人完成任务,全部为纸质阅读。在不考虑有声文本获得方式的便捷性因素,我们可以得出结论:有声阅读可有效激发儿童经典阅读兴趣和主动性。

(二)利用“碎片化阅读”导向“整体性阅读”

从儿童知识学习的角度来说,只有整体性阅读(即有目的性、系统性、去碎片化的阅读)才能满足其可持续发展的需求,而碎片化阅读则看似获得了大量信息,但这些信息是零散的、孤立的、彼此没有联系的,阅读主体无法对这些信息进行整理、编码和组织加工,也就无法形成知识体系。在第五章我们就专门论述过,虽然有声阅读不一定就是碎片化阅读,但与纸质阅读不同的是,有声阅读确实极易导致碎片化阅读。一是阅读时间的碎片化,由于有声读物的获得极为便捷,阅读主体可以在茶余饭后、乘坐公共交通工具、排

---

①周海宁:《论互联网时代的数字生存能力》,《出版发行研究》2018 年第 12 期。
②周海宁:《论互联网时代的数字生存能力》,《出版发行研究》2018 年第 12 期。

队等待或睡前随时进行,也可以随时被打断;二是阅读内容的碎片化,当下互联网上的有声读物,固然有许多对经典作品不作改动的音频呈现,但更多的是碎片化的内容,即使是"凯叔讲故事""童书共读"这样的知名的、强调经典性的有声书内容,也往往是抽取经典作品中矛盾冲突强烈的故事性内容,以口语替代原来艺术性的书面语言;三是阅读结果的碎片化,有声阅读的特点是转瞬即逝,要求儿童在阅听时注意力更加集中、沉浸到内容中去,同时要迅速调动其语言能力和思维能力,从而获得清晰而完整的意义,而不能像纸质阅读一样,可以回视已阅读过的内容并进行再次加工。在有声阅读过程中,一旦阅读主体注意力分散,遗漏了部分内容,或者遇到难以理解的内容,其接受的信息就是零散而彼此没有联系的,造成阅读结果的碎片化。

但是,通过碎片化阅读,使经典作品与阅读主体之间建立了一定的联系,成为其已有的经验,因此,碎片化阅读导向整体性阅读就成为可能。皮亚杰提出过"适度新颖原则",他认为,给儿童学习的材料必须和其生活经验有一定的联系,同时又足够新颖,这样才能引起儿童的兴趣。儿童不会关注太熟悉的东西,因为已经司空见惯,令人厌烦;也不会关注完全陌生的东西,因为与其图式中的任何东西都没有联系,令人迷惑不解。①利用碎片化阅读,可以建立儿童对经典作品既熟悉又陌生的疏离感,从而引发其认知上的冲突,引起最佳或最大限度的不平衡,从而激发其求知欲和好奇心,使其主动去阅读经典作品,引起同化(将新信息吸收到有声阅读产生的图式之中)和顺应(修改有声阅读产生的错误图式或新建图式以适应新信息),并产生自我调节的平衡活动,最终实现整体性阅读结果。

长沙县星沙实验小学 1503 班的 YHR 是公认的阅读能力和写作能力较高的学生之一,其家庭曾获得长沙县"书香家庭"荣誉。YHR 妈妈在分享其读书经验时就提到,孩子们在面对大部头的书、有阅读难度的书时,往往会望而生畏。这时候,她就会采取诱导的方式,例如,她希望孩子读《水浒传》,就会先给她看一些短小的水浒故事,例如武松打虎、智取生辰纲等。孩子读完以后,就会产生一些问题,比如,"武松后来怎么样了?""梁中书丢了生辰纲,难道不追查吗?"等。这时候就可以引导她:"后面还有很多好看的故事,一下子讲不完,你可以直接去看《水浒传》。"她还举了有声阅读的例子:首先给孩子播放西游记故事,但孩子听得很不过瘾,"因为每个故事都太短了,只有几分钟,孙悟空和妖怪的战斗场面,也往往是几句话一笔带过",于是她就给孩子换了《西游记》原著的朗读版本,"孩子听得津津有味"。由此可见,利用碎片化阅读导向整体性阅读的模式是促进儿童经典阅读的有效方式。

(三)以"用户生产内容"模式的接力朗读实现"读整本的书"

义务教育语文课程标准阅读教学建议提出"多读书、读好书、读整本的书"。读整本的书,实际上是对儿童阅读素养的极高要求,只有具备了主动阅读能力、信息定位能力、良好的阅读习惯、一定的阅读速度、信息整合能力和阅读鉴赏能力等阅读素养,才能实现"读整本的书"这一目标。我们在长沙县星沙实验小学五(3)班 42 名学生的阅读调查中

①皮亚杰:《皮亚杰教育论著选》,卢濬选译,人民教育出版社 2015 年版,第6页。

发现,义务教育语文课程标准推荐的 9 部长篇文学名著,虽然学校从三年级开始就推荐给学生阅读,但只有 4 名学生读完了《骆驼祥子》、7 名学生读完了《鲁滨孙漂流记》、22 名学生读完了《格列佛游记》,而《西游记》《水浒》《平凡的世界》《简·爱》《童年》《钢铁是怎样炼成的》6 部作品没有一名学生完成整本书阅读。由此可见,儿童“读整本的书”的能力急待提升。

被国际阅读组织评选为 20 世纪对阅读推广最有贡献的 8 人之一、美国著名的阅读研究和推广专家吉姆·崔利斯认为,朗读(包括教师、家长为孩子朗读,以及孩子自己朗读、孩子之间的轮流朗读)是孩子形成自主阅读习惯甚至是提升学习成绩最有效的手段,而家庭成员或多个孩子轮流朗读,则是顺利读完一本长篇小说的最佳方法。他认为,在美国,有 200 个电视频道分散了学生的注意力,超过半数的青少年每天花大部分时间玩手机,1/4 的孩子是单亲家庭,但就是在这样的情况下,美国学生的阅读成绩竟然逐年提高,其原因就是美国的家庭和学校有朗读的良好习惯。[1] 他因此写作了厚厚三大本的《朗读手册》来宣传朗读的重要性。

在我国,朗读已成为语文课堂教学的重要方式,但在非课堂的阅读活动中,持续默读是全社会广泛认可的阅读传统。有声阅读兴起后,这一传统被逐渐打破。有声内容的生产十分容易,普通人只要有一套简单的录音设备,甚至只需要一台智能手机,就可以录制一段有声内容。在这种情况下,“用户生产内容”(UGC)的有声内容生产模式出现了,即普通用户作为创作主体的有声内容生产模式,与之对应的是“专家生产内容”(PGC)模式和“职业生产内容”(OGC)模式。目前,在“喜马拉雅 FM”“蜻蜓 FM”“懒人听书”等有声阅读平台中,UGC 模式生产的有声内容远远多于 PGC、OGC 模式生产的有声内容,“人人都是创作者”。在有声阅读领域,儿童不仅有阅听的需求,也有参与内容生产的原始动力。亚马逊旗下的 ACX 平台就鼓励包括孩子在内的作者将文字作品上传,附上对朗读者的要求,如性别、口音、声音类别等,鼓励符合要求的机构或个人录制有声书。[2] 长沙县图书馆在其自媒体上,长期举行“经典朗读接龙”活动,儿童可以按顺序挑选一段或多段文章,按要求录制音频上传,最终由平台方剪辑成完整的有声书,吸引了 3000 余名儿童参与和数万人关注,成为传统图书馆与新媒介技术完美融合的典范。

2020 年暑假,我们向长沙县星沙实验小学五(3)班 42 名学生布置了阅读《西游记》的任务,要求按学号顺序,每人每天在班级微信群里接力朗读 2—5 分钟,仅仅 21 天,全班就在互相“催更”、互相评论的快乐氛围中合作读完了整本的书。开学后,我们以 20 道单选题的形式对阅读效果进行了简单测试,结果显示,虽然平均每人朗读的部分只占全书内容的 18% 左右,但实际上每名同学都阅读了全书,原因在于:一是为了使自己能够流利朗读,每个人都提前进行了阅读预习;二是通过其他同学的朗读进行了二次阅听。由此可见,基于新媒介技术的“用户生产内容”接力朗读模式,是实现学生“读整本的书”的有效途径。

①吉姆·崔利斯:《朗读手册》,陈冰译,新星出版社 2016 年版,第 3 页。
②张建凤:《欧美有声书发展现状、原因及服务类型》,《科技与出版》,2017 年第 5 期。

（四）以有声阅读导向儿童纸质阅读

不可否认,纸质阅读有其独特的优势。纸质图书往往有明确的专业领域分类,围绕某个特定的主题,由一个作者(或多个作者商定写作规范)写作而成,"内容聚焦,知识丰富而不驳杂,编排科学、系统、完整……十多万到数十万的文字量,加上插配的适量的图片、绘画等,便能够完整展示一个较为复杂、宏大的话题,或者综合表达某种思想文化。图书通常按照事物的内在逻辑关系来著述或编写,层级结构清晰,科学性很强。图书出版流程规范,审校严格,易出精品"[①]。与此同时,相比数字读物来说,纸质图书受价格因素、购买便捷性因素的影响,获得难度更大,一个家庭的藏书量有限,在读一本书时,不会受到另一本书的诱惑,因此更容易实现整本书阅读。尤其是对于热爱阅读的人来说,往往会将家里有限的书反复地读,从而实现深度阅读。我们在 2019 年 7 月进行的"儿童数字阅读情况调查"中也发现,在 821 个有效样本家庭中,也有 27.8% 的家长坚持给孩子阅读纸质书。

但在另一方面,我们又不得不承认,对儿童来说,有声阅读比纸质阅读的吸引力更大。如前所述,有声阅读打破了学习与娱乐的界限,很多人听有声书本来就像看视频、玩手机小游戏一样,是出于利用碎片化时间的休闲娱乐目的,但阅读行为就在学习与娱乐的模糊边缘完成了。而且,我们在有声阅读行为观察中,发现有声阅读存在将儿童导向纸质阅读的可能。但这种可能基于以下条件:在儿童身边,刚好有同一本书或者类似的书。因此,要实现有声阅读导向纸质阅读,家长的引导以及阅读环境的营造非常重要。

2020 年暑假,我们对 5 名儿童进行了为期 15 天的跟踪观察,要求家长分别选择一本孩子明确表示不想阅读的经典作品,每天为其播放 30 分钟的有声版本,同时在身边醒目摆放该作品的纸质版本。根据记录结果,分别在第 3 天和第 8 天,有两名儿童主动提出要阅读这本书的完整版本,在结束播放的第 15 天,当另外三名儿童在得知"后续内容主播还没有更新"后,也拿起了桌上的纸质版本继续阅读。

从上述案例可见,儿童阅读环境的构建非常重要。英国著名的儿童文学作家、资深的阅读研究和推广人艾登·钱伯斯就曾抱怨说,在他 9 岁的时候,对阅读有着浓厚的兴趣。他们的教室里大概有 50 本书,但这些书都被锁在柜子里,只有礼拜五下午才会开放几分钟,让他们能选一本书回家在周末时阅读,这种做法对他的阅读兴趣打击很大。[②]事实上,类似的情况经常发生在许多学校里。有些学校确实建设了漂亮的图书馆和拥有丰富的藏书量,但是图书馆离教室很远,借阅有极复杂的流程。还有的教室建设了图书角,但用柜子锁起来,理由是怕弄脏了这些书,而且有的老师规定只有表现良好的孩子才能借阅……还有的家庭也拥有不少书,但整整齐齐地摆放在漂亮的书架上,高高在上,孩子需要站在椅子上才能查看、取到。如此一来,图书馆、图书角和家庭藏书就完全不能发挥它的功能,这些书虽然就在身边甚至近在眼前,儿童却不能轻易取得阅读。所以我们

---

①黄佳梦:《纸质图书的存在价值与发展对策新论》,《出版广角》,2020 年第 6 期。

②艾登·钱伯斯:《打造儿童阅读环境》,许慧贞译,北京联合出版公司 2016 年版,第 5 页。

的建议是,如果家长希望孩子阅读什么书,就应该将这本书摆放在他们触手可及的地方,床头、茶几上或者写作业的桌子上。如果较长时间没有引起他们的阅读兴趣,则可以尝试让他们先听一段这本书的有声版本,利用有声阅读激发其阅读兴趣,再将其导向纸质阅读。在澳大利亚的研究就表明,有 26% 的儿童会因为首先接触数字阅读,而导致纸质阅读量的增加。①

(五) 以主题阅读模式的有声阅读导向儿童深度阅读

主题阅读与群文阅读有相似之处,也有显著区别。群文阅读是群文阅读教学的简称,是近年来在我国悄然兴起的一种具有突破性的阅读教学实践。随着研究和实践工作的深入,群文阅读的定义不断修正完善,它是指师生围绕一个或多个议题,选择一组结构化文本,在单位时间中通过集体建构达成共识的多文本阅读教学过程。主题阅读与群文阅读的相同点是都会预先设置一个显性或隐性的主议题,围绕这个议题选择多个文本。其区别在于,主题阅读可以是一个人进行也可以是多个人进行;可以是有老师或家长的指导,也可以自主进行。

由于儿童知识储备和阅读能力有限,对于一些难以长时间集中注意力的儿童来说,完成长篇作品的阅读具有一定的难度。但总是阅读短篇的作品,既不能有效提高其阅读能力,同时众多不同作者、不同主题、不同风格的短篇作品,很难使他们在大脑中构建整体的知识体系。也正是这个原因,传统的语文教学一直受到诟病。教育界普遍认为,长期以来占有主流地位的、基于单篇文本的阅读形式,可以概括为"解题—作者介绍—划分段落写段意—分析结构并用术语概括—按程序归纳中心思想—分析文章的细部并归纳文章的写作特点和语言特色",传统课堂中教与学的目标就是熟练掌握这些被拆解的技能,具有"以教师碎片化知识讲解为主,以致学生仅能获得部分零碎信息的通病"。② 主题阅读模式的有声阅读,目的就是克服这种碎片化阅读,将儿童导向深度阅读。

在应用实践中,首先要确定一个有价值的议题,然后根据这一议题来排列文本。在有声读物《诗词精选》中,收集了经典诗词 135 篇,每一篇除了诗词朗诵之外,同时将作者生平、经历、诗词背后的典故、传说和文化风俗结合起来一起讲解。这时候我们就可以将这些诗词按主题进行分类,让儿童按主题阅听,而不是按顺序阅听。例如,我们设置"赏析古典诗词中的春日胜景"为主题,就可以选择贺知章《咏柳》、叶绍翁《游园不值》、曹豳《春暮》、苏轼《惠崇春江晓景》、杜甫《江畔独步寻花》等作品放在一起让儿童阅听。这些作品都是描写春日胜景的名篇佳作,但具体的描写内容与描写方法又各不相同,有的描写了芦芽尚短的早春,有的描写了欣欣向荣的仲春,有的描写了莺啼蝶舞、花开满蹊的暮春。诗人所抒发的情感也颇有不同,有人是为了春天的到来而欢欣,有人借春日美景抒发自己心旷神怡、轻松愉快的心情,而有人写的是看到暮春花落的景象,而对即将到来的

---

① 汪全莉、陈邦:《英语国家儿童及家庭阅读现状与启示》,《图书馆杂志》2019 年第 3 期。
② 于泽元、边伟、王雁玲:《锚定叙事与群文阅读:内在的共通与理解的深入》,《课程·教材·教法》2020 年第 7 期。

夏天表达盼望之情,更有人是借春景之美来对比自己访客不遇的惆怅。儿童通过同一"春天"主题,读到不同的春天,从而对春天的景象有了具体而微的印象、形象,了解早春、仲春与暮春的不同,以及在不同语境、不同心情下观察到的春天视角。这就是主题阅听的魅力所在,即为儿童提供的文本具有内容丰富性、结构丰富性和主题的统一性,单个文本只能让儿童看到春天的一角,而主题阅读则让儿童对春天景象、不同语境下看到春日景象的心情变化有了整体的把握。

(六)通过家庭有声阅读维系儿童持续的阅读热情

全球最大的儿童图书出版商和分销商 Scholastic 于 2006 年开始调研和分析美国儿童与家庭的阅读情况,从 2015 年开始调查范围扩展到英国、澳大利亚、新西兰、加拿大、印度等英语国家,每两年发布一版《儿童与家庭阅读报告》,至今已发布 8 版。从该报告发布的数据可以看出,儿童的阅读兴趣不是持续的,而是容易受到外界干扰和打断。从整体来看,大多数儿童在 8 岁以前都有浓厚的阅读兴趣,但随着年龄的增长,这种阅读意愿逐步下降,即使年龄越大的儿童,越了解阅读的重要性。根据 2012 年发布的第四期报告,大多数 8—17 岁儿童从父母及其他渠道充分了解到了阅读的好处。90% 的儿童认为阅读可以有更多的机会上一个好的大学,87% 的儿童认为阅读可以使长大后得到更好的工作机会,另外有 78% 的儿童则相信,如果不经常阅读,长大后会有严重的后果。就是在这种普遍认可阅读有益的情况下,儿童的阅读时间依然被电视、手机、电脑、社交媒体、游戏等娱乐行为所分摊。从具体的儿童阅读行为来看,儿童在阅读某一本书的过程中也容易注意力分散、中断甚至停止,维系儿童单次阅读保持一定时间,或者坚持看完一本书,往往需要家长采取积极的激励措施。[①] 我们在对儿童的阅读观察中也发现了同样的情况,9—12 岁的儿童,在单次阅读的时候,常常会被外界事物所干扰,例如宠物狗的动作、电子设备的消息提示音、零食等。在阅读一本书的过程中,也经常会因多种因素(如内容没有吸引力、被新的读物所吸引等等)而中断,甚至读了一部分之后从此束之高阁。

很多西方国家保持了良好的家庭朗读氛围,全家人一起聆听某个人朗读一本书或者轮流朗读,吉姆·崔利斯就认为美国家庭的朗读传统使美国青少年受到电视、网络媒体的冲击,以及在毒品泛滥、1/4 的孩子由单身父亲或母亲抚养、每分钟就有一名未成年妈妈诞下婴儿的大环境下依然保持了良好的读写能力。简·奥斯汀在写给朋友的众多书信中,描写了 18 世纪英国家庭浓厚的朗读气氛。在她的家庭,从早上一直到晚上十点都有人朗读,其他人有时间就可以跟着听。有一次,她在信中向朋友抱怨,她并不喜欢瓦尔特·司洛特爵士的《玛密恩》一书,但因为是家庭集体朗读,她不得不跟着读完。事实上,她不喜欢这本书并不意味着这不是一本好书——这本书后来多次在她的作品里出现。[②]这个故事告诉我们:这种家庭式的朗读可以使我们保持耐心听完一本书,即使我们当时并不喜欢这本书。

---

①付伟棠:《美国〈儿童与家庭阅读报告〉剖析及儿童阅读的新趋势》,《图书馆理论与实践》2019 年第 1 期。

②阿尔维托·曼古埃尔:《阅读史》,吴昌杰译,商务印书馆,2002,第 149 页。

　　由于民族性格使然，在我国一直没有形成家庭朗读的传统，即使是随着西方早教模式传入我国的睡前朗读活动，也会随着孩子年龄的增大而逐渐消失。但有声阅读的出现，使另一种形式的家庭朗读成为可能，因为家庭有声阅读不需要某个人来朗读，而是由有声书代替，所有人都是聆听者。在我们长期观察的 HYK 家庭，就形成了这种家庭有声阅读的习惯，2019 年至 2020 年，他们用这种形式，全家人一起读完了 11 本文学名著，其中包括《平凡的世界》《月亮与六便士》《红与黑》《呼啸山庄》甚至《卡拉玛佐夫兄弟》。这些书都是 HYK 小朋友没有阅读兴趣而不愿意拿起来读，或者读了几页就放弃了的书，但是通过家庭成员聚集在一起听有声书，所以她坚持听完了。"说实话，像《卡拉玛佐夫兄弟》，连我自己都没有办法坚持读完，内容太沉闷了"，HYK 的父亲说，"但这是有世界影响力的经典名著，肯定有它阅读的价值，而这种价值需要我们读完它才能够体会。幸运的是，通过全家人一起听书，我们把它读完了。"这种家庭有声阅读不一定是所有的家庭成员参与，可以是部分成员，也可以邀请其他人加入。2020 年暑假，HYK 就邀请了她的 4 位朋友，一起听完了《边城》的有声版本。听完这本书后，他们还展开了长时间的讨论，并各自写了读后感。这次听书成了他们之间一次愉快的体验，在此后很长时间，他们还在微信群里分享自己正在听的有声内容。

三、有声阅读对提升儿童写作能力的应用实践

　　杜甫在《奉赠韦左丞丈二十二韵》诗中说："读书破万卷，下笔如有神。"蘅塘退士孙洙在《唐诗三百首》序中说："熟读唐诗三百首，不会吟诗也会吟。"叶圣陶先生认为："读书是写作的基础。"秘鲁与西班牙双重国籍的作家、诗人马里奥·巴尔加斯·略萨在其诺贝尔文学奖演讲辞中说："倘若要我列举那些给予我恩惠和启示的作家们，这份名单会长得无穷无尽，他们的身影将会使这个辉煌的大厅也变得黯淡。是这些作家们，不仅向我展示了叙事艺术的奥秘，同时还教会我探寻人性的幽暗与深刻。他们让我惊叹于人类所创造的伟业，也让我颤抖于无尽的野蛮暴行。他们是我最肯出力的朋友，最支持我写作的爱好。"上述诗人、作家的现身说法告诉我们，阅读与写作之间有着密不可分的联系，而且这种联系是正向的，阅读得越多，写作能力也会相应提高。

　　事实上，心理学和教育学领域的学者通过实证研究，也证明了作家与诗人们"读书破万卷，下笔如有神"的主观感受有着相应的科学性。T·沙纳汉的研究表明，对于低层次的阅读者来说，其词汇量与其写作能力显著相关，而对于高层次的阅读者来说，文本理解力与其写作能力尤其是表达的灵活性、构思的复杂性关系密切。昆斯对 4—12 年级学生的阅读理解能力与写作水平之间的关系进行了研究，结果显示，8—12 年级学生的阅读理解能力对其写作水平的发展影响最为显著。莫雷和张金桥则通过实验，发现所阅读的文章的结构对写作有迁移作用，阅读相同结构的文章数量越多，对写作的迁移效果越明显。张致苾、刘莹的研究则表明，对学生开展游记散文专题阅读，营造"全语文"旅游情境，可以使学生记叙文写作水平得到明显的改善。杨继利通过以中部某省会城市 46646 名 8 年级学生为研究对象，发现阅读能力水平与写作水平成绩存在显著正相关，能力层次越高，

相关性越强。但与此同时,阅读投入程度是学生阅读水平的重要影响因素,同时对学生的写作水平也有重要影响。① 这些研究为我们利用阅读提升儿童写作水平的实践活动提供了重要的理论依据。

毫无疑问,上述作家、诗人及研究者所说的阅读,都是指传统的纸质阅读。那么,有声阅读是否也和纸质阅读一样,能够给儿童的写作水平带来正向影响呢? 有研究者以母语为西班牙语的儿童为研究对象,探讨儿童早期阅读与写作能力之间的关系,结果显示,儿童的图文和语音识别能力(而非口语表达能力)对其写作能力产生显著影响。② 这一研究成果为我们探讨有声阅读与儿童写作水平之间的联系给予了极大的鼓舞。

要真正探究儿童有声阅读与写作能力之间的深层关系,使之不是停留在经验和思辨层面,那么势必要对一定数量的儿童样本进行实证研究与长期观察。囿于条件,我们只能对 5 名 12 岁儿童进行较为简单的测试。如前所述,众多研究者通过实证研究得出的结论,即纸质阅读能力与写作水平呈正相关;而艾登·钱伯斯则认为,当儿童在读完一本喜欢的书后,会迫不及待地想和他人谈论自己的阅读心得。因为他们期待其他人,尤其是他们的好朋友,也能够和他们经历相同的喜悦。他们会希望通过这种谈论探究出内心深处的感想,并试图整理出这本书所带给他们的意义。这种谈论有两种形式,一种是非正式的,属于朋友之间漫无目的的闲谈,另一种则是教室或研讨会中的正式讨论,是较具思考性的形式。③ 基于上述两个结论,我们提出了两个假设:①当儿童阅听一本他喜欢的有声书后,他会愿意将自己的阅读心得与其他人分享,如果此时刚好有相关的写作任务,他会愿意将这种分享以文字形式进行,也就是说,有声阅读能激发儿童的写作欲望;②有声阅读能够提升儿童的写作水平。

基于第一个假设,我们设计了以下测试框架:分别让 5 名被试儿童挑选 6 本希望阅读的图书,挑选过程完全由儿童自主。然后按照各自的愿意,其中 3 本书从当当网购买实体书,另外 3 本书购买有声版本。5 名儿童均被要求首先阅听有声书,然后再读纸质书,在此过程中,至少完成 3 篇读后感。如果假设①成立,那么在他们阅听完 3 本有声书后,应该同时也完成了大部分甚至全部读后感的写作任务。结果显示,5 名儿童在分别阅听了 3 部有声书后,有 1 名儿童完成了 2 篇读后感的写作,有 3 名儿童各完成了 1 篇读后感的写作,另 1 名儿童没有开始动笔写作。而在他们阅读纸质书的过程中,有 2 名儿童各完成了 2 篇读后感,2 名儿童各完成了 1 篇读后感,有 1 名儿童没有动笔写作。最终,有 9 篇读后感来源于有声书,有 6 篇读后感来源于纸质书。根据这一结果分析,说明有声书和纸质书一样,能够激发儿童的写作欲望,但不能证明有声书比纸质书更能激发儿童的写作欲望。同时,由于有声书在传达了作者的期待视野之外,同时还传达了声音创作者对本书的理解,比如,在其认为重点的词汇、句子,会加大音量进行强调;同时会揣摩

---

① 杨继利、郑国民、任明满:《阅读对写作意味着什么——语文阅读水平、阅读投入对写作成绩影响的实证研究》,《中国教育学刊》2020 年第 2 期。

② 杨继利、郑国民、任明满:《阅读对写作意味着什么——语文阅读水平、阅读投入对写作成绩影响的实证研究》,《中国教育学刊》2020 年第 2 期。

③ 艾登·钱伯斯:《打造儿童阅读环境》,许慧贞译,北京联合出版公司 2016 年版,第 10 页。

作品中的对话、环境描写等是表达的何种感情,因此会在朗读这些段落时会加入朗读者自己的喜悦、悲伤、愤怒等诸多情绪。因此,有声书能够帮助儿童对作品的整体把握,特别是对情感方面的把握。这可能是为何更多儿童在完成读后感的写作任务时,选择了对有声书解读的原因所在。

基于第二个假设,我们设计了以下测试框架:将 HZK 和 HYK 两位小朋友(两人关系为堂兄妹,均为 12 岁)置于同一阅读环境(HZK 家中)。要求其连续 4 周、每周有声阅读频次为不少于 5 天(根据美国《儿童与家庭阅读报告》对阅读频率的定义,高频读者平均每周阅读 5—7 天,中频读者平均每周阅读 1—4 天,低频读者平均每周阅读少于 1 天),每天阅听时间不少于 1 小时,阅读内容由其自选,在此期间,两人均不进行纸质阅读。其中 HZK 小朋友长期生活在农村,由其祖父母隔代监护,基本上没有课外阅读,其读写能力约处于国际成人评估项目读写能力 1 级偏低的水平;HYK 小朋友阅读量较大,有丰富的纸质阅读和数字阅读(包括有声阅读)经历,读写能力约处于国际成人评估项目读写能力 2 级偏高的水平,多次获得县市级、学校级作文竞赛奖励。在测试之前,要求 2 人分别各自在 1 小时内写一篇 500 字的作文,题目为“记一个我尊敬的人”;有声阅读实验完成后,要求再各自在 1 小时内写一篇 500 字的作文,题目为“记一件难忘的事”。为保证作文评价严谨,设置了评分标准,满分 100 分,分 5 个等级评分。

第一等级(90—100 分):写作范围符合题目要求,感情真挚,思想健康,内容充实,中心明确,能恰当地运用表达方式,有较强的感染力或说服力,语言流畅,条理清楚,结构严谨,书写工整,卷面整洁。

第二等级(76—89 分):写作范围符合题目要求,思想健康,内容充实,中心明确,语言流畅,条理清楚,结构严谨,书写工整,卷面较整洁。

第三等级(60—75 分):写作范围基本符合题目要求,文章有中心,材料较具体,语言基本通顺,条理较清楚,结构严谨,书写较工整,卷面较整洁。

第四等级(40—59 分):有下列情况之一的则评为第四等级,包括语句不通,有明显语病的句子在 5 句以上;内容空泛,中心不明确;层次不分明,条理不清楚;不足 400 字。

第五等级(40 分以下):有下列情况之一的则评为第五等级,包括写作范围不符合题目要求,文不对题;有明显的观点错误;文理不通,结构杂乱。

第一篇作文,HYK 小朋友评分为 95 分,HZK 小朋友评分为 50 分,主要存在的问题是语句不通,同时文章不足 400 字。如果假设②成立,则两人在通过 4 周高频次的有声阅读后,其写作水平有明显的提高。测试结果显示,HZK 小朋友第二篇作文得分为 65 分,其写作能力有显著提升;HYK 小朋友第二篇作文得分为 92 分,其写作能力变化不明显。说明对写作能力处于低层次水平的儿童来说,有声阅读对其写作能力发生显著影响,而对于处于较高层次写作能力的儿童来说,有声阅读对其写作能力的影响并不明显。

综上所述,有声阅读和纸质阅读一样,能够激发儿童的写作兴趣。有声阅读由于传达了作者的期待视野,同时传达了声音创作者对作品的理解,有利于阅听者对作品的整体把握,特别是情感把握。与此同时,对写作能力处于低层次的儿童来说,有声阅读对其写作能力发生显著正向影响,而对写作能力处于高层次的儿童来说,这种影响并不明显。

当然,我们的测试与结论还不够科学,主要是测试样本太少、观察周期较短。在这里我们仅仅提供一个实验框架,以作为后期更科学测试的参考。

四、儿童网络课程的应用实践和学习效果

(一)网络课程的概念

当我们探讨儿童网络课程的应用实践和学习效果时,首先就要厘清网络课程的概念。教育部高等教育司颁布的《现代远程教育技术标准体系和 11 项试用标准简介 V1.0 版》中对"网络课程"的概念界定如下:通过网络表现的某门学科的教学内容及实施的教学活动的总和,它包括两个组成部分:按一定的教学目标、教学策略组织起来的教学内容和网络教学支撑环境。从这一定义我们可以看到"网络课程"的三个基本属性:首先它是"课程",所谓课程,是对教育的目标、教学内容、教学活动方式的规划和设计,是教学计划、教学大纲等诸多方面实施过程的总和。其次是"网络",这种课程的学习是通过网络来进行的,在此过程中通过教学平台、学习分析软件、自动评价软件等信息通信技术来达成教学效果的实现。最后,网络课程是一种教学活动,意味着教师与学生有着即时的交流互动,例如提问、回答和反馈。

从网络课程的定义及对其三大基本属性的分析,我们就可以轻易地将其与网络教学资源区分开来。所谓网络教学资源,就是将教学内容以数字化形式表达出来,用图文、动画、音频、视频等多种符号系统来呈现知识,以数据库、电子书包、多媒体教学、白板课堂等多种形式通过互联网进行传播。实际上,网络教学资源无论是图文形式、动画形式还是音视频形式,其本质是一种数字读物;而网络课程则是教师利用这种数字读物,设计和组织各种教学活动,使学生实现其学习目的。

德国远程教育学者托马斯·赫尔斯曼将信息技术在远程教育中的应用分为 I 类应用和 C 类应用,I 类应用即是把互联网当作一个内容传播的平台,C 类应用则是将互联网当作一种人际交流的平台,比如教师和学生沟通和交流的平台。[①]北京大学郭文革教授对这一分类进行了进一步的阐述,她认为,信息技术有两方面的作用:一是"Deliver Information",在网络教育的语境下,这意味着信息技术可以通过网页文本、电子书、授课视频、纪录片、微视频等方式,为学习者提供数字化的教学资源。二是在人与人之间建立"Communication",在网络教育的语境下,这对应了两层人际交互:一层是在"班"和"课"的层次上,营造师生、生生之间持续的"教学对话",属于网络课程设计的范畴;另一层是在教育机构(学院、大学等办学机构)的层次上,依托互联网建立注册、学籍管理、教材和考试咨询、学历学位管理、学生资助、心理咨询、职业咨询等完整的教学管理制度,属于虚拟教育组织的研究范畴。[②]而网络课程的核心是属于第一个层面的教学对话。

---

①托马斯·赫尔斯曼:《远程教育的变迁:新技术与成本结构变化》,《开放教育研究》2006 年第 6 期。
②郭文革:《网络课程类别分析》,《远程教育杂志》2014 年第 5 期。

(二) 网络课程传播模式

传统的教育传播学认为,教育传播系统由教育者、受教育者、教育信息和教育媒介四个基本要素构成,教育者就是指老师,受教育是指学生,教育信息是传播的内容,包括无形的思想、道理、音乐、故事等,而教育媒体则是承载这些无形教育信息的有形载体,例如纸质教材、光盘、数字媒介等。这四个要素缺一不可,互相影响,因而形成以下教学传播模型(如图 6-1)。

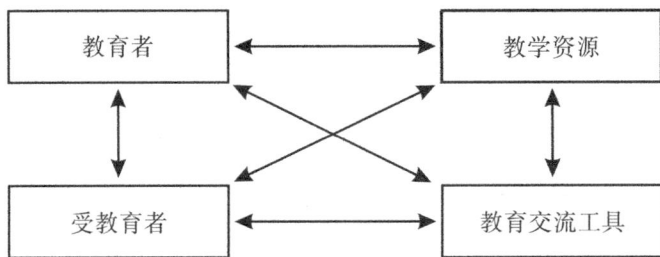

图 6-1　传统教学传播模型

传统的教育模式因为主要采用的是面对面交流模式,因此教学活动中的"复习—导入新课—讲授新课—师生互动—课堂总结—布置作业—作业反馈"等教学对话无处不在,反而被人忽略。而在网络课程中,由于缺少了面对面的交流,如果也忽视这种教学活动的对话设计,就容易使人将静态的内容呈现与动态的教学交流混为一谈,将网络教学资源当作网络课程,这样,教学的效果就大打折扣。因此,有研究者提出了新的、专门的网络课程传播模型(如图 6-2)。①

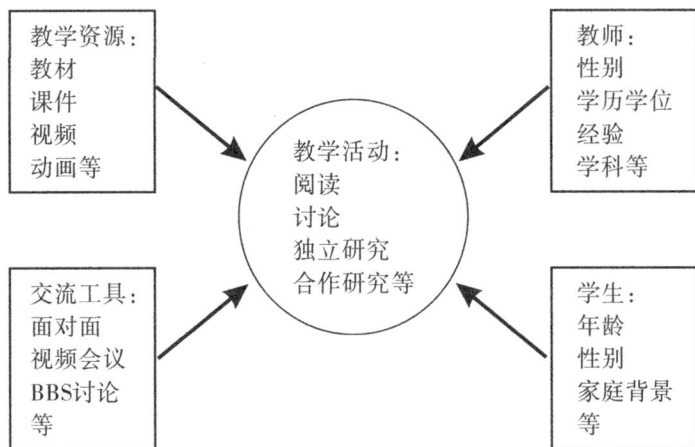

图 6-2　网络课程传播模型

————————

①郭文革:《从一门网络课程到虚拟教师培训学院——北京大学教育技术能力建设计划(初级)网络培训课程的设计与实施》,《中国电化教育》2007 年第 6 期。

在这个网络课程传播模型中,教学活动处于核心位置,依靠交互教学活动,驱动教师、学生、教学资源和交流工具等要素的运转。从这个传播模型我们可以看出,网络课程的传播模型与传统教育传播模型有了本质的区别。在传统教育活动中,教学活动是由教育者角色来驱动和完成的,因此,教师角色非常重要,教师的学历、经验、人格魅力、用心程度甚至相貌,都对教学效果有很大的影响。而在网络课程中,教学活动、教学资源和交流工具都是事先进行了精心的设计,主要由信息技术来运转(例如,教学过程中,教师提问后,答题卡以弹窗形式出现在每个学生的屏幕上,学生点击回答后,自动评价软件会对学生回答的对错进行判断、打分、反馈),教师角色在整个过程中依然重要,但重要性已不足以对学习效果造成重大影响,甚至有的网络课程上,其教师角色是一个卡通的虚拟形象。

(三)网络课程的分类

按照网络课程传播模型,根据网络课程教学对话的丰富性,我们把目前常见的网络课程分为以下三个类别。

一是 M 型网络课程,即大规模(Massive)的网络课程,自 2012 年开始在全球范围内迅速普及的 MOOC 就是其中的典型代表。这种大型的网络课程虽然也设计了在线互动交流,甚至有教学助理负责答疑解惑,进行作业反馈,但是,由于同时学习的人数较多,教师(教学助理)与学生的直接互动较少,学生的学习状态也不被控制,辍学率高,学习效果较差。

二是 S 型网络课程,即小班制(Small Class Online Course)网络课程,美国于 1982 年开始出现并发展至今的异步在线课程(Asynchronous Online Course. AOC)就是这种 S 型网络课程的最初模式。AOC 课程师生比为 1.2—1.25,通常不另外开发教学资源,而是采用现有教科书作为主要的教学资源,依靠教师来引导在线教学活动和教学评价,教学质量非常好。今天的 S 型网络课程则更注重网络教学资源的开发,同时也应用更多的现代网络技术和计算机技术,使网络课程越来越摆脱了教学对优质教师的依赖。这种 S 型网络课程的教学过程中,教师与学生的交流互动和学校的课堂教学几乎没有区别,教师(或教学助理)可以看到每个孩子的实时状态,由于班级学生较少,每个孩子都可能随时被点名回答问题,他们的作业也会被现场点评,因此可以保证学生将注意力集中在学习上,教学效果很好。

三是 M + S 型网络课程,即大规模网络课程与小班制网络课程的混合模式。由于大规模网络课程教学效果差,尤其是面向儿童的网络课程,他们的学习本来就不是一种主动行为,再加上互动少,老师在网络的一头讲得兴高采烈,而网络另一头的学生却完全不在状态,甚至都不在屏幕前。在这种情况下,家长对这种模式的网络课程产生了不信任感。而 S 型的网络课程模式需要大量教师、成本较高、高昂的费用也阻止了家长和儿童对网络课程的参与。于是,网络课程的运营者便开发了"M + S"的混合模式:通过新技术的应用,将成千上万的学生分为若干个小班,每个小班学生数量一般不超过 50 人。只需要 1 名主讲教师,每个小班由至少 1 名教学助理以辅导员或班主任的形式出现,主导其负责的小班学生的教学管理工作,包括提醒学生进行课前复习和按时上课,观察学生上课时的状态,如果学生不在状态则负责在线对话甚至给家长致电的方式进行提醒,对学生作业情况进行反馈,对学生的错题进行分析和讲解,根据学生的学习情况,对表现较好的学生给予一定的精神或物质奖励,将一段时间内学生的总体情况形成报告发送给学生和家长,等等。通过这种方法来营造一种现场教学的氛围,加强与学生之间的互动,从而实现更好的教学效果,因此,其学习效果处于 M 型网络课程与 S 型网络课程之间。

(四)儿童与成人网络课程学习的区别

儿童与成人网络课程的学习有明显的区别。成年人的网络课程学习,大部分人是兴之所至,但很快放弃了,这种行为我们暂不讨论。还有部分人是抱着明确的目的进行学习的,例如是为了获得某种证书,或者是通过学习掌握了某种知识后,对其工作和生活有显著的帮助。因此,他们的学习是主动的,即使在此过程中遇到了困难,也会积极解决问题,直到完成学习任务,达到学习目的为止。本书的执笔者长期每学年承担两个非中文专业班级(大一)的大学语文课程教学任务,2020 年疫情期间,这门课程只能通过网络教学来完成。教学过程中,采用“学习通”在线教学平台,由于同时采用该平台上课的老师较多,上课时经常发生网络不稳定现象;教学课件由执笔者本人制作,以“大量文字 + 少量图片”的 PPT 形式构成,可以说十分粗陋,完全比不上当下互联网上网络教学资源的精美;对学生的约束也仅仅是上课前的签到,以及上课过程中少量的提问互动。教学效果的实现完全依托学生的主动性和自觉性,即使学生在签到后就离开了,教师也很难发现——除非平均每堂课 3—5 次提问互动刚好点名到这名学生。但事实上,由于学生们必须通过学习,以获得考试合格后的学分,网络学习的效果与课堂学习的效果并没有差别,当疫情结束,学生们回到学校,进行这门课程的考试后,将考试成绩与同批学生上个学期的考试成绩对比,以及与前两年其他批次学生本课程的考试成绩比较,其合格率、良好率和优秀率没有明显的差异。

儿童的网络课程学习则完全不同,大多数儿童的网络学习行为都是被动的、父母要求的,他们的学习行为没有明确的目的性,仅仅是完成家长布置的任务。儿童网络课程获得良好的学习效果,必须满足以下两个条件之一:儿童的学习行为是主动的,他(她)对这门课程有浓厚的学习兴趣,例如前面所述 HYK 小朋友对编程课程的喜爱;或者是网络课程对孩子形成了较大的学习压力,迫使其不得不认真学习,例如前面所述的小班制网络课程。因此,我们得出结论:在当下,网络课程对儿童来说,只能作为学校教育的辅助手段,暂时还不能承担起独立传承人类知识体系、替代学校教育的任务。

参考文献

[1]阿尔维托·曼古埃尔.阅读史[M].吴昌杰,译.北京:商务印书馆,2017.

[2]史蒂文·罗杰·费希尔.阅读的历史[M].李瑞林,贺莺,杨晓华,译.北京:商务印书馆,2015.

[3]莫提默·J·艾德勒,查尔斯·范多伦.如何阅读一本书[M].郝明义,朱衣,译.北京:商务印书馆,2019.

[4]罗伯特·达恩顿.阅读的未来[M].熊祥,译.北京:中信出版社,2011.

[5]霍尔布鲁克·杰克逊.书·阅读[M].吴永贵,译.武汉:武汉大学出版社,2008.

[6]雪莉·特克尔.群体性孤独[M].周逵,刘青荆,译.杭州:浙江人民出版社,2014.

[7]维克托·C·斯特拉斯伯格,芭芭拉·J·威尔逊,埃米·B·乔丹.儿童、青少年与媒体[M].高丽,译.北京:清华大学出版社,2018.

[8]约翰·赫伊津哈.游戏的人:文化的游戏要素研究[M].傅存良,译.北京:北京大学出版社,2014.

[9]尤尔根·哈贝马斯.交往行为理论(第一卷)[M].曹卫东,译.上海:上海人民出版社,2018.

[10]尼古拉·尼葛洛庞帝.数字化生存[M].胡泳,范海燕,译.北京:电子工业出版社,2017.

[11]H·R·姚斯.接受美学与接受理论[M].周宁,等,译.沈阳:辽宁人民出版社,1987.

[12]哈罗德·伊尼斯.传播的偏向[M].何道宽,译.北京:中国传媒大学出版社,2015.

[13]内奥米·S·巴伦.读屏时代:数字世界里我们阅读的意义[M].庞洋,周凯,译.北京:电子工业出版社,2016.

[14]恩伯.文化的变迁[M].杜杉杉,译.沈阳:辽宁人民出版社,1988.

[15]乔治·赫伯特·米德.心灵、自我与社会[M].赵月琴,译.上海:上海译文出版社,2005.

[16]克莱夫·贝尔.艺术[M].周金环,马钟元,译.北京:中国文联出版社公司,1984.

[17]麦克卢汉.理解媒介:论人的延伸[M].何道宽,译.北京:商务印书馆,2003.

[18]梅罗维茨.消失的地域:电子媒介对社会行为的影响[M].肖志军,译.北京:清华大学出版社,2002.

[19]罗伯特·斯考伯,谢尔·伊斯雷尔.即将到来的场景时代[M].赵乾坤,周宝曜,译.北京:北京联合出版公司,2014.

[20]吉姆·崔利斯.朗读手册[M].陈冰,译.北京:新星出版社,2016.

[21]艾登·钱伯斯.打造儿童阅读环境[M].许慧贞,译.北京:北京联合出版公司,2016.

[22]尼尔·波兹曼.娱乐至死[M].章艳,译.北京:中信出版社,2015.

[23]让·皮亚杰.教育科学与儿童心理学[M].杜一雄,钱心婷,译.北京:教育科学出版社,2018.

[24]让·皮亚杰.智力心理学[M].严和来,姜余译,北京:商务印书馆,2019.

[25]让·皮亚杰.皮亚杰教育论著选[M].卢濬译,北京:人民教育出版社,2015.

[26]让·皮亚杰.结构主义[M].倪连生,王琳译,北京:商务印书馆,2019.

[27]列夫·维果茨基.思维与语言[M].李维译,北京:北京大学出版社,2010.

[28]阿尔弗雷德·诺思·怀特海.教育的目的[M].赵晓晴、张鑫毅译,上海:上海人民出版社,2018.

[29]王佑镁.像素的悖论:中国未成年人数字化阅读实证研究[M].北京:中国社会科学出版社,2018.

[30]王余光,汪琴.中国阅读通史(理论卷)[M].合肥:安徽教育出版社,2017.

[31]陆宗达,王宁.训诂与训诂学[M].太原:山西教育出版社,1994.

[32]王宁.汉字学概要[M].北京:北京师范大学出版,2001.

[33]沈阳.语言学常识十五讲[M].北京:北京大学出版社,2005.

[34]郭庆光.传播学教程[M].北京:中国人民大学出版社,1999.

[35]郑兴东.受众心理与传媒引导[M].北京:新华出版社,2004.

[36]陈来.古代宗教与伦理[M].北京:生活·读书·新知三联书店,2009.

[37]张少康,刘三富.中国文学理论批评发展史[M].北京:北京大学出版社,1995.

[38]葛兆光.中国思想史[M].上海:复旦大学出版社,2001.

[39]李山.中国文化史[M].北京:北京师范大学出版社,2007.

[40]徐时仪.汉语白话发展史[M].上海:上海教育出版社,2000.

[41]陆侃如,冯沅君.中国诗史[M].天津:百花文艺出版社,1999.

[42]刘宝楠.论语正义[M].高流水,点校.北京:中华书局,1990.

[43]叶舒宪.诗经的文化阐释[M].武汉:湖北人民出版社,1997.

[44]李泽厚.论语今读[M].天津:天津社会科学院出版社,2007.

[45]袁行霈.中国文学史(第一、二、三、四卷)[M].北京:高等教育出版社,2002.

[46]岑运强.语言学基础理论[M].北京:北京师范大学出版社1994.

［47］高名凯，石安石.语言学概论［M］.北京：中华书局1963.

［48］谭家健.中国文化史概要［M］.北京：高等教育出版社1997.

［49］王余光，徐雁.中国读书大辞典［M］.南京：南京大学出版社1993.

［50］欧阳友权.中国文化品牌发展报告［M］.北京：社会科学文献出版社2012.

［51］罗钢，刘象愚.文化研究读本［M］.北京：中国社会科学出版社，2000.

后 记

陈善《扪虱新话》记载:"东坡省试论刑赏,梅圣俞一见,以为其文似孟子,置在高等。坡后往谢梅,梅问论中用尧皋陶事出何书,坡徐应曰:想当然耳。"《新唐书·文艺传》中说:"初,(王勃)道出钟陵,九月九日都督(阎公)大宴滕王阁,宿命其婿作序以夸客,因出纸笔遍请客,莫敢当。至勃,沆然不辞。都督怒,起更衣,遣吏伺其文辄报。一再报,语益奇,乃矍然曰:天才也! 请遂成文,极欢罢。"这两则故事,都是文坛佳话,我们固然要感谢苏轼和王勃为中国文学史留下了鸿篇巨制,也要感谢梅圣俞和都督阎公超卓的审美能力。假设,梅圣俞因为不知道苏轼"三杀三宥"的典故,于是将这篇文章斥落;而都督阎公看到王勃句句用典,于是以滥用生僻典故而封杀之,我们今天可能就无缘见到这两篇雄文。

这并非杞人忧天。2020 年高考,浙江一考生的作文《生活在树上》一经披露,立即引起了网络上的口诛笔伐,普通网友认为,文章"看不懂",有专家则认为,文章"滥用生僻字、生僻典故和生僻表达"。据说,第一位阅卷老师就只给了这篇作文 39 分(满分 60 分,相当于刚刚及格的水准)。高考满分作文事件,说明了两个问题:一,当下大多数人的阅读素养不够。这篇作文共 997 字,新华字典均有收录,只有"嚆""翮""婞"三个字不在中学阶段必须掌握的 3500 个常用汉字中。与此同时,作文中引用的卡尔维诺、海德格尔、韦伯等人,都是世界知名的小说家或哲学家。如果我们觉得"生僻",那是我们阅读量不够,而不是作者的问题。二,当下大多数人学习能力不够。梅圣俞在文坛享有盛名,但他遇到没有见过的典故时,马上就回家翻书,书中也找不到时,就向他人请教。这就是好学、善学。而今大的我们遇到"看不懂"的文章时,却是挥舞键盘,指责作者。

王小波在《艺术与关怀弱势群体》一文中说:"谢晋导演的儿子是低智人,笔者的意思不是对谢导不敬,而是说,假如谢导……拍电影总以儿子能看懂为准,中国的电影观众就要吃点苦头。大江健三郎也有个低智儿子,若他写文章以自己的儿子能看懂为准绳,那就是对读者的不敬。"同理,若非是面向大多数人的宣传类文章,尤其是文学作品,就不能以"看得懂"为主旨,否则,所有古典文学都得束之高阁——大多数古典作品,大多数人是看不懂的。事实上,正因为我们出于各种目的,主动或被动地读了很多"看不懂"的文章,才逐渐有了一定的阅读能力。当我们第一次打开书本时,不是连"白毛浮绿水,红掌拨清波"也看不懂么?

今天,很多人的阅读和写作水平之低下已到了令人惊讶的地步。以大学生为例,很多大学生不能写出一篇文通理顺的作文,认为写一篇千字作文是一件艰难的事情。我曾经建议学生读一读金庸小说,因为我认为金庸先生擅长于将一件小事写成长篇大论,可能有益于学生摆脱作文时"无话可说"的困境。但几天之后,就有学生来诉苦:"金庸的小说是文言文,根本看不懂!"可见今天很多人的阅读水平,已经低到连金庸小说都看不懂,以为是晦涩难懂的文言文了。

维果茨基认为,对教学的每个科目而言,存在一个儿童对它最易接受而具最佳影响的时期。它被蒙台梭利和其他一些教育家称为敏感期。儿童阅读学习的敏感期就是13—15岁之前,如果儿童在这一阶段没有进行大量的阅读训练,形成良好的阅读素养,今后将难以弥补。包括大学生在内的成年人阅读素养低下,其原因可追溯至儿童时期,这也是笔者致力于儿童阅读研究的原因所在。但是,今天的大多数家庭特别是城镇家庭对孩子的阅读教育非常重视,大多数儿童也从很小的时候就开始阅读了,为什么他们长大后,阅读水平还是如此低下呢? 这是长期以来困惑我的一个问题。直到有一天,我在吉姆·崔利斯的《朗读手册》中看到这样一段话,让我感觉找到了问题的核心所在。他说:"在过去30年里,200个电视频道分散了美国学生的注意力,大部分孩子(通常是成绩最差的学生)的卧室内配有电视,超过半数的青少年每天花大部分时间玩手机,1/4的孩子由单身父亲或母亲抚养,每分钟有一位未成年妈妈诞下一名婴儿——在这样的情况下,学生的阅读成绩竟然提高了1分,而不是下滑了10分或15分。既然事实如此,一定有某种东西起了作用。"接下来,吉姆·崔利斯用大量案例、调研数据证明,这个起作用的"某种东西"就是朗读,美国拥有家庭朗读的传统,即使是最贫穷的家庭,很多父母也有为孩子朗读的习惯。事实上,在我国古代,读书人"诵书"也是每天的必修课程。

但是,在今天,我们的朗读传统只在语文课堂上有所保留,同时,在孩子学龄前,有部分家长还保持了良好的亲子阅读习惯——但孩子一旦学会了自己阅读,这种亲子阅读也就结束了。有什么办法可以推广这种"为孩子朗读"的阅读方法呢? 当我们在调查中发现,在0-12岁的儿童中,有声阅读是他们喜闻乐见的数字阅读方式时,我认为,有声阅读可能是推广朗读的有效途径。因此,从2017年起,我就开始关注儿童有声阅读,并开始着手本书写作的准备工作。历时近4年,今天终于得以完成。

我非常喜欢皮亚杰的著作。在他的书中,常常是提出一个假设后开始进行实验,然后就是毫不犹豫的论断。有声阅读研究是一个多学科交叉融合的新兴领域,目前研究它的人还不多,从知网平台以"有声阅读"为关键词,可检索到的核心期刊论文只有58篇。在本书写作过程中,很多方面没有他人的成果可供借鉴、参照和比对,很多假设、想法只能通过调研、实验来进行验证。但是限于本人的学养水平,同时由于调研样本数量不足,或实验设计不科学,得出的结论往往不理想,根本无法做出毫不犹豫的论断。可以说,即使是历经近4年的打磨,本书依然会存在诸多错漏和不科学、不完善之处,敬请各位同行、专家不吝指正。

在本书的写作过程中,长沙师范学院伍春辉教授在工作和生活上都给予了我很多支持,皮军功教授为本书的大纲进行了多次指导,彭蝶飞教授、梁堂华教授是指导我如何申报课题、如何写作一本书的明师,刘宏伟、吴振尘、徐丽玲、夏希、易波、许平、许天译各位老师给予我大量帮助。在此,谨向各位表示衷心的感谢、感恩!

　　感谢长沙师范学院,让我有机会从事喜爱的阅读教育研究工作。感谢湖南省教育厅,立项资助我从事科研项目的研究与实践。感谢黄梓健、黄梓康、钟诗瑶、黄玉看及其他三名不愿意透露姓名的小朋友,他们无数次配合我的阅读实验与测试,牺牲了大量宝贵的玩乐时间。感谢我的先生黄懿,他一如既往、坚持不懈地拖我后腿,如果不是他,这本书至少会提前一年面世。感谢李斯丹妮,是她的音乐陪伴了我无数个炎炎夏日与寒冷冬日,她的说唱,充分体现了中国语言文字之美。

彭红霞
于长沙师范学院荷花池